中华文明历史长卷

宋建勋◎编著

园林卷

自是林泉多蕴藉

ZISHILINQUANDUOYUNJIE

YUANLIN JUAN

中国古典园林不仅历史悠久，源远流长，而且还由于独树一帜的艺术风格而极大地丰富了人类文化的宝库。

北京工业大学出版社

图书在版编目（CIP）数据

自是林泉多蕴藉：园林卷 / 宋建勋编著 .—北京：北京工业大学出版社，2013.1
（中华文明历史长卷）
ISBN 978-7-5639-3326-6

Ⅰ .①自… Ⅱ .①宋… Ⅲ .①古典园林—介绍—中国 Ⅳ .① K928.73

中国版本图书馆 CIP 数据核字（2012）第 276933 号

自是林泉多蕴藉——园林卷

编　　著：宋建勋
责任编辑：李周辉
封面设计：宋双成
出版发行：北京工业大学出版社
（北京市朝阳区平乐园 100 号 100124）
010-67391722（传真）bgdcbs@sina.com
出 版 人：郝　勇
经销单位：全国各地新华书店
承印单位：三河市元兴印务有限公司
开　　本：787 mm × 1092 mm　1/16
印　　张：25
字　　数：358 千字
版　　次：2013 年 1 月第 1 版
印　　次：2021 年 1 月第 2 次印刷
标准书号：ISBN 978-7-5639-3326-6
定　　价：58.80 元

总　　序

在世界文明的历史长河中，中华文明作为最浩浩荡荡的一条支脉，曾为世界注入过滚滚洪流。至少3000年以前，中华文明就已经开始对周边地区产生主导性的影响，带动周边广大地区逐渐走上高等文明之路。马克思关于“四大发明”对世界历史进程影响的论述，仍然是可以成立的：“火药把骑士阶层炸得粉碎，指南针打开了世界市场并建立了殖民地，而印刷术则变成了新教的工具……”在这个文明中，读书写字被上升到审美的高度，于是汉字拥有了这世界上独一无二的头衔——书法艺术。在这个文明中，家不仅是安身立命的居所，也是寄情抒怀的天地，于是胸中丘壑化为园林楼台，虽由人作，宛自天开。在这个文明中，人们从艰难到从容地活在每一方水土之上，于是点土成金，向世界奉献了瓷器这朵绚烂的花……无数事实证明，中华文明在诸古代文明中堪称绝无仅有。

正因如此，我们精心编写了这套“中华文明历史长卷”丛书，它包括：《人间巧艺夺天工——发明创造卷》、《挥毫落纸如云烟——书法卷》、《淡墨挥毫暗生香——绘画卷》、《巧剜明月染春水——陶瓷卷》、《书卷多情似故人——经典名著卷》、《人间有味是清欢——饮食卷》、《今朝放歌须纵酒——酒文化卷》、《至精至好且不奢——手工艺卷》、《多少楼台烟雨中——古迹卷》、《一尘一刹一楼台——寺庙卷》、《自是林泉多蕴藉——园林卷》、《淡妆浓抹总相宜——山水卷》、《宫阙并随烟雾散——墓葬卷》、《龙章凤姿照鱼鸟——图腾卷》共十四卷。这些辉煌灿烂的古代文明让我们如数家珍，每个领域的每一项成就，如同人类文明天空中的璀璨明星，透射出中华民族耀眼夺目的卓越华魂。

作为炎黄子孙，传承并发扬这些文明成果，是我们光荣而神圣的历史使命。虽然有那一百年的备受欺凌，但我们用今天崭新的面貌告诉世界：我们的文明没有中断，智慧仍在传承，这个持续了五千年的古老文明依然具有强盛的生命力！

前　言

我国的古典园林有着悠久的历史，那“虽由人作，宛自天开”的艺术原则，那集建筑、文学、书画和工艺等艺术于一身的综合特性，在世界园林史上独树一帜，享有很高的荣誉。

本书精选了北京市、天津市、河北省、上海市、江苏省、浙江省、安徽省、山东省、广东省、广西壮族自治区、四川省、山西省、陕西省、云南省、江西省、福建省、澳门特区、台湾省、河南省、西藏自治区的名气较大、艺术价值很高的古典园林，详细介绍了这些园林的状况。

全书对每处园林设置了“名园历史”、“名园漫步”等多个栏目，从不同角度和层面给读者营造出一个轻松的阅读环境，有利于借鉴我国古典园林艺术的经验，汲取其精华，从而为我们今天的新型园林建设服务。

目　　录

北京市

天津市

河北省

上海市

江苏省

浙江省

安徽省

山东省

广东省

广西壮族自治区

四川省

山西省

陕西省

云南省

江西省

福建省

澳门特区

台湾省

河南省

西藏自治区

北 京 市

圆 明 园

【名园诗话】

红叶千林似锦张，
秋容端不让春光。
南轩日暖帘初卷，
曲沼波寒鱼半藏。
战雨晚桐漏疏影，
冒霜早菊先重阳。
平添诗客三分兴，
熟境应忘若箇忘。

清·爱新觉罗·弘历（乾隆帝）：《秋日圆明园即景》

【名园历史】

圆明园位于北京西北部海淀一带，它曾经是我国历史上最辉煌、最美丽的一座皇家园林。在明代的时候，皇亲权贵就在圆明园的附近兴建园林。

清康熙中叶，康熙帝在明代旧园清华园的故址上修建了畅春园，作为他的离宫。后来将畅春园北面一片土地赐予皇四子胤禛（也就是以后的雍正帝）建园。

康熙四十八年（1709 年），康熙帝给胤禛所建之园取名为“圆明园”。对“圆明”之名，胤禛在《圆明园记》中写道：“夫圆而入神，君子之时中也；明而普照，达人之睿智也。”意思是：君子要明智洞察，谨守中庸之道。胤禛即位，是为雍正帝，将圆明园改为皇帝居住的离宫，并大加扩建。首先是在园南部起造殿宇，构建朝政区；其后又不断占地扩园、浚池引水、培树植木、修亭建阁，园林逐渐扩大规模，景致日趋完善。雍正帝亲自题署了“正大光明”、“九洲清晏”、“勤政亲贤”、“牡丹台”（即“镂月开云”）等多处景观。

从此以后，清朝历代皇帝每年都要到圆明园中住大半年，雍正帝就驾崩在圆明园内。

对圆明园进行第二次扩建是在乾隆帝弘历亲政时期。他令人仿照海宁安澜园、苏州狮子林、杭州西湖等江南名景新建了多处景观，使圆明园一共拥有四十余处景观。乾隆十六年（1751 年），在圆明园的东面建造了长春园，后又在圆明园东南建起绮春园。三园相互通连，呈倒“品”字形的布局，后人将三园统称为圆明三园。在乾隆、嘉庆年间，圆明园进入鼎盛时期，总占地面积为 5200 余亩（约合 350 公顷），水面占全园面积二分之一，园内有人工堆叠的假山 250 多处，建筑总面积和北京故宫总建筑面积不相上下。圆明园有四十余景，绮春园、长春园各有三十余景，三园的景观高达 100 多处。

此后，清朝历代皇帝每年都要对圆明园进行增建、维修。在道光年间，清政府的财力已经感到不足，但仍然每年拨银 10 万两作为圆明园的岁修费。咸丰十年（1860 年），在英法联军的抢掠和焚烧之下，圆明园遭到毁灭性破坏。

尽管圆明园已经败落，但是作为中国古典皇家园林最高成就的代表，它在中国园林史上的地位是不可替代的。它具有极高的艺术价值，值得后人不断研究、借鉴。圆明园这座世界上规模极大、艺术成就极高的园林是由优美的山水、华丽精美的建筑和丰富的藏品组合而成的，是中国人民智慧的结晶。尽管遭到了毁坏，但是它取得的辉煌艺术成就永远不会泯灭。

【名园漫步】

圆明园的正门是南面的大宫门，宽五间，其外两侧各有朝房几十间，为各部、八旗衙门等机构的办公用房。大宫门内有出入贤良门，门两旁又各有朝房十几间。

出入贤良门内是正大光明殿，面宽七间，卷棚歇山顶。殿东面是勤政亲贤殿，清代的皇帝经常在这里批阅奏章、召见臣工，作用和故宫的养心殿相似。殿东有“芳碧丛”，掩映在竹林之中，清代的皇帝在天热的时候便移到此处办公。

正大光明殿的西面为“长春仙馆”，乾隆帝当太子的时候曾在此读书、居住。他很喜欢这个地方并自取雅号“长春居士”。

正大光明殿的北面为前湖，前、湖北面就是由九座小岛团团环抱的后湖，前后湖之间的小岛上，沿中轴线自南往北依次建有圆明园殿、奉三无私殿、九州清晏殿。这就是圆明园的寝宫区——“九州清晏”。其他八座小岛上都建有小园林或风景区，不但各有特色，而且彼此相借成景。分别是“茹古涵今”、“坦坦荡荡”、“杏花春馆”、“上下天光”、“慈云普护”、“碧桐书院”、“天然图画”、“镂月开云”。

后湖景区的东面有全园最大的一处水面，称“福海”。福海中央有三座小岛，岛上建有殿宇，象征传说中东海的蓬莱、方丈、瀛洲三座仙山，取名为“蓬岛瑶台”。福海景区理水造景大多仿照杭州西湖，可见清代帝王对西湖景色倍加推崇。

福海周围一共有 20 多处景点。北岸水湾内建有“四宜书屋”，东岸临水建有“接秀山房”，南岸一座虹桥跨在水上，是为“夹镜鸣琴”。

福海以西有一组建筑名“买卖街”，系仿苏州的店铺而建。南面是同乐园，是圆明园内最大的娱乐场所。园内建有清音阁戏台，一共有三层，可以表演神仙升降等特技。

在后湖景区的西面和北面还有众多景致。西面有“山高水长”和“万方安和”。“山高水长”的主体建筑是一座两层楼房，西向，上下各有七间。

楼前地势平坦，是一片很大的空地。每逢元宵节的时候，宫廷都要在这里举行烟火盛会，帝后、王公、大臣、外藩和外国使臣都会前来观看。“万方安和”在“山高水长”东北面，房屋建在湖中，平面呈“卍”字形。建筑造型精巧美观且冬暖夏凉，雍正帝十分喜欢在这里居住。

圆明园北面的景点较为密集，主要有“水木明瑟”、“文渊阁”、“舍卫城”、“西峰秀色”、“安佑宫”、“北远山村”等。

长春园在圆明园的东面，建于乾隆中后期，是一座中西合璧的园林。园内中心建筑由南向北依次为含经堂、淳化轩、蕴真斋。淳化轩两侧廊中嵌石刻多块，都为名家墨迹。园内西部的湖中建有一座精美的楼阁，名为“海岳开襟”，圆明三园中的楼阁，属此处最为精妙绝伦。

在长春园北部建有一组西式建筑，就是著名的“西洋楼”。此为中国园林第一次引进西方建筑艺术。西洋楼的设计、施工由意大利人朗世宁、法国人蒋友仁与王致诚主持。建筑的墙体用汉白玉石、青石砌成，为西式风格；房顶则采用中国建筑式样，用琉璃瓦铺就。像这种中西风格搭配的建筑，在当时的世界尚属首例。圆明三园被毁掉之后，这里残存的遗迹成为了圆明园鼎盛时期的象征。建筑群西端建有“谐奇趣”、“蓄水楼”、“万花阵”、“养雀笼”等，“养雀笼”以东建有“方外观”、“海晏堂”、“大水法”、“观水法”、“远瀛观”、“线法山”、“线法墙”等。西洋楼中规模最大的建筑是“海晏堂”，正门面西，门前有大型水池。池两侧各有 6 座兽面人身铜像，象征十二生肖，每隔 1 个时辰依次按时喷水，俗称“人力钟”。“海晏堂”以东为“大水法”，是西洋楼景区最大的喷泉群。“大水法”中间为一椭圆形水池，池内与岸边有多处喷泉。水池东西各有一座十三层的喷水塔，水从塔顶喷出，塔四周又有几十根铜管，都为喷水口。当这些喷泉全部开启的时候，水柱高低起伏，到处喷珠泻玉，其景蔚为壮观。

绮春园在圆明园的东南面，园内建筑多为嘉庆年间所建造，而且整体风格淡雅疏朗。自道光初年以后，清廷将这里作为皇太后、太妃的住处，园内有“四宜书屋”、“春泽斋”、“生冬室”、“凤麟洲”等景，都各具特色、令人回味。

颐　和　园

【名园历史】

我国目前保存最完整、规模最大的一处皇家园林是位于北京市西北部的颐和园。颐和园原名是清漪园，于清乾隆十五年（1750 年）开始兴建，乾隆二十九年（1764 年）竣工，历时 15 年，耗银 448 万余两。咸丰十年（1860 年），被英法联军的英军劫掠并焚毁。光绪十二年（1886 年），慈禧太后挪用海军军费及其他费用重修，并取“颐养冲和”之意，改名为颐和园。之后，清政府多次修缮颐和园。在新中国建立以后，颐和园成为全国重点文物保护单位。

【名园漫步】

主要由万寿山和昆明湖组成的颐和园，占地大约为 290 公顷，有各种建筑三千多间。万寿山为燕山支脉，因乾隆帝为其母贺六十大寿而命名，虽然其高度并不高，但山势雄浑。昆明湖的面积大约为 231 公顷，是取汉武帝在长安开凿昆明池操练水军的典故而命名。颐和园可分为朝会区、生活区和景观区三部分。

从颐和园东宫门入园，首先进入朝会区。该区主体建筑的是仁寿殿，为皇帝处理朝政及接见大臣、外国使节的地方。

慈禧太后在处理朝政之余，十分喜欢听戏，每逢节日必定要听戏。她不但爱听戏，并且还会唱几句，有时候还亲自编词。可见，慈禧太后真可以算得上一位热心的戏迷。但原来清漪园听戏的地方是听鹂馆。听鹂馆地方不大，戏台的设计也不够理想，慈禧太后觉得不过瘾，所以又花费 71 万余两白银建成了德和园大戏楼。

德和园大戏楼是一座歇山卷棚顶式的木结构建筑物。这座建筑物面宽七间，高约22米，形态美观。戏楼一共分三层，上层被称为福台，中层被称为禄台，下层被称为寿台。寿台的天花板上设有七个“天井”，在演戏的时候，剧中必要的道具可以通过天井下到寿台上。在寿台的楼板上还专门设有五块活动的地板，这五块地板都可以掀开，下面就是地井，可以通到地下室。地下室有一口水井和五座水池，不但可以增加舞台音乐的共鸣效果，也可以为水法布景提供条件。因为有了这些设施，德和园大戏楼就可以将天上、人间、地府的景象展现在观众面前。

生活区位于万寿山东南、昆明湖北岸，主要由玉澜堂、宜芸馆、乐寿堂三组院落组成，其间还有德和园和扬仁风等几处小游乐区。光绪帝的寝宫是玉澜堂，在戊戌变法失败以后，这里成为他被软禁之处。光绪帝的皇后隆裕居住之处是宜芸馆，院内石刻及殿内陈设都非常珍贵。乐寿堂是一座大型四合院建筑，是慈禧太后居住之处，院内植有玉兰、牡丹、海棠等名贵花木，而且还有一奇石，名“青芝岫”，颇受乾隆帝喜爱。乐寿堂的西跨院是“扬仁风”，小园是依繁体字“風”字建造，风格极为独特，为造园艺术之杰作。德和园位于宜芸馆东侧，为看戏场所，园中的大戏楼是我国目前保存完整、建筑规模很大的古戏楼之一。这座戏楼同故宫的宁寿宫畅音阁和寿安宫戏楼、圆明园的同乐园戏楼、承德避暑山庄的清音阁统称为清代的五大戏楼。

谐趣园、景福阁在颐和园东部。谐趣园系仿无锡寄畅园而建，面积虽小，但是玲珑精致，颇具有江南园林风味。可惜在光绪年间重建后，建筑密度很大，破坏了原有的风格。园内有湛清轩、知春亭、涵远堂、瞩新楼等厅堂楼榭，其间由曲折婉转的游廊相连，布局错落而有致。景福阁位于万寿山东部山顶上，坐北向南，平面呈十字形，登阁可俯瞰园内景色。这是慈禧很喜欢的地方，经常和太监、宫女们在此打牌消遣。

昆明湖的北岸是万寿山，在山前临湖的平地上，有一条728米长的长廊横贯东西，这也是我国古典园林中最长的游廊。长廊将万寿山前山山脚各景点自然地连接起来，以排云门为中心，两侧对称分别建有留佳、寄澜、秋水、清遥四座八角重檐攒尖亭，代表春夏秋冬四季。长廊内的彩绘也是一绝，有西湖风景、人物故事、花鸟鱼虫等彩画达8000多幅。沿长廊漫步，内可观精美彩绘，外可赏湖光山色，真可谓美不胜收。

佛香阁坐落在万寿山的前山上，坐北朝南，是一座八面四层重檐攒尖顶式的木结构楼阁建筑，修建在一座高几十米的汉白玉石台基上，屋顶为黄色琉璃瓦、绿剪边。在它北侧的山顶上有智慧海；在它的南侧依次有德辉殿、排云殿、排云门等建筑。佛香阁比它所在的万寿山主峰还要高18米，是颐和园的中心建筑和主体建筑的标志，还是我国现存最为高大的古代楼阁建筑。

颐和园里有一座矗立在湖滨里的亭子，就是廓如亭。廓如亭颇引人注目，因为它是全园名亭中体形最大的一座。这个庞然大物庄重威严，气势恢宏。假如游人刚离开知春亭南行，突然看到廓如亭，就好像刚刚告别了林黛玉，突然迎面遇见了楚霸王项羽。

这座巨亭的构造严谨而缜密，由两圈大柱撑起有彩绘、藻井的亭顶。廓如亭早先是皇帝到龙王庙的广润祠祭祀时停放轿子的处所。皇上如果有兴致，也在这儿给臣子赐宴，饮酒赋诗。

在廓如亭上极目四望，会让人感觉天地辽阔、心朗气清。园林建筑讲究整体效果，景点间的相互配合，可以达到圆满谐调。构建得如此硕大的廓如亭，跟它所处的位置和跟相邻建筑的组合大有关系。昆明湖东岸地域绵长，视野开阔；假如不是一个庞然大物，又怎能同湖东岸的十七孔桥的气魄相应？还有，再从景物的配置组合上来看，十七孔桥连同桥所连接的南湖岛，和廓如亭构成昆明湖东岸边一组主景。桥如玉龙伏波，莹洁壮美；岛如堆绣，郁郁葱葱。假如桥东连岸处只建造一个只有秀媚却缺乏伟岸的亭子，无论造得多么玲珑可人，但从整体景观着眼，它还能产生今天这种匀称和谐、宏阔醒目的效果吗？

万寿山后山主要有须弥灵境和后湖等景观。须弥灵境位于后山中部，是一组藏传佛教建筑群，是乾隆年间仿西藏桑耶寺建造。建筑群中心为主殿香严宗印之阁，周围分布着四大部洲、八小部洲、日殿、月殿及四座喇嘛塔。整组建筑融集汉、藏两地风格，庄重宏伟，气势不凡，规模仅次于前山排云殿建筑群。附近有一座多宝琉璃塔，高为186米，八面七重檐，塔身用七色琉璃瓦镶嵌，通体流光溢彩，令人赏心悦目。环绕后山的一段弯曲水面是后湖，又称“苏州河”。后湖中段两岸建有买卖街，店铺模仿苏州式样，这种买卖街在别的皇家园林中也有，宫中都称之为“苏州街”。帝后来游时，太监、宫女们都扮成商人、顾客，有买有卖，热闹非凡，只是为使帝后享受一下逛街的乐趣。

颐和园堪称我国古典造园艺术集大成之作，不但突出了皇家园林的气势宏大、富丽堂皇，还蕴含了江南园林的清雅秀美，兼有各民族的艺术特色，令人叹为观止。颐和园作为我国现存最完整、规模最大的皇家园林，最突出的特点是大气、华贵。烟波浩渺的昆明湖，气势雄浑的万寿山，以及三千多间不同形式的建筑；体量宏大、气势雄伟的佛香阁，庄严华丽、气势恢宏的排云殿；蜿蜒曲折、彩绘精美、长达728米的长廊；飞跨湖上、状若飞虹的十七孔桥；工艺复杂、重达207吨的宝云阁；全国同类建筑中现存规模最大的廓如亭，这些建筑搭配在一起充分体现了颐和园的大气和华丽。

颐和园中有很多古典园林的造园手法，借景、对景、抑景、隔景等，造园手法运用之实例举不胜举。因此，颐和园不愧是我国古典园林集大成之作，其地位在中国园林中是无法取代的。

乐家花园

【名园历史】

乐家花园在北京海淀镇苏州街西侧，建于嘉庆中后期，是第八代礼亲王的府园，称礼王国，府园总占地约2公顷。

民国初年，礼王府园被北京同仁堂药店的主人购得，改称为乐家花园。新中国成立后归属于北京八一中学，在2001年恢复园林旧貌，独立成区。

【名园漫步】

全园处处都是山，似在山林野地。原来，此处虽然位于海淀，但得水之佳地都被他人购走，只余此地势较高，取水不易，所以大部分做成山地旱园形式，只是在局部做成水景园林。

大门门楼面阔三间，歇山顶，前出垂花柱，十分显眼。门口有一对石狮，石狮旁种古树多棵。入门北行，为园门，从门外围墙右望就可见石假山，用青石、湖石和黄石混合堆成，恰在府园交接部。

入园门，右面为青石堆山，院落中种植松柏和花卉，正厅面阔七间，可以当作戏台。

一进院正厅为面宽五间的两卷棚建筑，高大宽敞。东为一座五间的轩馆，前出月台，台前为山石叠成的拱门。与东厢房相对，院西有一座石台，西邻一组精美的大假山。

园林第二进为水景院，水池四周都为堂轩与曲廊，空间较为紧凑。池北为花厅，面阔五间，左右接曲廊，前面植古树一株；池东西各有一轩，东轩前有瘦腰湖石一峰立在草丛中，池中建八角亭，南北叠石成汀步，汀步间距非常近，用石巨大，为北派汀步佳构。池岸用青石砌成，石纹横向而挑出水面。在西南角用青石构石洞、石峰，峰顶有一瀑布。

宅和园之间堆土为山，大概是用凿池所得土而成之，山上树木葱葱，山脚凿小池一个，池边则立湖石峰，池边有石桌石椅。在水池的北面有四个院落，各以所植花木来命名，其中有一院因植玉兰而名“玉兰富贵”，另一院因植海棠而名“海棠馆”，一院因植梅花而名“梅香院”。

达　园

【名园历史】

达园位于圆明园以南，为北洋军阀王怀庆的私家园林。王怀庆在圆明园外修私园时，利用权势，从圆明园中大肆掠夺建材，包括墙砖、石料、山石、石雕等，从1919年至1921年，历时三年终于建成。

【名园漫步】

进入园门，迎面有一座假山，假山间植古槐、松树，作为障景。南为湖区，北为宅区，正对门的楼轴线为大草坪、西假山。草坪还立乾隆帝御笔《前湖》诗碑，植松树多株。

草坪北面，为四座厅堂，分为两组，进厅堂前须跨石桥，桥下为小溪，溪水很浅，终于院墙。

四座厅堂原为王家日常起居和宴客的主要场所，左右均置盆景，植紫薇、松树，立石笋，东西不用院墙围合，也无厢房，显出较为自由的轴线。厅堂的东西、南各环以曲溪，都设石桥。跨西溪，有一列东西向平房，是辅助用房。从屋前南行，来到西假山。

西假山为南北走向，主要为青石叠成，北、西、南上山道两旁点缀为北太湖石，山顶建八角亭。亭北立有一组巨石，成为亭下点缀。

从西假山向南行只见湖水荡漾、清波泛影。湖面约为方形，西北角和东南角之间筑长堤。立在西北角的石拱桥上，可见北面曲流只有半米宽、近一米深，两边砌北太湖石。过桥就来湖北长廊，廊西建六角小亭，依廊前行，一路望湖与长堤，风景不同且随观赏的角度不同而有不同的风景。廊中间建一水榭，南北向，水榭正前方是湖心亭，西面为长堤，北桥及通向湖心岛的九曲桥映入眼帘，真有杭州西湖苏堤的风味。向东行就到达廊东的小亭。

出亭来就到湖东小道，受西方影响小道是直线式的道路，一边为高墙，一边为平整的湖岸。一路向南行，过南拱桥上长堤，堤上柏树有两列，外植垂柳，十分对称，加上堤中立一对景花墙，很有民国的风格。过花坛，向东行过九曲桥就到了进入东湖的湖心岛，岛上有六角亭，亭边用花砖铺地，摆有盆景。

玉泉山静明园

【名园历史】

静明园是清代皇家园林“三山五园”中的一座，位于北京西郊玉泉山。山上林木繁茂，泉水众多，是很著名的风景胜地。

开始建设玉泉山风景区是在金代。到明代时，英宗朱祁镇在玉泉山的南坡修建了上、下严华寺。至明末清初，玉泉山上已分别建有佛寺、道观、楼台、石洞等众多景点。清康熙年间，进行了大规模的扩建，改为行宫，并给赐名“静明园”。乾隆年间，乾隆帝又多次对静明园进行扩建，将玉泉山及河湖全部圈入园墙以内，使静明园成为一座以山景为主，并兼有水景的自然山水园。这个时候为静明园的鼎盛时期，园内至少有景观三十二处。咸丰十年（1860年），静明园被焚毁。光绪年间，慈禧太后下令对部分的建筑进行了修复。在辛亥革命以后，静明园一度作为公园开放，其间又陆续修复了一些建筑，使其基本恢复了原貌。

【名园漫步】

静明园占地约65公顷，南北长大约1350米，东西宽大约590米。正门是南门，按玉泉山山脊走向和沿山湖泊所构成的地貌环境，可分别划分为南山、东山、西山三个景区。

以玉泉湖为中心的是南山景区，静明园的主要建筑基本上集中在这一景区内。进入南宫门首先是宫廷区，由两进整齐对称的院落组成。玉泉湖在宫廷区的北面，湖中沿承皇家园林“一池三山”的传统格局，建有三座小岛。

玉泉湖湖西岸是玉泉泉眼，泉水从山脚溢出，晶莹如玉，人称“玉泉趵突”，为燕京八景之一。泉旁立有两座石碑，左边石碑刻有乾隆手书“天下第一泉”，右边石碑刻有《玉泉山天下第一泉记》的全文。玉泉水甘冽甜美，水质极佳，一直都是清代宫廷的指定用水，每天都有专人将玉泉水运到故宫，供皇室成员饮用。

玉泉山主峰上依山势建有香岩寺，居中矗立着一座八面九层琉璃砖塔，称为“玉峰塔”，系仿照镇江金山慈寿塔建造。玉峰塔是全园制高点，京城西北郊诸园皆以其为借景对象。它与南侧峰顶的华藏塔、北侧峰顶的妙高塔互为呼应，使玉泉山的山形更具有层次感，成为静明园点睛之笔。

香岩寺以南的山坡上散布着各种各样的石洞，如罗汉洞、华严洞、伏魔洞、水月洞等，各具有特点。主峰以东有裂帛洞，泉水自洞中溢出，汇形成小湖。湖西岸建有观音阁，北岸建有清音斋、含晖堂，形成了一处幽静的小园林区。

东山景区以影镜湖为中心，建筑环湖而列，北岸建筑较多，亭台楼榭高低错落。植物配置以竹为主，风过时清音入耳。西岸主要以水为景，有“镜影涵虚”。影镜湖的北面有宝珠湖，沿湖西岸道路可登上北侧峰顶。峰顶建有妙高寺，寺后还有妙高塔，再后为该妙斋。

西山景区地势比较开阔平坦，分别有道观、佛寺等许多建筑。东岳庙居中，坐东向西，四进院落。山门内，正殿仁育宫为第二进，后殿玉宸宝殿为第三进，后照殿泰钧楼为第四进。乾隆帝认为玉泉山泉水丰沛，“与泰山之出云雨功用广大正同”，故在此建东岳庙，以便能经常祭祀。东岳庙南为圣缘寺，同样是四进院落，但规模略小，寺内建有琉璃砖木结构佛塔。

静明园是“三山五园”中规模较小的一座，但山景、水景与建筑搭配和谐，景色清新宜人，美不胜收。园内泉水众多，诸泉似颗颗珍珠，点缀在园内各处；泉水汇成的湖池则似块块碧玉，把园林装点得分外秀美。静明园宗教色彩非常浓郁。园中佛寺、道观有10多处，不大的山体上建了4座佛塔，这一方面反映了清代帝王对佛、道思想的推崇，另一方面则体现了造园者欲达到“名山藏古刹”意境的造园思想。正是在这种造园思想的影响下，使静明园不仅具有皇家园林宏大华丽的特点，还兼有了寺庙园林神秘幽曲和自然山水园林疏朗秀丽的特色。

北京香山群亭

【名园历史】

香山位于北京海淀区，距市区约25公里，全园面积160公顷，最高峰海拔575米，是北京著名的公园。金大定二十六年（1186年），金世宗在这里修建了大永安寺，又称甘露寺，并在寺旁建行宫。经历代扩建，乾隆十年（1745年）定名为静宜园。1860年，静宜园惨遭抢劫和焚毁。1949年后陆续修复了大部分名胜。主要景点有“鬼见愁”、玉华山庄、双清别墅等。

【名园漫步】

前人用“真山真水近市廛”来形容北京西郊的香山。北京一个令人向往的佳景就是香山红叶。渴望接近自然风光的现代都市人，把逛香山当作是过秋天的最佳选择。

香山的新旧景点不少。或许人们不太留意，有一种像导游一样引导人们观光，并且把诸景点连缀起来的建筑：亭。在香山有很多亭子，各具特色。

从园门进入左行，走过殷殷迎人的树丛花圃，有一泓清碧水池，名为“静翠湖”。涟漪中映现一座仙阁似的水榭，匾上题“对瀑”二字，石基木柱，呈长方形。背后的石岩如一架竖琴，高山流水有知音，给来香山的人第一个优雅印象就是这座亭阁。

从对瀑亭走上去，一片开阔地，绿茵如毯，参差古木中矗立一座很高大的圆亭，八根红柱，顶覆绿琉璃瓦；周围郁郁葱葱，一派绿色世界，名为翠微亭，与环境名副其实。

从翠微亭西行，不远就是一座方亭在山石上热情迎接游人，它叫清音阁。有石径曲折通到亭中，假如近旁的溪涧有流水，人在阁里能聆听到水流如乐的清音。

在香山寺遗址后边的盘山路边，可以看见一片白皮松，松身高大，枝叶遮天，有一座很朴素的小亭坐落其中。游人坐在亭中小憩，可以饱览白松的各具特色的姿势，会体验到惬意与宁静，这亭叫白松亭。

离白松林不远，傍山崖险处、三面临山涧建有一座大方亭，名曰阆风亭，从亭中远望市区，如望海市蜃楼缥缈于远方。“阆”字有高广的意思，不知是否因为位置高而得名。

在气势逼人的森玉笏险峻石岩上建有一座八角亭，体量不大，视野却极为广阔，是观赏红叶的最佳之地。

从山上走下来，有两座相邻的小亭，是摄影留念的好地方，一座名来秋亭。另一座名望峰亭。它们前临草坪，从这里远望西山香炉峰（俗名鬼见愁），可以摄取美丽的香山景色，因此在这里摄影的人很多。

公园现存最大的亭子是佳日亭，在公园北门附近的眼镜湖面南侧。这座亭子为十字重檐结构，绘有苏式彩画，显得富丽堂皇，周围有苍松翠柳环绕。它与南边的静翠湖畔的翠微亭形成对比，这两座湖亭地处公园南北两端，可以看到香山全景的一首一尾，给人一种秀丽的印象。

北京香山见心斋

【名园历史】

北京香山的见心斋，建于明嘉靖年间，清嘉庆年间重修，是皇帝训诫臣属的地方。民国初期，成为医院。新中国成立后，修复后对外开放。

【名园漫步】

见心斋是一座环形庭院式建筑，包括亭、台、廊、榭，造型别致，环境清静，具有江南园林特色，为香山著名的园中之园。院内有半圆形水池，三面环以围廊。正殿见心斋正对知鱼亭，斋后为正凝堂。水池内有多尾红鲫锦鲤畅游，使这座别致的小院充满了生机。沿水池东、南、北三面建有半圆形回廊，连接着见心斋。斋后山石嶙峋、松柏交翠。整个庭院清静幽雅，使人流连忘返。

现院内设有茶座，只是院落不在香山的主要道路上，一般游客很少到此。到香山的游人，大多是观赏红叶胜景，或者攀缘香炉主峰。其实，香山可观者甚多，只是游人来去匆匆，难以顾及或难以发现。熙熙攘攘、人头攒动的景观，固然热闹；而人迹罕至的去处，似乎更得真意。

北大淑春园

【名园历史】

淑春园位于北京大学，至晚在乾隆中叶已经建成。当时的淑春园并无多少可观之处，园中以水田为主，建筑并不很多。乾隆帝将其赏赐给和珅后，经过和珅的大肆修整和营建，淑春园的面貌才发生了大的改观，成为当时闻名京师的私人园林。嘉庆四年（1799 年），和珅被问罪后，淑春园一分为三，南部的园林保留“淑春园”之名。同治年间重修圆明园，从园中拆走大量建筑材料。1920 年，出售给燕京大学，后成为北京大学。

【名园漫步】

淑春园同北大所属的其他几座古园林相似，也是圆明园的附属园林之一。乾隆中叶之前，园中以水田为主，建筑并不很多。等到乾隆帝将其赏赐给大贪官和珅后，经过和珅的大肆修整和营建，淑春园的面貌发生了很大改观，成为当时冠绝京师的私人园林。所以说，淑春园的盛衰与和珅的命运有着密切的关系。

据推测，乾隆赐给和珅淑春园的年代，当在乾隆四十九年（1784 年），和珅做了协办大学士之后。淑春园在文献记载中也叫十笏园。十笏园之名很可能是和珅为淑春园所起的一个新名称。和珅得到淑春园以后，为了应付皇帝的随时召见，经常居住在淑春园内。园林占地广阔，建筑规模宏伟，有房屋一千余间。不仅如此，和珅还仿照圆明园和清漪园（颐和园）来营建淑春园。后人斌良在《游故相园感题》一诗中，有两句："缤纷珂繖驰中禁，壮丽楼台拟上林"，指园中楼阁仿圆明园规制建造。关于这一点，最能说明问题的就是淑春园的石舫和湖中小岛。石舫仿自清漪园的石舫（即清晏舫的前身），湖中的小岛仿自圆明园的"蓬岛瑶台"。可惜的是，同治年间重修圆明园与光绪年间修颐和园时，内务府从这里拆走建筑材料，搬走湖石。园林自此荒废，空留一片遗迹。

北大勺园

【名园历史】

勺园又名"风烟里"，故址在今北京大学西侧门内，约建于万历四十年（1612 年）至万历四十二年（1614 年），是明末文人米万钟的郊园。它的营建充分利用了当时海淀一带水源充沛、湖泊星连的有利地势，园中景物全以水取胜，颇有江南水乡之趣，并取"淀之水滥觞一勺"之意将之命名为"勺园"，曾是明末北京著名的私家园林之一。

勺园在明末战乱中日渐荒废，清康熙年间，在勺园旧址上兴建了弘雅园，后赠给了郑亲王。嘉庆年间，弘雅园正式成为赴圆明园上朝的官员的退值休息之所，并更名为集贤院。咸丰六年（1860 年），集贤院毁于英法联军的战火，此后再未修复。1925 年，被燕京大学购得，后成为北京大学的一部分。

【名园漫步】

勺园是一座以水景为主的园林，园主米万钟曾经在江南地区为官，深受江南园林熏陶，因此，勺园在整体风格上有模拟江南园林的特点。就整体布局来看，全园四处皆水，以桥、堤划分串联，层次非常丰富，空间很有深邃之感。其中，建筑大多隔水相望，如勺海堂与后堂、定舫与蒸云楼，相距咫尺却无法直入，路径极为繁复。

从米万钟手绘的《勺园修禊图》上可见，园中植物大致以垂柳、虬松、高槐、翠竹为主，水中种植莲花，另有芭蕉之类，似乎少有珍奇花卉，显得素雅异常。园中的匾额题名如"风烟里"、"太乙叶"、"林于澨"之类，极为雅致，与景色浑然妥帖，又意境深远。匾额本身多为苏东坡、黄庭坚等古代大家字迹，或者由米万钟本人及当时的书画名家吴彬、邹迪光等题写，更增添了一份浓厚的艺术气息。

中国古典园林于视觉景色之外，很重视声境的创造。从明人记载来看，勺园的声境也十分优美，如孙国光《游勺园记》几次提及"未入园，先闻响瀑声"、"此中听布谷鸟声与农歌相答"、"黄鹂声未曙来枕上，迄夕不停歌"、"午后再雨，同西臣饭太乙叶中，听莲叶上溅珠声，快甚"，可见水流声、鸟鸣、农歌、雨声都为园景增色不少。另外近处可瞰清华园和娄兜桥，远处西山在望，勺园显然还充分利用了中国古典园林艺术中的借景手法。

勺园的叠石藏石与京师内外诸私家园林相比，均高出一筹。据传，当年米万钟在北京西南郊房山发现了一块巨石，便打算运往勺园。为此，花费重金来修路、挖井、设冰道，石头运至良乡，米家已破产了。后来，乾隆帝路经良乡发现此石，遂下旨将该石运至昆明湖畔的乐寿堂前，并取名为"青芝岫"。

北大承泽园

【名园历史】

承泽园现为北京大学的教职员工生活区，占地面积2万平方米。

此园原来是军机大臣英和的私人园林，后收归内务府。道光二十五年（1845年），赠给寿恩公主。光绪中叶，又赠给庆亲王奕劻。

在咸丰十年（1860年）和光绪二十六年（1900年）的两次帝国主义列强入侵中，其周围的园林大多被毁，唯承泽园幸免于难。

民国初年，此园被售给收藏家张伯驹。1953年，被北京大学购得。

【名园漫步】

园内的山水、楼阁、宅院尚存，为西郊诸园中保存较完整的园林之一。其总体上分为南北两部分，中间隔以东西走向的溪湖。园门向南开，南部为辅助房屋，北部为园区建筑的主体部分，又分为东西两所，建有正房、厅堂、小亭、城关等建筑。这些建筑各有轴线，体现了贵族府园庄重、气派的特点。

此园的最大亮点在于水系处理。园内西河并列，横亘东西，全园被两条河一分为三，中间一段陆地成为洲渚，小桥亭榭点缀山下河边，宛如江畔人家。并且园墙设四座水闸，利用水的高度差形成瀑布之景，更添动态之美。

承泽园西所湖北岸有北大现存唯一一座两层古楼，湖南岸有北大唯一一座方轩亭，湖东北岸有北京地区仅存的国家二级保护古木流苏一株。目前南部建筑已无存。

北大蔚秀园

【名园历史】

蔚秀园位于北京大学主校园西墙外，占地面积 8 万平方米。

蔚秀园初为圆明园附园，称“含芳园”。道光十六年（1836 年），赐定郡王载铨，俗称“定王园”。咸丰八年（1858 年）转赐醇郡王奕譞，改名“蔚秀园”。两年后，遭英法联军洗劫，光绪年间重修。1931 年，由燕京大学购入，后归入北京大学。

【名园漫步】

这座园林最初有很多石碑，现在保存下来的有“出门见喜”、“云根”、“紫琳浸月”，已知园中原来还有几块后人未曾见过的石碑，比如“招鹤磴”、“煮泉延客”、“烟霞癖”、“满文刻石”等。

园林从万泉河引入流水，形成湖泊近十处，大小形状各异。园中建筑基本位于南北两个大岛上。北岛主要有住宅、戏台。南岛有书屋，形制朴素，环境清幽。

蔚秀园的许多建筑是 20 世纪 70 年代，北京大学建造教职工宿舍时被拆除的。现在，蔚秀园中部与南部的山形水系基本保存完整。但已经没有任何湖水了，湖底的土地显露无遗。有一些居民甚至利用这些土地来种菜。蔚秀园南部的建筑还有部分遗存，但已经成为住宅，面目全非。此外，“紫琳浸月”石碑与小轩、方亭也保存至今。据方拥主编的《藏山蕴海——北大建筑与园林》记载：“紫琳浸月”石碑为“奕譞手书”，“2006 年碑座被盗，只剩碑身卧在杂草之中与野猫为伴，很是凄凉”；小轩“原是一个亭子，后来增加了四面墙，成为一间住宅”。值得一提的是小轩东、西、北三面梁枋上的彩画还保存完整，非常精美。

蔚秀园的保护状况很令人担忧，遗留的建筑除方亭之外，没有经过任何修缮。但愿这个幸存至今的私家园林能够经过整修，重现往日的意境，带给人们惬意与享受。

北大鸣鹤园

【名园诗话】

鹤去园存怅逝波，
翼然亭畔访烟萝。
百年池馆繁华尽，
匝径松阴雀噪多。

清·奕譞：《约鸣鹤园两弟游蔚秀园》

【名园历史】

鸣鹤园与北大的另一座古园林镜春园原本同属春熙院，是圆明园附属园林之一。乾隆年间，赐予宠臣和珅，成为淑春园的一部分。嘉庆四年（1799 年），和珅被问罪，淑春园一分为三，西北园区赏赐给嘉庆帝第五子惠亲王绵愉，即为鸣鹤园，俗称老五爷园。

咸丰十年（1860 年），英法联军入侵北京，鸣鹤园未能幸免，园中大部分建筑遭到破坏，只有几处建筑遗存。清末，徐世昌租下此园。本来园中建筑所剩无几，他租下此园后，竟又把园中幸存的建筑大量拆毁，把拆下来的上好木料运回老家，使鸣鹤园又遭受了一次大的破坏。1920 年，燕京大学购得此园，作为新建成的校园的一部分后归入北京大学。

【名园漫步】

鸣鹤园全盛时为京西一座名园，它与当时的自得园、自怡园、澄怀园、熙春园相媲美，同谓京西五大邸园。在当时，鸣鹤园面积约 9 公顷，东西长 500 米，南北最宽处为 200 米。东部为寝居、娱乐之地，开挖河池，堆山叠石，沟壑纵横，山峦起伏，结构开朗，溪花石竹，山色微岚。西部为游宴之地，池中有岛，环以流水，掩以修竹，临池湖石参差。东西各有小岛一座，西为福岛，东为禄岛，象征着吉祥如意。西部园区较活泼，东部园区较紧凑，显示了传统园林建筑的多层次变化。

今天看到的鸣鹤园，是南北两个相连的小湖。从遗留下来的山系和水系中仍能想象出鸣鹤园当年的大致面貌。

北大朗润园

【名园历史】

朗润园位于北京大学校内，在鸣鹤园、镜春园之北，万泉河之南。其前身为庆亲王永璘的赐园，名“春和园”。咸丰年间改赐恭亲王奕䜣，并改称“朗润园”。宣统年间，赐予贝勒载涛。1920 年，燕京大学购入，后归北京大学所有，今保存基本完整。

【名园漫步】

朗润园的位置很优越，四周都是园林胜景，河流萦绕，花木繁盛，环境极佳。水流自西北入园，环绕一大岛后自东北流出，形成一条完整的水路流线。主体建筑位于岛上，形成内敛的气质。沿河筑有土山，显得幽深安静。园中植物十分繁茂，以荷花、翠竹、苍松和垂柳居多。奕䜣曾写过多首诗赞扬朗润园户映花草、门垂碧柳、水榭临月、烟波浩淼的意境之美。

现在作为校园一部分的朗润园，较之旧日的朗润园，已经有了很大的变化。自从东北界内滨湖一带的高楼（第八、九、十、十一、十二、十三公寓和北招待所）兴建以来，古园之内仍有不少旧建筑保留下来。当然，所谓的旧建筑，也都是清朝末叶所陆续修造的。那时朗润园有东西两门，东门斜对今成府街西口，西门在园之西北隅，出门有石平桥跨小河，过桥向西，便是直通蔚秀园的大道。光绪末年，在颐和园向慈禧太后奏事的大臣前来朗润园召开会议，就是经由这个西门出入的。现在这两门都已改建。

东门内原有一条石甬道，已经划归材料场用地。西门外的石平桥，也已经拆掉，连痕迹也不见了。

北大镜春园

【名园历史】

镜春园位于北京大学未名湖东北端一带，和鸣鹤园原属“春熙院”，是圆明园附属园林之一。乾隆年间，赐予和珅成为淑春园的一部分。嘉庆四年（1799 年），和珅被问罪后，该园一分为三，东北部赏给庄静公主居住，改名为镜春园

咸丰十年（1860 年），镜春园被英法联军破坏。经过这次浩劫，园中建筑所剩已经不多。清末，徐世昌以薄酬租下了鸣鹤园和镜春园，合称淀北园。他把鸣鹤园中幸存建筑进行拆毁，但估计对镜春园并未有大的破坏。新中国成立之后，镜春园合并于北京大学，从而使北部校园连成一片。

【名园漫步】

关于镜春园昔日的情形，前人的记载很少，只能根据一些零星的记载和实地的考察来推想。镜春园园门在园东南侧，为歇山式宫门三间。在门内东西两侧，有两块上轿石。清代，武将门前摆置上马石，文官门前摆置文阶石，而公主府门前不宜摆置，因此在府门内摆置方石两块，名曰上轿石。女眷出门，不宜在府外或园外上轿出行，必须在门内上轿，因此摆置于门内。

园中曲径通幽，松柏盘曲如盖，飞楼俯映，柳影婆娑，更多地体现一种闺阁的秀丽之美。全园布局由两处建筑群组成，主要建筑以中部建筑为主体，集中在现今材料厂中部一带，四周原有碧水环绕，略呈圆形，很像一面镜子，或许镜春园就是因此而得名。

清　华　园

【名园历史】

清华园原名熙春园，位于清华大学。它建于康熙年间，乾隆、嘉庆年间，该园是圆明园的附园。道光年间，熙春园分为东、西两部分，道光帝将它赐给了他的兄弟们。咸丰帝即位后，将东部的园林改为“清华园”并亲题园门匾额。咸丰十年（1860 年），圆明园等西郊园林被毁，清华园幸免。同治年间重修圆明园时，又有部分建筑被搬迁。

光绪三十四年（1908 年），在清华园旧址开办“清华学堂”，后成为清华大学。

【名园漫步】

清华园的建筑数量不多，有较多的麦田，从园外引水绕园，主要空间均以土山环绕，颇有清幽之气。

清华园工字厅后面的匾额题“水木清华”四字，两旁有对联一副曰：“槛外山光，历春夏秋冬，万千变幻，都非凡境。窗中云影，任东西南北，去来澹荡，洵是仙居。”“水木清华”四字出自东晋诗人谢琨的《游西池》的“景昃鸣禽集，水木湛清华”之句。“湛”为澄清之意，因工字厅后有池，故题为“水木清华”。伫立于工字厅后面的月台上，春天可见水中林木倒影，夏天池中红花碧叶，秋天变为枯枝败茎，冬天一片冰雪世界。

池北筑有假山，有山野气息；山间小径被称为“樵径”，如入山间密林。池边多垂柳，四周点缀以青松、枫树、丁香等，空间疏朗，花木繁茂，是北京西郊诸园中难得的实例。

近 春 园

【名园历史】

近春园位于清华大学。近春园原为康熙帝建的熙春园的中心地带。道光年间，熙春园分为东、西两园，西部园林称近春园。近春园园志上写着："水木清华，为一时之繁囿胜地。"英法联军入侵北京，火烧圆明园，近春园因修复圆明园而被拆除以提供建筑材料，从此沦为"荒园"。

1913 年，近春园并入清华大学校区，统称清华园。

【名园漫步】

进入清华大学西门后，沿河道一路前行，就来到了近春园。水景是近春园最显著的特色，中心湖区有两个小岛，岛上建筑一共二百多间，南岛上建筑有环碧堂、藻竹居、花韵轩，北岛上建筑有涵春书屋、嘉熏斋、临漪榭。同治年间，为了重修圆明园，建筑被拆除运走。园中山水格局依然没有变，水面大部分被填，仅留有一个荷塘和一个岛屿。朱自清先生的散文名篇《荷塘月色》就是在 1927 年夏季在近春园写下。为此，后人在岛的北面建"荷塘月色"亭，以纪念此事。岛上临池建水榭，面阔三间，卷棚歇山，西连一廊，廊折向北接一方亭。亭、榭、廊都为北方大式建筑，梁架都绘彩画。建筑围合一个小广场，广场的北面有一座堆山，全部是北方太湖石堆成，上植苍松，气势雄伟。在岛上土阜处还有孔子像。

园内有桥梁多处，有平桥，有拱桥。岛西面的平桥和桥头堆石结合，也很得体。另有拱桥，石制，仿江南景观。

钓 鱼 台

【名园诗话】

翳然林水处，便自远人寰。

麦陇凫双没，藤轩蝶四环。

高低春涧柳，深浅夕阳山。

坐忆垂竿叟，高踪未可攀。

明·冯琦：《钓鱼台》

【名园历史】

钓鱼台位于北京海淀区玉渊潭公园东侧，是一座具有悠久历史的皇家园林。金代时候的钓鱼台一带清泉畅流、树木丛杂，是一处富于野趣的自然风景区。金哀宗很喜欢这里的优美景色，经常到这里游乐，并且专门筑一高台，作垂钓之用，人称“钓鱼台”。明万历年间，这里成为了武清侯李伟的别墅。明朝末年的时候，钓鱼台一带因战乱而被夷为一片废墟。清乾隆三十八年（1773 年），扩挖了玉渊潭，并且在其周围堆石植树，修亭建阁，垒起了高大雄伟的钓鱼台，乾隆帝给这组园林建筑赐名为“养源斋”。民国初年，溥仪把养源斋赐给了他的老师陈宝琛。在新中国建立以后，玉渊潭辟为公园，钓鱼台则成为国宾馆的一部分。

【名园漫步】

钓鱼台是清代北京著名风景胜地，不少民俗活动也在这里举行，如七月十五中元节放荷灯、九月九重阳节登高等，但是参加的人多是皇亲国戚与文武官员。历史悠久的钓鱼台，景色优美，自然风光和园林景致相映生辉，是中国古典园林中的佳作。

作为国宾馆的一部分，钓鱼台各楼从中心湖南侧起始，沿逆时针方向，由“一号楼”编号至“十八号楼”，其中为尊重外国习惯，不设“十三号楼”；而为尊重中国传统，以“芳菲苑”替代“十七号楼”称呼，以“八方苑”替代“四号楼”称呼。

二号楼西临钓鱼台中心湖、南面是樱桃园，毗邻十八号楼（总统楼），楼内设有团长套房、豪华套房、普通套房及标准客房27套，还有大会见厅、小会见厅、宴会厅和四季厅。该楼既可独自接待各类代表团、旅游团，承办中、小型宴会，又可配合十八号楼接待大型政府代表团。

三号楼坐落在国宾馆的中心位置，北邻俱乐部，周围湖水潺潺、花草林木环抱，环境十分优美。室内设宴会厅、大客厅、小客厅及豪华客房，是一座理想的综合接待楼。

俱乐部位于国宾馆的东北部，集康体娱乐与餐饮会议于一身，设有游泳池、健身房、保龄球、台球、网球馆、棋牌室、乒乓球、酒吧、桑拿房、美容室及新闻发布会大厅等服务设施。

八方苑位于国宾馆的东北角，有团长套房、豪华套房、标准套房等23套，还有会见厅、宴会厅等，曾是周恩来总理办公及会见外宾的地方。

五号楼位于国宾馆的北部正中，内有团长套房、豪华套房、普通套房及标准客房共24套，内设会见厅、谈判厅、宴会厅和百人厅。国家领导人经常在此举办国事活动。李鹏总理向香港特区行政长官董建华先生颁发特首证书仪式曾在此举行。

六号楼位于国宾馆的西北角，玉渊潭的溪水从楼前流过，透过茂密的树林，一潭碧水隐约可见。

七号楼经过改造，现在的内部装饰为欧式风格，有团长套房、豪华套房及标准客房共14套。从宽敞的宴会厅向外望去，是赏心悦目的花园。

八号楼有团长套房、豪华套房、普通套房及标准客房共27套，并有大会见厅、小会见厅和宴会厅。

九号楼地处国宾馆的西部的中心位置，隔着中心湖与芳菲苑相望，适合举办各种小型宴会、会议，也是办公和居住的理想别墅。

十号楼有团长套房、豪华套房、普通套房及标准客房共23套，内设大会见厅、小会见厅、宴会厅和四季厅，建筑风格为中西合璧，是举办各类中小型宴会的理想场所。

十一号楼有团长套房、豪华套房、普通套房及标准客房 26 套，并有大会见厅、小会见厅和宴会厅。

十二号楼位于国宾馆南部正中，对着芳菲苑，有总统套房、豪华套房、普通套房、标准客房共 17 套，并设会见厅、谈判厅、宴会厅、四季厅。会见厅绘有刘海粟的巨幅国画《江山多娇》。四季厅宽敞明亮，内有假山、溪流、涌泉、池水、名贵花木。十二号楼曾是毛泽东主席的住处，美国总统里根及英国首相撒切尔夫人也曾在此下榻。

十四楼位于国宾馆东南角，与西面的古建筑群隔湖相望，毗邻钓鱼台国际会展中心。此楼有宴会厅、谈判厅、豪华客房，是一座综合接待楼。

十五号楼有团长套房、豪华套房、普通套房及标准客房共 17 套，并有大会见厅、小会见厅和宴会厅。“丹若园”是钓鱼台国宾馆的园中之园，与十五楼连为一体。“丹若”为石榴别名，因遍植石榴树，故名丹若园。环池曲桥，重亭凉榭，幽径回廊，绿草芳菲，小瀑飞花，金鱼戏水。名家书法的题匾刻字分布于厅内或石上。入夜，灯笼高挂，宫灯闪亮，泛光映射，丝毫不逊白日之佳趣。

十六楼位于国宾馆东门附近，内设宴会厅、客厅、豪华客房，是一座综合接待楼。

十八号楼为仿明式建筑，位于国宾馆中央位置，在中心湖北侧。十八号楼有总统套房、豪华套房及标准客房共 25 套。内设候宾厅、谈判厅、宴会厅和四季厅。中式总统套房古色古香，仿明式装饰和内设，颇具皇家气派。典雅华贵的古建筑外观气势恢宏。圆明园的鎏金铜狮坐于大门两侧。楼外处处是中国古园林美景。绝大多数外国元首或首脑均下榻于十八号楼。

养源斋是清代皇帝的行宫，“养源斋”三字为乾隆帝题写。现内设会见厅和宴会厅。宴会厅金碧辉煌，厅内悬挂后人临摹的乾隆帝的书法“幽怀托泉石，乐事在桑麻”。养源斋现在是国家领导人举办重要外事活动的重要场所。

御苑毗邻养源斋，古时亦为皇帝的行宫。院内古树参天，翠竹花草掩映朱漆回廊，会见厅、宴会厅、豪华套房和标准客房一应俱全，结合现代装修，别有情趣。

八 大 处

【名园历史】

八大处位于北京西山，八大处是指八座寺院，明代就有八佛社、八大禅处之称，近代始称八大处。八大处不但是佛教圣地，而且还是园林胜地，它是一个寺院山景的公共园林。自唐代起就开山立寺，建有龙泉寺、平坡大觉寺、感应寺，在明代形成八座寺庙，一直延续至今，分别是：一处长安寺、二处灵光寺、三处三山庵、四处大悲寺、五处龙泉庵、六处香界寺、七处宝珠洞、八处证果寺。依山势作纵向布局的八处寺院，各处景观不同，都有高超的园林艺术布局，再加上地形地势与四季植物的变化，成为京西一个重要园林的景观。

【名园漫步】

翠微山前，一个四柱三间三楼的琉璃牌坊是山门，坊前还有一对石狮。进坊跨桥，一折来到园门，门为五间歇山顶。入门后，园路的右面为映翠湖，湖中堆石为山，山用湖石构成，山在水中，山内有洞，山前有平台。所有的石体巨大，不似江南山石纤秀，水边伸出半岛，水口汀步与瀑布做法十分自然，在岛上建小亭，此区是全园人工景的最佳处。

在翠微山南侧东部有一处长安寺，其北倚的山峰颇似猛虎，所以有虎头山之说。长安寺全称为“善应长安禅林”，始建于明弘治十七年（1504年）。现存格局是明代式样，全寺四周绕以红墙，大门朝东，前殿是释迦殿，后殿是娘娘殿寺。内有元代种植的二棵白皮松和紫荆、紫薇、金丝木、二月兰等，其中以二月兰为最佳，逢春开放，如锦绣地毯。

向映翠湖前行，二处灵光寺在翠微山东麓，始建于唐大历年间，初名叫龙泉寺。辽咸雍七年（1071 年）建招仙塔，可惜毁于八国联军炮火。金大定二年（1162 年）重修，改名为觉山寺明宣德三年（1428 年）重建，明成化十四年（1478 年）再修，成化帝赐名“大灵光寺”，成为了八大处最著名的寺院。光绪二十六年（1900 年），八国联军入侵，寺院受损十分严重，圣安长老历时 23 年重建灵光寺。山门有百级长阶，阶口立有一对石狮，阶顶为面阔三间歇山顶门楼，内供有观音，出门过甬道就可以来到全园最壮观的舍利塔，塔一共有十三层，高 51 米。塔后空间的处理与建筑台地布局十分巧妙，红墙白栏、石阶石屏，松树从石墙上破墙而出，令人惊诧；登台俯瞰，胸襟不解自开。寺的西南有园林，园门为月洞式，对着园内的一亭。入园见水池，池一面临石崖，崖间有泉名“觉山泉”，泉水流入为放生池，池中建“泠心亭”，岸线曲折，用规则条石整砌，设有石栏。泠心亭及岸间架拱桥，桥拱顶左右有出龙头。池中有观音石像。池边建水榭，面阔五间，其中三间突出水面。正对水榭的池另一岸也建一间硬山顶小轩，前出月台。元代招仙塔的塔基是桥头，旧为密檐叠涩式砖塔，又因塔身刻佛千尊而称为千佛塔。塔边还另有一院，是端方所建的归来庵，端方曾出国考察各国的政治，此庵之名是为了纪念他从国外归来。庵门有对联道：“田园松菊岂无意，魏阙江湖同此心。”

从灵光寺出来，一路就可见三山之交的山谷景观，松林中建有一个墓塔，跨谷桥头的草地上雕有一群鹿与羊，游人都在此照相。在翠微、平坡、卢师三山交界的地方建有一寺，因地处三山而取名三山庵，它是八大处的第三处。庵始建于金天德三年（1151 年），是一所坐南朝北、红墙灰瓦的四合院。正殿有五间，原供佛祖，门额题为“大千世界”，门槛下还有汉白玉阶石一方，名为水云石，上有山水人物和鸟兽花木的天然纹理，遇水辙现。东厢后门有敞轩，额题道“翠微入画”，前临高台，纵目远眺，十分开阔，抱柱有联写道：“远水近山澄雾色，清风明月净禅心。”轩内有联写道：“光明而观月窟，踊跃以超龙门。”

出庵就来到中华精印谷，谷上的坡地是用黄石砌坡，成梯田式花台，内植四季草本花卉，台侧有立石，上题草书有“虎”字。走上三十级台阶可达第四处大悲寺，它处于在平坡山的半山腰，建造时间不晚于 1033 年，元代称为隐寂寺。明嘉靖二十九年（1550 年）建大悲阁，清康熙五十一年（1712 年）改名为“敕建大悲寺”，乾隆六十年重修。寺坐西朝东，前殿有元代雕塑家刘蓝塑造的十八罗汉，因为内掺檀香木粉而至今飘香。大雄宝殿后为圆通宝殿，殿前的古银杏已有八百余年的高龄，一树六干，树枝上缀满祈福红布条与小红纸灯，成为了院中最胜之景。寺外隔路建有高台，台上建面阔有三间歇山亭，台基石砌如城墙，墙上有柏树穿出。

出高台亭上山，在路转折处设有动物乐园。爬山到半山，有个水池，池岸一半是为青灰两色鹅卵石，一半为青石竖砌与水泥松木桩，池中设一圆岛，岛上堆石成三尊石状。一过小岛，见一台，台中立墓塔，塔边用青石与黄石堆崖洞。从石洞边经过，见台阶旁立有一石，上题为“龙泉庵”，即第五处，始建于明洪熙元年（1425 年），清康熙十一年（1772 年）重建，庵内有五个院落，一共有 6000 平方米。庵前一半为树篱，另一半为竹篱，山门是竹坊。过竹坊，见红墙砖门围成内院，入门正对是龙泉，所以龙泉庵又称龙王堂。龙王堂前台的石阶中间内石拱成壁龛，内供有平安钟，壁龛两边题有对联一副，上挂红彩。壁龛前有一水池，池水源于壁龛前池岸的龙头，因为水甘甜，故名甜水泉。泉前左右植竹和树，池深有五尺，池中雕有童子像，岸边石栏围护。池左有听泉小榭，坐于其中可以边品香茶边听泉声。从池中台阶上，就可到达龙王堂。东部有山门殿、卧游阁、大雄宝殿、祖师堂及妙香殿。

第六处为香界寺，位于平坡山，是八大处面积最大的寺庙。寺有三路五进，石跨院为行宫，是清代皇帝避暑之处。

第七处为宝珠洞，位于平坡山顶。该寺有两进院落，前殿之后有一山洞，洞内的石砾如同宝珠一样，故命名为“宝珠洞”。宝珠洞是观赏日出、远眺京城的佳处，有“京西小泰山”之誉。

第八处证果寺位于卢师山半山腰，距灵光寺东北有三里多，因寺内有秘摩崖且名声胜于寺名，所以常以秘摩崖代指第八处。证果寺始建于隋仁寿年间，唐天宝年间重建寺院，更名为感应寺，明天顺年间，英宗重修寺庙，赐名证果寺。证果寺是一个园林式的寺院，在方丈院大门上悬有匾写道：“祇园宝地”，左右联为：“寻僧意来莲舍来莲舍，送客无心过虎溪。”寺中的湖石假山透瘦玲珑，东是山坡，绿树浓荫，凉风消夏；南门外也是山坡，松涛阵阵，山居最宜。证果寺西部有园林，位于坡下狭长隙地，前为三间卷棚殿堂，前出抱厦，两侧有耳房。堂东有青石雕刻石门，形如宝瓶，上刻莲花与二龙戏珠，门上写道：“曲径通幽处，禅房花木深。”出自初唐诗人常建的《题破山寺后院》，诗句配此院最合。过石门，院内植竹千竿，竹旁叠青石为山，山势雄浑，显北派叠山之妙。出院门的南侧崖边建有四角攒尖亭。沿曲径西行北折，眼前豁然开朗，能看见巨石横空出世，状若天盖，石下有天然石室，崖间题为“天然幽谷”和“别有洞天”，内有龛台供卢师和尚像，这就是饮誉京城的秘摩崖。

中　南　海

【名园历史】

中南海位于北京西长安街的北侧、北海公园之南。中海与南海统称为中南海，旧时与北海公园统称为太液池、西海子、西苑。始建于元代，明、清各代不断地扩建，为明清两代重要的皇家园林。民国期间，这里是总统府、大元帅府、国务院北平行营等机构的办公场所，一度开放为公园。新中国成立后，中南海成为中共中央和国务院的办公场所。

【名园漫步】

中南海面积大约100公顷，以蜈蚣桥为界，南为南海，北为中海。

中南海的南大门是一座雄伟的楼阁式建筑，名为“新华门”，原名“宝月楼”，建于清乾隆二十三年（1758 年）。民国初年，袁世凯把中南海作为总统府，下令将宝月楼改建为总统府大门，更名为“新华门”。从此，新华门就成为中南海的正门。

南海的主要景点集中在瀛台之上。瀛台是南海中的一座四面环水的小岛，岛上有涵元殿、翔鸾阁、迎熏亭等建筑。康熙帝、乾隆帝等曾经在此读书、听政、赐宴。最北面是翔鸾阁，坐南向北，上下两层各七间，两侧展延出双层回抱楼，各十九间，东名“祥辉”、西名“瑞曜”。翔鸾阁以南是涵元门，门内东为庆云殿，西为景星殿，都是涵元殿的配殿。涵元殿是瀛台的正殿，是皇室休息、宴饮的场所。戊戌变法失败以后，光绪皇帝被慈禧太后幽禁在这里。涵元殿东西有“藻韵”、“绮思”两座翼楼，都为两层六间。从涵元殿向南穿过一个月牙形小院，可至蓬莱阁，此处东西对称建有春明楼、湛虚楼，都有两层。瀛台的最南端是背山面水的迎薰亭。小亭玲珑精致，三面临水，只有北面有桥与瀛台相连，远望就如一位绰约的凌波仙子立在碧波荡漾的南海水面上。在亭内放眼四望，只见湖光山色和掩映在绿树浓荫中的亭台楼宇交相辉映，使人疑在仙境。

从藻韵楼折而向东，有一座小院落在山石上，南屋名“补桐书屋”，北屋名“随安室”，乾隆帝做太子时曾在此读书。从绮思楼向西，和补桐书屋相对，也有一处小院落，南屋名为“长春书屋”，北屋名为“漱芳润”。附近山石上的八角亭名为“八音克谐”，风景绝佳。小院的西面，临水建有一亭，名为“怀抱爽”。北侧有一块巨大的石碑，称为“人字柳碑”。这里原有一株老柳，在乾隆十八年（1753 年）被狂风吹歪，一枝倒垂着地，日久成活，与主干呈“人”字形。对此树颇感兴趣的乾隆帝，命人于树旁立碑，并吟诗作序以记之。

蜈蚣桥以北为中海，南岸有丰泽园、静谷等建筑群。丰泽园建于清康熙年间，主体建筑为颐年堂，面阔五间。其后为澄怀堂，康熙帝曾经在此从师学业。丰泽园古朴清雅，不尚华丽，和瀛台上金碧辉煌的建筑形成鲜明对比。颐年堂的东侧为菊香书屋，系藏书之所。院内环境清幽，毛泽东主席曾在此居住。

紫光阁和武成殿是中海西岸的主要建筑。紫光阁处原为明正德年间修建的高台，是皇帝“阅射”之地。现存的紫光阁为清乾隆二十五年（1760年）所建。乾隆帝为炫耀“武功之盛”、“文治之隆”，下令重建紫光阁，在阁内绘功臣图。紫光阁分两层，面阔五间，重檐庑殿顶。阁高18米，金碧辉煌，雄伟壮观。清朝皇帝多于此宴请有功之臣或接见外藩。武成殿居紫光阁之后，两侧各有廊庑十五间，内中陈列乾隆诗石刻，共有224首。廊额枋彩画为江南风格，分别有山水、花卉、人物等，生动传神。武成殿院内有一块高2米、宽3米的石碑，称“下马必亡碑”，碑文内容为乾隆帝告诫八旗官员要习满文、勤骑射，以巩固统治。

在中海的东岸，与紫光阁隔湖相对建有万善殿，是供奉诸神之所。万善殿西门外建有一座凉亭，名为“水云榭”，内立乾隆手书“太液秋风”石碑，为“燕京八景”之一。

以水面为中心的中南海，楼台殿阁错落其间，布局协调有致。各式建筑都掩映在葱茏绿树之中，环境清幽静谧。园内景点秀丽、建筑精美、文物众多，是我国皇家园林的精华集中之地。特别是近代以来一直作为我国的政治活动中心，更使中南海披上了一层神秘的面纱，使其更加具有魅力。

北海公园

【名园历史】

北海位于北京的景山以西、中南海以北，占地约68公顷，其中水面为39公顷，是我国保存最完整的一座大内御苑。

北海历经金、元、明、清几代，已有八百多年历史。金代时海陵王迁都至燕京（今北京），修建了太宁宫，基本形成了北海的格局。元代时元世祖忽必烈三次扩建琼华岛，重修广寒殿。明成祖朱棣定都北京后，对北海宫苑再次修葺扩建，但基本保持了元代格局。清顺治八年（1651 年），在琼华岛上建藏式白塔。乾隆年间，乾隆帝对北海进行了长达 30 年的扩建，建成静心斋、画舫斋、濠濮涧等小园林。慈禧太后又对北海进行了修葺及添建。光绪二十六年（1900 年），八国联军入侵北京，北海惨遭破坏。1925 年，北海作为公园开放。

【名园漫步】

北海主要景点均环绕水面而建，大体可分为琼华岛、北岸、东岸、团城四大景区。琼华岛是北海的中心景区，岛上松桧荫郁、亭台林立，集中了北海的主要景观。进入北海南大门，可见一座三券洞石桥连接南岸和琼华岛。桥北端与依山而建的永安寺相连。永安寺建于清顺治八年（1651 年），为喇嘛念经和皇室拜佛之地。进入山门，左有钟楼，右有鼓楼，中间为法轮殿，殿内供奉释迦牟尼及十八罗汉。从殿后拾级而上，穿过“龙光紫照”牌坊，可见东西各有一亭。拾阶再上可至正觉殿、普安殿、善因殿。善因殿是一座上圆下方、精致华丽的琉璃小殿，殿中供奉着一尊大威德神像，殿四周墙壁上镶有琉璃小佛像 445 尊。善因殿规模虽小，但精致华丽、风格独特，为佛教建筑中的精品。

善因殿后即是北海的标志性建筑白塔。白塔于清顺治八年（1651 年）在元代广寒殿遗址上修建。白塔高 359 米，通体雪白，由塔基、塔身、宝顶三部分组成。中部塔身为圆形，最大直径 14 米；顶部为铜铸华盖，有地盘、天盘、日、月、火焰。塔身正南面有红底金字藏文，象征吉祥如意。登塔远眺，可观紫禁城、中南海、景山等处景色，美不胜收。

塔北设有信炮、号杆，古时驻扎卫兵，若有变故，立即开炮，白天升旗，夜间悬灯。白塔西侧，矗立着悦心殿、庆霄楼等建筑。悦心殿是皇帝处理政务和召见官员的地方。庆霄楼两层，古朴典雅，每年农历冬季，乾隆帝都要在这里观看八旗兵们进行冰上掷球、射箭等比赛。由悦心殿沿山坡西下，向北经琳光殿、甘露殿和水精域，便到阅古楼，楼呈半圆形，收集有历代书法作品数百件，堪称我国书法艺术作品荟萃之处。楼后有八角石亭，名“烟云尽态”亭，石亭梁柱上刻有乾隆诗作26首。

琼华岛北部山腰上依山势建有一组精巧建筑，有酣古堂、写妙古室、盘岚精舍、延南薰、环碧楼等，均小巧玲珑，各具特色。楼台亭阁随形就势，与山石、崖洞、林木搭配交错，巧妙结合，既有山林野趣，又有庭园佳景。琼华岛北部沿湖岸有一组月牙形两层建筑，游廊上下共六十五间，雕梁画栋，色彩绚丽。临湖有300多米长的石栏环绕，游人可在此休憩，观湖光山色。

来到琼华岛东部，可看到乾隆御题“琼岛春阴”碑，为“燕京八景”之一。由碑旁小道攀山穿洞，可至见春亭、古遗堂、峦影亭、看画廊、交翠亭等处。再逶迤向东南，可见一座半圆形砖城立于山腰，名“智珠殿”，俗称“半月城”。砖城脚下建有一座四柱三间牌坊，造型精美，为古牌楼之精品。

北海北岸景点较多，在琼岛北眺可见五座连为一体的亭子临水而立，这就是著名的五龙亭。五龙亭是帝后及近臣钓鱼、赏月和观看焰火的地方。五龙亭西侧是“极乐世界”，俗称“观音殿”，建于清乾隆三十五年（1770年）。殿为方亭式建筑，黄琉璃瓦重檐，建筑面积1800多平方米，是我国古典园林中面积最大的方亭。东行为九龙壁，建于清乾隆二十一年（1756年），全部用黄、白、紫、绿、赭、蓝等彩色琉璃砖砌成。两面各有9条不同颜色的蟠龙于惊涛骇浪之中飞腾戏珠，形态各异，栩栩如生。全国现有三座古九龙壁，其余两座分别在山西大同代王府门前和故宫皇极殿门前，但均为单面照壁，只有北海九龙壁两面有龙，且整个壁上共有大小633条不同形态的蟠龙，其艺术价值要高得多。九龙壁东面有一座寺庙建筑，名“西天梵境”，俗称“天王殿”。明代，这里是大西天经厂，翻译、印刷经文。清初荒芜，乾隆二十四年（1759年）扩建。

西天梵境东面是颇具江南园林风格的静心斋，原名“镜清斋”，建于清乾隆二十一年（1756年）。光绪年间，慈禧太后又进行了大规模扩建，并且将西苑铁路铺设至此。在每年夏季，慈禧太后都要乘火车来这里避暑。静心斋以水景和叠石为主，搭配以各种建筑，建筑与山池互为因借，主次分明。全园面积只有9000多平方米，但是亭台楼榭、假山水池错落有致、自成格局，体现了小中见大的造园手法。

北海东岸建有濠濮间、画舫斋、先蚕坛等建筑。船坞始建于明代，历代多次改建，用于停放在供帝王们游玩的时候所乘的画舫船。船坞东侧，建有濠濮间及画舫斋两组著名的园林建筑。画舫斋之北为先蚕坛，是清代后妃们亲蚕及祭祀蚕神之处。主要殿宇全部为绿琉璃屋顶，构造华美，色彩艳丽。

北海南部的团城，是一座砖筑圆台式的小城，也是一处独立的小园林。元代挖中海的时候将挖出的泥土堆在这里，并围墙建殿，称为“圆坻”，并建仪天殿，为帝后观赏河灯之处。明代，仪天殿多次维修，并且先后改名为承光殿、乾光殿。清康熙十八年（1679年），大殿倒塌，康熙二十九年（1690年）重建。承光殿是团城主体建筑，建于高台之上，重檐歇山顶，四面出抱厦，黄瓦铺顶，雕梁画栋。殿内悬有“大圆宝镜”匾额，天花顶是二龙戏珠图案，四根柱上都有楹联，为咸丰帝和慈禧太后所题。承光殿内的北侧正中佛龛上供奉着释迦牟尼白玉佛像。佛像是由整块白玉雕成，神态慈祥，左臂披金色袈裟，头顶和衣褶上镶嵌着红绿宝石，堪称稀世珍宝。承光殿前有玉瓮亭，为方形石亭，四角攒尖顶。亭内有一座用整块墨玉雕成的玉瓮，可贮酒30石，为元代玉雕珍品。团城建筑华美，国宝云集，具有很高的历史及文物价值。

北海以大面积水面为中心，所有主要景点环水而设。园内建筑很多，布局分散，但是杂而不乱。白塔作为标志性建筑，统领全园。其次，承光殿、镜清斋、九龙壁、画舫斋等各精品建筑分领一方景物，重点突出，主次分明，自成章法。融南北园林艺术精华为一体的北海，堪称我国皇家园林中的精品。

北京故宫乾隆花园

【名园历史】

乾隆花园本名宁寿宫花园，因乾隆帝准备退位后居住在宁寿宫，故又称为“乾隆花园”。宁寿宫是康熙二十七年（1688 年）在明代仁寿宫的遗址上建成的。从乾隆三十六年（1771 年），在原有的基础上改建，修建了宁寿宫花园。因为该园完全体现乾隆帝的造园意图，乾隆帝十分满意，并且在退位前一年下旨不准在他死后更改。

【名园漫步】

总面积只有御花园一半大的宁寿宫花园，局限在一条南北长 160 多米、东西宽 37 米的窄长地段上，因为地段的大小、形状不同，在总体布局上与御花园采取了不一样的形式。造园者将地段由南而北分隔为五进近似方形的院落，化整为零，消除了不利的空间狭长感，这就是宁寿宫花园的最大特点。

从由南端的衍祺门入园，首先看到的是一座人工假山，穿过山间曲折的通路，就进入了第一进院落。该院落堆山有六处，主体建筑是位于中轴线上的古华轩，夹于左右假山之间。古华轩前有古楸一棵，轩联是乾隆帝亲笔所题：“长楸古柏是佳期，明月秋风无尽藏。”

院西山上有旭晖亭以迎朝阳，山下有禊赏亭以供觞咏。在东南，由抑斋、矩亭和曲廊围合成一小院。此院独具韵味。院角为堆石，石上建撷芳亭，登亭可以俯瞰整个院落。抑斋门为佛堂。堂额为：“西方极乐世界安养道场”，堂联为：“便有香风吹左右，似闻了义示缘因。”佛堂上有露台，就是中国古代山上筑台的延续。

从古华轩北的垂花门穿过，便进入了第二进院落，这是一座十分标准的四合院，正面是五开间的遂初堂，左右各有三开间的厢房，四周有游廊相连，点缀着花木，组成了宁静疏淡的院落，与第一进院落具有完全不同的景观环境。遂初堂前后出廊，廊外侧是砖墙，内侧是槛窗或栏杆。遂初堂与围廊都高出园地六七级台阶并且后退园墙4米，避免了视线触及高达有8米的园墙。内院有花木盆景之属，开阔疏朗，令人赏心悦目。东厢房明间开门和东侧的乐寿堂的回廊西中门相连接。

第三进院落的主体建筑为萃赏楼，院内主要景致为一座假山。假山之上有耸秀亭，假山之下有三友轩。游园者通行既可缘廊，也可穿洞，更可登山。缘廊则曲折，穿洞则明晦，登山则畅怀。三友轩三面出廊，装饰以松竹梅“岁寒三友”为题，故名“三友轩”，室内还设有地炕，以备冬游小憩之时驱寒之用，嘉庆帝据此写诗道：“静座西窗看三友，清点劲节益心身。”耸秀亭被园林界认为是构图与视觉处理佳作，它介于该院南北、东西轴线之间的关键处，同时也在假山的最高处。此位置有“增一分则太白，减一分则太黑”的意味。

进入第四进院落，迎面一座假山横亘东西，山上有亭翼然，名曰“碧螺”。亭子平面为五瓣梅花形，五柱五脊，上有琉璃攒尖顶，下有梅花石栏杆，全部装修、雕刻、彩画都用折枝梅花主题。亭南石梁飞架，沟通萃赏楼二层。山势西走直到宫墙。依墙隔山，北有玉粹轩，南有养和精舍。

养和精舍是个书斋，平面曲折迂回，东西有五间，南北有三间，前檐有走廊。东面和萃赏楼以廊相通。主体建筑为符望阁，阁分为三层，中间有楼梯沟通上下，下层为落地罩、隔扇门、木板墙纵横分隔，之间错综复杂、参差错落，使得该楼荣获“迷楼”之美名。奇异之处就是四根金柱不通三层，只是十二根重檐金柱支承三层屋顶，形成了一个大空间，柱间设有木栏杆，可供依凭远眺，北望景山诸亭玉立，西望西苑三海烟波浩渺，东南两面宫殿鳞次栉比。

第五进院落是一处开敞的休息娱乐区，与第四进的封闭形成了鲜明的对比。四周回廊围合成中空的内庭，院北是主体建筑倦勤斋，一共有九间，为皇帝和皇后的休息娱乐之处。九间分为东西二部，一层相通，则是通过楼上相通。西四间为乾隆帝的听曲处，其中西三间则为单层，设有方亭式戏台；东一间则分上下两层，内设皇帝的宝床，宝床背后设有楼梯通东侧五间。最妙一处是院西的竹香馆，它正处于在倦勤斋的西侧四间前。东墙弓形矮墙，西为依宫墙的竹香馆，沿馆堆石，空地植柏两株、修竹几丛，可真是别有洞天。

乾隆帝以六次南巡、屡修园林而闻名于世。他不但把南巡带回的江南名园胜迹图册作为园林的模本，并且还亲自指导园林的创作。所以这些园林具有江南文人园林的风格，又不失皇家气派。

乾隆的文人化倾向不但表现在内廷宫苑中的不对称的规则运用上，而且表现在诸如智水仁山的禊赏亭与符望阁、功成身退的倦勤斋和遂初堂、高风亮节的竹香馆和三友轩等。

禊赏活动源自袚禊去病的风俗，盛于游赏戏文活动，在皇家园林中常有表现的是中国的私家园林。因为禊赏是在水边进行的，所以禊赏亭自然让人产生对水的联想。最典型的曲水流觞活动是王羲之在浙江省绍兴兰亭的禊赏故事。在乾隆花园的这样一个旱园之中，没有开凿水池，故以此一亭之内的流杯渠来代表水。在亭侧的石假山上有一储水巨瓮，游园的时候放水流入，水经北面水槽而流入御沟之中。

北京故宫御花园

【名园历史】

北京故宫御花园位于故宫南北中轴线的北端、坤宁宫之后，略呈长方形，面积约为 1.2 公顷。它始建于明永乐十五年（1417 年），是故宫保存完整的园林之一。

【名园漫步】

御花园可分中、东、西三部分，园内有建筑 20 余栋。由坤宁门进入御花园中区，透过参天古木，可见中轴线上矗立着一座青砖砌成的拱门。此门名“天一门”，琉璃瓦歇山顶，门前有鎏金麒麟一对。过天一门可至钦安殿。钦安殿坐北朝南，面阔五间，进深三间，重檐黄琉璃瓦顶，屋顶中央有佛塔宝顶，内供奉玄天上帝。这种屋顶建筑形式在园林建筑中极为少见。大殿的基座为汉白玉石座，望柱、栏板上均有石雕，刀法精湛、华丽完美，堪称精品。大殿四周松柏参天，环境清幽，殿前东西各有一座方亭。钦安殿北为承光门，其东西分别有延和门、集福门，与东、西园区连接。

东、西园区建筑全为对称建造，体现了规整之美。东区西北角有一座假山，名“堆秀山”，山顶有亭，名“御景亭”，二者之名皆为明万历帝所起。堆秀山背倚宫墙，拔地而起，高峻险峭。御景亭四角攒尖，玲珑精致，登亭可远眺景山、北海，俯观御花园全貌。与堆秀山相对，西区东北端建有体量较大的延晖阁。阁坐北面南，二层重檐，四周环以围廊，是登高观景的好去处。

东区堆秀山东侧为摛藻堂，南向，五开间，西接耳房，为宫中陈设书籍之所。其东侧有凝香亭，四角单檐，亭顶是由黄、绿、蓝三色琉璃瓦铺成，色彩绚丽。西区与之相对的是位育斋与玉翠亭。位育斋是宫中举行佛教活动的场所，与摛藻堂建筑形式相似，玉翠亭和凝香亭建筑式样则完全一样。

东区摛藻堂的南面为一长方形鱼池，池正中的南北向横跨一座石桥，桥上建有浮碧亭。于亭中环顾四周美景，俯看游鱼嬉戏，令人心旷神怡。与之相对的是，西区位育斋南面有一个长方形鱼池，池中桥上建有澄瑞亭，其造型与浮碧亭完全一样。浮碧亭前建有万春亭，亭的平面为方形，四面出抱厦，亭顶为圆形，取“天圆地方”之意。宝顶、斗拱、额枋、立柱都饰有彩色图案，华丽讲究，金碧辉煌，为亭中精品。西区对称建有千秋亭，形制和万春亭一样。

万春亭南有一座五开间硬山琉璃瓦顶建筑，名“绛雪轩”。《清宫述闻》记：“庭前古海棠数本，以此得名。”因海棠初开时是红色，花落时则呈雪白，绛雪轩因此而得名。此轩与园内其他建筑不尽相同，室外油饰采用清一色的斑竹纹彩绘，体现出朴实淡雅的风格。轩前有一奇石，枯木一样的外观，甚至可见残留树皮，用手触及，方知是石，故名为“木变石”。轩南东宫墙开有琼苑东门，是与东六宫连接。西区和绛雪轩相对的是养性斋，斋为两层，背靠西宫墙，平面呈“凹”字形。斋前花木葱茏、奇石兀立，景致优美。斋南西宫墙开有琼苑西门，和西六宫相连。

树木较为繁茂的是在三个区域的连接处，形成两条绿化带，不但起到分隔作用，而且使三个区域连接自然。在西区千秋亭东南侧，有一座四神祠，虽为祠堂，其建筑的形式却是一座八角攒尖的亭子。祠旁有井亭一座，亭内水井是用来浇园的。

布局规整、对称严谨是故宫御花园的最大特点。整个园区以坤宁门、天一门、钦安殿、承光门为中轴线，两侧建筑则对称展开，并且一些建筑的结构造型也完全一样，甚至在命名方面也讲究对仗，如“万春”对“千秋”、“浮碧”对“澄瑞”等。园林一般很少使用这种严格对称造园的手法，因为一般有呆板之嫌。但是在故宫这座布局严格对称的建筑群中，御花园则作为其中一部分，因为只有采用对称布局才可以与整体布局相协调，这正是采用了“因地制宜”造园原则的一种体现。尽管采用了对称布局，但是通过山石、树木、小品等的巧妙搭配，使规整中又富于变化，并没有给人有呆板的感觉，充分地体现了造园技巧之高超。

建筑密度较高又是御花园的另一特点。因为总体上属于故宫建筑群的延伸，所以园内建筑的疏密程度延续了故宫整体的风格，较为密集的是殿堂亭阁。

此外，园内有许多古树，苍松古柏遮天蔽日，给花园增添了许多古韵。御花园处于深宫之中，虽然没有自然山水之秀，却有人工胜景之美，其华美的建筑，精致的造景，给人一种华贵高雅之感，呈现出一种独特的园林风貌。

北京故宫慈宁宫花园

【名园历史】

慈宁宫花园位于北京故宫的慈宁宫西南，始建于清代顺治年间，是清代的皇太后及太妃们游憩、礼佛之处。乾隆四十四年（1779 年）进行大规模改建，此后，花园总的规模和布局始终没有大的变化。

【名园漫步】

花园南北长约 130 米，东西宽 50 米，总占地面积 6800 平方米。园中仅有建筑 11 座，占地不到总面积的五分之一，集中于花园北部，南部则地势平坦开阔，莳花种树，叠石垒池，意在使太后、太妃们不费跋涉之劳而得山林之趣。

花园入口揽胜门设在东墙，为一朴素的随墙门。进门北望，主殿为咸若馆，面阔五间，前出抱厦三间，黄琉璃瓦顶。馆前有花坛一座，东西两侧有宝相楼和吉云楼，馆后正北为慈荫楼。三座楼形制相近，皆为两层，绿琉璃瓦黄剪边卷棚歇山顶，呈“凵”形环抱咸若馆。慈荫楼底层东梢间开一小门，与慈宁宫前广场相通。宝相楼和吉云楼正南各有小院一座，分别名为含清斋、延寿堂，是乾隆帝侍奉皇太后汤药并为苫次之所。院中建筑为灰瓦三卷棚勾连搭顶，素雅清新。

花园南部有一东西窄长的矩形水池，当中横跨汉白玉石桥，桥上建亭一座，名曰临溪亭，北与咸若馆相对。亭的东西两侧原有翠芳亭、绿云亭，现为面阔五间的庑房各一座。花园的东南、西南两隅各有井亭一座，绿云亭内流杯渠之水即从东南井内引出。临溪亭南有花坛，高 1 米，须弥座式台基，与北花坛相对称。再向南绕过太湖石叠山，即为花园的南入口。

慈宁宫花园由于受礼制、宗法、风水等多种因素制约，建筑按照主次相辅、左右对称的格局安排，布局规整严谨却略显单调，主要依靠内部精巧的装修和院落中的水池、山石及品种繁多的花木来烘托浓厚的园林气氛。园中树木以松柏为主，间有梧桐、银杏、玉兰、丁香，集中分布在咸若馆前和临溪亭周围，花坛中则密植牡丹、芍药。其春华秋实，晨昏四季，各有不同的情趣。在礼制森严的紫禁城中，慈宁宫花园是唯一能令前代后妃们寻得心灵慰藉的轻松所在。

北京故宫建福宫花园

【名园历史】

北京故宫北部、重华宫西，有一座清乾隆五年（1740 年）建的宫廷花园，因其随建福宫而建，故名“建福宫花园”，又因花园地处内廷西部，亦称为“西花园”，为帝后休憩、娱乐的场所。

建福宫西花园的建筑形式深得乾隆帝的喜爱，不仅为其做了大量诗赋，并将众多自己喜爱的珍宝玩物存放此处，后来在决定兴建乾隆花园时，还下令以建福宫花园作为蓝本加以仿制。可惜在溥仪搬出紫禁城的前夕，花园遭焚，仅剩下了蕙风亭和一片山石瓦砾。

2004 年，建福宫花园复建完成。

【名园漫步】

建福宫花园坐北朝南，东西长 67 米，南北长 64 米，占地面积 3850 平方米。以延春阁为中心，周围散布有敬胜斋、碧琳馆、凝晖堂等建筑。它们大小不一、高低错落，内以游廊相连，并配有山石树木，虚实得当，堪称融皇家园林与江南私家园林艺术特色为一体的佳作。而且它布局十分独特，不像御花园、慈宁花园等故宫的花园追求左右平衡对称，因此在中国古代宫廷园林中占有特殊的地位。

建福宫花园是一个以静怡轩、慧曜楼一组建筑为主体的院落，甚为封闭、安谧。西边以延春阁为主体建筑，倚宫墙建有吉云楼、敬胜斋、碧琳馆、妙莲华室和凝晖堂。它们不仅以富华、艳丽的建筑立面遮蔽了平直的宫墙，而且在一片楼宇、花廊纵横的空间里衬托出延春阁的高耸和宏伟。延春阁的南边叠石为山，岩洞磴道，幽邃曲折，古木丛篁中饶有林岚佳趣。

静怡轩，面阔五间，进深三间，三卷棚勾连搭屋顶，周围有回廊，前出抱厦三间，左右有游廊与墙垣相接，自成体系。西侧游廊既作为静怡轩院的西院墙，又辟垂花门与花园相连，使静怡轩作为建福宫的寝宫，既不能离开轴线，又与花园相连。这种宫苑相间的布局手法，运用得十分得当。

静怡轩在花园东区建筑中属体量较大的一座，由于它采用三卷勾连搭的屋顶，不像庑殿顶、歇山顶有高高的正脊，因此虽然占地面积较大，但并没有建筑高突的感觉。相反三卷勾连搭式的屋顶，曲线优美、坡度平缓，作为园中之寝宫，其建筑形式又与园林建筑相和谐，也是宫殿区有别于园林区的一种过度形式。

静怡轩被视为建福宫花园的寝宫，是乾隆皇帝为守制所居而建。然“当年结构意，孤矣不堪思”，乾隆为皇太后守制时未能在此居住，不能遂建葺之意而发忧伤之感。在伤感之中又感慨“城市人烟遮倍常，只有静怡犹凉爽”，他曾有两年在这里避暑，亦不曾作诗，以体验“意静身则怡”的意境。

凝晖堂，面阔三间，以南室“三友轩”著称。乾隆十二年（1747 年），乾隆帝以旧藏有曹知白《十八公图》、元代的《君子林图》、元代的《梅花合卷》收入轩中，遂以“三友轩”题额，并御制三友轩长诗，书以巨幅悬于轩内。除藏三件珍品外，三友轩窗外种植松、竹、梅。堂中有联曰：“十二灵文转宝炬，三千净土荫慈云。”读之联句，如入佛门之地，可知此地曾为供佛之处。

妙莲花室，有联曰：“青莲法界本清净，白毫相光常满圆。”又有联曰：“转谛在语言而外，悟机得真实之中。”

碧琳馆为一座依山而建的小巧玲珑的建筑，馆前叠石种植竹、桧，有“咫尺间，缥缈蓬壶趣”之意境。

延春阁，平面呈方形，面各五间，周围出廊，四面各三间。《国朝宫史》记载有“阁内南面匾、联；东室门上匾、西室门上匾、东次室联、东西室内匾、右室联、西面匾、左室匾、右室匾；二层楼上匾、最上楼匾”等语。从记载来看，延春阁虽然外观二层，内实为三层，为有夹层的楼阁式做法，其中底层间隔较多。

敬胜斋，外观九间，内分为东西两部分，东五间与延春阁正对，两侧接游廊与阁相连。室内阁上有匾曰“旰食宵衣”。是对帝王废寝忘食、勤于政事的赞誉。西四间偏于花园的西北角，为乾隆八年西墙西移后所添建。

慧曜楼，为乾隆二十二年（1757 年）增建的一所佛楼。这是建福宫及其花园中最后建成的一座建筑。楼进深一间，面阔七间，上下二层，楼梯设在东侧，楼内曾供有佛像若干尊。

景山公园

【名园历史】

景山公园地处北京城的中轴线上，占地 23 公顷，原为元、明、清三代的皇家御苑。元代时这里属于后苑的范围。明代时在修建故宫时，将挖筒子河的土堆成一座小山，命名为“万岁山”。清顺治十二年（1655 年），改名为“景山”。1928 年，辟为公园。

【名园漫步】

景山是紫禁城轴线上的一个节点，园内也用轴线和对称格局。中轴上分别为南门、绮望楼、万春亭、寿皇殿，轴线左右的建筑对称，如观妙亭与辑芳亭对称，周赏亭与富览亭对称，集祥阁与兴庆阁对称。

从故宫北门出来，远远就可以看见景山高耸、万春亭雄峙在山巅。入南门，见一座二层楼立在山脚，楼前是小广场，楼为重檐歇山顶，绘有彩画，额题满汉两种文字的“绮望楼”。周围廊加汉白玉栏杆，内祀孔子神位。凭楼北可望景山，南可望故宫。

登上景山，两边青石夹道、绿树成荫，在半山腰有周赏亭和观妙亭。先到周赏亭，它建立在乾隆十六年（1751 年），内外各有八柱，重檐攒尖圆顶，蓝琉璃褐剪边，檐上有吻兽和仙人；内供有五方佛的宝生佛铜像，1900 年被八国联军掳走。再拾级而上，来到观妙亭，它平面为八角形，内外各八柱，重檐攒尖，蓝琉璃黄剪边，内供五方佛的阿众佛铜像，也被八国联军抢走。

在苍翠层叠的景山之巅，巍峨凌空的万春亭建在坚固的石基座上，三十二根方柱分两层撑起三重穹顶。从远处望，就像一位统领千军万马、气宇轩昂的元帅。亭的东西两侧各有两座亭形成拱卫之势，东侧二亭名“周赏”、“观妙”，西侧名“辑芳”、“富览”。游人来到万春亭里，北京古城的建筑格局棋盘似的摆在眼前，那条令人叹绝的巨大中轴线，南起永定门，北至鼓楼、钟楼结束，万春亭正建在中轴线的中心点和制高点上，闪烁金黄光芒的故宫，有如甲板前翻涌的海浪，来到这里的游人没有不神思飞扬、流连忘返的。

万春亭是北京城内的最高处，据亭南望，整个紫禁城都在眼底，向北而眺，不但园内的寿皇殿可全揽，而且园外的鼓楼尽收眼底，是借景的佳作。出亭西向下山，先到辑芳亭，它形制和周赏亭一样，但是内供阿弥陀佛铜像，被八国联军劫走，再下山，来到富览亭，形制和周赏亭一致，内供不空成就佛铜像，被八国联军劫走。

下山后向北回归中轴，就来到寿皇殿。全殿用围墙围合，殿坐北朝南，东、南、西门前各都有四柱九楼木牌楼三座。寿皇殿有九间，左右山殿各有三间，东西配殿各有五间，另有碑亭、井亭各两座，神厨、神库各五间。殿里供奉皇帝的遗像。

东门北有观德殿，北和集祥阁为邻，东和护国忠义庙为邻。庙内供有关公立马像，悬御笔“忠义”匾。

全园植物多为松柏，在观德殿前有牡丹园一处。全园堆石多是青石，棱角分明，多在夹道两侧点缀，少作堆山处理，因为这个园本身就是一个山景园。

纵观全园，布局为轴线和对称，建筑为官式，主题为祈寿，园林与佛家的结合反映在五方佛与五亭的结合，与风水的结合反映在玄武山的经营，园林与儒家文化的结合反映在绮望楼的孔子崇拜，与道家的结合反映在祈寿思想。

恭王府花园

【名园历史】

位于北京什刹海西侧的恭王府及花园，原为清乾隆年间的大学士和珅的宅第。嘉庆初年，和珅获罪，其宅大部被抄没，赐予庆王永璘。咸丰年间，咸丰帝又将此宅赐予恭亲王奕䜣。奕䜣请造园高手对花园进行了大规模改建，终成一代名园。

【名园漫步】

花园占地大约 3 公顷，布局甚为独特。园内建筑承接府宅走势分为三列，周围以假山环绕。山之首在园北端中间，假山顺时针绕园近一周，山之尾收在园西北角。山之首体量甚大，高峰耸立，如巨龙昂首；山之尾则藏而不露，渐渐隐没在韬华馆一带，如巨龙收尾。整个山脉呈首尾相顾，首显尾藏之势。山南部则有三个断口，分别为花园东、西、中三路入口。中部入口景观称“静含太古”，东部称“曲径通幽”，西部称“榆关”。

花园中路从园之正门“静含太古”开始，依次分别有独乐峰、福池、安善堂、滴翠岩、“绿天小隐”、蝠厅等景观。正门为中西混合式，造园者以“静含太古”来代喻仙境，将“静”和“古”的概念糅合在一起，为园林佳景赋予了深厚的历史感及时空感。造园者为了讨吉利，将园内水池建为蝙蝠状，并且取“蝠”之谐音“福”命名为福池。园内假山规模宏大，用青石与湖石叠砌，多副山、子山，互为呼应，并且设置多处洞门，使之有分有合，形成了一系列小景区。其风格独特，气势雄浑，是叠石之佳作。“绿天小隐”建在山峦之上，是中路最高建筑，是登高赏景的好地方。蝠厅位于中路最北端、假山之后，曾为园主人起居之所。厅四面出廊，平面呈蝙蝠形，造型非常独特。

花园东路以戏楼为主体建筑，周围分别有紫兰庭、梧桐馆、樵香径等景观。戏楼的内部装修十分华丽，几乎可以与皇家戏楼相比，是京城内著名的戏厅之一，有极高的文物价值。戏厅北面一处景点是紫兰庭，处于修竹古木掩映之中，清雅幽静。梧桐馆是戏楼旁一小院，清幽的环境，在院内植有八株梧桐，与院外石山相呼应，可谓“奥中取旷”。每逢秋季，小院颇有“寂寞梧桐深院锁清秋”的意境，更显得清幽。樵香径是假山中一个四岔路口，四条小路一条可盘旋登峰，一条则可下行入谷，一条蜿蜒通往山腹，一条则于涧上曲回。一个岔路口，显示了山之高深厚广，充分地体现了叠山艺术及水平之高。

花园西路以方形大水池为中心。水池南北长 60 米，东西宽 30 米，与西侧峰峦相互映衬，景色极为秀丽。池中有钓鱼台，为主人饮宴、观鱼之处。池南为西部入口“榆关”，榆关象征山海关，园主人奕䜣是清朝亲王，这反映了他怀旧之情。池北建有一处较大的馆舍，称为“澄怀撷秀”，曾为女眷的起居之所。

花园布局十分得当，建筑与山水花木搭配巧妙，体现了极高的造园水平。园内蝠厅、“澄怀撷秀”、戏楼三处建筑体量较大，按理说与园中景致很难协调，但是造园者运用高超的造园技巧，使得它们很好地融入园中，一点儿也不显勉强。对蝠厅采用了遮蔽的手法，且将其隐于山后；对“澄怀撷秀”则借用周围大体量的山水，使其平衡纳入其中；对戏厅则利用廊轩、庭院等小型园林建筑将其遮挡、围合，不但丰富了景观层次，而且达到了掩饰的目，真可谓是匠心独运、技艺超群。

恭王府花园又称为“萃景园”，意为集众多佳景精粹于一园。数百年来，众多文人雅士游过之后，都认为是名副其实。园内佳景众多，汇聚了我国南北园林之精华，具有极高的艺术价值，是北京颇具代表性的私家园林之一。

醇亲王府（北府）花园

【名园历史】

醇亲王府（北府）位于什刹海北岸，原是清初大学士明珠的宅第，光绪年间成为醇亲王奕譞的王府。宣统年间，奕譞之子载沣被封为监国摄政王，所以又名摄政王府。

【名园漫步】

宅园格局是王府在东，花园在西。花园中，南、北、西三面堆山，开南湖、北河、东河、西河，四水相接，中间大片平地为岛，主体建筑物都在岛上。

园门在园林东侧北向，面阔三间。进园门，过桥通中岛，不过桥则沿东河南行，见曲廊横跨在水上，北走接岛上戏台，南折接南楼。在曲廊南面，依南墙堆土石为假山，上山道曲折，路边点缀以太湖石，山顶建有一亭，名为箑亭。箑是扇子的意思，《淮南子·精神训》道："知冬日之箑，夏日之裘，无用于己。"亭的平面为扇形，平屋顶，梁枋全套彩画。亭前立有两个石笋，下山道两边立有石峰。山西侧建有一屋，名听雨屋。从听雨屋下山沿岸西行，一路太湖石环山，或卧或立，或大或小，各自成形。

西山东面是西河，近两米深，河岸为青石砌成。西河和南湖相接，转角处建石拱桥，桥南一边堆石三块，题"穿云"二字；另一边立巨石一个，题"岁岁平安"；石旁有一株古槐，构图优美。

跨桥来到岛上，岛中原建戏台、书斋等，今已多不存。戏台南为沿湖道路，路边植凤凰古槐。古槐有几人合围，枝干婆娑，遮天蔽日。一路东行，见湖岸垂柳，都为巨木，或直或斜，让人流连忘返。东行至东河，依河建曲廊，跨水建桥廊，桥北接六角亭，名为恩波亭。

王府花园的格局大体没有变，现有建筑也多为旧物，只是中岛上增建二层主楼，楼前辟大片草坪广场，使人略有西洋别墅的感觉。

什 刹 海

【名园历史】

什刹海又称十刹海、十汊海，分为前海、后海和西海。元代，什刹海叫积水潭或海子，与通惠河相通，为大运河上繁忙的港口，江南来的粮船、商船多停泊在这里，商贾云集。明初，积水潭北部因北城南移而划出城外。永乐年间，在积水潭中间建德胜门桥，什刹海被分成西面的净业湖与东面的后海与前海。

【名园漫步】

在元明清三代，什刹海一直是内城最大的水面，同时是寺院道观、酒楼饭庄、私家园林的集中地，什刹海的荷花也因此闻名了几百年。环湖的私园分别有漫园、太师圃、方公园、促园、刘百川别墅、杨园、刘茂才园、临锦堂、莲花亭、虾菜亭等，寺院有海印寺、龙华寺、广化寺、什刹海庵、三圣庵、佑圣寺、镇水观音寺等。有游船画舫，有酒楼茶肆，每年的七月十五还是人们放荷灯的场所。高珩的《水关竹枝词》写道：“酒家亭畔唤渔船，万顷玻璃万顷天。便欲过溪东渡去，笙歌直到鼓楼前。”清代，在银锭桥上看湖波荷柳、西山远景成为一种习惯，雅称为“银锭观山”。

如今，什刹海仍然是京城的一大名胜之地，环湖植杨柳，水中植荷，画舫畅通，游人钓客相挤。烟雨之时，薄雾笼罩，隐隐约约的两岸楼台，仿佛就是海市蜃楼。三海之间相串如珠，联系处水面收敛为小河，河面上架有石桥。这种水面大开大合的处理使景观感受有很大的差异。

三海之中，面积最小的是前海，南岸建有商业与景观结合的建筑群，西岸为公园绿地，古银杏参天而立。临水建水榭和水亭，前出观景平台，据台可望湖中小岛。

水面开阔的后海，波光粼粼，游船往来。西面是绿地，层层台地伸向湖面，没有过多的建筑，只点缀几座方亭，与湖面的宽阔和谐而统一。湖岸设环湖路，一边是毛石台坡，一边是栏杆码头。湖北有三层的楼阁和组合式堤桥。堤桥大部分是直线式，局部用微拱的拱桥，非常美妙。

最北面的是西海，又称积水潭。西海四面植柳，坡岸整形砌筑，跌落而设，钓鱼者终日不移，风雨不动。东岸沿水是绿地，路外建筑皆为古建筑群，大多数都是公司所据。西北角的进水口处最妙，筑有一座假山，外形巨大，内土外石，道路曲折；后退处巨石临空，若石崖巨穴。在半山腰有一个平台，建有一个亭台，巨石叠山，中开堑道，过堑道，就看见有一个小院。过了小院，至山顶汇通祠，祠内有正殿一座、偏殿两座。山北为来水口，水面细狭，两岸柳树，中间植荷，跌水一落，拱桥一座。延伸到水面中的山南坡水岸之石成为矶岛，此处是整个什刹海最妙之处。芦苇丛生，巨石起落，汀步延续，围海养殖，景观生动而有趣。山北酒家临街，入口须经层层踏步，上山路又曲折，有城墙的效果。山东南还建有一个酒家，独立成院，名山海楼，院中植竹堆石，婉转宜人，堑道夹峙，临木建二层楼临水，两层都向水面挑出平台，东西两面粉墙设漏景窗、开圆洞门，红柱、青瓦、白栏、绿水，在阳光之下显得格外鲜明。纵观三海，主景突出的西海，最引人入胜，故言西海最美。

涛贝勒府园

【名园历史】

涛贝勒府位于西城区柳荫街 27 号，现为北京市文物保护单位。这里原是康熙第十五子愉郡王的愉王府，同治三年（1864 年）转赐钟郡王奕洽。光绪二十八年（1902 年），醇亲王奕谖的第七子载涛过继给钟郡王为嗣，迁居于此，改称涛贝勒府。

1925 年，载涛贝勒府租给天主教会，作为创办公教大学的校舍，1927 年更名辅仁大学。1952 年并入北京师范大学。

【名园漫步】

涛贝勒府古朴典雅，绿树成荫，主体建筑古色古香，是旧北平著名三大中西合璧建筑之一。这里依旧保留着清代宫廷的痕迹，长廊、楼亭、花厅、假山，一个都不少。由于没有经过大的装修和整治，因此徜徉其中，还能感受到曾经逝去的气息。

花园建筑很少，中央地带开阔，显出疏朗之态。园中假山不多，主要堆在圆亭之下。亭北用黄白色湖石，剔透玲珑，山内暗有两个山洞，均有小径可登；亭南全用青石，峥嵘峻峭，与北面的秀丽柔美形成鲜明的对比。全国用石虽不多，但主次分明、错落有致，手法不俗。

园中多花木，以古柳、海棠、古槐、藤萝为佳。

全园布局强调轴线关系，共有四条轴线。园中道路基本是直线，与中国古典园林为曲径有很大差异。这些特色是造园者引入欧洲造园因素所致。

现存古建筑约 1. 1 公顷。坐北朝南，有门东向。分中路和东路及西路。中路有四进院落，东路亦有四进院，后三进院为三合院。西路只有前后三排房子，西为戏楼。南为花园，有长廊、亭、花厅、假山等。

半 亩 园

【名园历史】

半亩园位于弓弦胡同（今黄米胡同），清初是陕西巡抚贾汉复所居之地。道光二十一年（1841 年），此园为满族高官麟庆所居，他对宅园重新修缮，不仅恢复原貌，更增添许多景观，既简静清新，又铺陈古雅，游之观之使人心旷神怡，是半亩园的鼎盛时期。1947 年，被天主教怀仁学会购得，当时园中尚有假山流水曲径园门等，但已荒芜破败。

新中国成立后，半亩园收归国有，20 世纪 50 年代尚存。20 世纪 70 年代，西边花园部分建了办公楼，园林现无踪迹可寻。

【名园漫步】

半亩园内的布局曲折回合，山石嶙峋，朴素大方但不乏妙趣。内有正堂名“云荫堂”，旁边有拜石轩、退思斋、书斋“琅寰妙境”、近光阁等建筑。

清朝，半亩园名为半亩，实际半亩有余。要说半亩园，得先从它的设计者说起，知道国画的人没有不知道《芥子园画谱》的，书的作者就是清初著名的戏剧家和造园家李渔，他自述生平有两个绝技：“一则辨审音乐，二则置造园亭。”半亩园是清初陕西巡抚贾汉复所居之地，李渔是他的幕僚，李渔的设计理念为：“因地制宜，不拘成见，一榱一椽，必令出自己裁。”他崇尚新奇大雅、独出一帜，以叠石著名。云荫堂内挂有麟庆从扬州购得的竹制楹联，堂前有桧柏、日晷、虎石、盆景等。再往南是一个小小的方形水池，后来被扩大成两个水池。池西有一方亭，名“留客处”，临近曲水幽竹，略有兰亭之趣。园北有拜石轩，其中储藏大量的奇石、矿石、石砚、图章、木化石等。拜石轩以北有书斋“嫏嬛妙境”，藏有八万多册图书，有许多是善本。

半亩园的大门上雕的是麒麟，寓意是麟庆的名字，过厅上雕有马上封侯挂印，二进院正房檐雕有狮子滚绣球、梅花群鹿、三羊开泰图案，梅花寓意主人的高洁品格，群鹿寓意百禄；三阳为春天开始，三羊昂首望日，神态生动，令人心动不已，我国古老的砖雕文化，在这里得到李渔的广泛应用，仔细想来这也符合造园意向：“以人之一生，他病可有，俗不可有。”

园中的假山各有妙处。退思斋前的假山充分与建筑结合，使得退思斋冬暖夏凉。园林最南端的假山基本为土山，植以杂草灌木，颇有野趣。全国植物别然不多，但点缀适当，清荫匝地，淡雅宜人。

总的来说，半亩园建筑风格淡雅，陈设精致，空间幽曲，山水花木都独具匠心，是一座充满文化气息的私人园林。

北京马家花园

【名园历史】

马家花园位于东四魏家胡同 18 号，是清代著名营造家、兴隆木厂的厂主马辉堂先生的宅园，现被列为北京东城区文物保护单位。

马辉堂本名马文盛，字辉堂，大约出生于清同治九年（1870 年），1939 年去世。马氏家族为明清两代著名的营造世家，世代从事皇家建筑工程的营建工作。传至马辉堂时，家道更是大盛，成为清末北京“八大柜”（即兴隆、广丰、宾兴、德利、东天河、西天河、聚源、德祥八大木厂）之首，承建了包括颐和园在内的大量皇家建筑和王公府邸，主持维修了多座坛庙、寺观和陵寝，在当时的京城称得上是赫赫有名，有“哲匠世家”之誉。民国时期，兴隆木厂关闭，马氏家族改经营恒茂木厂，由马辉堂长子马增祺（字介眉）掌柜，继续执北京营造业之牛耳，直至新中国成立后收归国有。

马家花园的所在地原为一座戏园，民国初年失火烧成白地。马辉堂即购为宅基，兴建了这座宅园，历时三载，于 1915 年落成，此后一直以其精致独特的山池景色而在当时北京的上层社会中享有盛名。20 世纪 50 年代初，马辉堂之孙、著名古建专家马旭初先生以低价把宅园售与国家。

【名园漫步】

马家花园实际上是对马家的住宅和花园的统称，总面积为 7500 平方米左右，其中花园部分为 4500 平方米，在北京算得上中等规模的园林。花园位于宅院西部，其东有两路四合院，为马氏家眷居所，格局紧凑而完整；再东为一座戏楼，四卷棚勾连搭，供唱堂会、办庆典之用。住宅与戏楼所在的院落中也点缀了一些山石和花草，与花园部分相呼应。

花园入口偏西，同时也是整个宅园的主入口，门上原有“公正廉明”匾额，为民国时 10 位名流联名所赠。大门之西为五间门房，之东为账房，再东布置佛堂和库房等辅助用房。辅助用房的东西两端还各带汽车房。

花园布局随地形展开，形状并不规整，通过假山和游廊分隔为六七个大小不一的院落。入门即见一组石峰，宛如屏风，挡住后面的景观，与辅助用房一起构成一个类似倒座院的空间。转向东面，迎面墙上开有四扇屏门，可通宅院，但平时并不开，一般多从南边的月亮门进入住宅部分的井院。再向南则可穿过另一座屏门进入花园的主体院落。

石峰之南为一座大型假山，以土带石，下垫青石，上立湖石，奇峰高峻，成为园景的第一个高潮。山之南坡建有一座歇山顶的厅堂，三开间周围廊，居高临下，阶前青石环列，气势不凡。此厅主要用作马家打台球之用。山之西坡有一座小小的财神庙，坐西面东，高仅有 1 米多，里面供奉财神赵公元帅，平时香火不绝。

台球厅的西南角接出一条游廊，通向南面的一座三卷棚硬山顶建筑，堂之原名已不可考，马家平时简称此堂为“三卷”。这里是马辉堂先生本人的寝室所在，共有五开间，南面一卷西部略去两间，空出的位置留作平台，平时可以坐在这里晒太阳；东部的一卷三间则为敞轩的形式，北面一卷的明间出有抱厦，显得很敞亮。三卷厅之东为全园主厅，为两卷棚三开间前后廊硬山顶建筑，进深很大，马家平时宴客多在此处。名叫“惜阴轩”，取“珍惜光阴”之意，厅内还挂有翁同龢所书的“谈经堂”匾额。

惜阴轩两山均有游廊，其东部的游廊通向东面的一个院子。此院紧接在住宅四合院之南，院北有一个小水池，名叫“影池”，池中有一个猴子打伞的石雕，可以向上喷水。院南有一组山石，与水池隐隐呼应。

三卷厅的南面院落中央，为全园的另一座假山，山势玲珑，形态曲折，有石级可登，山顶绿荫如盖，摆放着石桌、石凳，是小憩、品茗或对弈的佳处。东北山脚下雕有龙头，下临一汪清池，龙头可以吐水。院南有一组平顶转角房，是日常杂务用房，中餐厨房也设在这里。

惜阴轩之南的院落是全园景色的另一个中心所在，整个院子均环以游廊，东面是一座五开间的敞厅，原本带有前廊，曾是马增祺先生的寝室。此厅面西，厅前布置山石云步。院子的最南处还有一座三开间的南书房，坐南朝北，书房中供奉着木匠行业的祖师爷鲁班。此院的中心为一个较大的水池，驳岸蜿蜒，形如弯月，被称作“月牙河”，池中有一座麻姑献寿石雕，造型为提着花篮的仙女。月牙河西岸为一座方形井亭，亭内有一口水井，平时可汲水入池。另在惜阴轩阶前放置着一株珍贵的古木化石，给园景增添了古朴的气韵。

马家花园的主人身为营造世家，修建过颐和园和许多王公大臣的府邸花园，对于经营园林拥有极为丰富的经验，同时，马氏与另一营造世家雷氏（即“样式雷”）累世交好，与清代叠山大师张南垣（即“山子张”）的后人也有姻亲，还和当时的显赫官僚、文人才士都多有过从，耳濡目染，对其造园水平的提高大有影响。马辉堂凭借自己在园林艺术方面的多年经验和深厚造诣，用上好的材料为自家精心建造了这座花园，匠心独运，于朴素处显出精致，有不少别处私家园林所不常见的高明手法，值得称道。

此园最别致之处，在于其巧妙的院落空间划分。园内几乎没有使用隔墙，各院均以假山和游廊来分隔，或宽阔，或幽深，或小巧，形态各异。整体布局颇为疏朗，看似散漫，虽然厅堂和游廊均取正朝向，但通过花木水石的环绕点缀，空间毫无严整的感觉。从进入园门开始，行进路线就不断在假山和廊子之间来回穿插，迂回曲折，更有一步一景的效果。马辉堂本人对此也最为得意，经常给家人评点其中的奥妙所在。

花园的建筑也很有自己的特色。马辉堂经营此园时，清朝已经灭亡，其建筑原本不必受到封建等级制度的制约，但整座宅园依然采用了相对较低的屋宇形制，仅有一座厅堂为歇山顶，其余绝大多数建筑均为硬山顶，且均采用卷棚顶或鞍子脊，墀头戗檐砖上不施砖雕，梁枋上也仅在箍头部位略绘彩画，显得非常朴素。但建筑的用料非常讲究，厅堂均用金砖墁地，墙壁均磨砖对缝，精致而密实。屋内设置了多种落地罩、花罩和多宝格，做工都很好。马辉堂认为自己的身份只是匠师和商人，不必追求官僚宅园的富丽堂皇，代之以平和朴素的风格，在谦和的外表下，隐藏着商人特有的精明和实在，也和园林的山池景色相得益彰。

园中主要的两座厅堂分别采用两卷棚和三卷棚的形式，虽不显高大，但进深很深，室内可以作灵活隔断，亦为晚清以来园林建筑所常见的模式。建筑原来多带有匾额和抱柱楹联，全部出自于书法名家的手笔，可惜均已不存。

马家花园的另一个特殊之处，是此园并非附属性的游赏之地，而是主人的主要居住生活场所，建筑物多有特定的功能，不是单纯的景观性轩榭，而且特别设有财神庙和南书房，分别供奉赵公元帅和鲁班，显示出马氏家族的行业特点。假山上专门设有台球厅，也反映出民国以后的上层社会的娱乐方式的变化。这些功能类型的建筑，在清代的私家园林是很难见到的。

园中的游廊很长，多带有坐凳栏杆，爬山绕屋，高低起伏，萦回穿插，且与住宅部分的过渡很自然。同时，园中所有的道路均采用与颐和园一样的甬路，两侧铺设石子，中央部分为菱形的方砖铺地。

马家花园的假山山石，大多数都是从已经荒废的圆明园中运来的上好湖石和青石，尤其是湖石，有数款带有乾隆御笔题款的佳品。山石是花园的造景重点，全园原来建有两座较大的假山，此外还有五六组精美的石峰，或峭然屏立，或峥嵘险峻，或玲珑别致，或蜿蜒低回，或有石级可登，或有洞壑可赏，景色各有风韵。尤其是台球厅所居的大型假山，虽然高大的主峰已经不存，但其形态气势至今仍大致保留，颇有山岳余脉的气象，是北京私家园林中的佳例。

花园设有三处形状不同的水池，影池和山下小池的水源依靠自来水，月牙河则利用方亭内的水井来注水成潭。三个水池都挖得比较深，池底墁砖，上面再加从别处特别运来的上等河泥，然后直接种植荷花。到了冬天，就在池中铺上草帘子防冻，这是一种很昂贵的荷池营造手段，非北京宅园中所常见的在池中放置荷花缸的布景手法可比。此外比较特别的是，三个水池中都设置了雕塑，造型虽采用中国传统题材，受到西洋园林风格的影响，兼有喷泉的效果，与昔日圆明园西洋楼十二生肖雕塑有相似之处，反映了民国时期造园审美趋向和创作手法的变化。

北京郝家花园

【名园历史】

郝家花园位于北京西城区西交民巷，西临北新华街，东临前细瓦厂胡同，为民国时期奉军将领鲍毓麟所建，后转卖给民族资本家郝升堂。从此改称郝家花园，至今仍保存完整。

【名园漫步】

郝家花园整座宅园分为东西两路，总面积约 5400 平方米，其中，东路大部为住宅，而花园则占据了东路前院及西路的全部空间，面积达 4000 平方米。

南部以湖石堆叠假山，横亘东西，其间设有三个山洞，各有小径从中穿过。中央一洞的北侧山石上有三处乾隆帝御笔诗刻，其中最清晰的一首为“云为林复石为室，谁合居之适彼闲。却我万几无暑暇，兴心那可静耽山。癸卯新正御题”，原为乾隆帝为长春园狮子林的云林石室所题。另两首字迹漫漶，经考证原为乾隆帝为长春园狮子林画舫所题诗句。

西路为主园区所在，呈现出一个宽阔的大院落形态，与东路的小花园以游廊相隔。院中央设一道汉白玉栏杆，将花园分为南北两半，北部均以地砖墁地，南部为草地与小径、假山、水池相穿插。

院北为五间硬山正厅，前出三间歇山抱厦，规模宏大，阶前立有一对石狮子，小巧秀丽；抱厦东西原各辟一座小水池，东池为圆形，西池为长方形，现已填平；东厢房为三间硬山建筑，南、北三面环以平顶游廊，西、廊前中央设汉白玉石雕花坛，左右有石雕花盆各一。西厢房是一座砖砌的洋式房，建于平台之上，石柱上刻有简单的几何纹样，平台栏杆采用西式宝瓶样式。洋房前出宽廊，南侧外墙处理成多边形，阶下原立一对大型石狮，雄健大方。因是圆明园旧物，于2008年运回圆明园遗址公园。

院东南角建有一座六角亭，西南斜向布置一座大型假山，以土代石，造型富于变化。南北皆有山径可登，山下辟有一弯曲池，与假山平行相依，自西北端发源，流向东南。

假山沿东北一侧设有多个山洞，其中五个洞口上嵌有汉白玉石匾额。最北一洞上镌乾隆帝御笔“屏岩”石匾，自此可绕至山后；北端水池上临洞穴，嵌嘉庆帝御笔“排青幌”石匾，假山中段设乾隆帝御笔“普香界”石匾，再南有一座石板桥通向一个大山洞，上嵌嘉庆帝御笔“翠激”石匾，穿此洞也可来到山后，西南角原建有一座平顶房，屋顶辟作观景平台，有石板与假山连为一体。南侧假山背倚院墙，其最高处叠置一座山洞，上嵌嘉庆帝御笔“护松扉”石匾。此五块匾额均为圆明园遗物。

院中另有三处以湖石堆叠的小假山，其中偏南处的一株大湖石姿态尤为秀丽，不在江南名石之下；中部位置设有另一座汉白玉石雕花坛，其中立有一株木化石。

此园景致最大的特色在于假山。东西两院中的两座大假山平面均呈“W”形，一横置，一斜置，脉络相连，蜿蜒崎岖，其间洞穴穿凿，颇见奇趣。东院假山主要以湖石叠成，采用石屏形式，在正房之前形成障景和对景，且左右大致对称；西院假山形态更为复杂，主体为土山，坡上叠以青石，之上再加湖石和石笋，其中北侧和南侧各设一座主峰，均高出院墙之上，北峰竖以几株石笋，南峰构为“云洞”样式，遥相呼应；山径磴道分上下两个层次，迂曲转折，又可跨石板与平台相通，增加了往复循环的路径变化。

从郝家花园的假山景致上依然可以看到，除了山石、石笋和御笔石匾，花园中的汉白玉栏杆、花坛、花盆和石狮等小品也均为圆明园遗物，十分精美，为此园增光添彩。此园拥有圆明园文物数量之多，在北京现存所有私家园林中堪称第一。

经过约近百年的沧桑变化，目前，郝家花园水池被填，部分游廊被封砌，假山局部塌陷，花木有所损折，但其余大部保存尚好，仍然是现存民国时期北京私家园林最完整的实例之一，其叠山景致显示出一定的独特性和代表性，加上大量圆明园遗物的点缀，具有其很高的历史价值和艺术价值。

可 园

【名园历史】

可园位于北京市鼓楼大街帽儿胡同，是清代咸丰年间的大臣文煜的私家园林。民国时期，北洋军阀直系首领冯国璋、著名清史专家朱家溍曾在此居住。

【名园漫步】

北京可园的面积约为2600平方米，与东莞可园和苏州可园相比，面积差不多，不过三地风格迥异。北京可园中轴明显，规矩中正，带有北方庄重气度的建筑形式，带有富贵气质的装饰形式。东莞可园堪称第一的就是借景，在朴素中显出古拙，在小面积中求得扩展视野。苏州可园则山水开敞自由，回廊穿梭于在山水之间，南水北山，略有轴线的规划，建筑小巧玲珑，显出江南小家碧玉的效果。

园林与宅院的关系是西宅东园，住宅东路的几座东厢房向东园伸出，成为花园的景观建筑，而且在平面上避免了直线平淡的效果。在路线上，住宅与园林的过渡展开了晦与明、敞与闭、山水与建筑的无声对话。

园林在东南角有单独的园门，与住宅相应地分为南北两区。正厅坐北朝南，五开间，前后出檐廊，左右出耳房，居于中轴线偏北位置，把园一分为二，南区大北区小，形成了园后有园的格局。

正厅东西游廊接以高轩，轩建于有2米高的台上，向东南一转，就形成转角亭效果。在正厅西面游廊的西南角建小轩，和住宅的东厢房构成鸳鸯厅，可从此处进园林。园中道路简洁，园路围成的区域堆成假山小品，植四季花木。

园内较为丰富，一个小轩和一个小亭点缀在南北贯通的游廊之中，游廊平面也有东西向的转折与进退，在立面上也有屋面形式高低起伏和开间变化的大小。西面游廊小轩，为住宅第四进院落进入园林的入口，其他都为住宅的背墙。水池位于园林的中心，来水口在西北方向，去水口在东南方向，两个水口皆有石桥，池岸堆石。一座假山筑建在池南，高3米许，山东建六角亭，正对去水口，此山如朝山。山与水的格局显然受风水理论影响。北坡为房山石构成、垂直纹理，南坡是青石叠砌、横向纹理，二者形成对比。

北京紫竹院

【名园历史】

紫竹院就是今天的紫竹院公园的前身，位于北京白石桥附近。在元代的时候，郭守敬在京城西郊挖掘长河，将西山之水引入京城，并在紫竹院一带低洼处蓄水成湖。这里从那时候起就成为西郊名胜之一。在清代的时候，帝后们乘船到西郊游览，必须绕过长河上的广源闸，在长河南岸另行开凿了一条河汊，称“别港”，并且修建了船坞、龙王庙等建筑。清乾隆年间，仿照苏州城葑门外朝天桥港汊的水乡风光，在大片河滩上垒砌大湖石、栽植芦苇，取名“芦花渡”，并且将龙王庙改建为紫竹禅院，供奉观音菩萨，这里从此就改称紫竹院了。清末以来，紫竹院逐渐荒废，建筑倒塌，河道淤塞。一直到新中国成立前夕，已变成两条小河夹一湾死水的荒野。

1954 年完成公园绿化及公共设施建设，并对外开放，定名紫竹院公园。

【名园漫步】

紫竹院公园以竹景取胜，公园立意于竹文化传播，设计精邃，布局新颖。模山范水求其自然，缀石嶙峋精心安置，亭、廊、轩、馆错落有致，修竹花木巧布其间，举目皆如画，四时景宜人。春暖风篁百花舒，夏荡轻舟荷花渡，秋高芦花枫叶丹，冬日瑞雪映松竹。公园中部有青莲岛、八宜轩、竹韵景石、明月岛、问月楼、箫声醉月；西部有报恩楼、紫竹垂钓；南部有澄碧山房及儿童乐园；北部的筠石苑为近年所兴建，黛瓦、棕柱、白粉墙，飞檐、翼、花漏窗，小桥流水竹片片，花木扶疏山水旁，独具江南特色，内有清凉罨秀、江南竹韵、竹深荷净、友贤山馆、绿云轩、斑竹麓诸景，均以竹为主题。

公园东部是“绿毯诗韵”景区。林木茂密，碧草萋萋，“缘话竹君”、“萌亭报春”两景位于其内。从整体布局上看，这里是全园的“序曲”。

向前走为青莲岛，周临碧波莲塘，有梅、莲、虹三桥与岸边相连。岛上松竹滴翠、花木欣荣，假山山顶的“揽翠亭”可览全园秀色。山前“竹韵石”“八宜轩”“青莲台”相依相诉。“竹韵石”上刻风竹、雨竹、霜竹、雪竹的图画及诗文，使人们欣赏到一年四季之异、风雪雨霜之殊时的竹子景观及竹文化内涵，富“画境”于“生境”之中。八宜轩坐北朝南，卷棚歇山顶，内嵌咏竹佳句，外悬颂景匾联。轩前青石板铺地，中有日月石、石笋，象征四季八节，倒置 6 米高的剑石 3 块。循磴塘畔，湖边青莲台由 24 块莲瓣形青白石组成。游人在此小憩，荷风习习，消暑纳凉，可使人体味到“竹翠舒新绿，风荷递暗香”的意境，深得古之幽情。“菡萏亭”四柱悬有以竹喻节操、以荷喻清品的楹联。“跨海征东”，本是中国象棋中八大难解棋局之一。现以此为主题做成园林雕塑，趣味无穷。

明月岛在青莲岛之北，岛上石径盘桓、翠竿繁阴。在翠竹、紫薇、桃花中掩映着“箫声醉月”、“待月轩”、“步月廊”等建筑。“玉女弄箫”雕塑置于其中。月朗星稀，静观“箫女”，如箫声在耳，遥想翩翩。东为“荷花渡”，西为“问月楼”。

紫竹院栽种荷花已有40多年的历史，曾有“接天莲叶无穷碧”的景致。现在又在莲湖中间开挖了一条长约800米的曲折航道，“荷花渡”因此得名。

问月楼为一水榭，幽雅别致。湖西部有“报恩楼”、“紫竹垂钓”，南部有“澄碧山房”、“儿童乐园”。

筠石苑位于长河以北，地势起伏，山环水抱，境域幽雅，植物布置精细，亭廊建筑轻巧，是一处以欣赏松、竹、石为主的小园。有“清凉罨秀”、“江南竹韵”、“竹深荷净”、“友贤山馆”、“绿云轩”、“斑竹麓”、“翠池”、“梦溪”等景点。

江南竹韵是一处以竹石造景的“沉园”。门外孤石点题，门内松竹障目。山泉穿石飞泻，斑竹破隙而生，曰“云梦湘妃”。

友贤山馆，黛瓦、棕柱、粉墙、飞檐、花漏窗。在这里，游客可以观赏到各种品种的竹子，还可以在“友贤山馆”参观竹文化展览。斑竹麓深谷曲折幽静，北通知弈庐，南达河静湖。山顶长松葱郁，山麓斑竹凝翠。南端的娥皇、女英雕塑俏立于岸，倒影于湖，好像在诉说着斑竹的古老传说。

公园有计划地植竹造景，逐渐形成以竹造景的山水园林。1971年后引进紫竹、筠竹等品种，至今有竹类50余品种40余万株，遍布园内，形成70余处大小竹林。当年从南方引来各种各色竹种，有青竹、紫竹、斑竹、石竹、寿星竹、金镶玉竹。园内所种植的大量紫竹、斑竹、石竹、金银玉寿竹等珍品，是分别从四川、福建、苏杭、日本等地引进的。尤其以紫竹为最有名气。公园以竹、石、树、溪流、建筑小品综合造园，形成“清凉罨秀”、“水竹坞”、“筠峡”、“翠池”、“友贤山馆”、“斑竹麓”、“松筠涧”、“竹深茯净”、“筠香楼”、“梦溪”等景观，其竹景色各异。

陶然亭公园

【名园诗话】

楼阁参差未上灯，
菰芦深处有人行。
凭君且莫登高望，
忽忽中原暮霭生。

清·龚自珍：《清诗铎·题陶然亭壁》

【名园历史】

陶然亭公园位于北京市南二环陶然桥西北侧。全园总面积约 59 公顷，其中，水面约有 17 公顷。1952 年建园。

【名园漫步】

陶然亭公园是一座融古建与现代造园艺术为一体以突出中国的亭建筑文化为主要内容的现代新型城市园林。在陶然亭周围，有许多著名的历史胜迹。西北有龙树寺，寺内有蒹葭簃、天倪阁、看山楼、抱冰堂等建筑，名流常于此游憩，其知名度堪与陶然亭相匹。东南有黑龙潭、龙王亭、哪吒庙、刺梅园、祖园，西南有封氏园，正北有窑台，东北有香冢、鹦鹉冢、醉郭墓、赛金花墓等。这些历史胜迹产生年代多早于陶然亭，有的甚至早于慈悲庵。它们都有文人墨客觞咏的历史，曾出现过各领风骚的辉煌时期。

慈悲庵是创建于元代的古刹，距今已有 700 余年历史。它山门向东，整个建筑布局严谨，瑰丽庄重。庙内西侧的三间敞轩就是人们常说的陶然亭。这座建筑最初是清康熙年间的工部郎中江藻修建的，庙的总面积为 2700 平方米，建筑总面积 800 余平方米，主要建筑有观音殿、准提殿、文昌阁、陶然亭等。自清代以来，由于这一带自然风光很浓，多年来，一直是士大夫、文人墨客聚会游览的地方，至今留下很多诗文作品。在近代，特别是五四运动以后，李大钊、毛泽东、周恩来等老一辈革命家曾先后在此进行革命活动，成为北京的一处具有纪念意义的革命遗址。

陶然亭是清代名亭，现为中国的四大历史名亭之一。此亭在康熙年间被改为敞厅，面阔三间，进深一间半，面积约为90平方米。亭上有苏式彩绘，屋内梁栋饰有山水花鸟彩画。两根大梁上绘《采菊图》、《八仙过海》、《太白醉酒》、《刘海戏金蟾》，亭上有三块匾，一块是建亭人江藻亲笔题写，另一块是取齐白石《西江月·重上陶然亭望西山》词，还有一块是郭沫若题“陶然亭公园”门额中字；东向门柱上悬“似闻陶令开三径，来与弥陀共一龛”。此联是林则徐书写。旧联无存，现在的楹联是由当代书法家黄苗子重书。亭间分别悬挂“慧眼光中，开半亩红莲碧沼，烟花象外，坐一堂白月清风”。车向门柱悬“烟藏古寺无人到，榻倚深堂有月来”一联，是翁方纲所撰、光绪帝的老师翁同龢重写。在亭的南北墙上有四方石刻，一是江藻撰写的《陶然吟引并跋》，二是江皋撰写的《陶然亭记》，三是谭嗣同的《城南思旧铭并序》，四是王昶写的《邀同竹君编修陶然亭小集》。陶然亭建成后，江藻常邀请一些文人墨客、同僚好友到陶然亭上饮宴、赋诗，这里变成了文人墨客“红尘中清净世界也”，留下的诗文很多，秋瑾、龚自珍等都曾在陶然亭上留下的诗文。

准提殿坐南朝北，南北两向开门。北面有墙无窗，正中一间为门，与北面的观音殿殿门相对。准提殿原供奉准提菩萨等3位菩萨，殿内有许多佛像和神像、祭器、供具。殿额为“准提宝殿”；殿联题：“法雨慈云，众生受福；金轮宝盖，两戒长明。”这些旧有之物，现均已无存。准提殿现为“陶然亭奇石展室”。

观音殿是慈悲庵的主殿，坐北朝南，与准提殿相对。两殿同处慈悲庵之轴线上，规格体制虽相仿，但观音殿多殿基比准提殿的殿基高出60厘米有余，并有围廊，更为宏伟壮观。屋顶脊兽有狮、麒麟、海马等，显得庄严肃穆、古色古香。1986年10月，在观音殿设立了以向青少年进行革命传统教育为主要内容的“陶然亭园史陈列室”，向游人开放。陈列室内容分

"悠久的历史"、"革命纪念地"、"陶然亭的新生" 三个部分。

文昌阁坐北朝南，面阔三间，进深一间。高约 10 米，总建筑面积为 83.28 平方米。阁前有一小方亭。楼上朝南一面有廊，可凭栏眺望。文昌阁木质的梁檩栋枋外露部分，以及亭、廊的天花板，都饰有彩绘，颇为华美此阁虽小却颇具特点，虽无飞檐斗拱的造型，但危楼高耸，也颇觉飘逸灵秀。文昌阁内祀奉的是文昌帝君（又称梓潼帝君）和魁星，这两位神祇是主宰文运兴衰和功名禄位之神，最受读书人的崇敬。在封建时代，它一直是进京参加会考的考生们顶礼膜拜的圣殿。文昌阁旧有为人预卜命运的《文昌阁签诗》百首，皆系集古诗而成的七言绝句，传为纪晓岚所作。僧人把这些诗写成"文昌灵签"，供来此问卜者抽签。

云绘楼与清音阁是皇家园林建筑，建于清朝乾隆年间，原在中南海内东岸。楼高两层，画檐雕梁，玲珑秀丽，是皇帝登楼观赏太液池、写字、绘画、吟诗作曲之处。1954 年，因施工需要拆除，建筑学家梁思成考虑这组建筑结构和风格独具特色，建议保留，周总理表示赞同，并与梁思成一起到陶然亭亲自选址，把这组建筑完整地迁建到本园的西湖南岸。1984 年，云绘楼与清音阁被列为北京市文物保护单位。2000 年，公园再次油饰修缮，并配以汉白玉栏杆，使它更加巍峨壮观。

赛金花墓在锦秋墩南坡上，位于香冢、鹦鹉冢之西。墓为大理石砌成，墓前立有高 1.8 米的花岗岩巨碑，现墓碑陈放于慈悲庵石刻陈列室内。对其生平，舆论界对此人褒贬不一。

为配合南二环建设，在南湖岸两侧栽植 30000 余株花卉，铺草 45000 平方米，建成了一条色彩斑斓、错落有致的花街，成为公园独具特色的景观。隔过游船荡漾的湖面向北望去，林木葱葱，绿草如茵；向南望去，姹紫嫣红，繁花似锦，与水中倒映的垂柳相映生辉，一派赏心悦目、令人陶醉的画面。

玲珑公园

【名园历史】

慈寿寺塔原名“永安万寿塔”，又称“玲珑塔”，位于北京市海淀区八里庄慈寿寺内，仿天宁寺塔而建。寺为明神宗之母慈圣皇太后于万历四年（1576 年）所建。1990 年，海淀区政府以玲珑塔为中心建成玲珑公园。

【名园漫步】

物以稀为贵，首都北京的水面成为人们都珍视的宝贝。在早些年，根据市政规划建设，修了一条水渠在西郊，把颐和园昆明湖的水跟钓鱼台玉渊潭连接起来，成为了束在京城腰间的一条银带。在新世纪来临，旅游业兴盛，还有游艇在渠上往来，人们可以在水路检阅似的观赏风景名胜。

船离玉渊潭码头不远，矗立在西岸的古塔是第一个惹眼的景观：玲珑塔。塔的原名是“慈寿寺永安万寿塔”，高耸凌空，一共十三层，砖石结构，实心密檐，高大约 50 米。明神宗在万历四年（1576 年）为他的生母慈圣皇太后祝寿，修建了慈寿寺及万寿塔。寺早已荒废，塔还存在，可是周遭多年是一片荒坡乱岗。

首都园林绿地建设在 21 世纪有较大扩展。当时，以万寿塔为中心兴建了一座小公园，名玲珑公园。塔身做了保护、整修，后面开辟绿地、花圃，凿池蓄水，植草栽树，把一个数百年的荒废寺墟改成一个供人游憩娱乐的小巧的花园。

公园南部设计为园林，北部则为自然山水，其间设置山亭湖榭、曲径小溪，使之成为京密引水渠畔一道靓丽的风景。公园内主要景点有：慈寿寺塔、火车头广场、中心湖区、往来亭、观景平台、鉴池、花卉观赏区、林下活动场、健身广场、儿童活动场等。

从北门进去不远就是火车头广场。广场放置的火车头于 20 世纪 70 年代退役，于 1991 年移至此处。再往里走是中心湖区，湖边点缀山石，湖中种有水生植物。

园里绿树丛中有一座石亭，并不起眼，但是它却很值得称道。这座石亭名叫往来亭，水渠游艇上往来的游客隐约可以看到它的姿影，公园来往的游人可坐在亭栏上休息。常有人们在亭内拉琴清唱，围听者兴致盎然。亭全由石料构成，在北京，这样的石亭并不多。亭子圆顶重檐，六柱支撑，仅顶上的宝瓶就有一吨重，东西的门柱上各刻了一副楹联，东侧联“寺废塔存遗古迹，水流鱼跃颂新风”道出了此亭的来历和目睹的新貌。西面的联语“新亭夕照留伊倩影，古塔朝霞寄我诗情”很亲切、很朴素地道出此亭、此园同人们的关系。往来亭使往来的人们对它怀有一种温煦的感念的情谊。

玲珑公园种有多种花卉，三季均有花开，百花色艳，花香满园。

平谷金海湖

【名园历史】

金海湖位于北京平谷，原来是一座水库。洵河自山峡流出，平时水量不大，可是夏日暴雨，山洪也能成灾。早些年，在兴修水利运动中，人们在河流出口处的山崖之间修造了一道石坝，流水被截住储蓄，积成了一片人工湖。湖面水抱山环，除了水利以外，同时也增添了一处可游览的风景点，它就是金海湖公园。

【名园漫步】

湖西侧有一条横亘南北的石砌大坝十分壮观。沿着大坝东沿修建了一条彩绘木制仿古长廊，长廊一直延伸到南端的山岬。山岬探进湖水中，上面盖了一座漂亮的双檐方亭。人在亭中眺望湖光山影，景色尽收眼底。不知道如此一座美丽的亭为什么当初没有命名，可是人们从它的位置和功能随口为它取了一个很贴切的名字，叫“望湖亭”。

从望湖亭向右方看，在湖中横卧的半岛上很显眼地矗立一座小亭，从这里望去，很有“相看两不厌”的情味。乘游艇登岸，那里是一道山脊，就像大山伸出臂膀在试摸湖水深浅。在一座凸出的岩顶有一座方形小亭，亭子的位置很优越，它既可观景，也是景观；倘若说金海湖是美目，那么这小亭就是明眸的瞳仁。小亭有一个朴素的名称：半山亭。但有雅兴的游人说，这座小亭处在水中岩顶，右面可听拍岸的涛声，左面是一片新松，可听到风演奏的林涛声，叫它“听涛亭”岂不更适宜?

从“听涛亭”东望，又有一座亭子在对面东侧的山坡上。但也需要乘舟临岸，登到山腰处便可见到它的全貌及细部。这是一个“鸳鸯亭”，两个菱形的亭紧相抱，亭的中央竖有一座石碑，正面镌右金字：“金花公主之墓。”这是一座公主墓。

相传，金章宗的小女儿名叫金花公主，不幸幼年夭折，他非常悲痛，思念不已，命人制铜环悬棺，把小女儿的遗体葬在山洞中。年深日久，时过境迁，人们也就不再记得这个公主墓了。20 世纪 50 年代，人们修筑水库，民工在山洞里发现一支金簪及其他殉葬品。根据历史资料专家鉴定，确认为金花公主墓。在金海湖成为旅游点之后，人们就修建了这座连体小亭，小公主的芳魂又在湖山间盘桓，享受着后人的思祭了。

天 津 市

问 津 园

【名园历史】

问津园在天津河北锦衣卫桥以北旧金钟河畔。园林的主人是清初的天津大户遂闲堂张氏。张家衰败后，园林日趋荒废。乾隆年间改为张氏墓园。

【名园漫步】

问津园位于天津城东25公里处，依金钟河而建。这里风光旖旎，曲折幽静。园中树石葱蒨，亭榭疏旷，垂杨细柳，流水泛舟。庭阁中，名人字画，鼎彝古器，香烟袅袅，愈显格高韵盛。登楼凭栏可观海吟啸，夜深可听城楼的更鼓梆声。

问津园不仅在天津市园林史上占有显要地位，而且也反映了大盐商张霖一家的兴衰始末和盐商在天津文化发展中所起的重大作用。遂闲堂张氏是清朝初叶的天津富豪。张霖的父亲本来是由河北抚宁迁居天津的一个普通商人。他在顺治年间以行盐长芦开创张氏家业；至张霖一代，已家盈万贯，成为北方赫赫有名的大盐商。

张氏发家致富后，大兴土木，广造庭亭园林。问津园就是在这种情况下建造起来的。随着家业的兴盛和私人园林的建起，张家的名声越来越大，途经津门的海内名士纷纷慕名而至。具有较高文化修养的张氏一家出于改换门庭与切磋学问的双重目的，利用自家园林“延纳四方名俊”。一时北游之士，如《明史》纂修者、大文学家姜宸英和梅文鼎、沈一揆、徐兰等，

“罔不适馆授餐，供张丰腆”，使问津园、一亩居宾客如云，往来赠答不辍，被称为天津的“小玉山”。在这些海内名流中，以清代现实主义诗人赵执信主其家最久。在清初文学领域中，从诗歌创作到诗歌理论，赵执信都有相当高的成就。他一生坎坷，正当他落拓之时得到张家的帮助。赵执信在出游时，曾对人说：我以所居停的地方为家，那就是遂闲堂。与张家交情最深的是当时被称为“仙才”的清代学者、山西蒲州的吴雯。史志记曰：一次吴雯在闲谈时说道，他家中条山下环以玉溪之水，如能买田圃、构草堂十余间，贮书其中，有楼有亭，种竹艺梅，以此终老，逝就足矣。谁知数年后，吴雯别去，抵达故里，见庐舍顿改。原来张霖已按他所言为他营构了新的房舍。吴与张氏兄弟酬唱甚多，曾作诗日：“最爱王官谷，劳劳托兴长。人家溃西宅，风景辋川庄。慷慨成高隐，艰难就草堂。买山原所自，高谊不能忘。”此外，桐城派创始人方苞，曾修《明史》、作《日下旧闻》的博学多才的朱彝尊等，也与张家有所交往，结下友谊。驰名文坛的清代戏剧家洪升的传世名作《长生殿传奇》，也是在问津园内最后定稿的。

这些名流学者在经史、文学、艺术上皆有很深的造诣，为文之道见地颇高。有的在学术上还持有不同观点。如吴雯为诗学“一代正宗”、“神韵派”代表作家王士祯所欣赏，而赵执信又是王士祯在诗坛上的劲敌。他们不仅在遂闲堂、问津园内留下了不少脍炙人口的鸿篇佳作，而且各自阐发自己的创作理论，从而促进了南北各地的文化交流，打开了天津人的视野。早在道光年间天津学者郭师泰就评价说：“若人文之盛，又有张氏遂闲堂、查氏于斯堂。大江南北知名之士聚集于斯者，踵相接。津沽文名，遂甲一郡，是鱼盐武健之乡，而为文物声明之地。”（《津门古文所见录序》）这从一个侧面反映了张氏及其问津园在天津文坛的地位和作用。

康熙年间，张霖在云南布政使任上，因贩卖私盐被革职入狱，数年后死去。随着张家的衰败，问津园日趋荒弛。乾隆年间，张家的后人曾在原址修思源庄，成为张氏墓园，其规模远远不及问津园。如今，问津园、思源庄都已不复存在。

帆　　斋

【名园诗话】

园中竹石费安排，
处士风流动雅怀。
欸乃声偏助诗兴。
乱帆丛里是帆斋。

清·华鼎元：《帆斋》

【名园历史】

帆斋建于康熙年间，是清朝初年文人雅集的重要园林之一。帆斋在三岔河口附近。其地点大抵位于现今天津美术学院一带。

【名园漫步】

帆斋内有张霔读书挥毫的欸乃书屋，傍河临树，幽静宜人。园内还有琴海堂、云庵、阅耕堂、菜圃、旧雨亭、蝶巢、艳雪龛、诗星阁、卧松馆诸胜。从名称来看，园内种有松树、蔬菜，养有蜜蜂。园林庵馆皆追求自然的情怀，瓜花豆叶，竹林石影，居如村舍。文学家吴雯客居天津时，有诗《欸乃书屋为笨山作》："舍人读书处，近傍漕河滨。岂效临渊客？常逢晒网人。冰开鱼弄藻，花落鸟衔春。愧我风坐久，淹留受白藏。"从吴诗中可知，帆斋造园，风格质朴，与三岔河口的天然风光和渔家农舍连成一体，与园主张霔质朴的风范一致。张霔本人在谈及帆斋时曾说："吾所居则帆斋也，既为帆斋，客有常处乎，此帆斋之义也。"

张霔故去后，帆斋随之而荒圮，成为天津的一处园林遗迹。

水 西 庄

【名园历史】

水西庄位于南河南岸今西头芥园一带，是天津盐商查日乾与其子营建的园林别墅，兴盛于乾隆时期。

水西庄曾三次扩建，其面积也随之扩大。乾隆十二年（1748 年），水西庄进行了大规模扩建，使原来“百亩名园”又增加了新景点。由于园主人爱养名士，交接名流，水西庄曾人文荟萃，盛极一时。清人袁枚《随园诗话》中，将天津水西庄、扬州小玲珑山馆、杭州小山堂并称为清代三大私家园林。乾隆帝曾先后四次下榻于水西庄，并赐名“芥园”。道光年后，该园逐渐衰败。光绪二十六年（1900 年），被战火所毁，昔日楼台亭榭已荡然无存。而今，水西庄遗物只有建设路天津自来水公司门前的一对石狮子了。

【名园漫步】

水西庄在乾隆时期水木清丽，风景幽雅，有枕溪廊、数帆台、藕香榭、揽翠轩、花影庵、泊月舫、碧海浮螺亭等胜迹，是文人雅士吟诗酬唱的佳境。

水西庄中首位胜景是揽翠轩。在介绍水西庄的所有文献中，都把揽翠轩放在第一位。汪沆于乾隆四年（1739 年）写的《津门杂事诗》中，描写水西庄时，诗云：“二分修竹三分水，毕竟终推揽翠轩。”表明水西庄以竹为特色、以水面取胜，而建筑景点则以揽翠轩为首。

水西庄有一处翠竹成林的景点，名叫绣野榜。《津门杂事诗》写道：“惹烟笼月影檀栾，绣野榜前竹万竿。”诗自注：“津门少竹，水西庄绣野榜前后，栽竹数亩，蓊郁深翠，不减江南。”

水西庄中，数帆台是第三位胜景，它位居全园最高处，登数帆台可远眺运河点点风帆，极富情趣。在数帆台，有许多诗人墨客留下了隽美的诗篇，如诗人胡睿烈写下的《数帆台晓雨望隔河村落》就十分优美。有人说：“登数帆台一望弥漫，渔舟客艇出没于烟波之中，亦一奇观也。”

水西庄中有一景点，名叫“秋白斋”，是座有特色的建筑。乾隆二年（1737 年）闰重九，有十余文人于秋白斋宴赏洋菊，分韵赋诗，留下许多颂菊的诗篇。

水西庄还有一处“农田”景点，在吴廷华的《次日游水西庄作二十二韵》诗中介绍：“惟有山南地更幽，水田习静登新谷。茅庵一架倚绿荫，栋宇天然缀曲木。”诗中描写的农家情景，很有“一犁春雨”的韵味。

水西庄的“集景”特点也是非常突出的，园林的总体设计、分景区的风格、理水方法及花草树木，均极为讲究。“月明摵笛台”和“泊月舫”是专为赏月而设置的一山上一水边、一高一低的景点，或“山高月小”，或“皜月清波”，情趣大不相同，令人陶醉。

河 北 省

保定古莲花池

【名园历史】

古莲花池位于河北省保定市，是一座处于闹市的行宫御苑，素有“城市蓬莱”之称。古莲花池建于元代，当时名为“雪香园”。后来因为战乱频仍，一度荒废。明嘉靖四十四年，保定知府张烈文拨款重修，并且还筑墙设门，使其成为官府独占的游乐场所。明万历十五年（1587 年），知府查志隆又拨款扩建，莲池基本恢复了初建时的风采，以“莲漪夏滟”的称号列为“保定八景”之一。雍正十一年（1733 年），直隶总督李卫在莲池开办书院。乾隆十年（1745 年），又改建为行宫。经过多次修建，园内已经是湖光潋滟、假山层叠、古木森荣、楼宇错落，莲池十二景闻名一时。道光二十六年（1846 年），在民穷财乏的情况下，清政府被迫裁撤行宫。莲池在 1900 年遭八国联军焚掠，破坏严重。莲池在清末民初时成为了当地文人集会的公共园林。

【名园漫步】

现在，古莲花池面积大约 35 亩。进入大门，首先是南北对峙的两座假山，形成了挡门的秀嶂。后有东西对称的碑廊 18 间，陈列着有历代修建莲池和有关莲池书院的碑记。穿过碑廊，便可见一座三间四柱的牌楼。牌楼正面题“古莲花池”四个大字，背面题“莲漪夏滟”。在园内的东塘种红莲，西塘植白莲。每逢夏季，红、白莲花争香斗艳，得到“莲漪夏滟”

美誉。

走过牌楼，眼前豁然开朗，广阔的莲池碧波荡漾，池中莲花点点。莲池以池中的岛屿为界，分为南、北两池，南池呈半月形，北池则为不规则长方形。

北池建有水亭，又名宛虹亭。亭南北各有石桥相连，四周莲花成片、游鱼聚集，人于亭中如同置身莲乡鱼阵，美景醉人。从水中亭沿南侧石桥可至湖心大岛，岛的西南部建有康乐厅，面阔五间，进深三间，四周廊庑相通。此厅是岛上的主要建筑，居全国中心的位置。原来这里还建有藻咏楼，是文人赋诗酬唱的地方，1900 年焚毁后重建为厅。

池西岸有一座宏大的建筑，名“君子长生馆”。馆前塘内有很多莲花，因人们常以出淤泥而不染的莲花喻君子，并希望它长生常盛，故以“君子长生”命名。馆阔五间，前出抱厦三间，雕梁画栋，装修精美。馆的两侧各有一间配房，南为“小方壶”，北称“小蓬莱”，这组建筑总称“蓬莱三岛”。馆的北侧有一组以声音为主题的建筑，由响琴涧、响琴榭、响琴桥和听琴楼组成。响琴涧是泉水流入园内池塘前的一段濠涧，濠涧的形状就像一架古筝。“古筝”头部筑有响琴榭，榭顶形似扬琴；“古筝”尾部建有形似竖弦琴的响琴桥，架在涧、塘的连接处。

涧内礁石林立，激流击石，叮咚悦耳，宛如琴声，好像在演奏高山流水之曲。在北面听琴楼上俯观“三琴”，倾听琴音，无比美妙。

在“响琴”景观的东侧，建有高芬轩。轩面水倚廊，三面开敞，北为粉墙，上镌有康熙帝题写的“龙飞”二字。过去这里为高芬阁，取《晋书》中“高芬远映”句命名，后来被焚毁，复建为轩。过去周围还有奎画楼、万卷楼、花南湝北草堂等建筑，都为行宫中建筑，可惜都已经焚毁。

古莲花池以理水取胜，园内水面分合得体，聚散有致，极富灵气。红、白莲花分塘种植，争芬斗艳，独具特色。悠久的历史为其留下了深厚的文化积淀，使其更富有魅力。是一座观赏价值、文物价值、艺术价值都甚高的北方园林，古莲花池被称为河北一带园林中的翘楚。

池的岛中央立一座八角卷檐亭阁，双重顶，形状像莲花，在南檐下有一方黑底绿字的匾额，上面书有“临漪亭”三字。元代时园主为了能在园中赏花赏月、大宴宾客，主人就让人临水造了一座漂亮的亭，命名为临漪亭。有一位名叫郝经的青年才子即兴写了一篇漂亮的文章——《临漪亭记略》，用文字给亭的风姿和周遭景物留下了写照：“茂树葱郁，庚伏冠衣，异卉芳茜，迥不知暑，清风戛然。澄澜荡漾，帘户疏越，鱼游而鸟翔；虽城市嚣嚣而得三湖七泽之乐，可谓胜地矣。”

承德避暑山庄

【名园历史】

避暑山庄位于承德市区北部，又称承德离宫、热河行宫，是我国现存规模最大的皇家园林。这里群山环抱，景色优美，气候宜人，是清代皇帝夏季避暑及处理政务的好地方。

避暑山庄始建于清康熙四十二年（1703 年），到康熙五十二年（1713 年）基本建成，康熙帝亲手书写了园名，并且在园中选出“烟波致爽”、“芝径云堤”等 36 景，分别赋诗题额。乾隆年间，乾隆帝又对避暑山庄进行了大规模的整修、扩建，一直到乾隆五十七年（1792 年）才最后竣工。乾隆帝又新题 36 景，使得全园景致达到 72 处之多，这时候为避暑山庄鼎盛时期。其后，清王朝逐渐衰落，避暑山庄因此也日渐萧条。在清帝退位后，山庄遭军阀和日寇的摧残，破坏甚为严重。新中国成立后，当地政府对避暑山庄进行了保护及修复，使其重新焕发了光彩。

【名园漫步】

避暑山庄占地 564 公顷，山地约占五分之四，其他为平原、湖泊，周围有 10 公里长的虎皮石宫墙围绕。园内分别有楼、台、阁、殿、轩、庙、亭、塔等建筑 120 多处，和自然山水相互辉映，园中有园，景内有景，便构成了一幅千姿百态的立体画卷。整个山庄大体可分为宫殿区与苑景区两大部分。

集中在山庄南端的是宫殿区，由西向东依次为正宫、松鹤斋、万壑松风及东宫。正宫是清帝北巡期间处理政务及生活起居的地方，由丽正门、塞门、阅射门、四知书屋、澹泊敬诚殿、云山胜地楼、烟波致爽殿、岫云门，以及一些朝房、配殿和回廊等组成，其布局和建筑规模仅次于北京故宫。丽正门是正宫的大门，又是山庄的大门。门洞上方镶有汉、蒙古、满、藏、维吾尔五种文字题写的“丽正门”石质匾额。之后为阅射门，面阔五间，康熙帝亲书的“避暑山庄”匾额就悬挂在此门之上。正宫的主殿是澹泊敬诚殿，为清帝接见大臣、举行朝贺大典、会见少数民族王公首领及外国使节的地方。烟波致爽殿为面阔七间的二层楼，是皇帝的住处，外观朴素淡雅，殿内的陈设却比较豪华。殿后有云山胜地楼，登楼远眺，苑景区的湖光山色可全收眼底。楼北为正宫的后门——岫云门，出门即为苑景区的驯鹿坡。

松鹤斋在正宫之东，是一组布局和正宫相似、规模略小的建筑群。这里原是嫔妃的住所，在乾隆年间改为皇太后的居处，取“松鹤益寿延年”之意命名。

东宫在松鹤斋的东面，是宫殿区规模最大的一组建筑。它建于乾隆十六年（1751 年），是皇帝在山庄期间处理政务、宴乐、看戏的地方。主要建筑分别有前殿、福寿阁、清音阁、勤政殿、卷阿胜境殿等。在新中国成立前，整组建筑毁在火灾中，现除卷阿胜境殿已修复外，其他建筑仅存遗址。

山庄的苑景区分为湖区、平原区及山峦区三部分。湖区位于宫殿区以北，景区内湖光变幻，花木葱茏，洲岛错落，串台掩映，一派江南水乡之风光。康熙帝曾称其为“天然风景胜西湖”。湖泊总称塞湖，被洲、岛、堤、桥分隔为若干互相联通的小湖，是由北而南为长湖、澄湖、如意湖、上湖、下湖、银湖与镜湖。湖面上又分布着清舒山馆岛、文园岛、月色江声岛、文津岛、如意洲、戒得堂岛、青莲岛、金山岛、环碧岛、临芳墅岛等一共十几座洲岛，其间是由堤、桥相连。湖区现存建筑很多，大多是仿江南名胜修建，其中有仿西湖苏堤的芝径云堤，仿嘉兴烟雨楼的烟雨楼，仿苏州沧浪亭的沧浪屿，仿宁波天一阁的文津阁，仿镇江金山江天寺的金山，等等。

湖区有三条游览线。中路由万壑松风外蹬道而下，经芝径云堤，到月色江声、如意洲、烟雨楼。东路由东宫至水心榭、文园狮子林、汇万总春之庙、戒得堂、热河泉、金山。由正宫岫云门出是西路，沿如意湖西岸北行，可到芳渚临流、临芳墅、远近泉声、文津阁。

平原区在湖区以北，东界宫墙，西、北依山，面积大约1000亩。这里地势平阔、芳草萋萋，颇具有塞北草原风光。平原区主要分万树园与试马埭两部分。南部沿湖有亭四座，从西至东依次是“水流云在”、“濠濮间想”、“莺啭乔木”、“甫田丛樾”，从中还可坐览湖光山色。

万树园是一片呈自然状态的树林，其中有很多百年以上的古树，虬枝擎天，绿荫蔽日。在康乾时期，清帝常常在这里举行盛大宴会，接见少数民族首领和外国使节，并举行舞蹈、音乐、摔跤、赛马、射箭、放焰火、杂技等活动。万树园东部矗立着永佑寺舍利塔，高有60多米，八角九层，为仿木结构的楼阁式砖塔。塔身嵌有黄、绿琉璃瓦，上有镏金宝顶，是现在山庄内装饰最豪华的建筑。高耸的宝塔打破了平原区平缓不变的景观层次，使这一区域的景致变得更为生动。万树园西面是试马埭，这一带林疏草茂、地势平坦，为调训全国贡马的地方。

文津阁位于避暑山庄平原区西部、如意湖的西北边。它是清代修建的七大著名藏书楼之一。

文津阁是一座砖木结构的建筑物：外观二层，内为三层，中间一层是暗层，为藏书库，阳光不能直射，便于长期保存图书。阁的第一层隔成六个独立的房间，寓意着“地六成之”。阁的第三层是一个连通的大敞厅，代表着“天一生水”。过去的藏书楼有诒，多是被火焚毁的，难以数计的珍贵书籍也被化为灰烬，令人痛心，文津阁的这种布局，也就显示了人们以水克火、永保文津阁安全的愿望。

文津阁雕梁画栋，装饰鲜艳华丽。在文津阁所有的装饰中，有一个特别突出的特点：梁上、窗上画的是书，画中亭子内放的是书，云彩上托着的还是书，真是重点突出、引人注目。

在文津阁的东面原有配殿与碑亭。现在碑亭还在，亭中还矗立着乾隆皇帝亲笔题写的《文津阁碑记》。在阁的后面还有假，凝重自然。在阁的前面有水池、假山，还有门殿，但是极有特色的还是它的假山与伴月池。

文津阁有半月形假山。它与文津阁一起将伴月池团团围住。假山之上怪石林立，假山之下山洞曲折，假山的东、西两面还有月台与趣亭。如今，趣亭已不复存在，而乾隆帝亲笔题写的“月台”二字还完好地存留在假山上。进到这里的人们，可以通过蹬道上山，也可以从洞口进去，观赏洞内奇景。山景形态各异，变化多端的蹬道与山洞，经常使人流连忘返。“阁外假山堆碧螺，山亭名趣意如何。泉声树态则权置，静对诗书趣更多。”这就是对假山景致的生动描绘。如今，诗中所写的假山上的泉水已经看不到了，但是藏书楼、假山、绿树、水池依然历历在目。

文津阁与浙江宁波天一阁、北京故宫文渊阁等藏书楼一样，阁前的假山、水池是优美的园林布局，水池里的水又可以作防火、灭火之用。在文津阁的假山、水池之中还有另一个景色，那就是白昼看月。在文津阁前假山西洞口后的右上方，有一个月牙形的石洞。光线从石洞口射入伴月池中，尽管烈日当空，站在和假山相对的池边的人们也可以从伴月池中看到一弯皎洁的新月。这可真是文津阁的一大奇观。

烟雨楼位于如意洲的东北、热河泉的西南，是山庄中的一处重要的景点，同样是观景赏景的一个好去处。曾多次到嘉兴南湖巡游的乾隆帝看到了五代时期修建的烟雨楼，在楼上观赏南湖的景色，细雨蒙蒙，烟雾弥漫，柳丝摇曳，心情格外舒畅。所以，在兴修避暑山庄时候，他要求工匠修建一座同样形式的烟雨楼，这就是今天还能看到的避暑山庄烟雨楼。

修建在避暑山庄澄湖的青莲岛上的烟雨楼，有石桥及如意洲相通。这是一组布局灵巧、设计周密、变化多端而却又耐人寻味的规模不大的古代建筑群。前有门殿三间，东有书屋三间，西南有山斋三间；楼的东北方修有八角亭，楼的东南方修有方亭，楼西南方砌有假山，山上修有六角形的翼亭，还立有一块刻写着“青莲岛”三字的巨石。全组建筑纵观，高低错落、玲珑小巧。院小景深，疏朗大方。烟雨楼东侧的书屋叫青阳书屋，曾经是乾隆帝读书的地方。

烟雨楼西南侧的山斋叫对山斋。山斋的庭院中有古松、青草及苔藓，显得十分宁静。山斋的南侧屋檐紧贴着假山，沿着蹬道上山，可以在六角形的翼亭中远眺山色，近看水景，美不胜收。

在烟雨楼与门殿之间，有一个不大的庭院。庭院里有四棵古松、一对莲座铜马，古色古香。烟雨楼是一座单檐双层木结构建筑物。全楼由22根大木柱支撑着，面宽五间，进深两间，四周有回廊环绕着。在下层还有10个什锦窗。这些什锦窗似圆非圆、似方非方，有的像桃形，有的又像苹果形，富于变化，给人有一种新奇之感。在二层楼的中部悬挂着一块黑漆金字横匾，写着“烟雨楼”三个大字，是乾隆帝的御笔。纵观全楼，造型稳重，在青山绿树的衬托下，显得格外典雅清幽。

烟雨楼所在的青莲岛，植有桑树、榆树、松树、银杏树和紫丁香、马兰香等，四季常青。岛旁的湖水中遍植荷花。每至夏秋的时候，荷叶绵绵，荷花飘香，景色醉人。远处岸边，绿柳遍地。遥望山峦，青翠欲滴。远看近瞧，酷似江南美景。每当雨季来临时，烟雾蒸腾，细雨霏霏，则更是酷似江南。以前，在烟雨楼上还悬挂着一副对联：“百尺起空蒙，碧涵莲岛；八窗临渺弥，澄印鸳湖。”这副对联把烟雨楼与它四周的景色描绘得惟妙惟肖。只可惜这副对联早已经被毁坏了，但是它的精妙词句还留存在人们的心中。

在山庄西部的是山峦区，面积约有6600亩。这里山峦起伏、沟壑纵横，松林密布，环境异常幽静。自北往南分别有松云峡、梨树峪、松林峪、榛子峪，西部有西峪。这里原有各种建筑40多处，现除“南山积雪”、“四面云山”、“锤峰落照”等建筑已修复外，其他只存基址了。

点缀山主庄内景点的建筑，有不少的亭，一座座形制各异、仪态大方。其中一座亭子居高临下地俯瞰着游人，正在热切地招呼，使得人们不由得想亲近它，这座亭就是叫作“南山积雪”。

如果要身临南山积雪亭，是需要付出相当的辛苦。先走进山区，经过崎岖山路来到松谷峡，再左盘右绕，当你终于攀到山巅来到亭中，骋目四望，只感受到如入云端，全园的景物呈现在视野间，人们立刻便获得超越时空、心旷神怡的独特享受。

一生有吟诗、题字之癖的乾隆帝的“御笔”遍及华夏山川。对避暑山庄的这座不太起眼的南山积雪亭，他也有过一首绝句：“芙蓉十二列峰容，最喜寒光缀古松。此景只凭诗想象，留观直待到深冬。”

南山积雪的景致一定十分壮美，银装素裹，天地皆白，“寒光缀古松”，只可惜作诗的当时皇上并没有亲见，因此他说“此景只凭诗想象”。而游人可以择时登峰，在南山积雪亭饱赏难得的南山积雪。

作为全国现存规模最大的皇家园林，避暑山庄具备了各种自然风景要素，拥有碧波荡漾的湖泊、峰峦叠嶂的山岭、古木浓荫的草场，湖光山色，美轮美奂。各处景物都按照传统造园规则设置在富于变化的山、水、平原等自然环境中，重重殿宇楼榭、座座洲岛堤桥和自然风光融为一体，相互装点，相得益彰。在山庄中众多的建筑糅合了我国南北艺术与风格，庭院组合按周围环境和使用的要求，或采用严整布局，或自然参差布置。各种外观朴素的殿阁楼台，规模适宜，殿现了恬淡古朴的风格。宫苑四周绵延的奇峰秀岭成为优美的借景，使园景似遥无边界，有无限扩展之感。山庄中诸多联额、题刻成为景观，给人们提示、阐述周围的景物，启发人们产生丰富的联想，使山庄景致更加富有光彩。平阔塞北的草原、金碧辉煌的外八庙，作为山庄的特别景观，为山庄增加不少色彩。

处处都能感受到无穷的园林艺术魅力的避暑山庄，是我国古典园林中的精品，堪称我国古代社会后期造园艺术的典范。

上 海 市

豫 园

【名园诗话】

名园旭日散朱炎，
色炫葵榴晓露沾。
深院不知清昼永，
香风拍拍透湘帘。

明 · 莫云卿：《豫园即事》

【名园历史】

豫园位于上海老城厢东北部，是老城厢仅存的明代园林，素有“奇秀甲江南”之誉。

豫园始建于明嘉靖三十八年（1559 年），系刑部尚书潘恩之子潘允端为奉养父母而建，“豫园”为豫悦双亲、安泰平安之意。豫园鼎盛时期面积达 70 多亩，现在园外的大荷花池、湖心亭、绿波廊及一些店铺，都曾是园内的景点。明末清初，随着潘家的衰落，豫园也逐渐荒废。清康熙年间，豫园大部分成为城隍庙的庙园，但仍保留了潘氏旧园的风格。清朝末年，豫园屡遭战火蹂躏和商业行会蚕食，破坏严重。新中国建立后，经多次修复，终于重放光彩。

【名园漫步】

豫园虽历经分合，但是因为“屏、隔、通”等造园手法的灵活运用，园内布局颇为有序，景点多而不乱。因为豫园地处闹市，因此用“屏”的方法，四周是以高墙围闭，使园林得以闹中取静。豫园面积不大，但是景点众多，如果布置不当容易产生繁杂之感，所以采取“隔”的方法，用花墙分隔成六个景区，自成体系，各有其游赏主题。因为各景区又是相“通”的，各式曲廊、门洞、小径连接其间，使游人常在一转身、一投足间就进入了下一个景区，给人一种隔而不断、含而不露的美感。

目前，豫园面积约30亩，大致可分为大假山景区、万花楼景区、点春堂景区、会景楼景区、玉玲珑景区及内园等六个景区。各景区都有不同的格局和各自的观赏主题。

大假山景区在豫园西部，正对豫园大门，以山林景色为主。进门迎面有一座宏敞的主厅，名“三穗堂”。“三穗”之名取自《后汉书·蔡茂传》中蔡茂梦见三穗禾后出仕的典故，后人常用“三穗”喻指读书人有望出仕的祥兆。清乾隆二十五年（1760年）建。原为乐寿堂，清初，豫园征为上海县衙时，重筑为三穗堂。西阔间，屋宇轩敞。大厅中间有“城市山林”和“灵台经始”匾额。匾额下是当代书法家潘伯鹰书写、豫园主人潘允端撰文的《豫园记》，扇上雕刻着稻穗、黍稷、麦苗和瓜果。三穗堂南临大湖，堂前桧柏分植，景观颇广远，“湖心有亭，渺然浮水上，东西筑石梁，九曲以达于岸”。三穗堂在清代中叶曾为豆米业公所议事、定标准斛之所，又称“较斛厅”；还曾是官府召集乡士绅商宣讲皇帝谕旨之处，是当时沪上绅士富商的政治、经济活动场所。三穗堂南的荷花池、凫佚亭、绿波廊、濠乐舫、鹤闲亭、清芬堂、凝晖阁等成为豫园外景点。

堂北隔一小天井建有两层楼阁。下层悬“仰山堂”匾额，上层挂“卷雨楼”匾额。“仰山堂”之名取自《诗经·小雅》中“高山仰止”之句。旧时，文人常于此聚会。堂侧有梯可登卷雨楼，有双重飞檐，宛如大雁振翅欲飞，十分精美，堪称古典园林建筑中的杰作。卷雨楼之名取唐诗“珠帘暮卷西山雨”之意。雨中登楼，烟雾迷蒙，山光隐约，犹如身入雨山水谷之中，为豫园绝景。

楼北的大假山由明代著名叠石家张南阳建造，高约四丈，是江南现存最完整、规模最大的黄石假山。假山奇峰对峙，洞谷幽深，溪涧清流，蹬道盘旋，宛如天成。假山前有碧池，后有萃秀堂，旁有游廊，体量都不大，皆为衬托大假山这一主景。清末名人王韬曾描绘："奇峰攒峙，重峦错叠，为西园胜观。其上绣以莹瓦，平坦如砥；左右磴道，行折盘旋曲赴，或石壁峭空，或石池下注，偶而洞口含岈，偶而坡陀突兀，陟其巅视及数里之外。循径而下又转一境，则垂柳千丝，平池十顷，横通略约，斜露亭台，取景清幽，恍似别有一天。于此觉城市而有山林之趣，尘障为之一空。"400 多年中，豫园景物时废时兴，而大假山仍保持旧观。

大假山上有二亭，一在山麓，名"挹秀亭"，意为登此可观园内秀丽的景色；一在山巅，称"望江亭"，意为立此亭中"视黄浦吴淞皆在足下。而风帆云树，则远及于数十里之外"。昔重阳节时，游人来此登高望远，浦江帆樯，历历在目。

元代铁狮在仰山堂东游廊口，铁狮姿态生动、铸工精致。座上有款识："章德府安阳县铜山镇匠人赵璋"、"大元国至元廿九年岁次庚寅十月廿八日"。铁狮原置河南安阳县衙大堂前，曾被日军运往日本，抗战胜利后归还中国，长期存于仓库内，修园时移置此。游廊为入大假山之通道，跨于池上。廊间设方亭，有匾曰"渐入佳景"，意为由此向前，景色会更加优美。匾下有一太湖石，状似美女柔腰顾盼，名"美人腰"。池水山景，近在咫尺，有勾起游人信步之意。

萃秀堂位于大假山东北峭壁下，"萃秀"为美景汇集之意。清乾隆二十五年（1760 年）始建，乾隆三十五年（1770 年）竣工。嘉庆十八年（1813 年）由西园庙产转属饼豆业公所，并经大规模修葺。四周拦以围墙，堂前峰峦林立，花木阴翳。堂后园外闹市，但高墙与假山阻隔了嗓音，使这一区域成为园中幽静之处。

亦舫在萃秀堂东墙外，俗称船厅。明代以后，江南园林常在水边建石舫，用以临水赏月，而直接在陆地上筑舫不多见。此系后增建。

万花楼景区在大假山东面，以花木竹石景观为主题。主体建筑万花楼原为花神阁，后称“万花深处”，坐北向南，造型精美。楼前庭院内鹅卵石铺地，小溪横流，两株古木遮天蔽日，贴壁有嶙峋假山。这里的景致玲珑精雅，位于敞阔大气的大假山景区旁，形成鲜明的对比，二者互衬互补、相得益彰，增强了艺术感染力。万花楼西南侧面山对溪建有一座小轩，名“两宜轩”，西山对水，有古人“观山观水两相宜”的情趣。

轩西连复廊，通向鱼乐榭。鱼乐榭造型简洁，小巧玲珑。榭西有粉墙和大假山景区分隔，墙下开半圆洞，从荷池分出的水从洞中流入，围绕小榭，水中红鲤无数，从榭中观赏效果最佳。

鱼乐榭东有迂回复折长廊，称复廊。中间构筑方亭一座，匾额曰“会心不远”。此意出自《世说新语》：“会心处不必在远，翳然林木，便有濠濮间想，觉鸟兽禽鱼自来亲人。”复廊东段用墙分隔为两条。墙上设窗洞，从窗洞左顾楼台掩映，右望溪流峰石，宛如小品图画。

点春堂于清道光初年由福建花糖业商人所建，以作公所之用，共五间。厅堂画栋雕梁，宏丽精致，门窗上雕刻戏曲人物，栩栩如生。堂名取宋代诗人苏东坡词“翠点春妍”之意。咸丰三年（1853 年），小刀会领袖陈阿林在此设城北指挥部。现为仅存的小刀会起义遗址。堂内陈列着小刀会起义军用过的武器、自铸的日月钱及发布的文告等文物。厅堂面对一座小戏台，式样精巧，名“凤舞鸾吟”，俗称打唱台，是当年花糖业公所宴请演唱和岁时祭供之处。打唱台东南有小假山，水从假山下石窦中流出，汇成小池，戏台一半架在池中，非常幽雅。点春堂后有临水槛，可凭槛观鱼，有匾额“飞飞跃跃”，字体飘逸洒脱。

和煦堂在打唱台南面，面山背水，四面敞开，夏凉冬温，故取名“和煦”。后面水池畔有假山，山下有洞，流水潺潺；山上有方形小轩，名“学圃”。八角亭与学圃隔池相峙，亭中有古井一口，井栏为明代之物，称“古井亭”。和煦堂与点春堂东部假山上有座抱云岩，水石缭绕，洞壑深邃。抱云岩上有小楼，上下两层，上层名“快楼”，下层称“延爽阁”。登快楼可眺西面大假山和豫园全景。延爽阁画栋垂檐，精致错落。点春堂北有藏宝楼，上下各五间。东有静宜轩、听鹂亭。据民国《上海县续志》记载，点春堂初建时附近还有钓鱼矶、水神阁、一笑轩、庄乐亭等景，早已毁弃。

东部景区包括玉玲珑、玉华堂、积玉水廊、积玉峰等景点。

万花楼景区集“山之光、水之声、月之色、花之香”于一身，佳景迭现，风月无边，令人情思倾倒，心神俱醉。

玉玲珑为江南三大名石之一，高一丈余，玲珑剔透，周身多孔，具有皱漏瘦透之美，为石中上品。古人曾称“以一炉香置石底，孔孔烟出；以一盂水灌石顶，孔孔泉流”。

玉华堂原为潘允端书斋，清道光年间重建，改名为香雪堂。淞沪抗战时被日机炸毁。1959 年重建，仍名玉华堂。堂内现按文人书房布置，陈列着明代紫檀木画案等珍贵家具。

积玉水廊倚豫园东围墙，临曲池，积玉峰立于廊间。积玉峰玲珑剔透，1956 年移到豫园。池西及玉华堂前后，流水潆洄，山石嵯峨，花木扶疏，植白玉兰、白皮松、翠竹，幽雅恬静。

会景楼景区为中部景区。会景楼位于豫园中央，登楼可观全园景物，故名“会景楼”。九狮轩在会景楼西北，1959 年重修豫园时，拆去民宅，凿池垒石，于池北筑轩，名“九狮轩”。轩前置月台，可凭栏观赏池中荷花。

得月楼位于玉华堂、玉玲珑西，两面临水。建于清乾隆二十五年（1760 年）后，光绪十八年（1890 年）重建，取“近水楼台先得月”之义而命名。得月楼为二层楼房，建筑精致，画梁彩栋，修廊曲栏，华丽幽静。楼前有“皓月千里”匾额。皓月当空时，俯视湖心亭、九曲桥上月光，别有情趣。清代有一副描写得月楼的联语：“本地风光，旧时月色。”耐人寻味。

绮藻堂位于得月楼下，以“水波如绮，藻彩纷披”而名。堂内装潢美观，别具一格。堂檐下有 100 个不同字体的木雕“寿”字，称为“百寿图”，富有民族特色。堂前一天井，犹如方茶壶，内有匾额“人境壶天”。

左侧围墙上有清代“广寒宫”砖刻。

织亭位于绮藻堂和荷花楼之间的西廊中间，面对湖心亭、九曲桥，背向五老峰、月府砖刻。光绪二十年（1894 年），布业公所为纪念古代纺织家黄道婆而建。亭以槅扇与廊相隔，槅扇裙板上刻有“耕织图”。

浣云假山位于得月楼北，1986 年重修豫园时以太湖石堆砌。山有临流石径，依山脉迂回曲折而上。山洞内有清泉，登得月楼隐约可闻泉水声。陈从周题识“浣云”。

藏书楼又名书画楼，位于得月楼对面，清光绪年间建，清末曾是有名的书画市。宣统元年（1909 年）在此设豫园书画善会，上海知名书画家常来雅集。现楼上辟为海派书画陈列室。

豫园环龙桥向南，是“神祠北际名园辟，寝庙东偏别殿开”的内园。1956 年修复豫园时，内园成园中之园。内园面积仅 2 亩余，但十分精致，亭台楼阁、泥塑砖雕、名树古木、石峰小桥，一应俱全，布局紧凑而曲折幽深。内园景区有静观大厅、观涛楼等。

静观大厅亦称“晴雪堂”，是内园主要厅堂，造得雕栋画梁，轩昂高敞。堂面阔五间，进深三间，厅前有两尊石狮，厅内有“静观”和“灵沼峙”两块贴金匾额。静观之名，取古语“静观万物皆自得”、“动观流水静观山”之意。大厅对面奇峰林立，堆叠多姿，或如三官献寿，或如白鹿望月，或如蝙蝠飞舞，或如九狮盘球。据说静静观之，能辨出 100 多种动物形象。石峰间有许多百年古树。静观东面一小院落，中有池水一泓，两侧曲廊回绕，树荫蔽日，修竹潇洒挺拔，环境幽深。

观涛楼位于静观大厅西南侧，又称“小灵台”，三层全木结构，高 10 余丈，清时为城东最高建筑物。昔年在此登高可观赏“沪城八景”之一“黄浦秋涛”。

面对静观大厅，东西相连，为串楼形，并可通向观涛楼和船厅，还云楼内横匾“还云”，为清末上海名绅姚文题识。还云楼原为上海钱业公所产业，豫园、内园屡遭战火破坏，而此楼却免遭劫，大有“手挥丝桐，目送还云，西山爽气，在我袖中”之感。

耸翠亭耸立于观涛楼东面假山上，双层亭阁，底层置石桌、石凳，周围林木青翠。

可以观为小型方厅，精致幽静，炎夏时分外凉爽。厅前有砖雕《郭子仪上寿图》，旁有泥塑龙墙，北接“洞天福地”凤凰亭，南连“别有天”，墙上有《重修内园记》等记载内园历史。

出耸翠亭而上是船厅，虽筑于假山上，但周围用瓦片小砖铺地，成波浪状，仿佛舫于涛中行，其构造为园林建筑所罕见。

九龙池位于内园静观大厅东南，池内砌湖石，东西两壁隙间中藏四个石雕龙头，水中倒影亦为四个龙头，加上池状若龙身，故称九龙池。

古戏台位于内园之南，建于清末，原在闸北上海北钱业公所内，1974年移建于此。戏台正面有狮子、凤凰、双龙戏珠、戏文人物等木雕图案，造型优美，栩栩如生。顶部藻井有22层圈和20道弧线相交，四周是28只金鸟展翅欲飞，中间是一面圆形明镜。藻井不仅装饰华丽，而且符合声学原理，即使没有扩音设备，也能取得良好音响效果。戏台两侧石柱上镌有对联：“天增岁月人增寿，云想衣裳花想容。”书法挺秀遒劲，为昆曲艺术大师俞振飞手笔。戏台对面设贵宾嘉座，均为清代太师椅和茶几；两边有双层看廊，安放着仿古红木靠椅和条桌，共有200个座位。环境典雅，古趣盎然。

该园的绿化布局合理，植物配置得当，层次分明，其特点是古树名木多、大盆景多、摆花多。全园共有乔灌木670余株，常绿和落叶树约各占一半。古树名木有27株，其中100年以上20株，200年以上5株，300年以上2株。在万花楼前的一株古银杏已有400余年树龄，树高26米，冠幅138米，直立如巨人。在静观大厅前的一株白皮松，树高62米，冠幅72米，树龄已有200余年，每年花开繁盛，为上海所罕见。鱼乐榭南侧的一株老紫藤，树高42米，有300余年树龄，墙外设紫藤架，紫藤枝干盘绕，每逢春天，朵朵白色璎珞满架，深受游客喜爱。在亭、台、楼、阁、厅、堂、廊榭的周围栽植银杏、女贞、广玉兰、白玉兰、紫薇、瓜子黄杨、白皮松、罗汉松、桂花、茶花、茶梅、香樟、紫藤。有的地方摆设了铁树、五针松、罗汉松等大盆景。在群置、散置的湖石间与桥旁栽植青枫、五针松、茶花、桂花、杜鹃、瓜子黄杨、黄馨等，在墙脚下植常绿的箬叶、天竹、麦冬、竹、盆花等。整个园内树木苍翠，层次分明，体现了明清两代古典园林的艺术风格。

豫园是上海城内游览和举办各种活动的主要场所。豫园举办各类花展历史悠久，还有重阳节登高望远活动、元宵节灯会等游艺活动，平时常举办奇石、书画展和茶道活动等。

青浦曲水园

【名园历史】

曲水园处于上海市青浦县青浦镇，是上海市郊著名古园之一。曲水园始建于清乾隆十年（1745 年），原是城隍庙的附属园林，故称“灵园”。据说建园的时候，以庙捐形式向城内居民每人募一文钱，所以又称“一文园”。嘉庆三年（1798 年），当地雅士在园内饮酒赋诗，取王羲之“曲水流觞”典故，改园名为“曲水园”。咸丰十年（1860 年），曲水园毁于战乱。光绪十年（1884 年）开始复建，历时 27 年建成。

新中国成立后，对曲水园进行多次整修，遂成现状，是当地旧时主要的公共园林。

【名园漫步】

曲水园门面南，进门迎面是凝和堂院落。凝和堂是园内主体建筑，面阔三间，东西连有厢房，“凝和”是“安定祥和”的意思，整座院落的布局也给人以安定祥和的感觉。堂前古木遮阴、湖石秀立，并且植有金桂、玉兰，取“金玉满堂”之意。凝和堂的东面建有花神堂，原名为“花神祠”，是祭祀花神的地方。院内东、南、西三面用湖石筑成花台，环抱堂屋，花台内植有百年古桂、玉兰、蜡梅等古木，花开之时灿烂如锦。凝和堂的西面有另一主要建筑有觉堂。堂居庭院中央，呈正方形，用料考究，室内藻井是用数百块花板镶接而成，十分精美。院内植有金桂、芭蕉、紫竹、蜡梅等花木，环境幽雅。

有觉堂的南面有迎仙阁与夕阳半红楼。迎仙阁是南向二层楼阁，登阁环望园中景色，令人有一种美不胜收之感。夕阳半红楼坐北向南，分前后二室，叠石是梯，造型精巧。楼周水池清澈，修竹青翠，芭蕉秀雅，景色尤为迷人。

凝和堂的北面是曲水园中心的水景大荷花池，景名是“天光云影”。池中有一座假山巍然矗立，将水池隔为南北两池，构成了山固水绕的佳景。山间磴道盘旋，林木葱茏，景色优美。南北两池各有建筑点缀，南池池畔立“涌翠”、“寅曦”、“小濠梁”三亭，北池周围有“镜心庐”、“清籁山房”、“竹榭”三室。

荷花池西部建有长堤，堤间有喜雨桥，桥身由花岗石砌成，呈拱形，桥面中央石板上雕有“双龙戏珠”图，栏柱上雕有石狮。雨天，此处景致最美，有诗云：“溶溶绿波池，雨点如鼓琴。夹堤双镜明，雨入如碎银。涌翠一池荷，叶上明珠滚。”长堤的西面沿池建有长约30米的得月轩，如此长轩在各地园林中甚为少见。在轩中观荷赏月，极为惬意。轩旁有旱舫，称“舟居非水”。其左右都为池、溪，登舫后不见石岸，只见波光，反有舟行水上的感觉。

曲水园的东部有小桃源、晓春园、秋红冷香园和绿波廊等景致，呈现一派村野风光，就像世外桃源。园东不设围墙，以沿环城河修建、长有70多米的绿波廊为界。长廊曲折蜿蜒，串联东部各处景点，在其间有桥有亭，富于变化，造型优美。长廊的东边是水清如镜的长河，西边是花木葱郁的园景，互为因借，美丽如画。

曲水园以山水景致取胜，山和水搭配和谐，互为依托，共构佳景。建筑形制美妙，布局合理。花木葱郁繁茂，并且精心配置，“春日樱花争艳，夏天荷花出水，入秋金桂馥郁，冬令蜡梅璀璨”。一年四季都有花开。整座园林幽雅古朴、精致含蓄，具有比较深厚的宗教氛围及浓郁的文雅之气。

青浦课植园

【名园历史】

课植园位于上海青浦县朱家角镇北面的西井街，是马氏宅园。园主为江西人马文卿，因见朱家角风景殊美，购地百亩而建园。从 1912 年开始兴建，时停时建，耗银元一共 30 万，直至马文卿去世还未完全完工，可格局已形成。马文卿为造此园，曾经游历江南诸园，博采众长，成为朱家角首屈一指的名园。名园经历战火，受损严重。在 1956 年成为朱家角中学。1986 年，被青浦县定为县文保单位。1999 年 5 月修复，并在当年 10 月 1 日正式开放。

【名园漫步】

园林因属马家，所以称马家花园，又因“读之余，不忘耕植”而名课植园。园林坐西朝东，面临西井港，港口舟楫往来，一派江南水乡风情。照壁有 1 米多高，壁旁建两座司鼓亭，每遇贵客来临的时候，敲锣打鼓，以示欢迎。园林分为厅堂区、假山区及园林区三部分。

最先进入厅堂区，有门厅、头三厅及迎贵厅四进院落。厅堂雕刻精美，两旁雕花落地门窗，地铺印纹水磨石拼各式图案，前植桂花，以谐音“贵花”。迎贵厅东首的庭院平广，植草种花，一侧有四角攒尖井亭。亭边有书城，形态如同台北板桥花园的书斋。入口为城门，有城墙砖垛，上题“月洞门”三字。进门，院内有三间两层书楼，硬山顶，砖木结构，带前檐廊，二层楼梯是室外楼梯，中间有一圆形月洞门通一小间，楼梯栏杆是民国时代常见的花色陶瓷栏，因为蓝色点缀而倍觉洋味十足。过书楼到西部水池，楼边立有一座照壁，上刻两碑，书《五老图及序》，描写了当时镇上五位耆宿在1926年同游课植园的盛事。园侧为青砖花台，内植盆景花木、置湖石，形如巨型盆景。盆景前有红花竹篱，还有一棵棕树，棕须掌叶，参天而出，一高一低、一红一绿，对比强烈。还有一座民国时代建的西洋风格平顶砖石建筑，上屋顶可俯瞰水榭。向南有曲廊相接，植有花木，末端出抱厦成水榭，遮掩南面的粉墙高楼，中间为曲廊花圃，在黑和白、屋与水、规整池岸和笔直的色彩对比、线条呼应中显出另一种介于古典与现代之间的美感。池南角有石架，古藤攀伏，扎吉祥红布条一百多条，成色彩之比。迎贵厅南侧的碑廊上镶嵌明清著名书画家碑刻一共15块，如明代文徵明的《游西山寺》12首“悔花诗”、唐伯虎的手札、周天球的诗，都为马文卿聘请名师所刻。碑廊端接迎曛阁，为观夕阳西下之景。阁两层，左为平顶碑廊，右为两层廊，为砖石结构，歇山顶，方柱花瓶栏杆，中西结合的风格。

以碑廊为界，北是厅堂区，南是假山区。此区三面曲水环绕，池内种植荷花，仿上海豫园池景，池岸用黄石砌筑。与树都为下品。池原有一座钓鱼台，称水晶宫。又有蝙蝠亭，亭内四壁画100只蝙蝠，以示“百福”。假山为湖石构成，向北绵延，临池见洞府森森，然无峰脉一旦进入，则路曲峰生、洞转水回，感觉和远观不一样。在假山之中建有一亭，名倒挂狮子亭，系仿苏州狮子林的亭子，其五角都雕刻有倒挂狮子，以喻五狮喜庆与五谷丰登。

假山南建有打唱台、唱戏楼与观戏厅。观戏厅面阔三间，卷棚歇山顶，西、南、北三面临水，一面正对唱戏楼。厅面积较大，前后四角各挂一串大红灯笼。唱戏楼面阔五间，前带檐廊，中间从檐廊向前伸出，为戏台。戏楼和观戏厅之间为开阔草坪。迎曛阁正对宝瓶门有一太湖石，形如马头假山区南面有一幢标志性建筑——碉楼，楼高五层，形如碉堡，四坡屋顶，当中缀四方亭，名望月亭，和旁边二层楼上的四方亭遥相呼应。

曲水东西跨有一桥，名课植桥，桥为单孔石桥。以桥为界，桥东是课园，桥西为植园，现植园只剩很小一部分。此桥是全镇36座石桥中最小的一座，全长只有5米。站在桥上可以见到水口由粉墙所断，墙上灰塑双龙，龙出彩云。此外，在假山区和走马楼交接的地方用龙墙，也有仿豫园之意，屋角点缀花木湖石。

全园有屋200多间，处处以回廊相接，园内走马楼、碉楼等都是地主庄园的余音，令人想到浙江平湖的莫氏庄园、扬州何园与木渎的莫氏庄园（古松园）。平湖的英氏庄园的建筑水平过之，然园林水平明显低于课植园。何园的走马楼和园林结合紧密，其园林水平高出一筹。古松园的住宅与园林用走马楼相连，与课园极似，但古松园是纯古典园林，而课植园则受现代造园理论的影响。

桂林公园

【名园历史】

桂林公园在上海市桂林路80号，原名是黄家花园，是民国时期上海青帮头目黄金荣的私人别墅。花园初是黄家家祠，1923年始扩建为花园，1929年再度扩建，至1932年竣工。

1937年，上海沦陷，园内关帝庙、内宅、静观庐等建筑与大批树木都被日军破坏。抗战胜利后，黄金荣对园林大加修缮，但是在解放战争末期，国民党军队入园，任意践踏园林，园林受到严重的损伤。

1957年，上海市园林管理局全面修复黄家花园，有金桂、银桂、丹桂等1000余株桂树，秋来满园飘香，所以定名为“桂林公园”，次年开放。

【名园漫步】

全园面积一共355公顷，采用江南古典园林手法。初建的时候，派人从苏州木渎镇严家花园购来湖石，请当地名匠堆山积石、掘池引流、立亭出榭、建舫营厅、开窗取景，新中国成立后修复与扩建时，又依古典样式对旧建筑进行恢复，新建景的全部是仿古建筑，和原景观统一。现有哈哈亭、松月亭、凌云亭、颐亭、八仙亭、四教厅、观口、迎宾厅、飞香厅、桂花厅、九曲长廊、般若舫、双虹卧波桥等。

桂林公园入口在十字路口的东北角，墙内立柱起半亭做为门楼，中开方门，正对大门是屏障，粉墙之下堆太湖石一峰，左右是圆洞门。从左门入，回望门楼，成为框景。前行来到新建东区，北起冈阜，南开小池，桂花遍地。冈上建六角亭，歇山顶，灰瓦、红柱、白槛，在大片绿树之中犹如隐者。出亭下冈，见池水一片，池南建水榭，绕池西行，见东西区被龙墙分隔，粉墙灰瓦，上嵌漏窗。从圆形门洞走入，穿过酒瓶形门洞，就来到旧区。

在旧区，经过路边的六角攒尖厅，见主厅前出抱厦，歇山顶，两边有绿树，前对大草坪，开朗舒畅，构图优美。进入紫藤花架，地上鹅卵石铺地，以传统样式拼花图案在廊端建有六角攒尖亭。出亭可见一座水池，湖石绕岸，绕山而去，上山需跨水上的双虹拱桥。此桥有两座，石砌起拱，样式各不相同，两桥之间是水中小岛，这种立桥法在江南甚为少见。过桥上顶小轩，临轩四望，全景在眼。山北临池建船舫，中舱最低，前舱两面有落地长窗，后舱最高。

西行来到一座太湖石假山，山依厅而筑，山内构石洞。山高达六七米，高耸入云，峰边立亭，绿色铁皮顶，六角攒尖，是民国时代的中西风格结合的产物。旧区长廊南北走向，中间分隔景域。旧区北部建有一楼，是民国时代建筑，二层红砖，屋顶白脊、黄鸱尾，一面临水。旧园平地上有三块名石，一块名“石公”，立在湖石台上鼻突口陷，眉目分明；另一块“石婆”，上小如帽，体态分明。离石公石婆不远，有一不知名的黄色巨石，立在绿坛之中。

南面的张家坟被改造成园中园，堆有黄石假山，围墙边建亭，花丛中立双峰石，建筑为辅，植物为主。

嘉定秋霞圃

【名园历史】

秋霞圃地处上海市嘉定区嘉定镇，是江南明代著名的古园。它始建于明正德、嘉靖年间，为工部尚书龚弘的宅园。后来此园数易其主。清雍正四年（1726 年），改建为城隍庙后园。咸丰十年（1860 年），园内建筑毁于战乱，光绪二年（1876 年）以后陆续重建。当地政府在 1980 年进行了彻底整修。

【名园漫步】

秋霞圃面积不足 10 亩，明代书画家董其昌曾为其题“十亩之间”。进入园门，最先是一组以竹石景致为主的小院，幽静雅致，为进入主景区前的铺垫。转出小院，穿过了一片茂密的竹林，眼前豁然开朗，到此即进入了主景区。

以桃花潭为中心的主景区，假山、建筑绕潭而列。潭周“曲岸断续，水口湾环”，连以清泉、小溪。夏季，潭中荷花盛开，生机盎然。潭南、北各有假山。潭南假山用湖石包土筑成，称“南山”，取自陶渊明“采菊东篱下，悠然见南山”诗句。南山上还植有多株古树，虬枝交错，遮天蔽日。山间设有曲径，穿洞绕峰，蜿蜒曲折。北面临潭峭壁挺立，像是从水中升起，气势非凡。一条小溪沿峭壁流淌，溪上架一石板小桥，长不足一丈，宽仅二尺，为整块石板构成。桥名“涉趣”，取自陶渊明“园日涉以成趣”之句。潭北假山较为平缓，但气势雄浑，和潭南玲珑的湖石假山不但形成鲜明对比，而且彼此衬托，给整座园林增添了许多山林野趣。

桃花潭的东南隅建有舟而不游轩和池上草堂。舟而不游轩是一间小轩，因形似船而不能游，故名。“船头”用湖石堆砌而成，形式自然，风格独具。轩中置大镜一面，映出桃花潭北岸景致。池上草堂在舟而不游轩西侧，二者相连。白居易晚年曾作《池上篇》和《草堂记》，抒发了躬身退隐的情怀，“池上草堂”之名就取自两部作品的篇名。堂北临潭，堂南为一处小庭园，略置湖石，配以花木，构成秀美小景。草堂西面建有丛桂轩，轩名取自《楚辞·小山招隐》中“桂树丛生兮山之幽”之句。小轩四面开敞，靠山近水，可谓“小山北耸树阴笼，丛桂轩开四面风”。最妙的是，坐在轩中四面环顾，不同季节欣赏到的景致具有不同的特色。东面，桃花潭碧波涟漪，迎春花夹岸盛开，春光无限；南面，绿叶浓密，芭蕉映窗，是夏时景色；西面，古桂茂盛，石竹成景，构成一幅秋景图；北面，山上青松挺秀，冬日雪压青松，别有韵味。

桃花潭的东北建有山光潭影厅。厅临潭，并和湖石假山相对，宜赏山光潭影，故名。此厅是园内主要建筑，形制为四面敞厅，前出月台临水，后有独立小院。厅东有一花圃，春季百花争艳，芬芳满目。有一株百年牡丹，年年盛开，堪称园中花王。厅西建有碧光亭，俗称为“扑水亭”。此亭依山临水，是观鱼赏月的好地方。“栏前观荷数鱼，亭中吟诗赏月”，可谓人生美事。厅南桃花潭中架有三曲石桥，栏柱雕凿精致，造型自然而活泼，沿桥可至舟而不游轩。厅东北建有枕流漱石轩，《世说新语·排调》中有“所以枕流，欲洗其耳；所以漱石，欲砺其齿”之句，轩名由此而来。轩北是一池塘，名“清镜塘”。据说塘内的甲鱼味道鲜美、营养丰富，曾进献宫廷，乾隆帝品尝后赞不绝口，后来闻名天下。

秋霞圃面积虽然不足 10 亩，可山环水绕，庭园相连，道路曲折迂回，胜景一步一现，人们在园内游赏，往往盘桓半日，却感兴犹未尽。

嘉定汇龙潭

【名园历史】

汇龙潭位于在上海嘉定县城塔城路孔庙的东侧，潭于明万历十六年

（1588 年）疏浚成。已经有四百多年历史，县志载：“潭方广二百余丈，横沥水贯在左，自南达北，新渠，野奴泾、唐家浜、南杨树浜与北杨树浜五条河流交汇于此，如五龙游戏，故称汇龙潭”。南宋嘉定四年（1211 年）冬落成的孔庙正在潭北，明天顺四年（1460 年）在潭中堆山，名应奎山。清雍正十二年（1734 年）在潭边建魁星阁。这块地因五水充汇而活，由南北寺庙而古，向来是百姓喜欢来往的公共园林，每年在这里举办龙舟比赛。

1928 年，嘉定县通俗教育馆为适应全县民众文化娱乐之需，将孔庙、五龙魁星阁合辟为公园，名奎山公园。1932 年“一・二八”之战，奎山园树木遭损。1937 年淞沪抗战时，汇龙潭与孔庙被毁，园始败落。在新中国成立后，汇龙潭经修整，重新在对外开放，1984 年再经扩建，形成了今天的规模有多座古建筑被搬入园内，一是为保护，二是为增色。园林现占地 70 多亩，有“一潭、二池、二堂、二阁、九桥”等一共 26 处景观。

【名园漫步】

从园林山水格局上来看，有“一潭、二池、一山”。“一潭”是汇龙潭，“一山”指汇划山，“二池”指玉莲池与碧荷池。

西南角是汇龙潭，正对孔庙正门。池平面为长方形，池岸用石栏杆围护，石栏杆色彩不一，或是白色，或是黄色，从此也可看出历史修缮情况。隔岸为“汇龙潭影”。旧时，四乡百姓端午舟楫而来，每年一度举行的明代诗人娄坚诗云：“澄潭如镜碧参差，一一平岗影倒垂；秋叶入风花过雨点文喃；林中燕座移游舫，桥畔闲来理钩丝；会看神松鳞申老，横令拔地有奇姿。”

潭中本没有山。由于潭南有与孔庙正对的留光寺，有冲对之嫌，故堆山来做屏障，并取名为“应莹”，以示“学官高显，寺貌退隐委状，此明彼障”，并以此“储灵气而宣文人”。最初，山大潭小，后扩大水面。由于有山一座、河五条，所以为“五龙抢珠”。今山高 10 米，山坡堆石为景，拱石而成门洞，过石洞门，顶建一亭，名四宜亭，登亭可远眺市里法华塔，近观孔庙。

汇龙潭中建有嘉乐亭，九曲石桥西接潭岸，而南接应奎山，亭六角攒尖出平台栏杆。每当日丽风和的时候，水波不兴，亭与桥倒影在水池，绿影为背景，形成美丽构图。嘉乐亭四周古木参天，应奎山北岸有古枫，寿逾百岁，依山临水，主谓如探头的老人。潭东北岸也有一古枫，根部中空，大可容人，内嵌巨石，蔚为奇观。潭东面出圆形半岛，在水中建魁星阁，环阁为石制栏杆。阁中昔有魁星像，头后翘，一手捧斗，一手执笔，后神像丢失。魁星为北斗七星的第一星，有斗魁之称，寓状元夺魁的意思。阁两层，平面四方，下层四面白墙，各开有一门二窗，洞门上题青龙、白虎、朱雀、玄玄，四面是围墙，四面都开门。

玉莲池为内池，池南有曲桥三折，平板朱栏。东有波影榭，面阔三间，单檐歇山顶，围栏坐槛，榭北依池有粉墙绿藤，依壁堆黄石假山。池榭具有江南园林古韵。池北平地用黄石砌花坛，内植有玫瑰。路边依墙建亭，歇山顶，左右题对联。亭南北植芭蕉一丛，成为小院，下雨时听雨打芭蕉。亭东有花厅，建于光绪二十二年（1896 年），室内有红木桌椅，四壁挂字画。左有碎玉泉、扑水亭及碎玉亭。土丘上建翠篁阁，堆石构洞，石缝流泉、声如碎玉，象征着“宁可玉碎，不为瓦全”的气节。碎玉泉有联写道：“栏俯泳清波绿，席地近闻春草香。”扑水亭则题联写道：“流水板桥游去群鱼知尔意，藏林伶竹飞来小鸟可亲人。”班莲池西北建有万佛宝塔，又名石佛塔，系宋代遗物，塔高 4 米，其座两级，塔刹为莲花瓣柱，柱身三面刻佛像，还有双龙、花纹等浮雕。此塔原在南门塔林内，在 1980 年迁入该园。万佛塔西是故河道，沿岸建有码头曲廊，自然贴切。汇龙潭大草坪东，景色与玉莲池区大相径庭，以幽深为特点，北端有瀑布，流泉叮咚。池的左右植竹成林，青砖拱桥飞跨东西。池畔有井亭，由花岗石构成，平面四方，石柱石顶，粗犷古朴，内有一井，建于光绪元年（1875 年），在 20 世纪 80 年代迁入此园。池中植莲花，有 2 米余长的石龙一条。亭题二联写道：“南去北来休息有所，井深泉冽临渴无虞”；“搪临北沥迎朝旭，地接南升纳晚凉”。

碧荷池北有橘香园，遍植柑橘与桂花，建怡安堂一座，面阔三间，歇山顶，内部木雕精细，建于光绪十二年（1886 年），原为廖家正厅，后来迁入此园。堂有两联写道：“春赏梅花夏闻橘味秋邀明月冬听修篁，风景四时宜畅怀悦目且憩坐。前对名峰后临小岭高登亭阁闰低有洞天，周围风景好吟诗觅句尽推敲”、“片石纪奇峰俯仰云移入泮水月，名园添小筑迷离烟锁画栏秋”。堂前有一太湖石峰立在花台之上，侧有小篆题“翥云峰”。这石原为明代崇祯年间的御史赵洪范所有。赵洪范是嘉定人，为官清廉，一生就是酷爱奇石，在巡按云南时见此石奇秀，历经千辛万苦运回乡里，置于堂前，命名为翥云蜂，意指直指云霄之意，暗喻凌云壮志。赵氏死后家道败落，此石辗转归于周氏，1980 年迁入此园。康熙年间的嘉定状元王敬铭曾赞道：“其势等千仞，其身过十尺；气润蒸烟霞，质细俨圭壁。”园内有一大草坪，和打唱台相结合，达到功用与景观相辅相成。打唱台，又称百鸟朝阳台，原为闸北区塘沽路沪北钱业会馆的戏台，建于清光绪十五年（1889 年），1976 年迁入园内。上海只有两座打唱台，另一处在豫园。打唱台集中展现了晚清雕饰华丽的风格，台上有 40 块枋板全部雕以《三国演义》的故事。更令人叹为观止的是，头拱呈螺旋状上汇于屋顶正中镶嵌的明镜，藻井四角刻有凤凰四只，称角蝉。梁下设垂莲柱，垂莲柱和角柱间设屏风，上部透空底刻有寿字，角柱外三层有凤头装饰。戏台后有屏风，上部透空雕刻，下部浮雕人物和故事。所有的雕刻构件都涂金箔，游人莫不觉金碧辉煌。每至节庆，打唱台就成了表演场所，人头攒动。打唱台有联写道：“鼓吹颂升平壤叟衙童消永昼，春秋崇报赛吴欣越唱遏行云。”

松江醉白池

【名园历史】

醉白池位于上海市松江县南路 64 号，是明万历年间的古园，礼部尚书画家董其昌曾在这里临池观饮酒作诗、泼墨作画。清同治年间的诗人及画家顾大中购得此园，整修，感白居易之名作《池上篇》，学宋代贤相韩鹃建醉白堂之举，命名为醉白池。顾大中逝世殁后60年归顾思照。顾思照又整修。在清代中叶，当地的善堂购此园，设育婴堂与收租处。新中国成立初期为军队驻地，1958年军队迁出。次年，当地政府费资扩池西农田共有60亩，建成了醉白池公园。1979年，复旧园名“醉白池”。1981年，改池南粮仓作碑廊，园南增辟玉兰园、赏鹿园。在1984年，将张宅迁至园西部，三年后竣工。

【名园漫步】

在没有扩建前，园林面积仅106公顷，扩建后达506公顶。故园在东。扩建后，园门在西边的人民南路。园门三间，歇山顶，北以复廊接角屋。园门的景观性很强，比一般的古典园林的门楼更为丰富。园门外有一对石狮守卫，园门内有一堵影壁挡住人们的视线。影壁立背后还有粉墙，墙上有砖雕。

在南向循路而入园区，可见围墙边有几座太湖石峰耸立于槭树之间，有一荷花池，周围古木森森，这是新中国成立后扩大的园区。池边有一组建筑，是1984年迁入的张宅的雕花厅。雕花厅是清代建筑，包括多进院落。门厅朴素无华，不施油彩；二厅、三厅和两厢的门、窗都有花卉及《三国演义》的人物等木刻浮雕，刀法纯熟，上海少见。可惜后来，雕饰大部分都被毁，仅存残迹。现在二厅的“百花齐放”与三厅的“赤壁大战”雕屏尚存。出雕花厅可见一片草坪，一角有草亭，依古制复建。亭旁有一游廊，入廊见池的对岸建有六角攒尖亭。池角还有一小亭，亭后为粉墙小院。可见石铺地面，花石列植墙边。院中有一黄石假山耸起，假山顶上有一亭。过假山来到敞廊，廊和堤结合环绕水面，水池的设计显然受到杭州西湖苏堤影响，廊和堤结合则是独创。荷池的水口建有六角亭，宝顶短如莲灯。

出院门就来到赏鹿园，小轩中置“十鹿九回头”石刻，一米见方，正面雕有十只鹿，其中有九只是回头鹿。此碑是明代的青石高浮雕作品，原置于曾照寺前石桥的墙旁壁上，桥被拆掉后置于“云间第一楼”陈列。

1950 年，楼毁，搬至醉白池园内。它喻意松江外出之人十个有九个思念家乡，最后叶落归根。

赏鹿园北是玉兰院，院中置黄石，地上铺鹅卵石道路。园中又有水池，林间凿枯流，砌黄石河床。一角筑有一座黄石假山，其上建亭子。盆景园中，草地与墙上皆置盆景。赏鹿园北的雕刻画廊的雕刻极为丰富，采用近乎透雕的手法刻人物、建筑、树木、荷池、假山等，刀法高超，线条生动。中部是旧时的厅堂廊榭、粉墙花窗、芭蕉湖石等，人物有弈棋者、观园者、唱和者；左侧狩特猎图；右是隐士图。此图是清代文人心理动态的描写。北是旧醉白池。方形水池居中，池中有“四鲤托莲”雕塑，池岸为规整的花岗石砌成，有石栏围护。池南有粉墙，左右开六角月洞门，墙前植竹一丛，竹边立有三个湖石峰，成为池北香雪堂的对景。香雪堂面阔五间，硬山顶，堂前置有两个明洪武年间的青石石狮，匾是当地人朱孔阳所书。

跨过院东门，来到醉白池。池原有三四亩，今只有半亩。池中植荷花名品“一念红”，池岸大部分由黄石砌成，池南是青石条整形砌成，南北两岸一工一草，对比格外明显。池北出水口建有自然湖石拱桥一座，桥后有草堂三间，四面带廊，歇山顶，整个建筑建在水池之上，甚是有趣。此堂是园主慕白居易《池上篇》而建，匾额“醉白池”三字原为“清初四王”之一的太仓人王时敏所书，毁后由书法家程十发重书，室内题写“香山韵事”四字。屋西接廊轩，曲折南行，在池角有水亭，亭六角攒尖顶，红栏朱柱，青瓦灰脊，宝顶立一白色回头仙鹤。亭后的粉墙和游廊形成隙地，植有芭蕉一丛，极为巧妙。临亭观四面景色，真如清代诗人黄之隽的诗：“小憩桐阴坐曲廊，一窥镜槛绿泱泱。鱼跳密藻深无影，燕掠平芜静有香。”

直廊在池南。廊壁上刻有《云间邦彦图》石刻 28 块，绘松江的明清人物 91 人，如倪瓒、董其昌、莫是龙、陈继儒、沈粲、张弼、徐阶、夏允彝、陈子龙、夏完淳。乾隆年间，徐璋首绘，后补绘，在光绪十年（1884 年）完成。

东宅的山墙在池东的背墙，墙前有曲廊，廊前接两亭，南亭题“莲叶东南”，又叫小湖亭；北亭型制与南亭相同，又叫大湖亭，前植两株百年牡丹。两亭位于两宅厅堂山墙“观墙”之下，令人想到苏州网师园。此廊北接堂屋卧树轩，轩歇山顶，前檐出廊。

醉白池的水在堂后向东流去，有一座石桥飞架有乐天轩，旧为草亭所在。轩三间，以白居易的字“乐天”为名。东部汇成一池，池岸为黄石砌成，池南有曲廊转折，廊东端接舫屋，原为旧园的“疑舫”，是明代的董其昌题的字。南北两面为朱栏，船舱东为硬山顶、西为歇山顶，上有灰塑莲花，像船非船，故而被园主称作疑舫。旧有董其昌书匾，后轶，西壁间题“花家”。

溪水从乐天轩的西面向北而去，终结于五色泉，该建筑原位于松江，山石叠成，传为晋代人葛洪炼丹之处。

宅院在园东，有三进三院。宝成楼是主体建筑，面阔五间，二层悬有上海书画鉴赏家郑为书“宝成楼”匾，楼后有二百岁的罗汉松，院角种竹，在江南甚为罕见。四面厅在宝成楼北，系旧时建筑，为园中最古者。旧时，“堂敞四面，面池背石，轩豁爽恺，前有广庭，乔柯丛筱，映带左足，希古振缨”。厅前有三百岁的古樟，厅后古藤盘绕。

颐　园

【名园历史】

颐园位于上海松港县松汇西路的上海市第四福利院内，为高氏私家园林，称高家花园、怡园、因而园。此园保留明代原物和建筑较多，较为难得。

【名园漫步】

颐园是上海现存最小的园林，但山、池、桥、楼、阁、斋、舫、榭、廊、古树、翠竹一应俱全。但经过百年的风雨洗礼，颐园处处残垣断壁、园内杂木丛生、假山岌岌可危，水池变成了垃圾场。上海市第四福利院出资并组织了修复工作。梁思成先生的高徒、上海建筑规划设计院总工程师梁友松亲自到颐园布置绿化，使得颐园获得新生。

园林南北轴线明显，园门为月洞门，东墙是青瓦粉墙，开一排八角形漏窗，漏窗是四时图。主体建筑为二层戏台，南北向，面阔三间，四面带周围廊，栏杆花式与窗式简洁，屋脊形式也很简洁，二层顶不出腰檐平座，可在檐顶做成四角垂莲角柱形式。檐柱用方形柱础，专家因此认为明代做法，因清式为圆形柱础。整栋建筑紫黑色，颇显古朴。20 世纪 80 代末，建筑因为年时过久将毁，时人不忍，请来南汇八十多岁的雕刻师傅参与修复，从苏州烧制类似的地砖，花费 10 万元修复如旧。戏楼之南为小院，不种植物，只是用鹅卵石拼成梅花、梅叶图案的地面。三面围高墙，南墙最高，有长方形砖花漏窗，东墙设有八角形青瓦拼花漏窗。南墙西面是二层建筑，下层是粉墙，上设一辣椒形漏窗。

戏楼之北为池泉，水池在中间，池岸曲折。池北的屋宇年久失修，窗墙斑驳。池西堆黄石假山，高约有 2 米，洞口很多，一面砌有环山道路。主峰已塌落，一棵树立于峰顶，咬住岌岌可危的峰顶石，因峰下是洞，如无此树，山峰早已坍塌。水池曲折，北面向西去直抵西面围墙，墙壁下根砌石为岸。池中架三曲石桥，沟通东西。附近有清乾隆到嘉庆年间建的厅堂一座，为旧宅。旁有一树，树龄 200 多岁，参天华盖之下，颐园显得更小巧玲珑。

雨景是“颐园”的一绝，“颐园听雨”是松江二十四景之一；即使是平时，听不到雨声，但手扶曲桥栏杆，仰望小山上透着历史神秘的百年老树，再腑看池面几茎初出水面的新荷，顿觉绿意盎然。这集几茎为一丛的稀疏布局，恰成了池塘的特色。几条游鱼摇头摆尾，在荷叶四周巡游，更添风韵。

池塘侧是假山，这黄石假山是松江籍叠石名匠张南垣的作品。假山呈崖状，有石径盘旋而上，可直至其巅，然后折道而下，曲径通幽，抵一石室，广可一丈，旁有石床供游人小憩。

最后不得不提的是池畔的双楼。所谓“双楼”，是园中南北相对的两幢楼。按松江民间的说法，南面的一幢是“戏楼”，北边的一幢为“看楼”。两幢楼都是砖木结构，高约五米，面阔五间，屋角起翘，檐下转角垂以花柱，有挂落连之，造型端庄、秀丽。“看楼”内摆设精致，楼下是花厅，临近池塘，室内全是红木摆设；楼上是看戏的地方，摆设更加精巧。

江 苏 省

无锡鼋头渚

【名园历史】

鼋头渚地处无锡市西南，夹在太湖与五里湖之间。主要景点是充山伸向太湖的一支石脉，形状宛如一只巨鼋张开爪子，昂首入湖，所以得“鼋头渚”之名。

早在南朝萧梁时期，这里就建有广福庵。清末民初，一些豪门世家都在这里建园，出现了横云山庄、太湖别墅、陶朱阁、若圃、郑园等一批宅园。在1980年经过合并扩建，建成了鼋头渚公园。

【名园漫步】

进入园内的时候，牌坊、石刻一路就接连不断。穿过“山辉水媚”与“太湖佳绝处”两座牌坊，一直到长春桥。桥仿北京颐和园玉带桥修建，飞架碧波之上，如长虹垂落。两岸遍种植樱花，春季的时候花开似锦，分外妖娆，景名“长春花漪”。过桥就可看到鼋头渚上的灯塔在林间隐现，塔高有十多米，不但起到导航作用，而且还园内一处重要景点。在充山顶端与山下各建有一亭，成为对景。山顶之亭立于巨鼋背部，八角重檐，名“光明亭”，匾额是刘伯承元帅题写。山下之亭紧贴太湖，名“涵虚亭”。两亭都是观景的好地方，一高一低构成不同视角，俯瞰平望各有所得。就在鼋头渚的最高处，有一座宫殿式建筑，名叫“澄澜堂”。此堂居高临下，则登高观太湖万顷波涛，蔚为壮观。特别在春季，东南风日盛，湖水波浪汹涌，拍击在石壁危崖，气势惊人。此时此景就被称为“鼋渚春涛”，是公认的“太湖第一名胜”。

从澄澜堂向南，峭壁上刻有“横云”、“包孕吴越”等巨型石刻，字迹苍劲而又有力。山崖上建有二层飞云阁，在这里回望，就可以从侧面欣赏到“巨鼋入水”奇丽的风光。

在“巨鼋入水”景观的东部建有陶朱阁和广福寺。陶朱阁是为了纪念自号“陶朱公”的范蠡而建的，重檐翘角，三面环廊，阁内悬《范蠡、西施太湖泛舟图》。广福寺南和陶朱阁相连，据传始建于南朝萧梁时期，是“南朝四百八十寺”之一。广福寺的存在使园林增添了几分庄重肃穆的氛围。

水中芦苇丛生，山间松柏而茂盛。一道小堤横断碧波，堤中架有小桥，名叫“万浪桥”。每当狂风刮起的时候，湖中万浪齐涌，拍击堤桥，浪花飞溅，如漫天飞雪，所以称“万浪卷雪”，这也是园内一处著名景观。小堤的正南面另有一山渚伸入水中，山渚形如鹰首，两侧青山伸展如翼，就像是雄鹰展翅飞翔，故名为“苍鹰渚”。附近山上还有一处独立的园林，名为“太湖别墅”，是当地乡绅王心如在 1927 年建造。此园倚山临崖而建，国内遍植及花木，环境清幽。主建筑是“七十二峰山馆”，在馆前平台可尽情数点太湖中 72 峰。园内还另有万方楼、天霓阁等建筑，都非常雅致。

过九松亭，从苍鹰渚向东，就到了挹秀桥。挹秀桥建于山间峡谷之上，则是一座大型风景亭桥。此桥造型优美，它还连接着园内各主要景点，不但是交通枢纽，而且又起到很好的点景、引景作用，堪称妙笔。

过桥向南沿山道而上，可以进入一座幽深的山洞。在洞内摸索蛇行数十米以后，眼前豁然开朗，远山近水，历历在目，湖东 12 渚和湖西 18 湾拱抱湖面，形成两翼，湖中大小岛屿星罗棋布，群帆叠影，碧空无尽。观此景象，使人不禁意飞神驰，忘情在山水之中，达到“物我两忘”的境地，难怪前人给这景取名为“湖山真意”。天远楼是“湖山真意”主要的赏景建筑，登楼可赏梅梁湖山水美景。太湖进入无锡境内以后，就形成袋状的梅梁湖，这里山外有山、湖中有湖，是太湖风光最秀丽的区域。

由挹秀桥向北登山，可到鹿顶山之巅。在山顶可以观看日出，此景称为“鹿顶迎晖”。在山上赏景，其范围之广，其他景点是无法相比的。鹿顶山顶部精心设置有金沤亭、碑刻影壁、舒天阁、呦呦亭等建筑。

鹿顶山下原建有陈氏花园，荒废后改建作植物景观区。这里绿树葱茏，奇花争妍，清潭粼粼，碧草萋萋，景色自然恬淡。大可以合抱的鸡爪枫、繁花似锦的百年茶梅、松针如蓬的大王松等各种奇花异木则在园内到处都可以看见，叫人称绝。花木掩映中有一座二层楼阁，由于在1934年聂耳谱写了《大路歌》与《开路先锋》两首歌曲，故名为“聂耳亭”。亭旁建有聂耳纪念室与塑像。

鼋头渚的自然条件非常优越，景观层次丰富，开合收放自如，变幻景色无穷。造园的时候就充分利用了这一优势，因地制宜，随形就势地设置景观，使人工景观和自然景色巧妙搭配，相得益彰。园内建筑除了满足点景需要外，大多兼具有观景功能，使远山近水从各个角度得以充分地展示，就把园外山水风光尽情借入园内，实为成功之举。

无锡愚公谷

【名园历史】

位于无锡市惠山东麓的愚公谷，是建于明代晚期的江南著名山水园林。愚公谷原为惠山寺僧人居住之地，称为“听泉山房”。明正德年间，冯夔改建为私园，因园西有龙缝泉，故名为“龙泉精舍”。明万历年间，曾任湖广提学副使的邹迪光解职还乡，买了这座园林，苦心经营10多年，建成园林。初建园的时候，有人笑他“不米而炊，未卯而扎”，他遂以“愚公”自勉。园建成后，取园名为“愚公谷”，并且写8000多字的《愚公谷乘》来介绍自己的园林。清代，此园逐渐分割瓦解，失去了原貌。当地政府在1958年对愚公谷进行了重修，郭沫若题写了园名。

【名园漫步】

从愚公谷大门进入，沿游廊可至荷池。池中遍植荷花，而且多是并蒂莲、品字莲等名贵品种，夏日碧叶田田，红花盛放，暗香袭人。池周围游廊围绕，廊间建有小轩，称为“荷轩”，是赏荷的好地方。荷轩南侧有一眼清泉，名为“滤泉”，为惠山“九龙十三泉”之一。泉眼处有用金山石砌成八角形泉井，并建有泉亭。旁边有一座方亭内刻有园主邹迪光之子、书画家邹德基所书对联：“老龙听法，顽石点头”。描述了当年惠山寺高僧讲法时，松石为之所动的情景。此联是园内现存最早的一副对联。滤泉南面有一株明代的古玉兰，邹迪光曾经写道：“后墀玉兰十二株，株株挺秀。”如今这株玉兰的树干已中空，大部枯朽，但是依然枝繁叶茂，每年春季，满树白花绽放，似如白玉雕成。

在愚公谷中心地带有一处小广场，广场的北部建有惠麓草堂。堂坐北向南，面阔三间，歇山屋顶，造型古朴而又素雅。广场南靠土山，山上架有长约 3 米的石梁，名为“石公堕履处”，是明代古迹。广场周围绿树成荫，鸟语花香，非常具有山林野趣。

在愚公谷东部，锡、惠两山之间有一处 20 余亩的水面，名为“映山湖”，在 1958 年拓挖。锡、惠两山上翠峰、古塔的倒影映在湖中，实景与虚景交相辉映，美丽如画的风景。湖中有一小岛，岛上绿树覆盖，就像是一块翡翠嵌在湖中。

水源主要来自惠山东麓的春申涧的映山湖。在春秋时期的时候，无锡一带是楚国春申君黄歇的封地，据说春申君曾在这山涧饮马，山涧因此而得名。现涧北立春申涧石牌坊，旁有巨石卧在涧中，上刻有“卧云”两字。涧北山坡上筑有卧云亭，三角攒尖顶，造型别致。逢天降大雨，在亭中可观山涧形成的飞瀑，景象壮观恢宏，非常有气势。遇细雨蒙蒙的时候，雨雾在涧上林间漂浮，景色朦胧多姿，富有诗意，春申涧北畔还建有金栗堂，坐南向北，一共九间，周围桂树环绕。金秋时节的时候，花香盈堂，沁人心脾。在堂中小坐，倾听林间风声、山涧水声，就像高山流水之曲。

随山势巧妙布局，愚公谷因地制宜，山、水、建筑搭配合理。周围的惠山美景，得到充分利用，通过映山湖等景点尽借入在园中。山水如画的整座园林，景色自然清新，堪称是山水园中的精品。

无锡蠡园

【名园历史】

蠡园位于无锡市区西南蠡湖畔，是一座优美的山水园林。相传在春秋末期，越国大夫范蠡助越王勾践灭吴后，偕西施在这里泛舟。蠡湖与后来修建的蠡园都是因为这一传说而得名。民国初年，蠡湖边建有蠡园、渔庄两座私园，新中国成立后合并在一起，统称为“蠡园”。

【名园漫步】

蠡园临近辽阔宽广的蠡湖，如果直接在湖边修建楼台亭榭，自然显得渺小无依，所以造园者筑堤围水，隔出一片大小适宜的水面，再依水建园。这种大湖包小湖的手法，基于造园的分隔原理，利用水面的分隔增加了层次感，也丰富了游赏空间。长堤也成了园内一处主要的景点，名为“南堤春晓”。每到阳春三月的时候，堤上柳丝飘舞、春花烂漫，衬托着远山近水，景色美妙无比。堤内小湖遍植莲藕，盛夏时节的时候，荷花点点，清香四溢。

小湖四角各建一亭，总称为“四季亭”，以各自周围所栽植物而命名，分别代表春、夏、秋、冬四季。春亭四周多植红梅，故名为“溢红”；夏亭周围翠树浓密，故名为“滴翠”；秋亭周围多植黄菊，故名为“醉黄”；冬亭旁边青松映雪，故名为“吟白”。造园的人把季节变化引入园景之中，使得园景更富韵味。长堤西南端建有一绿瓦红柱的六角小亭，名为望湖亭。从亭中眺望湖光山色，就像在欣赏一幅大师所作的淡墨山水，让人如痴如醉。亭内斗拱上雕有精美的龙凤图案，故此亭又名“龙凤亭”。

在蠡园东部沿湖建有一条长289米的曲廊，称为“千步长廊”。长廊一侧倚墙，另一侧紧靠碧波荡漾的蠡湖。墙上开有89个图案各异的漏窗，透出秀美的“层波叠影”景区。漫步在廊中，欣赏两边不同景色，尽得步移景异之妙。廊墙上还嵌有历代书法名家碑刻有30多方，都是珍品。在长廊尽头，一座平桥直伸湖中，桥端连接一座翘角飞檐的方形水榭，名为“湖心亭”。亭的东侧隔水建有一座玲珑的凝春塔。这里水榭塔影，构成了蠡园的代表性景观。

蠡园新扩建的景区在千步长廊后面，称为“层波叠影”。这里一派江南水乡风光，景色清新宜人。主要建筑是春秋阁，它高大敞阔，装饰华丽。阁内绘有范蠡与西施泛舟图，引人遐思。阁旁曲池围绕，池畔建有曲廊以及数鱼槛、绿漪亭、问鱼渊等小建筑。此外还有柳荫亭、映月桥、邀鱼轩等建筑，都玲珑精雅。

园内假山也是一绝，大大小小20多座假山遍布全园，到处山峦起伏，峰石林立。假山还具有石灰岩溶洞的特征，洞洞相连，似云层盘旋，所以各山都以“云”字来命名，如“盘云”、“云窝”、“留云”等。在假山之间有小溪蜿蜒，其间种植各种花木，营造出“真山”的氛围，使人漫步其间如入山谷之中。登上山顶，就可俯览全园美景，远眺太湖波光。

蠡园选址甚佳，借尽远山近水，优美如画的自然风光，再经造园高手叠山理水，筑阁构亭，景色更加迷人。它不但有江南私家园林的清雅秀丽，而且又有山水风景园的疏朗明媚，再加上范蠡和西施的美丽传说，成为我国最富有浪漫色彩的园林之一。

无锡梅园

【名园历史】

梅园位于无锡市西郊东山、浒山、横山之间，是清末民初建造的以植物景观作主题的私家园林。1912 年，我国著名实业家荣宗敬、荣德生兄弟在这里兴建园林，收集国内外名种梅花植在园内，取名为“梅园”。荣德生之子荣毅仁在 1955 年将梅园献给国家。经过当地政府多年扩建，现梅园面积已达有 750 多亩，园内植梅有 40 多个品种、3500 多株，就成为特色鲜明的江南名园。

【名园漫步】

从西门进入梅园，就可见一块两米多高的巨石上刻着“梅园”二字，笔力遒劲，是荣德生手书，周围散植梅树，作为点题。刻石的附近有一清泉，名为“洗心泉”，园主在此泉的题跋中写道：“物洗则洁，心洗则清。”沿园道前行，就可见路边奇石数峰伴古梅几枝。其中有三峰称为“福、禄、寿”三星石，就像仙界的三位神仙在这里赏梅。另有一峰形如老人下拜，人称为“米襄阳拜石”，取自“米芾拜石”的缘故。数峰奇石之后，有一黄石砌成的高台，名为“天心台”。台上有一座六角攒尖小亭，是赏梅的好地方。台周溪流环绕，有小桥和台相通。

若再向前行，可至香海轩和诵豳堂。香海轩面阔三间，内悬“一生低首拜梅花”匾，体现了园主对梅花的敬重之情。涌豳堂是园内主体建筑，面宽五间，古朴而庄重。堂内悬《诗经·豳风》八章，表示出推崇辛劳耕作、勤俭持家的思维。两座建筑与走廊相连，周围遍植金桂、蜡梅，环境格外优美。

在园中浒山山腰建有念劬塔，是梅园的标志性建筑。塔高 18 米，八角三层，飞檐攒尖，挺拔秀丽。园主在其母八十冥寿时修建此塔，取《诗经·邶风·凯风》中“棘心夭夭，母氏劬劳”之句，命名“念劬”。登塔举目而远眺，马山、大潮、蠡湖尽收眼底，青山秀水构成了一幅美丽的山水画卷。这里和天心台、香海轩同是园内赏梅最好的地方，位置不同，景色各异。塔东有一条在1923年开凿的“之”字形隧道，登塔之后再入隧道，感觉迥然不同。从隧道中穿过即到山顶，让人眼前豁然开朗，遂名之为“豁然洞”。

在梅园东部有新建的松鹤园，园内除梅花以外，还植有松树、李树、桂花等众多花木，另外有草坪和溪流，景色清新疏朗。园中建有一座两层四角方亭，名为“松鹤亭”。梅园的东部主要建筑是依山势而建的碑廊，廊中嵌有当年园主收藏的法帖。

在梅园内横山南峰的顶部建有吟风阁，旁边有知春亭、寒香榭。吟风阁高居峰顶，气势宏伟，不但与念劬塔东西并峙，成为对景；而且与园外鹿顶山的舒天阁和惠山青峰遥相呼应，互为因借，成为园中一处重要景点。

以梅饰园的梅园，别有特色。花朵洁白素净的“玉蝶”、红颜淡妆的“宫粉”、胭脂滴滴的“殊砂”、浓艳似墨的“墨梅”等许多名梅争芳斗艳，千姿百媚。再加上有牡丹、荷花、桂花等众多花木，一年四季花开不断。青山绿水之中，奇花异卉争相绽放，其情其景让人心醉。

无锡寄畅园

【名园历史】

寄畅园地处于无锡惠山，距著名的二泉不远，是一座驰誉中外的园林。寄畅园始建于明正德年间。宋代大词人秦观的后人秦金，购得惠山寺两所僧舍，改建为园林，取名为“凤谷行窝”。

万历十九年（1591年），秦氏后人秦耀解职后返籍，寄情在山水之间，对园林又进行了扩建改造，历时七年，建成景点20多处。取王羲之“寄畅山水之情”名句，将该园定名为“寄畅园”。清顺治十四年（1657年），秦氏后人再度重修，使该园更趋幽美。康熙帝六次南巡皆驻跸该园，寄畅园因此而名声大振。雍正年间，因秦耀的六世孙秦道然获罪，寄畅园被充公，荒废十多年。乾隆帝即位以后，该园发还秦家。乾隆十六年（1751年），为迎接乾隆帝南巡，秦家对寄畅园又进行了全面修整。乾隆帝六次南巡都光顾该园，认为“江南诸名胜，唯惠山秦园最古”，并命人依园绘图，携至北京，就在万寿山东麓仿建一园，取名“惠山园”，即现在的谐趣园。

秦氏后人秦亮工在1952年将寄畅园献给国家，人民政府拨款全面整修，使寄畅园容光焕发。在1955年正式对外开放。

【名园漫步】

寄畅园占地约有15亩，园虽小但有古朴、幽静、清旷、疏朗等特色。

现在，寄畅园设东、南二门，东门是一座仿明砖刻门楼，门楣镌有“寄畅园”三个金字。门楼内有题名为“清响”的月洞门，系仿原寄畅园正门重建。月洞门里有假山作屏障，绕过假山，园中景色一一入目。南门是一古朴的中式门厅，穿过门厅，在天井中可见康熙帝手书“山色溪光”和乾隆帝手书“玉戛金枞”两通石刻。迎面大厅即是“凤谷行窝”大厅，“凤谷行窝”是寄畅园早期的园名。因园主秦金号凤山，惠山俗称为龙山，以龙对凤、由山代谷，“凤谷”之名由此而来；该园作为秦金告老还乡的山野别墅，皇帝的别墅称为“行宫”，他自己的别墅用“行窝”，“凤谷行窝”因此得名。厅堂的两侧通道门有砖刻，东为“侵云”，可见龙光塔高耸云霄；西为“碍月”，晚间可观惠山九峰之月。寄畅园借景手法在这里可见一斑。

“凤谷行窝”大厅的旁边是一组江南民居宅院，取名“秉礼堂”，秉礼堂是寄畅园的园中园，采用了大园包小园的隔景手法，通过园景的分隔达到“小中见大”的效果。这组庭院的面积虽不到1亩，但有厅堂、碑廊、水池、花木与太湖石峰，不论从哪个角度来看，都很精致得体。秉礼堂北是含贞斋，是寄畅园第三代园主秦耀的书斋。斋前有一座用很多狮形太湖石垒成的大型假山，像一只巨狮伏在树丛中，名为“九狮台”。若细细辨赏，人们可以从一组组、一块块奇石中发现很多“小狮子”，其形千姿百态，让人不能不佩服叠石大师之匠心。若登假山可览寄畅园全景，是全园制高点。九狮台之南一座假山上筑有邻梵阁，阁在山上翼然凌立，登阁可眺惠山的景色。

寄畅园的核心地带是锦汇漪，水面虽只有 25 亩，却显得十分开阔。东岸是高低错落的亭台廊榭，远处的锡山宝塔引入园中，倒映池面。西岸土山之上有古木幽径，和青翠惠山相接。北面有七星桥斜跨在水池，东北岸设有一廊桥，凌驾于水面，给人一种“池水东去不知所终”之感。南岸较为空旷，阳光可直射到水面。锦汇漪犹如一面镜子，使山影、塔影、亭影、树影、廊影、花影以及人影尽映池中。围绕锦汇漪，有郁盘亭、知鱼槛、涵碧亭、鹤步滩、嘉树堂等景点。郁盘亭南北是一长廊，还设有若干八角漏窗，墙外景色一一镶入窗框，游人可逐一欣赏。长廊壁间一共嵌有 70 多方石刻，其中有秦氏先祖秦观手迹，以及秦氏所藏陆游、祝允明、沈周、文徵明、唐寅、董其昌等人的墨迹。

寄畅园西北角的假山中有“八音涧”，又名“三叠泉”。涧顺山势而下，迂回曲折，苍古自然。此涧用惠山黄石巧妙叠成，忽宽忽窄、时左时右；水引自惠山泉，到这涧忽聚忽散、时断时续，流水之音就如空谷回响，有“高山流水”之调，我国古乐中的八种音调在这都可听闻，故名八音涧。这种将流水之音精妙地用在园林中的构思，是我国造园艺术中赏声技巧的典范。八音涧把游人由山径引向浅谷，由浅谷引入深壑，一路崎岖，到“山重水复疑无路”时，忽然“柳暗花明又一村”，人们眼前顿时豁然开朗，已达出口。

此园最显著的艺术特点，就是“巧于因借，内外结合”。依山就势，低开水域，引泉入池，形成了山水依托、相得益彰的大构架。园内建筑围绕和山体平衡的狭长水面，出于借景的需要，主要分布在东侧和北侧，在视线上可西观惠山、南望龙光塔。寄畅园的建筑尽管不多，可是布局考究，造景和环境相融，观景位置极佳，园内园外景观融为一体，就达到了“身在小园中，尽收园外景”的艺术效果，是我国造园史上“巧于因借，内外结合”的典范。

无锡二泉亭

【名园历史】

二泉亭位于江苏省无锡市的锡惠公园。二泉开凿于唐大历十四年（公元779年），被誉为“茶神”、中国第一部茶叶专著《茶经》的作者陆羽在品评了天下宜茶之水二十种之后，称惠山石泉为天下第二，故称“天下第二泉”，又名“陆子泉”。宋高宗赵构南渡时，曾饮泉于此，筑亭于池上，顶饰双龙戏珠，名“二泉亭”。

【名园漫步】

中国地大物博，到处都是好山好水。关于哪里的泉水质量排第一，在古代无从普查测定。因此，不同时代的不同名家各见仁智，有多种排列。和陆羽同时代的权威人物刘伯刍把南零泉评为“天下第一泉”，镇江鉴亭边的泉壁上至今还刻有“天下第一泉”的字样。刚好，在无锡的名胜惠山，同样也有一座著名的标识佳泉的亭：二泉亭。

二泉亭呈现另一种风貌、另一派格调。它建在惠山公园中，石砌台基非常整齐，亭成为阁堂式，隔扇、门廊、窗牖均雕刻精致。亭内摆有桌椅，在这里品茗休憩的游人，沏茶用的正是“天下第二泉”的泉水。亭外墙上写有“天下第二泉”五个大字，游人大多兴致勃勃在字下摄影留念，和“第二泉”、二泉亭结缘。

宋代的大文豪苏东坡有过名句“独携天上小圆月，来试人间第二泉”，写出了诗人漫游饱赏的雅兴。可今想要“独携”圆月自乐只怕困难多了。前来观光品茶的人络绎如织，二泉亭就显得拥挤，离幽、静、闲、雅的境界就非常遥远了。

据史籍记载，惠山泉的名气在很长时间里比镇江的“第一泉”、庐山的“第一泉”及其他标称第一的水都要响。唐代宰相李德裕饮茶极为讲究，必是用惠山泉水烹煮。长安远在数千里之外，他遣专使用驿马装载惠山泉水供他饮用。

漪澜堂是二泉方池上面的一幢古建筑，始建于宋代。因苏东坡吟有“还将尘土足，一步漪澜堂”之句而命名。现存的漪澜堂，是清朝重建的木结构敞轩，三间歇山顶，四面环廊。漪澜堂的楹联取自苏东坡的诗句，由曾可述所篆：“雪芽为我求阳羡，乳水君应饷惠泉。”

二泉亭边上有景徽堂，歇山顶，三间七架，正面环廊，立于石级平台之间。这里原为陆子祠，祀茶神陆羽。堂的屏门上有漆画“陆羽品茶图”，两壁书陆羽的《慧山寺记》。钱玉麟根据旧句重书对联：“十贤去不回，曾听松风荐秋菊，二泉清且冽，先后槐火试春茶。”厅前悬有以苏东坡诗意写的楹联：“试第二泉，且对明亭暗窦。携小团月，分尝山茗溪茶。”

天下第二泉侧，有个刻有“伴泉”、“映月”的月洞门，从此拾级而上，有长廊若“长龙卧坡”，名“垂虹廊”。南北连着一处名胜古迹，是南京礼部尚书尤袤的遂初堂、锡麓书堂和遂初泉。尤袤晚年告老还乡，在故乡的锡山、惠山之间的秦王坞筑屋数间，名锡麓书堂，作为读书处。他又把祖上的“依山亭”故处改建为“遂初书院”。现存的建筑为尤氏后裔修建，堂屋三间，立于垂虹廊的石洞门旁，飞檐翘角，雕花门窗，古色古香。石洞横梁上镌有“锡麓书堂”四字。二泉旁的古建筑是“尤文简公祠”，紧依于二泉的建筑是“万卷楼”。尤袤晚年以抄书为乐，积至三万卷，藏于万卷楼。1982 年大修时，尤袤后裔尤巽照特撰《万卷楼记》一篇，请黄怀觉刻石，立于壁间。两旁一联，取顾光旭之句：“依然锡麓书堂，南渡文章，上跨萧杨范陆。允矣龟山道咏，东林弦诵，同源濂洛关闽。”

南京瞻园

【名园诗话】

崔巍雉堞尚前朝，
形胜东南第一标。
惊见羽书传昨夜，
忽闻和议出祟朝。
秦淮花影添憔悴，
玄武旌旗空寂寥。
往事何人更愤切，
不堪咽呜独江潮。

清·陆嵩：《意茗山馆诗集·金陵》

【名园历史】

位于南京市东南部的瞻园，是一座保存较好的明代园林，被誉为“金陵第一园”。瞻园建于明洪武年间，是中山王徐达的西花园。清代，中山王府成为江宁布政使衙门，瞻园也很快就变成了官衙的附属园林。太平天国时期，这里成为东王杨秀清的府第。太平天国革命失败后，再次又成为江今布政使衙门。

同治、光绪年间曾经对瞻园进行过两次重修，其后来逐渐落败。1960年，对瞻园进行了全面整修。1987 年，又对东部进行了扩建。整修、扩建后的瞻园基本上保持了明、清时期的风格，重现了昔日风采。

【名园漫步】

瞻园目前分为东西两部分。西部是旧园，南北长约有 120 米，东西长约有 40 米，园内北、西、南三面建有假山，南北各有一水池，之间还有小溪相连，南面水池的北岸建有全园的主体建筑静妙堂，园东南部是园门与数重小院。

园门则面南，门额是乾隆帝手书“瞻园”二字。透过园门，就可看见园内奇石“仙人峰”，入门沿游廊而行，玉兰院在东，海棠院在西，各栽植点题花木。游廊尽头是致爽轩，致爽轩东北是桂花院，院内植金桂三株，并有奇石“倚云峰”，是明代遗物。

沿廊北行再折西，就来到建于明代的静妙堂。堂建在池边，三开间带有前廊，堂内以隔扇分为南北两厅。南厅前出月台，跨建于水上，适宜静坐观景，堂名取“静坐观众妙，得此壮胜迹”之意。静妙堂北、西、南三面都叠有假山，北山和西山是明代遗存，南山是20世纪60年代初新建。南山系用太湖石堆砌而成，山势左右环抱，山顶奇峰兀立，山脚的石洞和池水相通，山间花木相间，清泉流淌，是人工山林之奇观。

瞻园东部在1987年新建，由庭院、大草坪、水院三部分组合而成，风格疏朗明快，和西部古朴典雅的风格形成鲜明的对比。从致爽轩的东廊进入瞻园东部，最先是一组幽静的庭院。这一区域的中心建筑是籁爽风清堂。堂南有一小院，院内东是迎翠轩，西是贴墙而立的招鹤峰，为徐达收藏的名石之一。堂东是一览楼，楼前的小院内植有名贵海棠，环境雅致恬静。

从重重小院中走出，沿廊北行，眼前豁然开朗，大片草坪之中，间植各种花木，万紫千红，风光无限。这里是草坪区，面积约有15亩，地势平坦，视野开阔。草坪的北部有一飞檐翘角小亭，名为“翼然亭”，是赏景好地方。

沿廊继续北行，就进入一处水院。水院中心还建有两层三间的楼阁，名为“一览阁”，登阁就可俯览全园景色。

在瞻园东部的北面，还有一组著名的建筑，由五进院落组合而成，布局规整，建筑宏伟，原是明中山王府、清江宁布政使衙署，现在改为太平天国纪念馆。

瞻园曾和上海豫园、无锡寄畅园、苏州拙政园、留园统称“江南五大名园”，后来虽遭到破坏，但是在新中国成立后经过整修、扩建，不但保留了明、清时期的风格，还兼具有现代造园艺术之美，与其鼎盛时期相比有过之而无不及，成为当代南京园林艺术的代表。整座园林都山水相映，亭榭相间，远观有势，近看生趣，非常具有自然山水之野趣，可真谓“虽由人作，宛自天开”。

南京煦园

【名园历史】

煦园位于南京长江路民国总统府内，是南京著名的古园之一。煦园始建于明洪武元年（1368 年），明太祖朱元璋封陈友谅之子陈理做汉王，在这里修建了汉王府。以后，这里又成为大将沐英的府宅。

明永乐年间，明成祖朱棣的次子朱高煦被封为汉王，又在这里扩建汉王府。后人取朱高煦名字中的“煦”字，将汉王府的西花园称作“煦园”。清顺治四年（1647 年），在这里设立总督衙门。咸丰三年（1853 年），太平天国建都南京，煦园成为天王洪秀全的御花园。同治三年（1864 年），又重建为总督衙门。1912 年元旦，孙中山先生在煦园宣誓就任中华民国临时大总统，并在这里居住、办公。自 1927 年起，国民政府及一些军政机构设在这里，煦园成为西花园。

【名园漫步】

煦园面积约 20 多亩，以水池作中心，建筑多绕池而建。人工开凿的中心水池，形如花瓶，用明朝城砖与条石砌岸。为了突破单一狭长的水体，造园的人用四座古建筑把水体分割成各自独立又相互联系的三部分。东榭西楼是隔岸相望，南舫北阁是遥相呼应，中部水面开阔，两端水源深远，大中有小、小中见大，整个构思独具匠心。

水池的南端建有石舫，称为“不系舟”，是乾隆十一年（1746 年），两江总督尹继善建造。石舫长有 145 米，舱高 27 米，坐南向北，南端近岸，两侧有石跳板和岸相连。船舱分前后两舱，前舱是正厅，后舱为休息室。据说洪秀全常和诸王在舱内商讨军政大事，孙中山先生也曾在这里接见外国友人。石舫的北面、水池的“瓶口”处跨水建有漪澜阁，面阔三间，瓷质鱼鳞歇山顶，阁中六扇落地长窗，每扇裙板雕有一瓶一鼎，瓶与鼎谐音“平等”，反映了太平天国时期对天朝理想的向往。阁前出平台，供赏月、唱戏。此阁是园内主体建筑，现辟为太平天国历史陈列室。

水池的东岸临池建有一座水榭，名为“忘飞阁”。水榭三面临水，内设美人靠供人坐息，是纳凉、观鱼的好去处。榭后有独立小院，内植芭蕉、金桂、修竹等，别有天地。水榭的东南有一座六角茅亭，亭后有花厅，相传洪秀全常在这里看戏。从花厅沿曲廊北行，有古建筑五间，最北一幢平房曾是孙中山先生住处。

水池的西岸与忘飞阁相对建有夕佳楼。两层三间，重檐歇山顶，上有凉台，下设回廊，周围点缀着花木奇石。每当夕阳西下的时候，满楼霞光，佳景如画。楼北临池叠有湖石和假山，山西依墙建有半亭，亭内嵌乾隆帝手书的石碑。亭旁有梯可登上夕佳楼二楼平台，在平台上就可看到对面太平天国时期的彩色团龙砖刻。龙墙起伏，上嵌鳞状瓦当，如龙飞舞，造型生动而又有气魄，反映了太平天国时期的建筑艺术的特色。夕佳楼西面的别院是孙中山的临时大总统办公处，陈列着孙中山先生用过的办公用品。

煦园内清池曲溪相映，古木奇卉争辉，假山奇石俊秀，亭台楼榭精美，具有典型的江南园林的特色。最难得的是，它不但体现了明清时期园林艺术的风格，而且还保留了太平天国时期的建筑特色，在我国名园中较为少见。煦园作为一座饱经沧桑的古园，经历了数百年的风风雨雨，洪秀全、孙中山、蒋介石等影响着中国历史的风云人物都曾在这里居住、办公从历史上所处的政治地位来看，煦园在江南名园中堪称第一。

南京莫愁湖

【名园历史】

莫愁湖位于南京水西门外，相传南齐的洛阳少女莫愁曾居湖滨，因而得名。莫愁湖公园是一座有着1500年悠久历史和丰富人文资源的江南古典名园，为六朝胜迹。

莫愁湖，六朝时称横塘。全园面积54公顷，湖面约333公顷。在宋、元时就有盛名，明朝定都南京后更盛极一时。清乾隆年间，在园内建郁金堂，筑湖心亭，遂成“金陵第一名湖”。1928年，辟为公园。新中国成立后，莫愁湖畔原有建筑整修一新，并扩大了游览园地，增建了长廊、水榭、湖心亭、露天舞台等设施，遍植花木。

【名园漫步】

公园大门原建于1959年，为松木结构。1964年，仿济南大明湖大门重建，高71米、宽11米，建筑面积40平方米，中门檐高45米、宽5米，两侧门檐高37米、宽28米，门柱由石鼓支撑，门额“莫愁湖公园”系郭沫若先生于1964年所题。大门内有苏州花岗石铺的路，抵月牙池，池中有树石盆景，池周有花坛。

华严庵位于公园大门正北。华严庵的大门原为三券砖拱门，庵内共有殿宇数十间，包括现存的胜棋楼、郁金堂及已湮没的抱月楼、湖心亭等建筑。1959年，将庵门移至现址。庵门现为明清风格，花格门窗，砖木结构，悬挂吴县人陆鸿吉于1914年8月题的楹联：“于此间得少佳趣，微斯人吾与谁归。”两侧置花岗岩石狮一对。庭院内配以湖石假山、苍松翠竹，优美雅致，尤以东北隅的百年紫藤为贵，虽老干虬枝却也枝繁叶茂，既古老苍劲又繁茂昌盛，实为罕见。东院门有萧娴于1981年的隶书“采莲斋”额。西侧有回廊与胜棋楼相连。

胜棋楼位于华严庵庭院北首，明洪武年间建，复建于清同治十年(1871 年)。明清风格的二层楼房，青砖灰瓦。在复建后的漫长岁月中，又数度遭洪水与战争损坏，至新中国成立时已破败不堪。新中国成立后，当地政府立即着手进行保护性维修。1972 年因白蚁蛀蚀重建，下部改为砖混结构，楼上除更动券棚外，砖木结构未变动，1983 年重新翻盖屋面。楼上中堂北壁挂有明太祖朱元璋画像，南端挂有徐达画像，正门与中堂之间的朱元璋与徐达对弈处有模拟对弈局、古红木家具摆设及范曾于 1980 年绘的《对弈图》。胜棋楼的匾额为清代状元梅启照所书。木刻楹联为："粉黛江山留得半湖烟雨，王侯事业都如一局棋枰。"楼前东首立陈慎于 1982 年的楷书石刻简介。1982 年，胜棋楼定为市级文物保护单位。

郁金堂于清乾隆五十八年（1793 年）复建，咸丰六年（1856 年）又毁，咸丰十年（1871 年）曾国藩再筑。郁金堂紧邻胜棋楼西山墙下，故有称郁金堂在胜棋楼下者。原郁金堂临水面北，1959 年改为背水面南，后檐窗下改砖砌。郁金堂共六间，砖木结构，相传南齐时卢家女莫愁居此。后人写有"湖属卢家，唯江头明月曾领略画艇，风光韵事相传，付与诗人作诗料。地归徐氏，以国手胜棋博优游名园，汤沐英雄安在，遥闻商女唱歌声"的楹联。1981 年，刘海粟的行书"郁金堂"木刻置于堂上。

苏合厢位于郁金堂正南，并以四合院相连接，砖木结构，1959 年改建。院内墙上多石刻碑铭。东北首墙壁内嵌有梁萧衍撰文、张盛藻行书、马锡祺于同治十二年（1873 年）勒石的诗碑《河中之水歌》："河中之水向东流，洛阳女儿名莫愁，莫愁十三能织绮，十四采桑南陌头。十五嫁为卢家妇，十六生儿字阿侯。卢家兰室桂为梁，中有郁金苏合厢，头上金钗十二行，足下丝履五文章，珊瑚挂镜烂生光，平头奴子擎履箱。人生富贵何所望，恨不早嫁东家王。"东南墙壁上有黄山洪泽周行书"鹤"字。西墙壁内镶有郭沫若于 1964 年的题书："古有女儿莫愁，莫愁哪得不愁，如今天下解放，谁向困难低头。"还有光绪二年（1876 年）石刻莫愁小像与其题画："石城西畔楚江东，六代繁华过眼中。剩得英雄儿女事，湖光山色两空濛。

星移物换胜棋楼，无复当时旧冕旒。大抵名主输一着，闲情都付古今愁。莫愁人去有余芳，白水青莲引兴长，色即是空空即色，华严常住郁金堂。玳梁重整燕巢新，回首烟波感昔人，此日春风留面目，千秋艳质免沉沦。”院内古碑刻如“山不在高”（篆字）等均为市级文物保护单位。

水院门额为钱松吊于1981年的隶书“到此莫愁”。苏合厢悬挂陈祖麻于1914年写的楹联：“贤王汤沐旷代犹存，莫谈桑海兴亡，且安排清簟蹄篆，藉一局围棋赌胜。江表风流于今未泯，依旧湖山整理，更收拾雕梁画栋，待双栖燕子归来。”水院位于郁金堂院落西部，由水院回廊、赏荷厅、四方亭、光华亭等建筑组成，中间有一泓水名观鱼池，水中植荷莲，有矶石。1979年9月在矶石上置汉白玉莫愁女雕像，像高21米、重2吨，作采桑归来状。水院回廊环水而建，串联赏荷厅、四方亭、光华亭各建筑，墙壁亦多石刻碑铭。光华亭居水院正南，砖木结构，亭内曾悬“月到风来阁”匾，现不存，今木刻楹联“憾江上石头抵不住迁流尘梦，柳枝何处、桃叶无从，转羡他名将美人，燕息能留千古迹。问湖边月色照过来多少年华，玉树歌余、金莲无后，收拾这残山胜水，莺花犹是六朝春”为曾广照撰书。四方亭居水院西北角，高二层，光绪十四年（1888年）建，原为木结构，1974年翻建，屋檐以下改为砖混结构，顶部仍为木结构。《金陵古迹名胜》云：“曾云阁有角楼，耸临湖上，登眺极佳。”赏荷厅居水院北首，共四间，砖木结构，墙壁亦有石刻碑铭。回廊有林散之于1981年的隶书“诗意”及草书“盈盈一水莫愁湖，湖上佳人名姓卢。不爱绮情爱贞素，桑间陌上羡罗敷。石头凉月曲如弓，六代繁华转眼空。谁似莫愁湖上女，千秋沿溯小桥东”，钱松苗的隶书“画境”二字，费新我的草书“相邻一带水，友谊万年青”。还有钱松曲的隶书“莫愁何事却多愁，愁逐春水不尽流。斩断愁根湖胜昔，看花女伴笑扬州。”刘海粟的行书“莫愁湖边千首诗，紫金山下万株松。”鲁迅于1931年6月的行书“雨花台边埋断戟，莫愁湖里余微波。所思美人不可见，归忆江天发浩歌。”武中奇的草书、清代的马士图之诗《柳丝织恨》：“忆昔采桑南陌头，故乡春色逐东流。回文欲倩重相识，风挽情丝机上柔。”萧娴的隶书、明代的顾起元之诗：“荡漾平湖玉镜光，群峰环带画螺长。酒人楼隐千波阔，溪女船回一水香。鸥梦不离捐钒渚，燕泥还上郁金堂。石城人去遗芳在，谁忆双鸳向洛阳。”沙曼翁所书元代的徐延徽之文：“尽说卢家好莫愁，不知天上有牵牛。胜抛万斛燕支水，溜向银河一色秋。”廊中悬挂木刻楹联：胜迹访莺花，料应平地神仙得此处优游汤沐。好山作屏障，为问隔溪猿鸟是何人呼吸清凉。

待渡亭居光华亭西侧，1959 年建，仿古建筑，砖木结构。设渡湖心亭游船码头，附建有走廊，砖混结构。至后门沿湖畔有长 500 米、宽 2 米的石板路。

水榭位于水院西百米处水榭池西畔，又名荷花池水榭。坐西向东，后依翠竹，北有湖石叠山，朱漆彩画，砖木结构，共三间。六角亭居水榭池之东，1973 年由建邺会堂前迁至此，仿古建筑，屋檐下为砖混结构，檐口上为砖木结构。

竹园六角亭居竹园西坡，1959 年建，仿古建筑，上部为砖木结构，下部为砖混结构。1974 年翻建，全部采用砖混结构。此亭为聆听雨打荷声最佳处。

抱月楼位于大湖西南岸，1960 年始建。1966 年由市政府东大门移此石狮一对。1983 年参照原设计图改建，因其部分建筑构件由二郎庙拆迁而来，改称二郎庙，按用途曾称大舞台、茶座。是一座二层混合结构的仿古建筑，有一亭、一台、二角亭，石须弥座上镶嵌着 200 余块刻有水浒、三国故事之青石浮雕，倒覆莲花瓣。抱月楼北侧有三面临水之平台，南侧临坡为舞台，“抱月楼”匾额由书法家萧娴于 1981 年题写。

画廊亭位于公园大门西侧，1981 年建，顶为木结构，檐口下为砖混结构，仿古建筑，因联接画廊而得名。亭有“碰碰船”码头。画廊前有青石狮一对。

湖心亭位于大湖东北部之湖心岛上，1959 年建，砖木结构，四方八角，仿古建筑。

粤军烈士墓位于公园东隅，始建于1912年，孙中山先生亲自定名，并手书“建国成仁”碑，墓前设置石狮一对。1948年，原粤军北伐总司令姚雨平又将散葬于莫愁湖畔的五十三座烈士单人墓、八人墓及因制造炸弹而牺牲的炸弹营长墓合入粤军墓，并立《重修建国粤军阵亡将士墓记》碑。

南京玄武湖

【名园历史】

玄武湖，位于南京市东北城墙外，由玄武门和解放门与市区相连。1909年辟为公园。当时称元武湖公园，还曾称五洲公园、后湖等。

从先秦到西汉，玄武湖分别称作秣陵湖、蒋陵湖。南朝时，玄武湖进入鼎盛时期。，湖名改为“玄武湖”。

隋唐以后，随着都城的北移，玄武湖逐渐衰落下来。宋熙宁八年（1075年），江宁府尹王安石奏准宋神宗泄湖得田。经过元大德五年（1301年）与至正三年（1343年）的两次疏浚，玄武湖才重新在南京的土地上出现，但面积已大大缩小，大约只有六朝时期的三分之一。

明洪武十四年（1381年），朱元璋选中玄武湖作为明朝中央政府黄册的存放地，建后湖黄册库（相当于现在的中央档案馆）。玄武湖从此作为一代禁地，与外界隔绝了二百六十多年。明亡以后，玄武湖重新对外开放，康熙帝、乾隆帝均曾来此游历并留下诗词。同治年间以后，玄武湖有了一些园林建筑，大臣左宗棠还修筑了连通孤凄埂与梁洲的长堤，解决了游玄武湖“必自太平门出，令舟而行”的不方便状况。宣统元年（1909年），端方、张人骏开辟丰润门（今玄武门），筑新堤，扩大湖内绿地。

进入民国，玄武湖开始有了相应管理机构。1928年9月，改园名为“五洲公园”。1934年4月，改“五洲公园”为“玄武湖园”，绿地面积进一步扩大，花卉品种增多，一批建筑先后落成。

新中国成立以后，人民政府对玄武湖进行了大规模的扩建改造，迁出湖民，广植花草，多增景点，面貌全新。

【名园漫步】

环洲因洲形屈曲、环抱樱洲而得名，素有“环洲烟柳”之称。拥有国内规模较大、品种较全的大型水景项目的莲花广场也坐落在环洲。由玄武湖循翠虹堤进去不远处即为环洲。环洲旧名长洲，洲上有湖石假山、儿童乐园等，东北通过跨越莲花港的白桥与樱洲相连，是玄武湖景区的重要组成部分与旅游胜地。

环洲像两条巨大的手臂从南北两边伸向湖中拥抱着樱洲。环洲正对玄武门的拐角处有一座假山，假山旁有两块形状奇特的太湖石，一块形似观音，一块形似童子，合称“童子拜观音”。假山后的小丘上有郭璞亭，此丘为东晋著名文人郭璞的衣冠冢。郭璞是晋代著名的文学家、科学家，博学多才，尤其精于辞赋和历算，曾在玄武湖边隐居，一首《游仙诗》说出他的平生志向：“京华游侠窟，山林隐遁栖。朱门何足荣，未若托蓬莱。”恬淡之身却偏偏生于乱世，终因忧国忧民、斥责王敦叛逆而被害。

由环洲向北过芳桥就是梁洲，梁洲是五洲中开辟最早、风景最佳的岛屿，又名老洲、美洲。原为梁代昭明太子读书处。昭明太子学贯古今，性爱山水，他倡导的萧梁文学开一代新风，于今犹有“莫愁传世争颜色，怎及昭明文字香”的评说。梁园故址至今存有一口古井，据《后湖志》载：“此井自古有之。”明代淘挖清理时，井底发现一把六朝铜钩，此井就以铜钩为名。洲东北有一座两层方型古建筑，名览胜楼。楼北边有一平台，四周有铁栏杆围护，是古时的点将台。楼西有友谊厅、闻鸡亭、湖神庙等建筑。该洲西北角是一个花坛，由黄石叠砌而成，坛间有雨花石铺成的曲折小路，闻鸡亭即在花坛边。此洲的特色是菊、桂二美，每至金秋十月，丹桂飘香，沁人心脾；菊花争妍，令人目迷，此景称“梁洲秋菊”。此洲与南京火车站仅一水之隔，湖畔有游船可达，对外地旅客极为方便。洲上还有览胜楼、友谊厅、明代黄册库遗址文化展馆等古迹新景。

翠洲位于玄武湖东，面积66公顷，因洲上修竹亭亭、雪松如盖、翠色浮空，故名翠洲。翠洲的西面通过长堤、翠桥与梁洲相连，从梁洲向东过翠桥即到翠洲，东部有九旭桥与玄武湖东岸相通。洲上松柏竹成林，东北部有万人游泳池，另外还有翠洲舞台、翠虹厅等旅游景点，是玄武湖景区的重要组成部分。该洲的特色为树多僻静，那巨伞般的雪松、宝塔形的松柏与成片的竹林，十分幽静，此景称“翠洲云树”，是情侣们的乐园。如今，在旭桥南面水上仿傣族风情筑起了一座水寨，名“绿漪小榭”。由二十余间小竹屋组成，各屋间有竹桥相连，游人坐在屋中或品茗、或进餐、或弈棋、或高歌，如在舟中，情趣独特。水中还养着红鲤鱼供人观赏，为休闲度假的好去处。翠洲风光幽静，苍松、翠柏、嫩柳与淡竹构成了翠洲的特色，是生态休闲的好去处。

樱洲位于环洲怀抱之中，有“樱洲花海”之誉。洲上樱桃如火如霞，樱花飞舞轻扬，长廊九曲回环，广场碧草如茵；游人信步绿涛花海之中，心旷神怡，飘飘然如入仙境。然而，谁会想到历史上玄武湖曾有数次不同形式的“消失”呢？北宋王安石实行“废湖还田”，使玄武湖消失了两百多年；明初，玄武湖成了存储全国户籍和各地赋税全书的黄册库，虽是世界档案史上的一大奇迹，玄武湖却成了一片禁地，与外世隔绝二百六十多年。樱洲上有500米长的曲折游廊，廊北有喇嘛庙一座，庙旁有七层宝塔，塔名为“诺那”。此洲广植樱桃树，近年又引种樱花，名种繁多，每年四月洲上一片灿烂，稍遇风雨便落英缤纷，迷人之极。左侧有湖上观光列车向北绕过梁洲、环洲、樱洲、菱洲，直抵台菱堤。

菱洲，因这里过去多产菱角，故名菱洲，自古有“菱洲山岚”之美名。菱洲旧称麟洲，环洲向东过菱桥可达菱洲，处于玄武湖中心位置，与翠洲南北遥遥相对。洲上有动物园，园内饲养着大熊猫、长颈鹿等珍稀动物数十种。该洲紧临钟山，钟山宛如游龙，气势雄伟，山顶常有紫金色云霞缭绕，从菱洲观赏千变万化的紫金云霞，神秘莫测，故称“菱洲山岚”。从菱洲向南经台菱堤即可从解放门出玄武湖。洲上的飞禽世界堪称“中华鸟类第一园”，“二龙戏珠”亦系菱洲主景。

翠洲，因洲上修竹亭亭、雪松如盖、翠色浮空，故名翠洲。

现在，玄武湖景区以国内罕见的地质景观和良好的植被条件受到游客的青睐。群花招惹众蝶舞，山水引得百鸟来。数百只野生鸽子、几十只野鸭子，几对鸳鸯和很多的鸟类，或在玄武岩的蜂巢里，或在碧波荡漾的湖面上，或在迎风摇摆的枝头，栖息繁衍着。

如皋水绘园

【名园历史】

水绘园位于江苏如皋城内东北隅，是苏北古典名园之一。园始建于明万历年间，是如皋人冒一贯的私人园林。后来，在冒一贯之孙冒辟疆的主持下，水绘园日臻完善，终成苏北名园。

冒辟疆辞世以后，水绘园逐渐衰落。新中国成立后，在著名园林专家陈从周教授的主持下，水绘园得到整修。

【名园漫步】

园内河道纵横，建筑精雅，假山突兀，嘉木成荫，主要有妙隐香林、寒碧堂、壹默斋、小浯溪、洗钵池、鹤屿、枕烟亭、波烟玉亭、镜阁、湘中阁、碧落庐等景点。全园清幽文雅，充满着诗情画意。园以“水绘”为名，点出了园林因水成景的特点。

如今，水绘园主要包括水明楼、雨香庵两处建筑群。水明楼位于园内洗钵池西岸，据说曾是江南名妓董小宛的梳妆楼。水明楼建于水池之上，南北展开长达40多米，前有轩亭，中有厅室，后有阁楼，连以曲廊，远望去层层叠叠，像有不尽的感觉。但是进入楼内，方知楼宽不过5米，室内空间不大，处处玲珑而精致。水明楼是园内的主要建筑，设计巧妙，造型优美，风格典雅，是我国古典园林建筑中的精品。这楼又是园内主要赏景点，登楼从窗眺望，园内景色和园外山水风光尽收眼底，美景如画。楼内悬有冒辟疆、董小宛的画像，陈列着冒辟疆的诗文与董小宛的琴台。琴台是瓦制，中空，相传为董小宛抚琴时所用。放置琴台的楼前轩亭，也因之被人称作是“琴台”。

雨香庵位于水明楼西侧，庵前后三进，中间庭院内有山石、竹子，环境清雅，建筑是典型的明末清初风格。附近有一株宋代古桧，历经900多个春秋，仍然枝繁叶茂。

水绘园以水景为主，园内溪涧横流，汇聚在洗钵池，除少量建筑与山石花木景致外，其余全部是水景。造园的人巧妙利用当地长江三角洲水网平原的地理特点，以水为主，因势建园，使园景主题突出，特色鲜明，很富有灵气。水绘园是具有江南文人园林特有的文雅、清秀的风格，作为园林史上明清文人园林的代表之一，向来为后世文人所倾慕。

吴江退思园

【名园历史】

退思园位于江苏省吴江市同里古镇，是一座具有特色的住宅园林。在清光绪十一年（1885年），兵备道道台任兰生被罢官还乡，营建此园，以度晚年。任兰生取“退则思过”之意，取园名为“退思园”。

【名园漫步】

退思园面积约有10亩，是横向布局，从西向东依次是住宅、庭院、花园。我国宅园多是纵向布局，这种布局形式甚为少见。住宅由门厅、茶厅、正厅及家人居住的两幢小楼组成。中部庭院是住宅和花园之间的自然过渡，主要是用来作待客之用。庭院是以回廊围合而成，院南建有迎宾馆、岁寒居，做主人会客、宴客之处；院北建有坐春望月楼，是供客人居住。院内香樟蔽日，有旱船和花木小景，院东有月洞门通往花园。

花园面积占整座宅园的一半以上，以荷花池为中心，假山、建筑、花木环绕周围，形成一座优美的江南小园。自从月洞门进入花园，就置身在一座曲折的长廊之中。曲廊宛转延伸，环绕荷花池南、北、西三面，将园内几乎所有的建筑连接在一起。园门旁廊壁上还嵌有“清风明月不须一钱买”的精妙字句。正对园门有半间和曲廊连接在一起的水榭，名为“水香榭”。水榭飞檐翘角，形式活泼而自然。沿曲廊北行，经过揽胜阁折而向东，就到了退思草堂。

退思草堂是园内主体建筑，居荷花池北岸，南向，面宽五间，前出月台跨于水中。草堂的外观古朴端庄而又不失变化，统领全园，十分得体。堂前的月台贴水而建，伸手可触池水，在这里观鱼、赏月，极为惬意。站在月台上来环顾四周，全园景色尽收眼底，是园内赏景最佳的地方。

草堂的东侧建有琴房，是焚香抚琴之处。沿琴房旁的三曲石桥可到水池东岸的眠云亭。眠云亭是二层歇山顶，下层被设置在周围的湖石遮挡，从远处看去，好像一座小亭建于假山之巅。这种建筑与湖石巧妙搭配的方法，创造了“无山胜有山”的意境。亭前的湖石姿态万千，直接在池中升起，使池边景观富于变化，成为园内重要景观之一。

眠云亭的南面、水池东南角建有菰雨生凉轩。小轩三间，贴水而筑。“菰雨生凉”之名取自姜夔的词《念奴娇》中的“翠叶吹凉，玉容销酒，更洒菰蒲雨。嫣然摇动，冷香飞”之句。园主对姜氏的词甚为喜爱，园内景名多取其中。小轩和西侧的辛台之间有一段复道廊相连，这种两层的复道廊在江南园林中比较少见。轩后有湖石假山，沿石磴上山，就可从复道廊上层前往辛台。辛台是一座两层小阁，具有江南民居风格，与退思草堂隔水相互呼应。这里是园主读书之处，取“辛苦读诗书”之意的命名。辛台旁有一艘石舫泊于池中，名“闹红一舸”，是园内精华之景。其造型简洁，不事雕镂，船舱漆成暗红色，在碧池、黑瓦、白墙的衬托之下，分外显眼。小舸伸入水中较深，夏季四周荷花摇曳，像采莲之舟穿行其间。在园西的南隅；还建有桂花厅，环境格外幽静。

退思园的特色是所有主要建筑贴水而建，结构紧凑，中心十分突出。著名园林家陈从周先生曾评价道："任氏退思园于江南园林中独辟蹊径，具贴水园之特例，山、亭、馆、廊、轩、榭等都贴水面，园如出水上。"退思园的设计人是当时有名的画家和园林家袁龙，他将春、夏、秋、冬和琴、棋、书、画全部融入园中。坐春望月楼宜赏春月，是春景；菰雨生凉轩主赏夏荷，是夏景；桂花厅中可观秋桂，是秋景；岁寒居内能围炉看松、竹、梅"岁寒三友"，是冬景。琴房内可抚琴，眠云亭内可对弈，揽胜阁中可作画，辛台内可读书练字。极为精妙的设计，实在让人赞叹。

吴江耕乐园

【名园历史】

耕乐园位于江苏省吴江市同里镇西上元街，始建于明代，最初的园主为朱祥。朱祥死后几易其主，新中国成立后成为公园。

【名园漫步】

宅园共占地3800平方米，呈现前宅后园的形式。宅院坐东朝西，原有五进五十二间，今存三进十二间。门楼是砖雕式门楼，室内门窗雕刻较少，图案介于繁与简之间的过渡。园中的根雕特具创意，最杰出的三个作品分别是孔雀开屏、雄鹰展翅与龙狮回头；田石雕展品在国际上特具声名，明清刺绣也是园中精品。细心的游客会发现滴水的图案为变体的"寿"字。屋脊端部是雁头，过宅后瓶式洞门来到花园。最先映入眼帘的是近处左面的湖石堆，其实就是一个花台，台内堆有石峰，几个石峰各有说法，形态各不一。石峰前后植枇杷与芭蕉。峰侧用短墙相接成一小院，正中开方窗洞，收取院内框景。

吴江的古典园林都以水池为中心，建筑环水而置，厅近水，阁近水，廊近水，楼也近水，所以称为贴水园。耕乐园的水池两岸有对景建筑，为临水的鸳鸯与燕翼楼。主体建筑是鸳鸯厅，面阔三间，屋顶为硬山顶，屋面曲线舒缓。在水面前建有观景平台，环池三面有低矮的石栏。立于台上，夏赏清莲，冬赏松雪。厅的左右各有翼墙，上开六角漏窗，右有圆形月洞门。和厅隔水相对的是燕翼楼，楼高两层，硬山顶，封山不出头，两层檐部都出马头墙。

和鸳鸯厅相邻的是环秀阁，从圆洞门转折而入内院，可见环秀阁。环秀阁平面四边形，一层粉墙不开窗，二层粉墙前开方窗洞、后开圆漏窗，屋顶为歇山顶。阁侧和墙交接处另成一小院，有月洞门通达。池边还有一方亭，设置如网师园。旁有月到风来亭，三面临水，一面依壁，四柱间美人靠，屋顶歇山顶。鸳鸯厅右面有半廊，后廊直走绕池接边楼。边楼侧有一附屋，透过漏窗可见别院的芭蕉。池边临水亭和环秀阁之间堆湖石假山一座，平地上有湖石散座，立有峰石一座，古松高高斜立在水面之上，直到楼的二层窗台，所以室内正中题名“古松轩”。幽门前还有一木，和松树一同守卫于门前。白皮松已历四百年风霜，和园中百年的金桂与银桂同为花木寿星。园林的游廊较有趣，一是单层廊，二是双层廊，也称复廊、复道廊，为江南一绝。复廊多在皇家园林中用，如北海琼华岛上的复廊。此园的复廊连接两楼，不但实用，而且具有个性，为江南园林书写新的一笔。水池在水口处有三曲石桥，桥面近水，两边架石栏。池岸由湖石砌成，高低错落，进退有致，是清式做法，华丽有加。环池地面有五福拱寿、连环、三宝、宝瓶等图案。园林的漏窗较为简陋，变化也不大，可园池景观殊美。

太仓南园

【名园历史】

南园位于江苏省太仓市南园东路和体育南路的交叉口，始建于明万历年间，是明代大学士王锡爵的赏梅之处。王锡爵常在园中处理政务，所以民间亦称为太师府。王锡爵之孙是清初著名画家，扩建了园林。嘉庆、道光年间，园经大修，咸丰年间毁于兵火，同治年间陆续修复，并移安道书院在园里。1930 年前后，建筑年久失修。自 1998 年开始，逐步年修复开放。

【名园漫步】

园林入口的门楼为两层，二层正中挑出吊脚楼，卷棚歇山顶，一层正中设方形门洞，前出三间披檐，左右设有八角形腰门，粉墙灰瓦。门楼前立两根旗杆，很有意思。两翼墙上的漏窗做工精致，门口的抱鼓石也是精雕细琢，内面是麋鹿浮雕，外面是旋花浮雕。入门为影壁墙，上题“素芬白远”，墙前松、竹、梅三友相伴。折右出六角门洞，空间就开朗起来，面前一池，三跨石板桥飞架，对面曲廊围合，廊子时而在陆，时而在水。细看池岸，全是黄石构筑，进退有致，实是佳巧，“水单莲花偶相间，清池一片时鸣鸭”。登桥沿水远望处，曲桥通岛屿，峰石依墙而立。过桥，草地上有几株梧桐与黄石假山，院落的月洞门前立有高达 2 米的黄石。黄石成矶，浮在水上。池边的廊壁上，一排花窗在上，两株树木立于前。

如果不入洞门，右折依廊来到水榭。水榭立于水下，半与廊接，连柱是槛，槛上设座。凭栏四望，一座廊桥飞架在池面，对面黄石驳岸，湖池在望；一面漏窗隐约，黄竹依稀。步入院中，两边廊窗不断，地上还有鹅卵石拼成的太极图，图边有一古井，观之让人怀古。廊边堆有湖石还有花丛、古树。花窗的风格各不相同，仿佛到了拙政园。东部和中部间的正厅屋脊当中有灰塑人像，脊头是朱雀形。正厅面阔五间，室内正中挂有画，画侧有对联，案几坐凳一应俱全。左角门上有砖雕刻的“无我”和“玄处”。过厅来到后院，院中池水通院外，跨水是廊。池上正中设石板桥，似仿佛寺放生池做法。正对桥梁是两间带围廊的厅堂，成为对景。跨水廊做过桥后左行，就望见一楼高起，底层粉墙上有两个漏窗，上是极精彩的透雕莲花与菊叶，两面都可观。楼上四面开窗，楼身上紫下白，构图优美，其实是石舫的后舱，舫题名为“寒碧舫”三字，做成楼式，四面设隔围而不闭。走到船头，看右面湖光山色，真是如意心间。

下船上岸，来到假山。山下铺草地植灌木，内构石洞。出洞寻曲径上曲桥，此桥是石桥高拱，江南水乡气息十足，桥的两侧加石栏。登桥回望，曲廊临水，风韵依旧。

过桥就来到一个院落，在主体建筑的侧面有湖石孤峰高过人头，石和翠竹相依为命，背靠粉墙青瓦，不论是远观近看，都可见檐廊。侧墙有八角取景框，留步一瞥，峰石竹叶如画；前进一步，又搭桥成景。绕廊而行，就到临水的观景平台。退回原路时，过一石板桥，就到了山区。此地堆土成山，山道陡坡，林木森森，和空敞池区迥然不同。缘径攀登，上达峰顶，林荫之下，一阁婷婷，细读门额，曰“香涛阁”，回望四周，林涛阵阵，香发雪海。阁三重檐，攒尖顶，腰檐出廊台，栏柱细又直，纤纤如江南女子。登阁俯瞰，全园在望，如同到葛岭看西湖。下山来到一小院，名“栽花小筑”，院外的景色被引入园内。小院的院墙粉白，青灰压顶，锁住院内秋千、佳人与笑场。洞门前是一石板桥，进院须跨桥而入，到桥前才知院墙依水而立，站在桥上见溪流在这一折，款款前行再折而又不知其所终，细思，刚才原来是在岛上，顿时恍然大悟。

太仓憩园

【名园历史】

憩园在江苏太仓市县府西街，始建于南宋建炎四年（1130 年）。新中国成立后重修，更名为人民公园，1972 年扩建。

【名园漫步】

一进园门，可见一个高达 6 米的太湖石峰突起在群石之间，这个峰名“望海峰”，为明朝太常寺少卿王世懋的宅园的遗物，历史悠久。石峰上细腰宽肩，孔窍穿身，轮廓凹凸不平，似观音菩萨，故而又名“观音石”。石峰立于台基上，周围都是低矮的湖石平卧，三个小峰高起陪衬。峰后是竹丛与其他花木作为背景。

过峰石，就来到一石亭。亭梁枋简洁，没有雕刻，不做线脚，亭子用花岗岩砌成，方形平面，方柱、方梁、方脊，屋顶也是用横向条石做成歇山项，屋脊粗雕云和龙，形态不明显，四个屋角檐短而小，亭上挂有一匾，题“通海泉”。亭里原有四口井，是明洪武三十一年（1398 年）所凿，即使是旱季，此井也不枯，所以人们认为这些泉眼通海，故有“通海泉”之名。左望，还有一石亭，形制和通海泉亭一样。亭内立有一铁釜，高达1米多，据明代人朱国桢的《涌幢小品》记载，此釜是元代海船上的铁釜，用于浸泡蔑缆之用。当时，人们以釜盛桐油，将篾缆投入油中，浸后，缆在海水海风中不腐蚀。元代与明代，太仓是漕运与外贸的重要港口，那时候的交通工具是海船，太仓的造船工业非常发达，铁釜是当时历史的见证。

在亭旁绿丛中还有一座石制方亭，方柱方梁，出雀替，屋顶攒尖，用花岗岩刻出瓦垄瓦沟，宝顶有宝珠，四条垂脊有飞龙；和其他亭子不同的是，不是用四龙头拱成宝顶，而是用龙尾搭顶，龙头做屋角，形态逼真。亭内顶浮刻草花，四面浅刻传统吉祥图案。旁立一茶室，是一座歇山顶的古建筑，面积较大，屋顶不高，显得很平缓。正脊灰塑水草，起伏如波浪；垂脊是用小青瓦拼出空灵别透的图案，一条垂脊的花式都不一样，垂脊端部起凤凰，是屋角，凤凰昂头望天；山面还有灰塑图案，十分复杂。月洞门似门似窗，下是槛墙，上为玻璃窗，周边的圆洞框浅刻有几何图案，四角有实心浅浮雕。茶室边有一花墙，一排漏窗全是用小青瓦拼成，有横向、斜向、正向等各式图样，让人应接不暇，可是缺少个性图案，显然不如南园的漏窗。路端点是一座六角洞门，上题“牡丹苑”，反面题“菊入门”，前面突然开阔，石桥飞架，水湾横行。细看，可发现大多是太仓古典园林特色，只是右面水湾一角是用湖石，风格迥异。左面池中则是用黄石点缀在水上，形成汀步。过桥，花台内植有牡丹，遥想花开的时候，是何等盛况。旁有花厅，正额题“花卉馆”三字。圆洞门正额题“名泉通海”四字，和通海泉相应。

返回茶室，依墙来到蔚萱斋，斋面阔三间，歇山顶，屋角不起翘。四周带围廊，是砖混结构，显出大方清爽的效果。斋前种棕树与芭蕉，堆湖石。

绕斋右折，三曲石桥跨于曲水之上，桥栏很低。过桥有六角亭。据亭左望，水中建湖心岛，岛上立有一六角攒尖亭，和苏州一带的亭子的风格一致；右望，池水终于石拱桥处，桥头建一扇面亭，亭卷棚歇山顶，形似拙政园的和谁同坐轩。默妙亭建于在池边，亭内有元代书法家的墨宝《归去来兮辞》，其拓片在吴江市退思园中还存有，是退思园三宝之一，此亭在在 1983 年复建。池中舟楫自横，池边柳树斜出，有一副苍凉的景象。

太仓乐荫园

【名园历史】

江苏省太仓乐荫园是江南著名的园林，原是元代隐士翟孝祯隐居之处，所以又称“乐隐园”。1982 年重建后对外开放。

【名园漫步】

园门仿拙政园的园门，高高的粉墙，方正的大门和腰门。入门是影壁墙形成封闭的小院，影壁墙前堆湖石、植花木。左折而入园，迎面是一小花厅，歇山顶，前檐出廊，屋侧向接长廊。右折入廊就到园中，回头望院墙，墙压顶雕两龙，为龙墙，交汇在墙角，设计巧妙。大门的墙头侧面有屋脊，高者形如吞兽，低者宛如飞雁，美观又易见。

水池居于园林中间，所有的景致环绕水池而设。水面有聚有散，聚时成湖池，敛时成溪流。在临水方亭的旁边设有喷泉，以博老少新宠。在溪流之处，林木森森，古藤虬曲，荫自林生，凉自水起，最得“乐荫”二字深意。流水环绕主体建筑成为一个岛屿，人游其中而不知身在沙洲。

园林的主体建筑是一座花厅，临池而建，面阔有三间，前后左右带有檐廊，屋顶歇山，舒展大方，临池部分出观景平台，台和地面平齐，显出过渡效果，通过左右台阶来调整观景视线方向与游览情趣。平台全是花岗岩条石砌筑，四面围有低矮的石栏，柱头短又壮，横栏平又直。台和屋两侧林木密集，屋、台、树倒影在水中，平波无痕，落叶有声，水天一色，轮廓分明。花厅的背面临草坪，出抱厦，筑台阶，围槛墙，虽体量巨大，但和前庭之广阔、围廊之虚空、林木之掩映结合为一体，格外得体。据说此建筑在清代始建，何时修复则不得而知。

园林的曲廊尤妙。廊外为平地，廊内却高低起伏，用亭加以点缀，枋下带骑马雀替，花式曲折又简洁，在平面转折处设垂莲柱，十分简洁，点到为止，别具匠心。廊外有水池，池边堆有假山一座。假山是用湖石构成，内构石洞，洞旁设蹬道以供攀登，蹊径不长。山顶设五峰，主峰居中，如龙头仰天长啸。山边有松直干冲天，有斜木横向探头。湖石假山用石不甚精良，和池岸之黄石有分庭抗礼之嫌，可惜终无黄石曲岸做得妙。全园的池岸大部分是黄石构岸，黄石方正，棱角分明，在江南园林中很少以之砌岸，此园用之，实是大胆。水池一角设有石矶，也用黄石，石头不大，砌筑成鹤形。池边竹林拥簇着一个水榭，榭面阔三间，歇山顶，背接长廊，面临喷泉。与长廊相接的两柱上设月洞门，向外成为收取喷泉的取景框；对着竹丛一面的墙上设有两个漏窗，这样不对称的侧墙也很少见。凭栏观水，鹤石在望。出门过水榭，渡莲花汀步，此汀步现代味很浓，可因贴水而设，故亦不失风情。沿小路前行，如在杭州柳堤，顶端是一石拱桥。渡桥上岸，在林荫之间望见亭顶攒尖，立在湖石堆起的台上，鸟鸣不绝于耳，真是荫中自有乐趣。

过亭，循路绕溪而行，石径上有碎石拼花，有花瓶插花、几何图案等图案，但大多是花草与几何纹，虽显求变之心，但远不能和苏州一带相提并论。

昆山亭林园

【名园历史】

亭林园地处江苏省昆山市的西北部，历代都是游览胜地。该园取昆山籍学者顾炎武的号“亭林”而命名，园内有顾亭林祠，是一处纪念性园林。

【名园漫步】

亭林园历史悠久。在园内玉峰山上，自南朝梁代就建有规模宏大的慧聚寺，居“南朝四百八十寺”之首。至唐宋朝间，玉峰山上亭台林立、殿宇轩昂，景致十分丰富，名人墨客多有题咏。在宋代以后，玉峰山上又陆续修建了赍园、养余园、郑氏园、李氏园、遂园等私家园林。其中，清康熙年间的刑部尚书徐乾学修建的遂园幽雅而精致，是江南名园之一。玉峰山在清光绪三十二年（1906 年）辟为公园，在 1936 年命名为亭林园。

亭林园以玉峰山景色为主，古娄江环绕周围，绮丽风光。玉峰山又名“昆山”，山形呈马鞍状，东、西两峰并峙。在苏沪百里平原上，玉峰山孤峰独秀，素有“江东之山良秀绝”之誉。山中草木丰茂，峰石奇峭，亭阁精美，有 72 景。

东山山势较平缓，循蹬道上山，一路花木扶疏，清泉溢流。过擘云峰，就到野鹤亭。在亭中听山风、观松涛，品味亭柱上篆刻的“山有神仙骨，林多草木香”联句，真是回味无穷。再向上可到一览亭、玉龙壁、妙峰塔、翠微阁、玉宇琼台、一线天、桃源洞、抱玉洞、朝阳洞等景点。翠微阁又名“昆庄”，自成院落，环境幽雅。宋代诗僧冲邈曾在这里居住，其别号“翠微”，景观因此而得名。

西山山势陡峭，多危岩险峰，主要是有老人峰、紫云岩、群豖峰、夕阳岩等景致。群峰千姿百态，让人叫绝；老人峰像低头沉思的老翁，群豖峰像一群野猪相互竞逐，紫云岩则形似一顶凤冠。紫云岩上还建有百里楼，登楼可观景百里。西山之巅耸立的文笔峰最是绝妙，此峰原为明代人工修凿的笔形石峰，在历经数百年风雨之后，已经毫无人工砌筑痕迹，就像一支巨笔直刺青天。据说此峰是为了纪念昆山历史上第一个进士卫泾而建，也有人说是为了纪念昆曲发源于昆山而建，还有人说是为了纪念昆山籍著名学者顾炎武、著名散文家归有光而建。古今文人墨客对文笔峰题咏非常多，康熙帝也曾在康熙四十四年（1705 年）游玉峰山时留下“登高欲识江湖性，染翰留题文笔峰”的诗句。文笔峰犹如点睛之笔，给整座园林增添了很多色彩与情趣。

玉峰山北麓遍布松竹，青翠盈目，遂园即位于松竹掩映之中。遂园在初建的时候景致尤佳，康熙帝曾为其题“鸢飞鱼跃”匾额。后来逐渐荒废，只余一些湖石和木桩。当地政府在 1980 年投资修复，使遂园逐步恢复了旧日风貌。园内曲水环绕，亭台错落，有家山轩、碑廊、上天台、甲子桥等建筑。植物以梅树为主，在周围松、竹的映衬下，显得格外妖娆。小园远离尘嚣，非常幽静。

玉峰山南麓有顾亭林纪念馆，展有顾炎武所著书籍的文稿。顾炎武和王夫之、黄宗羲统称“明末清初三大思想家”，他的名言“天下兴亡，匹夫有责”真可谓无人不知。馆前一对小亭中陈列着两块晶莹如玉的奇石，分别名“春云出岫”、“秋水横波”，是昆石中珍品。昆石为玉峰山特产，和太湖石、雨花石统称“江苏三大名石”，因其洁白晶莹、质地如玉、储量极少，故而极为珍贵。

亭林园不但山川秀美，而且多奇花古木。园内树龄在二三百年的古木达百多株，白皮松、罗汉松、银杏等名贵树种到处可见，还有世间罕见的琼花、数百年历史的并蒂莲、广玉兰，花开的时候绚烂多姿、美艳无比。众多古木奇花把亭林园装扮得甚为美丽。

亭林园以山林风光取胜，在苏沪一带园林中独具特色。隽秀奇绝的峰岭谷洞、稀有的特产奇石、珍贵的奇花古木、浓郁的文化氛围，使其在众多园林中脱颖而出，成为我国古典名园之一。

常州近园

【名园历史】

近园位于常州市常州宾馆内，是一处具有文人园特色的古典私家园林。近园始建于清康熙七年（1668 年）。园主杨青岩是清顺治年间进士，著有《遂初堂文集》。他在生病归乡后，于注经堂后买地建园，起名“近园”。杨青岩死后，近园数易其主，同治初年归刘氏，光绪初年归恽氏，曾称静园、恽家花园。

【名园漫步】

近园面积约有 7 亩，园内“山仅一拳，水仅一勺”，建筑绕池而建，连以游廊，以硬山顶为主，精华内敛，朴素恬淡。园虽建于清初，但继承了晚明风格，清隽风雅，独树一帜。西野草堂是园内主建筑，居园之北部。草堂面阔五间，前出月台临池，是园主宴客之处。堂前清池称为“鉴湖一曲”。黄石假山居池中，成为岛山，山仅高 4 米多，但高低起伏，洞谷相连，很有气势。山上树木丛生，一片葱茏。枝叶掩映中有一亭耸立山间，名为“见一亭”。在亭中可俯瞰园景，是园内重要的观景点。山南隔水建有天香阁、书斋“安乐窝”与得月轩。这里临水面山，环境清幽，正是读书、赏月的好地方。池西游廊曲折，北和秋水亭相连，有石板小桥通向池中假山。池东建有容膝居，其侧廊稍有变化，成为大写意的旱舫，称为“虚舟”，形简神似，韵味十足。舟前置石矶，设一长不足 2 米的小桥通向假山。桥由三块花岗岩组成，凿出圆拱与相连踏步，无栏无杆，贴水而架，特为入画。

近园质朴无华，有乡野村居的风貌，可是格调高雅，当属文人园林范畴，其风格充分展现了隐逸的主题。

常州未园

【名园历史】

未园在江苏省常州市大观路，是常州钱祥丰木行老板钱遴甫 1920 年兴建的园林。

最初，钱遴甫只不过想建一个祖堂和神堂供奉祖先和神仙。所以，在园西先后建立了祖堂与大仙堂。后来，门客许秉煜建议，在祖堂与神庙东建立一个完整的江南园林。钱氏听后立刻应允，着手兴建，经过近三年的周折，终于在 1923 年建设完成。园成的时候，钱遴甫认为“尚未成园”，故定名“未园”。1934 年，钱祥丰木行破产，未园易主，另一个木行老板陈莲友入住园林。1952 年，成为中学校园。

【名园漫步】

未园以水池为中心，跨池架桥，环池构屋，亭阁点缀，游廊曲折，湖石嶙峋。园内有百年香樟、桂花、罗汉松，把水池、建筑、山石融合在一起。园虽小，但却有“一池、一桥、一榭、一厅、一轩、三亭”，成为常州著名的古典园林，列为省级文保单位。

四宜厅以四季景观为题命名，前有曲廊与水池，怪石环列，循水而走，全园的水榭、亭桥都可望一二，俯视水面，顿生濠濮间想。依壁接以回廊、亭子、小轩，围出方形空间，中置山石，成为小院。厅南有水榭对峙于水上，三面环水，可待栏观鱼，名乐鱼榭。乐鱼榭以庄子和惠子的濠上对话为典故命名，依水而筑，青瓦歇山顶，灰脊微翘，朱柱之间有落地窗，窗都开以船舫之方窗，似有舟意。近水榭的水池中还立有几块湖石，高低不平，神态有异，或如鱼跃，或如觅食，透着灵气。长廊问有一座井亭，名汲后亭。左有山洞门，门额为“文俭清奇”。地上立有三座石峰，富意“福禄寿”，地上用碎瓷片铺成“五蝠捧寿”图。

此园半廊曲折，半亭依就，古木交柯。纵观全国，虽是民国时代的园林，但全部运用古典造园手法，从建筑、山、水、植物、庭院构成上来看，和常州市里的近园有异曲同工之妙。

常州舣舟亭公园

【名园历史】

位于江苏省常州市东郊延陵东路的舣舟亭公园，始建于南宋，是为纪念苏东坡来常州而建的。清乾隆年间，在此地建乾隆帝的行宫。乾隆二十六年（1761 年），乾隆帝五十寿辰，地方官吏、士绅、文人在这里举行祝寿活动，因此也称“万寿亭”。咸丰末年战乱不断，建筑皆毁，现存者是光绪三十四年（1908 年）至光绪三十六年（1910 年）所建。后辟为公园，定名舣舟亭公园。

【名园漫步】

该园位于大运河旁，选址极佳，借水为景，就如寄畅园以山为借景一样。园林可分为三部分，一是引导部分，二是主体部分，三是结尾部分。常州所有园林中，此园之引导部分最妙，让人有一种“园外有园”的感觉。未到园门，就进行景观创造。河边扩展为绿地，园路穿行其间，过五六十米便达园门，门为砖雕门楼，上题“东坡园”，左右的石狮为作揖状，谦迎四方来客。入门，先是一影壁墙，又有高墙围合，藤蔓攀附。壁前的太湖石围成花台，植有几株月季、黑松，墙角种芭蕉、箬竹，立有三个石峰；另一角堆有一处湖石假山，旁植乔木、灌木，掩盖峰顶，此山若能露出峰顶，则更有意趣。院左右洞门都是圆形，由内外望或由外内望皆成框景，左洞门外框着一峰石、内框着一花台，右洞外框着竹石曲径。此院一共有六个漏窗，都是色黑如铁、景如画幅，一雕孔雀、牡丹、梅花，二雕老鹰和群山，三雕曲桥、石峰、古松与莲花，四雕盆景蜂石和古梅，五雕二鹤和峰石，六仅为一方框，贴窗是墙外湖石及竹子，俨如雕成的图案。

来到河岸，从右门出，向左见一楼立于河道当中，下设闸门，楼中间三层、一侧二层，设计格外巧妙；向右见一拱桥飞架河道两岸，砌桥条石历历在目，显出苍古。道旁堆有土山一座，山顶立一亭，名为问月亭，典出苏东坡《水调歌头·中秋》“明月几时有，把酒问青天”之句，此亭和舣舟亭东西相应。亭重檐攒尖顶，朱栏青瓦，略显华丽，枋间板浮雕双鹤、孔雀、双马、孔雀、鸽、几案酒具、龙虎戏珠，形象生动。过亭依山道前行，路以黄石砌成，自然曲折，忽高忽低，沿山梁逡巡。望运河下山，就来到运河，沿河设有环河观景道，绿树深荫，石栏坚守，水浪拍岸。道的内侧山坡黄石砌边，进退自如，夹杂棕树，阶草丛生，干草地上凳坐小憩，听橹声、号声、风声、水声。依道漫步，左望山顶，有亭翼然，从树木的曲枝与疏叶之间透出朱梁飞檐。拾径而下，来到六角重檐亭，亭内立一碑，上书“银带苏南行，经济随河飞”，是邹家华于1995年所题，把运河和经济挂钩，忧国之意昭然。

沿山梁小道继续前行，左观园里湖石假山，右看运河风景，终于主景舣舟亭。亭平面四角，面阔三间，中大侧小，石柱方形，檐顶木构，重而体态轻盈；正脊雕双龙戏珠，龙身数卷，龙尾朝天，龙爪擎天，形态生动，枋内外雕刻有梅花、牡丹、水仙、菊花、双龙、竹子、鸳鸯等花鸟虫鱼；藻井双层，两层的交接四角处用垂莲柱，藻井底座四角也用垂莲柱。二层匾额为“间板亭”三字，朝河一面有四柱两联。此处曾是苏东坡游玩时系舟的地方，南宋始建，如今已有800多年历史。乾隆帝二下江南时重修，乾隆亭在此亭书“玉局风流”匾额。太平天国革命时被大火烧毁，后来长期荒芜，当地政府在1954年在原址按原貌复建。

出亭前行，来到一个渡口，渡口立有一楼，楼重檐歇山顶。一层有一门，朱门紧锁，上题有“东坡古渡”四字，门楼侧接一墙开漏窗，青瓦压顶。从黄石砌成的台阶下到楼门前，绕门到水边，凭河道在这里交汇，对面一岛，有拱桥飞渡。

上台阶，出古渡，向园中心走去。园林引河水入园，先溪而后池。溪岸高出，黄石砌斜坡，整体如渠道，还有三曲石桥飞架。道端有三间硬山顶小屋与石假山。近看，湖石筑山构洞，在峰处三柱石拱起有一门洞。溪旁是一御碑亭，乾隆帝于1751年至1784年间六下江南，三次巡幸此地，又试地方才子，并树立御书碑六块，详述南巡盛况和对苏轼之敬。

过舣舟亭绕池而行，就来到廊式亭。亭居池一角，曲折成尺状，共面阔四间，偶数开间甚为少见。亭立于池岸边的基石上，高高在上。亭侧题额有“龙亭”二字，两柱一联，亭顶的两端雕塑飞龙，乾隆帝曾经在这里召试地方鸿儒。凭栏望前平桥飞跨，细水无踪。当中湖岛高起，岛全由湖石构成，高起为峰，低下有小道如堑、峰石如兽，进退有致，有石横于峰顶，如石梁，又如南天门。山侧有小小的长方形石池一座，池内构洞，题为“洗砚池”三字，中心有鲤鱼石雕三条，若跃龙门状。此池名叫洗砚池，池旁植紫藤一株。住在常州市顾塘桥北的孙氏曾经亲手植下紫藤一株，紫藤旁另有池一座。乾隆帝在乾隆二十二年（1757年）下江南时来常州，地方官绅合力将洗砚池从孙宅移到全畔，在1954年辟园时修复该池。

过龙亭，来到开阔地区，绿草之中有苏东坡雕像。过之，可见墙一角有一水池，池岸而高起，侧面有黄石假山，绿竹与芭蕉掩映，夹石作道，林荫森森，中有一堂。此堂面阔三间，歇山顶，正脊有灰塑双狮戏珠，堂前为广庭。有一座古桥架在运河汉口，此桥石构三拱，石栏不做雕刻，柱头为立狮，格外古朴。桥名为广济桥，原为城西古运河上的石桥，明正德十二年（1517年），官员周忱主持修建，是常州市最古的石桥，因邻漕仓，所以又名西仓桥。由于运河拓宽，桥孔狭窄，有碍新航，恰运河改道，半月岛形成，故于1986年移桥于园内河道上，成为园中一景。据桥望半月岛，环岛都是黄石虎皮石砌驳岸，岸上分别开道、设栏、筑亭。

广庭中心为花坛，前端的斜坡种花，两侧石阶，左右是通道。先到岸边远望，就见舟楫航行如蚁，对岸古渡有一门一墙，煞是好看。择路入岛心，见一廊立于土山上。爬山登阶来到廊内，廊边花开，廊端接一亭。出亭来到半月岛中心，见一阁高出云天，立于二层平台上，歇山顶，侧檐和角檐分体，有仿中国名阁之嫌。阁后是一亭，名楚颂亭，平面八边，重檐攒尖顶，立于五级台阶上，体态富丽雄伟，远出于阁。在亭内有刘海粟写的题碑文：“水运开发，万民蒙庥”。过亭来到一堂，此堂面阔三间，左右出耳房二间，耳房前围墙成院，正脊有双龙吻兽，山面有凤凰踏花，整体组合优美。堂边草地上立有六角亭，过亭，见一井，题香泉井，侧堆湖石峰。半月岛的布局中轴明显，现代风格卓然，和舣舟亭等处不同。半月岛有一座黄石假山，山内藏有一厕所，是佳巧之作。

常州约园

【名园历史】

约园位于常州市局前街第二人民医院内。该园是清代私家园林，原名谢园，后改名为约园。现在是医院，中心的水池格局还在。

【名园漫步】

常州之园有近园、约园、意园、未园，都以不全之数名之，约园就是大约，正如《老子》说的“曲则全”一样，是反语。全园面积较大，但水面不大。池岸用整形条石砌筑，有入水的台阶，环池全是栏杆。最妙的是水中小岛，是内土外石式，石是太湖石，形态各异，或如老人，或似狮虎。与他处不同的是，这些石多是立式，或在岛上，或于岸边，或在水中，成矶者多处，有一处堆成石龙，有龙头、龙身、龙尾，一龙三折，曲折而形态逼真。连接岸和岛有五曲桥，桥四墩五跨，由花岗岩条石构成。两边加铁栏杆，让人想起无锡寄畅园的七星桥。岛上有一方亭，亭顶为歇山顶，正脊两头用双龙，龙似鱼形，龙头似龙，龙尾高高翘起，鱼鳞片片可数。侧脊一面是凤凰，左右伴大花牡丹；另一面是羊、鹤、松，皆为吉祥之物。垂脊也为龙头，端部一侧有麒麟与瓶花，一侧是雄狮和瓶花，下为菊花。

亭内吊顶按攒尖式做法，斗拱间有透雕。

亭旁树木丛生，湖石丛立，把小亭掩映在绿色之中，只留有屋顶露于路边，有悬念的意思。约园四周无墙，全都暴露在草坪上，无古园的隐约之美。

水池的一角收成一溪，循溪而行，路边有两个湖石，大者如屏，小者刻有“约园”二字。立在溪岸，见溪水直直而去，一折而为知所终。溪侧形成一岛，岛上有一花圃，花圃无墙，圃中百花盛开。

现在，第二人民医院的房前屋后配合约园故景，刻意地经营，精选湖石或成堆煞是好看，其石材不论大小还是形态都是胜过古园中的材料。

常熟燕园

【名园历史】

位于常熟丰蜂巷的燕园，是江南著名的私家园林。燕园由清乾隆年间的台湾知府蒋元枢所建，由于曾渡海遇险，蒋元枢取“燕归来”之意，取园名为“燕园”。道光九年的时候，园主蒋因培请晋陵叠石名家戈裕良筑黄石假山，名为“燕谷”，燕园因此又称“燕谷园”。晚清的时候，燕园归外务部郎中张鸿所有。

【名园漫步】

燕园面积有 10 亩多，平面狭长，可分为三区。入门一区，利用直、横两廊及其后假山使得园景显得隐约幽远，似深又不可测。向东进入一处庭园，园内有小池，池中植荷花。池北建有三婵娟室，是一座鸳鸯厅，由于厅前立湖石三块，如同娉婷美女，故名。池南耸立在假山，山南建有童初仙馆，是园主的书斋。池水环绕假山，流至书斋旁，池上架上有三曲石桥，连接绿转廊和书斋。假山之上奇石林立，形如群猴嬉戏，或立或卧或奔或跳，姿态各异，生动形象，人称“七十二石猴大闹天宫”。此山和苏州狮子林群狮假山有较多相似的地方。山巅植白皮松一株，虬枝映水，玉树临风。

第二区是园林后部的五芝堂，由堂前的“燕谷”假山和前区分隔。假山是用常熟虞山黄石叠砌而成，大石是骨，小石是缀，凹凸有致，富于变化。山中涧谷曲回，洞壑幽深，宛如真山一样。山巅松竹茂盛，其中有一株五针松为张鸿从日本携来栽植，如今还苍劲旺盛。“燕谷”假山特色鲜明，特富盛名，被后世叠山家所推崇。假山的东面是高低错落的砖梯和成片的翠竹，此向北是赏诗阁，登阁可远眺虞山。旁有临水石船，名为“天际归舟”。

第三区是五芝堂后，是园主和家眷居住的地方，中间也用假山分隔。

常熟西倚虞山，城内园林多是借景虞山。燕园地处深巷，旁有高墙，为了达到借景的目的，在园内修建了赏诗阁、梦青莲花庵等面西高阁，在此登阁西眺的时候，虞山风光可尽收眼底。燕园构思奇巧，景幽意深，特以假山取胜，确是难得之佳园。

常熟曾园

【名园历史】

曾园在江苏省常熟市老城西门内翁府前街，又名虚廓园或虚廓村居，因是光绪年间的刑部郎中曾之撰所建，故名“曾园”。曾遭到破坏，在1995年修复对外开放。

【名园漫步】

园中所有的景观都围绕水池来布局。主体建筑名是“水天闲话”，一意是水映屋身，天水交际；二意是室内茶室，供人清谈，有海阔天空漫谈之意境。建筑是硬山顶厅堂，立在水边，坐北朝南，临池不设廊，而是通窗，窗槛白、窗体紫、屋面灰。槛墙下部横向有开菱形洞一排，和立水的基石形成疏密的韵律构图。据堂中胜景，有三面不同：正面是对景的不倚亭立于在水中，左右有九曲桥与之相近的睡莲平铺，堆石作岛，如同乌龟。左侧有雪台亭，右侧是粉墙及爬山的琼玉楼。堂后是小院，院中有350多岁的古香樟和明代的白皮松，草地上、古木下立湖石，茶花杂于其间，箬竹依墙摇影，黄杨盆景树环路而设。院南是虚廓村居，两坡硬山顶。小院东西是回廊，墙上有开洞门，门左右设有拼瓦漏窗，窗前芭蕉、翠竹、铁树相伴，自成园中之园。

水池正中的无倚亭就如名所言，前无凭、后无靠、左无邻、右无亲。水池很高，基础用黄石整形砌成，由于黄石色不统一，如同百衲。亭正中有一围廊，歇山顶，南、东、西三面开敞，只留北面砌粉墙，中开八角形漏窗与四方取景框，框边为拼花图案。围廊南、东、西三面均有坐凳，背面开通道，道的东西接石桥，桥二墩三架三折。

琼玉楼在池的东南，两层两坡顶，侧加披屋，西侧披屋接爬山廊。廊道两路间成小天井，天井内植枫树一株，置石若干，十分有趣，可登楼西望。水天闲话厅朴实无华，池中为莲花世界。在曲廊之中，有一五角攒尖亭，体量很大，亭临近空院，在庭院的大尺度之下，它反而很得宜。廊内一半是围墙，依廊前行，来到假山区。这里的假山之妙在于依水而建，一半是岸石，山内构洞，额书“石室”二字，山居水湾两岸，岸间架一石梁，当作石桥。过桥，见一亭翼然于林间，亭内有饮茶的人。过亭东走，又有一四方亭，屋顶为卷棚歇山顶。往北行数步，空间顿时开敞如平庭，庭中围石成台，台上立有三石峰，据台引吭，回响天地。台下构洞，过洞就到池边矶石。水池的西面是邀月轩，和无倚亭设计类似，三面开敞，临池一面设圆洞罩，罩四格拼花，中间收取对面景色，正收水天闲话厅，侧收无倚亭，是一框两景，很少见。水池向西延伸成曲水，镇水口是五曲廊桥。廊桥是植物廊，非屋廊，顶部平铺藤本植物，和留园池中景点类似。在曲水的西部，陆上立有一方亭，亭顶歇山顶，环池有石栏杆，非常简洁。驳岸是用黄石整形砌成，和池中无倚亭一致，岸高如壕式。

徐州彭园

【名园历史】

彭园位于徐州市区南都马棚山，是一座纪念性园林。彭园是为纪念彭祖而建，相传彭祖是上古帝王颛顼玄孙，是以长寿闻名，从夏代到商末，活了 800 多岁，被尧帝封在彭城。在古时此地建有彭祖祠，1985 年在其旧址上修建了彭园。

【名园漫步】

三面环山的彭园，面积约 520 亩，主要景区是景武湖区与山林区，另外还有动、植物观赏区与游乐区。

位于马棚山北峰西麓的景武湖区，占地有 70 亩。从西门入园，东行不远是观鼎桥，由双桥组成，长 32 米，宽 13 米。桥下置一汉白玉圆鼎，制作精美，古色古香，似远古之物。相传大禹划九州，铸九鼎在国都，可作为镇国之宝。周显王十二年（公元前 357 年），一鼎没于泗水。秦始皇东巡的时候，曾派千人搜寻未获。现制此鼎，意喻万象更新，宝鼎复出。过观鼎桥，可见一尊 3 米多高的彭祖塑像，系用花岗岩雕凿而成。据说彭祖受封在彭城后，带领先民开荒创业，创造了徐州的古代文明，故立此像以示纪念。

塑像的背后就是宽广的景武湖，湖中碧波荡漾，湖边垂柳依依，山峰倒影映入水中，如诗如画。“碧峰凝翠水榭”亭亭玉立在碧波之中，连接东、南的两岸九曲石桥宛转迂回，湖西龙吟石舫似起锚待航。水面上有两块巨岩突兀而起，称为“玉钩坝”、“古泉坝”，鬼斧神工，造化天然。两岩的存在使水面层次更加丰富，富于变幻的空间，苏轼“路失玉钩芳草合，林之白鹤古泉清”的诗句，更让此景升华成诗意境界。

山林区包括马棚山南、北两座山峰，面积 150 多亩，古迹、建筑较为集中。植物以松柏为主，杂以楝树、银杏、黄栌等树木。景区里松涛起伏，苔藓蔽路，怪石嶙峋，充满山林野趣。在北峰南坡建有种德堂，其名取自苏轼的“人徒知其栽花艺果之勤，而不知其所种者德也”之句。堂是仿宋建筑，简约古朴。堂后是戎安亭，由于徐州历来是军事重地，需重兵把守方能安定，因此得此名。南峰顶部建有凤鸣阁，是全园标志性的建筑。阁平面呈“十”字形，一共3层，高18米，宏伟壮观。登阁眺望四方，就见山清水秀，如画景色。南峰东麓建有寿彭饭店，由于彭祖是我国烹饪业的鼻祖，此饭店不同于一般服务设施，具有一定的纪念性质。南麓和北麓新建有彭祖祠和碑廊，以纪念这位徐州的开拓者。山林区里建筑和山林配合默契，建筑点缀在山林之间，形成了一个个鲜明视点，使山林更富有灵气；山林郁郁葱葱衬托着建筑，则使建筑更显高大而突出，魅力倍增。

富自然山水之胜的彭园，又有人工营造的美景，山林区粗犷古朴，湖区婉约清丽，彭祖的事迹传说更赋予其深厚的历史及文化内涵。彭园确实是一座富有诗意的园林。

扬州寄啸山庄

【名园历史】

寄啸山庄又叫何园，位于江苏省扬州市老城东南部徐凝门街77号。山庄原是清乾隆年间的吴家龙的双槐园故址何氏。同治元年（1862年）购得吴氏片石山房遗址始建宅园，直至1875年方完全竣工，取晋朝陶渊明诗“倚南窗以寄傲……登东皋”以意而名之为“寄啸山庄”，又因园主之姓园林又被称为何园。几十年之后，何氏返回故里，变卖宅园，只留片石山房的东侧的四个院落。1987年，全面修复该园。

【名园漫步】

寄啸山庄是扬州晚清商家宅园的典型，又是南北风格和中西样式的集成。三路五进宅部和后园结合是私家园林的通例，大体量的建筑充斥全园是主人俗而求大的体现，大型砖雕漏窗和徽派园林有解不清的瓜葛，二层楼及复廊是北方皇家园林的惯用的手法，而西洋门窗的玉绣楼就是西方文化东渐的明证。园中园片石山房，以其洗练的叠山技巧在江南园林中占有一席之地。

全套宅园由中西合璧的住宅、住宅花园及片石山房组成。住宅有三进院落，首进是大厅，其后是两座相对的二层楼房，都以白石为基座，水磨砖墙，中式小瓦屋面；楠木百叶窗，内层镶玻璃。室内有壁炉、木雕容镜、拉门套伺等，歇工特别精细。楼与复道回廊巧妙地连为一体，格外协调。住宅建具有显著的西洋风格，这种中西合璧的建筑，在我国古典园林中甚为少见。

住宅花园由复廊分为东、西厅园。东园南部建牡丹厅三间，北部建敞厅，名“船厅”。船厅是东园的主体建筑，歇山顶，面阔五间，四面围廊，题柱联道：“月做主人梅做客，花为四壁船为家”，绍兴东湖的湖亭也有些对联仿此景之意、此联之境。厅的四周用鹅卵石、瓦片铺地，形成水波纹，似水波荡漾。月圆之夜坐于船厅，地面如同波浪，好像是船在水上行。园主曾异地为官，四海为家，过惯“宦海”漂泊的生活，因此以船写平生经历。虽船厅主体形式不似苏州园林之舫，可是细品可得其妙：四面通透落地门窗，窗是船上舷窗；地面用鹅卵石和青瓦铺成波纹，形如海浪；青砖拼花低槛如船舷，白矾石台阶如船身，以此来引喻海上生涯，此法又被称为“旱园水作”。东部的西北角的假山上建一平台，称为半月台，是园林台式做法的嫡传，它与西园西南端的赏月楼同为赏月的好地方。二者一个面东，一个面西，可分别欣赏月上与月落的美景。一是借影日月星辰，二是俯瞰乐园四季。东部之壁的山亭台之作远胜于建筑构筑，两个建筑都是实多虚少，匠作取于自然。

半月台与园林东西分界的复廊相接，复廊是双层走廊，长达430米，贯穿全园，是该园第二特色。江南园林有复廊者屈指可数，该园之廊虽然气势不能与北京北海公园的复廊相匹，可是曲折回合却别开生面。在一层与二层不同高度和不同视角对园林景观加以审视，可以更全面地获取园林的信息。复廊中砌实墙，漏窗沟通东西，每个开间都有一个窗洞，形式各不一，有折扇形、梅花形、海棠形、花瓶形等。从东部的梅花窗洞西望，正对水心亭，紫色洞罩和朱红柱栏层层框住隔岸的池岸绿树，让人不厌于探春，陈从周评道："洞房曲户，回环四合，隋炀帝在扬州建造迷楼，流风所至，至今依稀得之。"复廊墙壁上还刻有颜真卿的《三表法帖》与王羲之的《十七贴》等诗条笔范。复廊西南隅端部又有一台，从复廊的楼面横出和湖石山相连，是观月之所。

园林西部以水池为中心，以复廊作玉带，以水心亭作构图中心，立面与平面构图严谨。水池的池岸或成青砖砌筑，或是湖石堆叠，时而低岸，时而峰生，时而洞陷，芭蕉、藤萝蔓生其间，自然和人工交汇有致，而不显生硬。池中有水心亭，平面四方，四角攒尖顶，雀替成洞罩式，四角挂红灯笼，汉白玉栏杆围护，南有曲折平石桥，北有自然太湖石梁，四面都通透，曾是园主纳凉和拍曲的地方。亭中演戏，四面可观，被专家认为是中国戏亭的范例，还有人称之是扬州园林中的小方壶，此亭和台湾板桥花园方鉴斋水院中的四方戏亭功能及形式相似，成为园中第三特色。

池北为蝴蝶厅，面阔三间，高两层，两边各有两间翼楼，前、左、右三面与复廊相连。由于高楼崇宇、四角飞起，形似彩蝶化舞，故名蝴蝶厅，原是何氏宴请宾客之处，所以又被称作宴厅。如今，故人已去，唯余壁上名家手笔可供人一饱眼福，有苏轼之竹、韩琦之竹、板桥之兰、唐寅之花、曹操之诗，令人心生敬仰之情。楼厅前左右各有两株棕榈，身和屋齐，百年如一日地守卫着主人的梦想。西部水池的西北角堆有一座湖石假山，高达 14 米，主峰明显，石洞杳然，主山逶迤向东又有几个小峰立于湖边，分峰做法不太明显。山际两株白皮松，寿逾百岁，斜出于峰前，高与天齐，都占尽年华风月。水池在石峰和复道间穿梭，直抵南面双层走马楼，此楼是园主家居之所，自成一院，由于院中植广玉兰和绣球花，各取两植物一字集成"玉绣楼"之雅号。楼的形式为中西合璧，青砖墙、圆拱门、圆拱雀替、粗细栏杆是西式，屋顶、砖雕却是中式。最妙的是楼上四角设提升孔，用于从楼底直接端茶送水，又为女宾、男仆日夜分隔之防，是一百余年前中国私家住宅中新潮和传统两种观念、东方和西方两种文化交流的结果，也是园主西渡法国，中学是本、洋学中用的表现。

西部除复廊作特色之外，单体建筑几乎全是楼，一方面和复廊相合，另一方面为上下观赏，亦可增加使用面积，也成为园林第四大特色。

寄啸山庄的园中园为片石山房，占地0.11公顷。园门单间，是东西向，南北接粉墙漏窗，向前出两垂直山墙，也开漏窗，很少见。入门见湖石堆于白色影壁之角，左面有月洞门，上覆青瓦，墙头和洞门之拱一致起拱，如古代妇女的发髻。正眼望洞门，恰好见院内对墙上陈从周题的“片石山房”四个字。入洞右折进入园内曲廊，凭廊而四眺，湖山在望，廊榭相依。

循廊南行，见廊跨于在水角之处，有风吹水面生凉意，有一种“人居殿上心自平”的感觉。朱栏、粉壁、漏窗一路随行，来到南端水口处的小屋，室内有古井一口，井旁有槐桩桌椅一具，让人怀念双槐园的故日荣光。

出屋依廊行，到全园主体建筑楠木厅，此厅是明代所建，砖砌山墙，楠木构架，面阔三间，硬山两坡，梁架雄浑圆润，门窗简洁而大方，不施丹朱，来以本性本质示人，和苏州艺圃乳鱼亭堪比，更是胜于寄啸山庄西路建于晚清的楠木厅，是扬州现存最古构筑之一。楠木厅的西侧接廊处形成一转角的山面附屋，三面坐槛，北池南石，东屋西廊，风景各不一。

楠木厅前出观景月台，台的左右植树两株，堆石一柱。月台的西向三架平板石桥渡水和西廊相接，东向置石若干止于东墙。石后墙上题“片石山房”四个字。据平台石栏北望，山峰落水，行桥入洞，屏山东起墙角，西接曲廊，和中国“开门见山”之意相合。从平台上还可以见到西廊上有一大镜，照出湖中山水的景色，来以扩大景域。从月台东北角的石板桥渡水进入片石山房的假山区。陈从周在1961年考察扬州园林的时候，从残垣断壁之中发现且充分肯定了堆山延用明代做法的事实，指出片石山房是石涛和尚叠山的“人间孤本”，由于石涛在扬州的另一处作品万石园已经不见踪影，此处便极为珍贵。石涛，名若极，广西全州人，本姓朱，是明朝宗室后人，家道中盛时出家为僧，法名原济、道济，号大涤子、清湘陈人、瞎尊者、苦瓜和尚，晚年客居江淮，生性爱石，以石似友，故自号石涛，以书画出名。全山是用太湖石构成，纵向堆叠成峰崖状。山内崖谷石梁、汀步沟通，入洞后出洞，一边悬崖欺人，一边绿水鉴人。一路依水循路直到西部内部。山顶砖砌作室，和环秀山庄假山砖室相类，通过砖和石的材质对比产生人工和自然之别。

全山东部较低，西部较高。上山蹬道，从山梁高走，或从水洞攀升，都可到西部主峰。陈从周称石壁、蹬道和山洞“三者最是奇绝”。山是以石壁与石洞作主要特征，脉络犹似当年，然峰形虽然已失，如猛虎弃冠断头，唯剩巨身，更山上建筑毁缺，令人怅惋，只有山东的小叶罗汉松与山西的迎客蜡梅诉说着当年的文章故事。陈从周从假山的蛛丝马迹中寻到石涛和尚的笔法，认为扬州叠山善用小料，石涛正是用“小石拼镶”，在堆山前“对石材进行周密的选择，以石块的大小，石纹的横直，分别组合模拟真山的形状；还运用了他画沦上的‘峰与皴合，皴自峰生’的道理，叠成‘一峰突起，边冈断堑，变幻顷刻，似续不续’的章法。因此虽高峰深洞，却一点没有人工斧凿痕迹，显出皴法的统一，全局紧凑，对比有方”。还有人认为，石涛的这种堆山法对后世影响甚大，以乾隆至嘉庆年间的叠山大师戈裕良最为杰出，他堆叠的苏州的环秀山庄、常熟的燕园都是石涛堆山法的遗风。据清光绪年间《江都县续志·卷十二》云：“园以湖石胜，石为狮九，有玲珑天矫之慨。”想象当初假山必有九峰，后来毁圮，让人惋惜。

由于山中腹藏石屋两间，所以此园被称为“片石山房”。东面假山是后来续叠，手法也十分老到。园东墙上嵌有砖刻“片石山房”四字，仿自石涛字体。园中部的东侧为明末存留至今的楠木大厅，它是扬州园林中现存最古老的木构建筑。其梁架粗壮圆润，不事漆绘，纯以材质取胜，和何宅中路建于晚清时期的楠木大厅相比，显得质朴而庄重。曲池西南墙建有水榭三间，和假山主峰相对。水榭东室设有古槐树根棋桌，据说是过去国内双槐之一制成，中室引水是泉，伴以琴台，西室置半壁书屋；真所谓琴棋书画俱全。石涛曾作一诗：“白云迷古洞，流水心澹然。半壁好书屋，知是隐真仙。”描写了隐居闲读之乐。水池的西侧是一带游廊，廊壁上嵌有石涛诗词数首，文采飞扬，字字珠玑。

重新规划修复的片石山房在理水方面尤妙，山和水相接当然是原迹可循，崖谷石道和水路汀桥的结合之巧当归古人，然西南角水口处理，让廊和屋都立水中，井入室内堂中，水绝屋外石罅，以及月台西部以平桥锁住水口，应是今人之功。唯不足处是水浅露出水泥池岸，实在不敢恭维。

全园整体布局严谨、疏密有致。植物配置也十分精湛，玉兰、牡丹、金桂、蜡梅等花开不断，白皮松、棕榈、芭蕉等使得园内处处绿意盎然。古园片石山房并入园中，给其增添了许多古韵，特别是石涛和尚叠山孤本，实为我国园林中假山的珍品。复道廊宛转迂回、贯通全园是何园最大的特色。长达400多米的复道廊堪称江南园林之冠，它把亭台楼阁连在一起，并把园景分为两个高低层次，游人穿廊环行，步移景异，美不胜收。游览何园，假如不廊上廊下、高高低低地走一回，很难全面领略它的美妙所在。

扬州萃园

【名园历史】

萃园位于江苏扬州市文昌中路35号原是潮音庵故址，新中国成立后收归国有，改为扬州市第一招待所，也名萃园饭店。

【名园漫步】

改造后的萃园面积较大，半是草坪绿地。从文昌中路的大门进入，前面开阔，都是草地和硬地。凿池推山，水流一直循墙而行，依墙是用湖石突起与绿叶红花，山水以外是小路，小路以外是草地山丘。随道路的行进，右侧湖石渐渐变为黄石，大楼楼梯处是用黄石堆成室外楼梯，可以依此上至二楼；左侧的草地逐渐升起成为岗峦土埠。土埠或高或低，宛如蛇行龙走，园路在土埠下曲折进行，湖石孤峰渐多，林荫加深，左折又进入深山之处。

深山之处林森草绿，土丘渐高，变成山冈，右手的餐厅在楼缘尽，前方的右侧出现一个建筑，折而向左，就来到山冈。岗上有石径，芳草依依，引人入胜。寻径上到冈顶，有一六角亭，攒尖顶，红梁柱，青瓦灰脊，白面围栏。亭旁参天的松树柏树，香樟银杏点缀。

从山上向北下山，就来到一个小池，水池很小，湖石砌岸，三曲石桥。桥南堆湖石假山，桥北鹅卵石铺路。沿池岸走到池边水榭。榭坐北朝南，正对主峰上有六角亭。

出榭是竹林，风来林响，叶落绊足。曲径多榭。过竹林，迎面是二层砖楼，楼侧有廊一曲，廊前芭蕉和湖石共生，石狮一左一右拱卫。廊开月洞，框住院内湖石。入内一看，院落曲折，中间是水池，规则条石池岸，石栏石板，檐廊回合，屋角交错。湖石或立如美女，或卧如潜龟，或靠岸而叠，或伴莲而生。

纵观全园，虽经改造，可依稀能见几分旧影，能辨几分新姿。新旧差别明显，过渡自然。

扬州汪氏小苑

【名园历史】

汪氏小苑位于港苏省扬州市老城区地官第街 14 号，是清末徽商汪竹铭兴建的宅园。民国初年，其长子汪泰阶率诸兄弟再次扩建。2000 年 6 月对汪氏小苑进行全面修复，2001 年 10 月竣工开放，改为“扬州清末民初盐商住宅陈列馆”。

【名园漫步】

汪氏小苑面积不大，占地一共3000平方米，建筑面积1580平方米，住宅是三进三院，园林不过处于四隅，所以称小苑。住宅中路中轴贯穿，左右厢房对称，体现儒家思想的中庸之道。中堂主体建筑是树德堂，东跨院主体建筑是春晖室，西跨院主体建筑是秋嫮轩，含意分别为：德为治家之本；东迎朝晖，东面属阳，阳春之象；西迎晚雩，西面属阴，晚秋之象。东跨院的主体建筑春晖室取唐代孟郊诗句“谁言寸草心，报得三春晖”，是汪竹铭的儿子汪泰麟、汪泰科和汪泰第的居室，是第二次扩建所成。全室由柏木构成，面阔三间，前后卷棚，室内正额题“春晖室”三个字，下有篆字两行，字下屏板上贴六块大理石；桌上中置时钟，左右置花瓶与宝镜，取终身平静之意。左右抱柱有小篆堂联，上联是“既肯构，亦肯堂，丹艭暨茨，喜见梓材能作室”，联文取自《尚书·大诰》与《尚书·梓材》的字句，意是用好的木材和美好的色彩建好的厅堂，汪氏子孙才能成为栋梁之才。上款是“戊午暮春上浣”，就是1918年3月上旬。下联是“无相犹、式相好、竹苞松茂、还人雅什咏斯干”，其文摘自《诗经·小雅》的“秩秩斯干，幽幽南山。如竹苞矣，如松茂矣。兄及弟矣，式相好矣，无相犹矣”。意为是兄弟之间应如松林之茂，如竹苞之团结。匾下篆文是：“南抵石涧，夹涧有古松老杉，大仅十人围，高不知几百尺。修柯戛云，抵枝拂潭，如橦树，如盖张，如龙蛇走。松下多灌丛，萝茑叶蔓，承骈织翳，日月光不到地。北据层岩，积石嵌空，奇木异草，盖覆其上，绿阴蒙蒙。”该文是白居易给庐山草堂写的《草堂记》，题字人是安徽省怀宁人清代书法家及篆刻家邓石如。

正厅前院宽敞，竹丝门构造古朴。地面用鹅卵石、瓷片、砖条与瓦片拼成松、鹤、鹿、寿桃、蝙蝠、麒麟的图案，喻义鹤鹿同寿、福寿双全及麒麟送子。依墙掇湖石假山一座，院中植琼花、蜡梅、紫藤。后花园可分东、西两部分。东跨院和东部、西部后花园都有园门可通，东部后花园的园门呈八角形，上题“惜馀”二字，两侧有青砖拼花图案的漏窗；和西部后花园分隔的门洞是圆形，题“迎曦”二字，圆洞框住西部树干与湖石，两侧有拼花漏窗。

东部的后花园用笔直的园路划分空间，在空地上堆湖石假山四座，半成植坛，边缘成峰，中间土埠高起，植古松、种芭蕉、树紫薇、插石笋、立峰石。由于植坛多，所以有些散漫，几个植坛主题也不明显。

西部后花园的北面建有花厅六间，用木罩分隔为二。厅西有书斋三间，缀五色玻璃。斋前植一紫薇，紫薇古干斜出，让人惊讶。厅西另有廊房三间，内有后门通扬州古巷马家巷。后花厅名静瑞馆，面阔六间，用木罩分隔为二，厅内朝南为冰纹式花罩，上为海棠木雕三组人物，中是福禄寿三星，寓三星高照；右是刘海戏金蟾；左是文王求贤。西侧一组落地罩的木雕由“岁寒三友”松、竹、梅构成。木罩用楠木，采用透雕法，正反一样，堪称一绝。院中堆湖石假山一座，假山较大，东西走向，内构石洞，山上植成丛的竹子，像是竹山。该院题名在圆形门洞内侧，是“小苑春深”。该院虽只一座假山，可主题明确，中心突出，植物和假山结合紧密，所以较成功，胜过东部院景。

扬州西园

【名园历史】

西园在江苏省扬州市西北郊的平山堂路侧的蜀岗上，亦称“御苑”、芳圃，在大明寺西侧。始建于乾隆元年（1736 年），为扬州人汪应庚所筑。

园林在咸丰间毁于战乱。晚清虽有增修，到民国时，已是“惟余古木藤萝，荒池怪石，使怀古者增无穷感喟”之境。新中国成立后，进行了三次大修，还新建、移建了一些建筑。

【名园漫步】

西园利用蜀岗的自然丘陵，加以人工的奇妙点缀，形成四周山岭环抱，在造园艺术上别具一格。岭间古木参天，沿水种竹，富有浓郁的山林野趣。《平山堂图志》对西园作了这样的描述：“园在蜀岗高处，而池水沦涟，广逾数十亩。池四面皆岗阜，遍植松、杉、榆、柳、海桐、鸭脚之属。蔓以藤萝，带以梅竹。夭桃文杏，相间映发。池之北为北楼，楼左为御碑亭。楼前为瀑突泉，高五丈余，如惊涛飞雪。东有屋如画舫浮池上。临池为曲室数楹，修廊小阁，别具幽邃之致。园中瀑突泉二，以拟济南稍泉林之胜……”

乾隆帝数次下江南，留下很多诗作，如“蜀岗可是希吴苑，永叔何曾逊谢安”。西园的风格没有寺院的佛教气息，和其他江南私家园林一样是文人气息，是典型的江南寺院园林。出真赏轩，下台阶，来到西园。园中以水池为中心，池中有三岛，是一池三山格局的表现。园中有两个碑亭，南面是康熙碑亭，北面是乾隆碑亭，乾隆碑亭里有乾隆帝临幸时候的亲笔游览诗，康熙帝碑亭是摹刻康熙帝题杭州灵隐寺的御笔。乾隆碑亭面阔三间，内外双槽，砖砌低栏，漆涂红柱。在两个碑亭之间有一座黄石大假山，壁立如削，山顶黄石林立，构洞如门，石间藏一泉，溢泉成池，黄石构岸架桥。泉井侧题为“第五泉”，是明代巡盐使徐九皋所书。石山临崖依泉一亭，名为待月亭，月夜之时，登此亭最宜。亭重檐攒尖顶，平面四方，四面开八角形门洞与窗洞，可框住亭外石景、木景、泉景或池景。

过待月亭及康熙御碑亭，就来到鹤冢，石碑上的《鹤冢记》写道，清光绪九年，大明寺住持星悟和尚在平山堂前鹤池里放养一对白鹤，后来雌鹤因双脚生病而亡，雄鹤见状，昼夜哀鸣，于是绝食而死。星悟感其真情，葬鹤于此，并立碑写道：“世之不义愧斯禽。”

南行下山，可到水池的南面的听石山房。山房坐南面北，建于1979年，由扬州书法家李亚如题匾。南山由湖石构成，和园中黄石大假山形成对比。湖石围成院落壁山，山内构洞，山顶起峰，竹在院外，石在院中，漏窗通风，月洞穿院，由于湖石透、瘦、皱、漏，风过激声，声如奏乐，所以取名听石山房。山房面阔三间，粉墙青瓦，歇山缓坡，本来是一个水榭，距离水面很近，前出观景平台，是观鱼的地方。站在平台上可见湖中三岛，东面黄石危崖。

出听石山房西行，一路林荫，鸟鸣树梢，鸭噪池塘。西面山势高起，有四方亭立于山上，台基高起，细柱婷婷。登亭正和黄石山崖相对，树叶之间透出待月亭的全貌，池中五泉亭也历历在目。

向北行来到佛光宝殿，宝殿面阔三间，歇山顶，前檐出廊，正脊和垂脊都用青瓦拼花，显出轻盈之态。绕过北岸，就来到池东北角，园路延伸入池中，三板石桥贴水而架，两岸黄石堆砌而成。跨桥到池中最大岛，岛上有船厅，单檐歇山，面阔三间，是1963年从壶园中迁移过来的古建筑。

过船厅跨石板桥就来到第二个小岛，该岛最小。再过石桥，就来到第三个小岛，岛上凿井一口，又名“天下第五泉”，该泉开挖于南北朝大明年间，井深20丈。唐代状元张又新著的《煎茶水记》写道，唐朝的李季卿出任湖州刺使时在扬州遇到“茶圣”陆羽，李季卿请陆羽评天下之水，陆羽说该井是第十二。陆羽之后的刑部侍郎刘伯刍将茶水分七等，该井名列第五，所以有“天下第五泉”之美名。井上立井亭，平面方形，屋顶正中开方形天井，上下天光，蔚是大观，水绘园的湘南亭就是模仿该亭做法。苏东坡过扬州，多次提到此井，说道：“禅窗丽午景，蜀井出冰雪”、“剩觅蜀岗新井水，要携乡味过江东”。

后来，金兵南下，烽火扬州路，亭和井均被毁。清乾隆二年（1737年），汪应庚凿池种荷时发现该井，重建亭榭，时任知府的高士钥请曾为惠山泉写“天下第二泉”的书法家王澍写下“天下第五泉”五字，现字嵌于山门外西壁上，和东壁的“淮东第一观”两相对应。道光年间，又有书法家书“天下第五泉”小石刻一方，现立在美泉亭侧。乾隆三十八年（1773年），扬州大旱，唯该井不涸，日饮者万家。乾隆帝游此井的时候常想起欧阳修建亭之事，写道“画舫轻移邗水滨，人思六一重游巡”、“西寺西头松竹深，欧阳旧迹试游寻”。

对于此园，由于园四面高起，中池低下，如锅釜之状，有人称之是釜式园林；有人又把池中三岛与池边黄石连成一线，说是汤匙，汤匙中的美味就是这天下第五泉了。

扬州个园

【名园历史】

清代，扬州的盐商十分喜欢营造园林，扬州至今还保留着许多优秀的古典园林，其中历史最悠久、保存最完整、最具艺术价值的，要算坐落在古城北隅的“个园”了。

个园位于江苏省扬州市盐阜东路，建于清嘉庆二十三年（1818 年）。1988 年个园被国务院授予第三批“全国重点文物保护单位”。

【名园漫步】

个园是一处典型的私家住宅园林。从住宅进入园林，首先映入眼帘的是月洞形园门。门上石额书写“个园”二字，“个”者，竹叶之形；主人名“至筠”，“筠”亦借指竹，以为名“个园”，点明主题。个园处处体现出造园者的匠心独具，旨趣新颖，结构严密，是中国园林的孤例，也是扬州最有名的园景之一。

个园值得一提的是个园的叠石艺术，采用分峰用石的手法，运用不同石料堆叠而成“春、夏、秋、冬”四景。四季假山各具特色，表达出“春景艳冶而如笑，夏山苍翠而如滴，秋山明净而如妆，冬景惨淡而如睡”和“春山宜游，夏山宜看，秋山宜登，冬山宜居”的诗情画意。

在春天，个园门外两边修竹劲挺，高出墙垣，作冲霄凌云之姿。竹丛中，插植着石绿斑驳的石笋，以“寸石生情”之态，状出“雨后春笋”之意。这幅别开生面的竹石图，运用惜墨如金的手法，点破“春山”主题，即“一段好春不忍藏，最是含情带雨竹”。同时还巧妙地传达了传统文化中的“惜春”理念，提醒游园的人们，春景虽好，短暂易逝，需要用心品赏加倍珍惜，才能获得大自然的妙理真趣。

夏景位于园之西北，东与抱山楼相接。夏景叠石以青灰色太湖石为主，叠石似云翻雾卷之态，造园者利用太湖石的凹凸不平和瘦、透、漏、皱的特性，叠石多而不乱，远观舒卷流畅，巧如云朵、奇峰；近视则玲珑剔透，似峰峦、洞穴。山上古柏，枝叶葱郁，颇具苍翠之感；山下有池塘，深入山腹，碧绿的池水将整座山体衬映得格外灵秀。背阴处有一涓细流直落池塘，叮咚作响；池中游鱼嬉戏穿梭于睡莲之间，静中有动，极富情趣。池塘右侧有一曲桥直达夏山的洞穴，洞之幽深，颇具寒意，即使在炎热的夏天，人们步入洞中，也会顿觉清爽。盘旋石阶而上，登至山顶，一株紫藤迎面而立，游人悠游其间忘却了无尽的烦忧。

经过抱山楼的“一”字长廊，园东便是气势雄伟的秋景，相传出自清代大画家石涛之手笔。秋景用黄山石堆叠而成，山势较高，面积也较大。整个山体分中、西、南三部分，有“江南园林之最”的美誉。黄山石呈棕黄色，棱角分明，如刀劈斧砍。整座山体峻峭凌云，显得壮丽雄伟。进入山腹，如入大山之中，险奇之处随时可见。中峰高耸奇险，下有石屋，可容十几人，内设石桌、石凳、石床，通风良好，四季干燥，颇具生活意趣。沿腹道攀援而上，至山顶拂云亭，顿觉心胸开朗，满园佳境，尽收眼底，正所谓秋山宜登者也。尤其是夕阳西照，使整座山体罩上一层黄金，这时游人才能领略造园者将此山面西的道理。

造园者将冬景安排在南墙之下，背靠高墙，几乎终年不见阳光，远远望去似积雪未消，地面用白石铺成。冬山用宣石（石英石）堆叠，石质晶莹雪白，每块石头几乎看不到棱角，给人浑然而有起伏之感。造园者不知是有意还是无意，将假山堆叠得如一群狮子，远观似一头头雪狮欢腾跳跃，憨态可掬。南面高墙上有二十四个风音洞，后面小巷内的风袭来，时而发出呼啸之声。造园者不光利用“雪色”来表现冬天，还巧妙地将“风声”也融合到表现手法中去，令人拍案叫绝。山侧的几株蜡梅烘托出冬天的严寒。正当人们面对端庄、静穆的冬景，感叹一年终了之时，蓦然回首，发现西墙上有一洞窗，露出了春景一角，似乎在向人们招手，暗示春天又将来临。

扬州小盘谷

【名园历史】

小盘谷位于江苏省扬州市丁家湾大树巷58号，是清乾隆年间的作品。光绪三十年（1904年），两江总督周馥购得此园，重修而成。民国初年，园林曾大规模整修。1962年，再次修复园林。

【名园漫步】

园分东、西两部分，两部分之间用曲廊与波形龙墙分隔。廊为复廊形式，中间砌粉墙，设漏窗，开砖雕蟠桃形洞门，额题“丛翠”，东面门顶还有彩色灰塑桃枝桃叶，栩栩如生。在北部假山处，廊墙升起，呈爬山廊形式，上山道在东园的半廊。

敞朗开阔的东园为近年来复建，不是原物。南、东两面是草坪，有龙墙围合。墙起伏如波浪，与豫园龙墙相近。草地上种桂花、梅花等。北面有暖房一座、小屋一间，都并列北部。西北部山，靠东西园复廊处是原物，植芭蕉在石山云根，依山脚铺石板路，穿行于山匠之上。路东是小丘，是西山之余脉，近年加以补堆，石木俱新，然符合画理，和主山相呼应，不致孤独无助。

在湖石假山处缓缓爬升的复廊，左面墙上漏窗透花木，右面依栏砌石种芭蕉。爬山廊不但上行，并且转折。上到山顶的石板平台，沿山梁石道平直而去，没有过多的山势起伏。路不是自然上下的石蹬道，而是平直大道，让人匪夷所思。路边临崖砌石栏杆。山顶建有一方亭，在陈从周考察的时候还是六角亭，该亭名“风亭”，以其高处而招风名之。北望龙墙和眼齐平，东奔西走，北折南延。西望则一潭清池，水榭水亭，曲桥曲楼。风亭前一峰突起，绿萝其上。该山名九狮山，由于山顶如同九狮起舞而命名。

山西面临池，作高危壁崖，峰自水面直接云霄；构宽敞石洞南望水角；石梁架于水上，为洞间通途，架于石上，是洞顶山路。九峰毁于民国初年的修复之时，未毁之时，每至隆冬，石峰积雪，九狮毕现。该山和片石山房假山、个园湖石假山、卷石洞天假山相近，大概为同一时期或相近年代的作品。

扬州园林中有九狮山者很多，一是片石山房，二是卷石洞天，三是小盘谷。小盘谷之九狮为素来沿称，并非后人改称，因此较为正统。据《扬州画舫录卷二》云："淮安董道士叠九狮山，亦籍籍人口。"董道士是乾隆年间人，因此陈从周认为，董道士筑的假山并非一处，或者后人沿用董道士九狮堆山法，可证"以峰峦、洞曲、崖道、壁岩、步石、谷口"等都为乾隆年间手法。略迟于董道士的戈裕良以"阴柔"为著，已毁的秦氏小盘谷是其作品，而董道士的周氏小盘谷则以"阳刚"为著。两位客居扬州的叠山家的叠山之作，应是平分秋色了。

北狭南阔的水池，在大小交汇处建三折曲桥，不设栏杆，极为自然。立桥北顾南望，风景不同。水面风来落叶，如深山古潭；矶石散布其间，如龟隐龙潜。池北是尺三楼，作成由西南向东北后退的三折楼屋，和日本二条城庭园的黑白书院一样，用建筑的进退与池面的曲折相吻合，不但增加游线的曲折有趣，并且带来不同视角。该楼已毁，代之以方楼一座，面阔三间，三面带两层围廊，屋顶是歇山顶。池西是临池曲廊，廊中间突出一方亭，立在水上。亭半依曲廊，平面方形，四角攒尖顶，四面落地门窗镶嵌玻璃。据亭东望，湖山如屏。稍北，粉墙龙身起伏，漏窗加以点缀。山道栏杆横出天际，栏下石梁题"水流云在"，字下柱石如峰如屏。石墙之间是石洞，阳光之下，墙映柱石影，水映峰洞影。稍南，崖壁高险磅礴，一峰冲天，掩去半个风亭。水池的南面建两间厅堂，西面依墙，东、南、北为三面曲廊，东部接半间耳房，因进深不同，平面显出曲折，改变了前进路线。

依曲廊南行，到厅南院，又是一番天地。该区是新近修复，平地起山峦两处，峦顶坡麓为草地覆盖，半山腰用湖石构成石山石峰，两峰之间用石梁飞架，石后植松树、紫薇等，可惜石山和土山截然分开，没有呼应关系。

至于旧存之假山、水池建筑，陈从周评写道："此园假山为扬州诸园上选作品。山石水池和建筑都集中处理，对比明显，用地紧凑。是以建筑和山石，山石和粉墙，山石和水池，前院和后园，幽深和开朗，高峻和低平对比手法，形成了一时难分的纪景。花墙间隔得非常灵活，山峦、石壁、步石、谷口等的叠置，恰是危峰耸翠，苍岩临流，水石交融，浑然一体了。"陈老认为该构是"以少胜多"的范例。

扬州匏庐

【名园历史】

位于江苏省扬州市甘泉路 221 号的匏庐，是民国初年资本家卢殿虎所建。匏，植物名，亦是星名，指孤独之星。园主以此来表明自已高处不胜寒、心中孤苦的心态。

【名园漫步】

"匏庐"以匠心独运的格局小中见大，委婉紧凑，在扬州诸多园林中独树一帜，被园林专家誉为利用不规则余地设计之佳例。

扬州匏庐分为住宅、园林两部分，宅北园南，大门东向。宅部轴线明显，园部东西两处，平面曲折不规矩，被陈从周认为是"利用西门南向及不规则余地设计的一例"。现园林和住宅皆保存完好，由某单位所用，平日不开放。

扬州匏庐以别致著称，小中见大，别有洞天。由狭巷进入，分左右两小院，形如葫芦，故称"匏庐"。曲廊依墙而东走，廊前为狭院湖石山，乔灌杂间。狭巷两侧为住宅，狭巷南端尽头，过八角形门，即分东西两园。

东园园门为圆形，嵌“匏庐”石额。门内以回廊通连，南向植细杆梧桐，瘦长如修竹，饶有清妍之姿。经回廊达半亭，亭栏临水，池水由此北折，水池尽头，有轩三间，池边花坛上置数点峰石，小径用鹅卵石砌铺。游人至此，虽则地已穷尽，但随路一转，或东登半亭，或缘池西去，达于园之西部。

从回廊倒回，经月洞门进入。西园园门方形，嵌“可栖”石额。园中西院略开阔，园中筑花厅一座，劈园为南北两半。北半部以黄石垒花坛，种花植木其间。南半部以湖石叠假山，缀以老树青藤，一派葱郁。山右构水阁，阁下临池，蕉影指窗，明静映波。池水澄碧，植有睡莲，金鱼游于其中。亦得小有天地之旨趣。园极西，似已穷尽，顿现角门，额“留馀”二字。循砖路北行，迎面一叠黄石，逶迤而东，似别有洞天，两折却返回原地，令游人感到新奇。

匏庐面积虽小，然委婉紧凑，为利用不规则余地设计之佳例。匏庐保存尚好，1962 年定为市级文物保护单位。

扬州二分明月楼

【名园历史】

二分明月楼位于江苏省扬州市广陵路263 号，建于清道光年间，为员氏宅园，由于园中有二分明月楼而得名。光绪年间，转归盐商贾颂平所有，后来成为民居。20 世纪 90 年代，修复园林，对外开放。

【名园漫步】

园门在小巷终端，门楼两侧的砖墙上有砖雕。园门和曲廊相接，出廊是硬地，鹅卵石拼花铺地，图式是五蝠捧寿。园林正中是一水池，正对水池是二层楼阁，清代书法家钱泳题“二分明月楼”匾额，典出唐代诗人徐凝的诗句“天下三分明月夜，二分无赖是扬州。”楼面阔七间，硬山顶，青灰瓦作，酱紫木作，抱柱题联写道：春风间苑三千客，明月扬州第一楼。”室内现为棋室。

园正中是水池，原只以浮出地面的黄石暗示水意，被喻为“旱园水做”的典范。近年修缮的时候改成真水，使原意隐约暴露在阳光之下，失去朦胧美。水池现为水泥砌岸，粉刷过于光滑，水面太低，露出水泥的颜色，显得自然气息不足，人工味有加。岸上用黄石堆砌，水口是用月形拱桥锁住，和二分明月楼相呼应。

来到二分明月楼的左前方，过石桥，堆有黄石大假山一座，石峰高达二层楼，下构石洞。过洞转折就来到夕佳楼，楼平面长方形，面阔有三间，当心间敞开，露出楼里的黄石山壁，从室外走入室内，和环秀山庄的做法有些相近，室内地面做出水流觞道，是泛杯觞咏的地方。偏院内有石阶可爬上山顶与二楼楼面。楼北侧梢间内前面用粉墙围成一院，开月亮门两个，一左一右，好像一个明月分成两半，又和园名暗合。池角种桃树与迎春花。楼为歇山顶，屋顶正脊与垂脊都用青瓦拼花，中间前出观景平台。平台上还有井一口，井口用汉白玉勾边，镌有“道光七年杏花员置”字样，为仓园主人员氏所凿。平台临水是用花岗岩围栏，据栏四望，前方的曲廊爬山而行，左边的水榭临水迎风；右边的二分明月楼正襟危坐，似家庭主人。从夕佳楼左侧出来，有石板桥沟通池中水榭。榭平面为扇形，中间是用墙隔成前后两部分，榭半立岸上，半立水上，正面见四柱，中间开敞，设美人靠，左右抱柱有联写道：荷风送香气，松月生夜凉。”次间用粉墙砌筑，中设月牙洞窗。临北槛北望，水面无风波不兴，杨柳垂袖听蝉噪。

二分明月楼在月牙桥与树木的陪衬下显出格外的端庄。出水榭，就来到西北角的二层楼阁，阁和曲廊相连，廊经一曲三折爬至二层。为增园趣，廊和围墙留出空地种花置石，并且用马头墙把墙分成两段，墙内设月洞门。依廊建有一亭，名“伴月亭”，平面六角形，屋顶攒尖，重檐飞角，题对联写道：“留云笼竹叶，邀月伴梅花。”廊一面依墙，是半廊式，墙上刻有《春江花月夜》，又和园林主题相扣。本园无处不以月为主题，可谓中心明确、主题统一。

扬州瘦西湖

【名园历史】

瘦西湖位于江苏省扬州市西北，范围是从旧城北门外大街城河开始，向西到虹桥，北行到小金山，西走到熙春台，再向北就到平山堂。

扬州园林最盛期在明清两代，有“两堤花柳全依水，一路楼台直到山”的景象。清代乾隆年间筑小金山而又称长春湖，由于与杭州西湖相比更显清瘦而名“瘦西湖”。民国后，取消盐票，盐商只得自毁园林、拆屋售石。新中国成立后，陆续修复沿岸景观，又恢复了往日的妖娆姿态。

【名园漫步】

瘦西湖的徐园正门门匾是书法家孙龙父所书。从大门到徐园的600米长堤就是始筑于乾隆年间的“长堤春柳”一景，三步一桃，五步一柳，和杭州西湖的苏堤相近，诗人陈其写道：“长堤垂柳最依依，才过虹桥便入迷。”该柳因隋炀帝手植第一株，而赐名杨，故有“杨柳岸晓风残月”之句。堤西是艺术花圃和岗阜丘陵，瘦西湖在堤东，临水建有方亭，攒尖顶，悬光绪年间的观察使陈重庆题的“长堤春柳”匾。

叶园在长堤之西，又名万叶园或叶林，是叶峰为其父叶贻谷所建。全国占地48公顷，以悬铃木为行道树，广植金松、雪松、虎头柏、露水柏、平头赤松、五叶松、猿猴杉等名木一共有2099株。建有友谊亭和六角亭等。

从小金山北过石拱桥西行，高阜渐起，立有小屋，该处是当年黄园西部，也是二十四景之一的“水云胜概”。胜概楼遗址上建有敞厅，周围出廊，题“水云胜概”，由于四周植丛桂而又名为桂花厅，堂前平台围栏，高出湖面有3米，两边出阶，临台远望，湖光帆影一片。另还有小南屏建筑一组。

五亭桥又名莲花桥，建于乾隆帝第三次南巡时。当时，巡盐御史高恒是为讨好皇帝，仿照北京北海的五龙亭把桥和亭合一建成。桥亭毁于咸丰年间，复建时改铺素青瓦。1931 年，扬州大水，桥亭受损，在 1933 年修复，新中国成立后多次重修。现桥长 50 多米，青石构成，12 个桥墩、4 个翼角，每翼三面券洞，小舟可行，最大中洞宽有 7 米；中亭重檐四角攒尖，四角亭单檐攒尖，屋面黄色，梁柱朱红，由于结构复杂而又被桥梁专家茅以升评为“中国古代交通桥与观赏桥结合的典范”。

五亭桥的东有一地仅亩许的小岛，形同野鸭若浮若泅，故名凫庄。凫庄始建于 1921 年，庄上亭榭全依水而建，并且小巧玲珑，东是水榭，西设水阁，南建水楼，中凿荷池，环岛植梅桃竹、堆叠湖石假山。《望江南百调》描写了此岛景观：“扬州好，入画小金山，亭榭高低风月胜，柳桃错杂水波环，此地即仙寰。”

五亭桥南是莲性寺，又名法海寺，建于元代至元年间。清代，康熙帝赐名“莲性寺”，咸丰年间毁于兵火，光绪年间复建。寺院按园林格局构成，有弥勒殿、藏经阁、大雄宝殿、白塔、云山阁等，寺前青松翠柏，南建石桥，名藕香桥，原名法海桥，桥下是莲花池。

云山阁始建于北宋熙宁年间，原址在扬州城南，太守吕公著所建。建成时，太守大宴，秦少游赴会，即兴作诗，前两句写道“云山檐循接低空，公宴初开气郁葱”，由此得名云山阁。清雍正年间，贺君召在这里建贺园时，复名而建，面阔五间，单檐歇山，面湖开半面排窗，有联写道：“一枝孤塔，似白鹤飞来，试添金碧楼台，就成北海。几度游人，被黄鸡催老，那得乾嘉耆旧，与话南巡。”

莲性寺的精华是白塔，也是瘦西湖的标志性建筑。它在康熙帝南巡时已存，在乾隆时重修。又有人传说乾隆帝南巡，游至大虹园时，说此处似北海的琼岛，可惜无塔，盐商花钱买通太监得到北海白塔图，当夜建成白塔。塔高 30 多米，分三部，上部有塔刹，中部有壁龛，下部为塔基。在瘦西湖每个角落都可见到白塔，它成为全园的视觉中心，倘若无此塔，则全园散矣。

“白塔晴云”在五亭桥北，和白塔相对，所以可观晴天下塔姿而名，是二十四景之一。清代按察使程扬宗与吴辅椿在乾隆年间先后构建，后毁。1984 年，旅日华侨陈伸捐款复建，成为了一个园中园，再现了昔日胜概。小园特色在于所有楹联为联古人名句而成。园门口堆湖石假山，成为障景。依曲径西去，过石桥，桥下沟渠引水入园，岸边都是湖石。桥西龙墙之内藏二亩小园，院门有赖少其所题“白塔晴云”，偏北屋五间，对联写道：“叠石通溪水，当轩暗绿筠。”屋前有湖石石峰，青藤缠绕。回廊接门楼，题为“半青”二字，程古发书写对联：“小院回廊春寂寂，碧桃红杏水潺潺。”门楼以南曲池石岸，巧构洞天。门洞做成梅花式，屋顶半攒顶，半马头墙。从葫芦形均“涉趣”门过，折西过“入胜”壶门，经曲径达“花南水北之堂”，堂三间，唐云有对联写道：“别业临青甸，前轩枕大河。”林香榭临水而筑，单檐歇山，面阔三间，回廊左右，赖少其书有对联：“名园依绿水，仙塔俪云庄。”

二十四桥景区是国家在 1986 年建成，占地共有 7 公顷，含二十四桥、熙春台、玲珑花界、重檐亭、十字阁、望春楼、九曲桥、观芍亭、栈桥与静香书屋等，布局成之字形，其中最著名的是二十四桥。

穿白塔晴云、过林香榭，就来到景区。最先是望春楼，楼两层，半为露台，面阔五间，南北两小间分别辟为水院与山庭，楼北依楼叠黄石假山，竹木种植其上。望春楼西为画本轩，楼轩间有曲桥水池，旧有额题“一渠春水”，楼有两个楹联“才看早春莺出谷，更逢晴日柳含烟”、“万井楼台疑绣画，千家山郭静朝晖”。唐高宗时期，宗室画家李思训受封石武卫将军，时人称为大李将军，其子就被称为小李将军，两人共创唐代金碧山水画派，此轩为纪念其所建。轩为郑板桥题匾，典出《画论》“花为画本，月为诗源”之名，通过轩中扇形漏窗可观隔湖的熙春台。

从画本轩出，过三曲平桥，就来到二十四桥。该桥始建于何时尚无定论，有人说曾有二十四位美人于此吹箫而得名，唐朝诗人杜牧也写道：“青山隐隐水迢迢，秋尽江南草未凋。二十四桥明月夜，玉人何处教吹箫？”南宋词人姜夔的《扬州慢》道："二十四桥仍在，波心荡，冷月无声。念桥边红药，年年知为谁生?"更使该桥出名，可据考证二十四桥并不是指一桥，而是当年扬州的二十四座桥。此桥用汉白玉砌成，通长24米，宽2.4米，有24级台阶、24根栏柱。桥的两侧花台植八角金盘，桥西接小岛，岛屿的西岸用黄石筑墩，竹木搭桥，题名为"山涧栈道"，桥头坊题"落帆栈道"。

过栈道来到熙春台，乾隆时的奉宸苑卿汪廷璋在熙春台故址上建楼。楼坐西朝东，两层，绿瓦飞檐，前是露台围栏，二层檐下悬舒同书匾"熙春台"，典出《老子》中的"众人熙熙，若登春台"之句，一层悬"春台祝寿"匾一方，据传乾隆在这里为母做寿。台有启功写的楹联："胜地据淮南，看云影当空，与水平分秋一色：扁舟过桥下，问箫声何处？有人吹到月三更。"有廊通十字阁的台东北，阁两层，形如北京故宫的角楼，启功书一联道："碧瓦未甍照城郭，浅黄青绿映楼台。"南岗顶建一亭，重檐攒尖顶，三座建筑都为碧瓦红柱。露台上植花立石，四季不凋。

熙春台向南，有九曲桥和岸相接，湖水形成数亩荷池。过桥路旁编竹作篱，门内芳草萋萋，该地原是清代的听箫园，昔时有茅舍茶楼，现为青瓦白墙的茶楼，名吟月茶楼，楼联道："念桥杜牧三生梦，吟月扬州第一楼。"曲桥向东沿湖南岸有玲珑花界，是乾隆时期的修园与汪园的景观，此园曾占地40亩，其内芍药圃就达10多亩，今以长廊连亭轩，湖石围花台，遍植芍药。

在瘦西湖的最北有一园中园，名静香书屋，为乾隆年间的徐氏园"石壁流淙"中的一个景点，在1992年复建，建筑样式是徽州民居。院门外的黄石或卧或叠，门框内有黄石数峰，墙上透出园内突起的黄石与风亭，引人入胜。入里，荷池位于当中，池东莳玉舫向池而开，题联写道："山月映石室，春星带草堂。"

黄石假山在池南，气势磅礴，山里构洞，山梁造亭，亭重檐攒尖顶，再现了《扬州画舫录》中对此景"以水石胜"的描写。池里满铺荷叶。舫西北接曲廊，廊向北三折达廓桥，桥题"天然桥"三字，抱柱联写道"天上碧桃和露种，门前荷叶与桥齐”，写出了该园中的景色。池北为静香书屋，面阔三间，四面围廊，匾为清代扬州八怪之一的金农的字，金农曾在静香书屋画画，今屋内展示有金农旧作，因金农喜梅，有抱梅而睡的习惯，因此园中多植梅花。1992 年，静香书屋以原比例在德国斯图加特参加国际公园展，荣获金奖，体现了此景的不同凡响。

扬州史公祠

【名园历史】

位于江苏省扬州市史可法路与城河之间的史公祠，是为了纪念抗清名将史可法而建立的。至今成为史可法纪念馆。虽是祠堂和陵墓，可园林景观很盛，可称为墓园。

【名园漫步】

园门正对护城河，隔河可见一间粉墙青瓦的门楼，甚为朴素。从河边小路来到园门，跨槛而入。院里草地四方，正中甬道非常规整，但富于变化，中间是横长条黄石，侧面是青砖侧砌，最外为黄石纵铺。迎面是飨堂，面阔三间，外加一圈围廊。檐柱挂联写道：“数点梅花亡国泪，二分明月故臣心。”上三阶台阶进入堂里，见史可法坐像。飨堂的北面有史公衣冠冢。

向东来到院落之中，有黄石堆成门洞在院中，紫藤苍虬伏在架上，草地上有石笋一峰、石钵一口、盆景一盆，粉墙漏窗，落叶缤纷，阴郁中有一丝悲凉。

出院进入另一院，院中略敞，右有竹，左有亭，黄石点缀，竹子清高、黄石有棱，尽是史公性格。侧面碑廊还有一列名人碑刻。院的终端有一圆洞门，迎圆洞门而出，就来到梅花岭。梅花仙馆位于梅花岭的东北角，面阔四间，山墙是青砖，其余是木构架，重檐两层，歇山顶，西面有天桥和岭相通。天桥为木制，两边有扶栏。岭上为湖石和泥土混筑，遍植梅花，以梅喻史可法铮铮傲骨。山坡上的湖石峰形较乱，不得章法。坡上草萝丛生，荒凉之意顿生。梅花岭南凿池一汪，湖石叠岸，进退自然起伏，池中植睡莲、浮石矶、点汀步、出水岛，环池是路，路边高树林立，树下湖石筑山坡，梅岭一岭叠一岭，处处有梅花、岭岭有峰谷。祠堂在池南，北面却不开门，北向粉墙正中出一间半轩，内置石桌石椅，三面有砖砌围栏。轩侧粉墙上有两块碑文，轩的抱柱悬楹联写道：“千朵梅花满池水，一弯明月半亭风。”梅岭的北面有晴雪轩，面阔三间，三面围廊，歇山顶，檐柱和金柱均有长联。轩墙壁一上有三块石雕，均为龙形。轩前白玉兰一株，轩西有湖石峰三个，一个最高在中间，上大下小，两侧较低，顾盼有神。西面均为回廊，廊间出一方亭，重檐，下檐比上檐超出一倍，屋顶不用曲线，非常生硬，可有刚直气质。祠堂面阔三间，中间高起，梢间低下，立面丰富，中间抱柱有联写道：“一代兴亡关气数，千秋庙貌傍江山。”

苏州耦园

【名园历史】

耦园位于苏州市小新桥巷，花园分处东、西两处。东花园本来是清初陆锦所筑，名为“涉园”。光绪年间，署两江总督沈秉成得之，加以修扩，并且新建西花园，形成现在的规模。民国期间，耦园归常州实业家刘国钧所有。1960 年，修复后开放。

【名园漫步】

园林分为东、西两部分。

占地约 4 亩的东花园，以山池为主，建筑为辅。园中心矗立着有一座巨大的黄石假山，分为东、西两部分。假山的东部较大，山间还设有平台，平台之东是耸起石壁，直削而下，临于水池。这里叠石气势雄伟，是全山最精彩的地方。假山西部较小，自东向西逐渐地降低，自然收尾。东西两部分之间辟有只为1米宽的峡谷，称为“邃谷”。山上不设亭阁，可是散植各种花木，增添了许多山林野趣。整座假山陡峭峻拔、气象雄浑，堆叠手法高超娴熟，石块结合自然的纹理，凹凸起伏变化有致，颇得绘画笔意，堪称苏州园林中黄石假山之精品，可和上海豫园著名的明代黄石假山相媲美。假山的东面有狭长水池，随山势向南伸展，给小园增添了很多灵气。

主体建筑为假山北面的城曲草堂，是园主聚会饮宴的地方。草堂坐北向南，是两层重檐楼，正厅三间，另有厢房、回廊与三个小天井。东南角接双照楼，是观赏园内景色的最佳地方。在水池南端跨水建有一座水阁，名为“山水间”。水阁里有一座高35米、宽4米的“岁寒三友”落地罩，用银杏木制成的罩体，中置杞梓木刻成的松、竹、梅图案，雕工精湛，贵作珍品。听橹楼在园东南角。楼外紧邻护城河，旧时船就来往不绝，橹声不断。黄石镶边的花台是听橹楼，地势平缓，植以竹、梅等花木，并筑有小亭，和池对岸雄伟的黄石假山对应成景。

西花园以书斋“织帘老屋”为中心，隔成前后两院。书斋三间两进，形制古朴。在前院内有一座湖石假山，假山山上筑云墙，山下有石洞，间植花木。后院散置有山石树木，北部建有两层的藏书楼，平面呈“凹”字形，装饰精美。整个花园幽雅清静，是书房和庭院结合的佳例。

耦园的布局最突出的特色是“双园并列”，在江南园林中仅此一例。园内景物设置处处围绕“夫妻归田隐居”这一主题，充满浪漫色彩。东、西两园面积虽然不大，可玲珑精致、各具特色，是住宅园林的佳作。

苏州沧浪亭

【名园诗话】

夜雨连明春水生，
娇云浓暖弄微晴。

帘虚日薄花竹静，

时有乳鸠相对鸣。

宋·苏舜钦：《宋诗钞·初晴游沧浪亭》

【名园历史】

地处苏州城南三元坊的沧浪亭，是苏州历史最悠久的一座名园。在五代时期，这里是吴越王钱元璙近亲、节度使孙承祐的池馆。北宋庆历五年（1045 年），著名诗人苏舜钦以四万文购得废园，稍事修整，在山上构亭，取《楚辞·渔父》之中“沧浪之水清兮，可以濯吾缨；沧浪之水浊兮，可以濯吾足”之句，命名为“沧浪亭”，且作《沧浪亭记》。其后，园归章、龚二氏。后来，龚氏移居嘉定，章氏大事扩建，增置了厅堂。南宋建炎年间，园归抗金名将韩世忠所有，称作“韩园”。元代时候改为僧居。明、清两代，沧浪亭变为公共园林，重建多次，屡建屡废。在清同治十二年（1873 年），巡抚张树声再度重修，成为现在人们所见的格局。

【名园漫步】

沧浪亭面积约 16 亩，格局独具特色，以假山为中心，建筑绕山顶建，不设大面积水面，借自园外葑溪的水景。葑溪沿园的北侧自西向东缓缓流过，行至溪边的游人，只见岸南复廊逶迤、漏窗透景、老树葱郁、岸石参差，还没有入园就可先赏景，和苏州其他诸园高墙相围的形式大为不同。一架小桥架在溪上，通向园门。

门厅三间，厅东、西两壁嵌有苏舜钦《沧浪亭记》及清代历次重修碑记。出厅迎面就是园之主景假山，假山以土间石，高低起伏，假山东段用黄石垒砌，西段点缀有湖石，山巅建有著名的沧浪亭，石构梁柱，四方翘角，在石枋上刻有精美图案。

沧浪亭的匾额是俞樾所书。亭柱上镌有“清风明月本无价，近水远山皆有情”对联，是清道光年间的布政使梁章钜重修沧浪亭时集句而成，写情写景，甚为贴切，是全园点睛之作。亭旁古木苍苍，环境清幽。山西南峭壁耸立，下临深潭，石上有俞樾题“流玉”二字。山西的北麓有山茶一株，花开的时候多达六七千朵，颇为壮观，可和拙政园的“宝珠山茶”、网师园的“十三太保”相媲美。

假山的北面，临苇葑溪建有面水轩、观鱼处。面水轩是一座三间的敞厅，轩东、北两面临水，是园内赏水最佳的地方。观鱼处是园东北角一座小亭，四角攒尖顶，突出在水面之上，是赏鱼之处。

假山的东面，沿园墙建有曲廊、半亭、闲吟亭、闻妙香室，都玲珑雅致。假山的西面，同样有曲廊环绕，廊间建有四角方亭，名“御碑亭”，亭内有乾隆帝亲题的御碑。

假山的南面，建筑较多，有明道堂、瑶华境界、五百名贤祠、清香馆、翠玲珑、看山楼等。园中的主体建筑是道堂，是明、清两代文人讲学的地方。堂面阔三间，进深三间，卷棚歇山顶。

气势雄浑的假山的堂北，堂东、西各有一个天井，植有花木，堂南是一四方小院，植梧桐、梅树各有两株。小院南端是“瑶华境界”轩。在明道堂东侧的五百名贤祠，祠内壁上嵌有594幅历代名人的石刻像。祠北相隔数步就是清香馆，馆内家具是用树根制成，极具特色。祠南为“翠玲珑”，是几间平面曲折布置的小馆。苏州诸园中种竹较早、品种较多的沧浪亭，现有各种竹子近20个品种。翠玲珑便是以竹为主题的建筑，周围修篁万竿，翠色盈目，室内桌椅又刻有竹节图案。园之最南端建有看山楼，底层是石屋两间，名“印心石屋”，是消夏避暑的好地方。登楼可俯览全园，以前更可远眺城外上方、七于诸峰，是园内主要的观景点。

全园景色简洁古朴的沧浪亭，落落大方，不用工巧取胜，而以自然为美。园之布局是以山冈为中心，绕以围廊，缀以深潭，形成了重在山景的主体空间。对全园起到点题作用是高踞山巅的石亭。山南的厅堂轩馆坐拥山色，山东、山北借尽园外水景。

山水之间更有复廊绕隔，不但避免了山冈直接暴露在外而失去了浑森然之气，而且又尽情拥览了水面，堪称妙笔。复廊上有100多处图案各异的漏窗，也是佳作。似隔非隔的处理手法的园北临水，使园内外景色完美地融为一体，特为巧妙。

苏州环秀山庄

【名园历史】

环秀山庄在江苏省苏州市城西黄鹂坊桥东景德路 280 号，原为东晋学者王珉的住宅，后改为寺庙。宋代，文学家朱长文在此设药圃，又改为学道书院，后为兵巡道署。明万历年间，吏部尚书申时行居在这里。清康熙初年，申时行之孙申勖庵在宅内建药栏，名“蘧园”。乾隆年间，刑部官员蒋楫购得该园，其后，屡易园主，先归金石家毕沅，不久归于《四库全书》的总纂官之一孙士毅，道光二十九年（1849 年），工部郎中汪藻、吏部主事汪坤购得该园，建汪氏宗祠，成立耕荫义庄，重修东花园，改名“颐园”，时称作“汪园”。1860 年，太平军攻占苏州，此园多有毁损。在光绪二十四年（1898 年）秋，园林经大修，又几度驻军，损毁十分严重。

至抗战前，园宅已沦作民宅，园林建筑被拆除贱卖，园西建洋房，只存补秋山房及山水格局。新中国成立后，陆续修复了一些建筑。1983 年，以《江南园林志》与汪星伯的回忆为依据全面修复，在 1985 年开放。

【名园漫步】

面积不大的环秀山庄，只有 3 亩多，却用了 1 亩多来堆山。山用湖石构成，全山中间被一条长达 12 米的峡谷分成两部，山内构洞，洞分主洞与支洞，洞口出于峡谷山涧之下。峡谷的两侧壁立，陡峭异常，险峻无比。主山在池边，主峰距水面有 7 米多，距陆地 6 米多，为显山高，特意把水面做低。山体表面不如其他清代园林中湖石以峰石林立为妙，而是求山之主宾秩序、山脉之延续走向，这正是乾隆后期的江南园林堆山由清爽向繁浊的转折点。登上主山，让人思绪万千，临绝顶而知脚下之寒，但思现成而悲乡僻之苦。到东北次山过石梁，一片低峦平冈，冈上建一亭，取名极具匠心，曰“半潭秋水一房山”，将全园的山水关系体现得淋漓尽致，可知此园是一个典型的山景园，与其说有水池，还不如说有溪或沟，不但深，而且又窄。亭旁古柏苍青，四季不凋。穿山蹊径达六七十米，更增加了游览时间与不同景观的心理体验。此山一出，历代造园家对此赞叹不已，刘敦桢先生在《苏州古典园林》中称赞道：“苏州湖石假山，当推此为第一。”陈从周说：“造园者不见此山，如学诗者未见李杜。”寓居苏州的李根源先生将环秀山庄的假山、拙政园文征明手植藤及苏州织造府花园的瑞云峰合称为“苏州三绝”，鸳鸯蝴蝶派名家周瘦鹃把环秀山庄的假山和惠荫园的假山合称为“苏州园林中的双璧”。

在山北有一屋，名为补秋山房，原为书厅，名中之“秋”和山上“半潭秋水一房山”亭的“秋”又取得呼应，很清楚地说明了园林主要表现的是秋景。山房通过爬山曲廊和山上的亭子相接。山房西南角堆湖石壁山，利用屋面汇水而成流泉飞瀑，名飞雪泉。当阴雨绵绵的时候，在屋内可听雨声、观瀑姿。月洞门可框湖山一角，葫芦漏窗可透屋边绿意。

问泉亭立于池中央，在这么小的水池中立一“湖心亭”，实是险事，有一种画蛇添足之嫌，效果并不佳。无论从何处看，它都位于补秋山房的前面，把山房全遮住，形成不了层次的效果。亭平面四方，歇山顶，西侧接曲廊。问泉亭之意就是和该地蒋楫掘地得泉有关，表明了思源之心。

池西是边楼，楼之妙在于登高可看山，全景在眼。楼下边的漏窗很奇特，漏窗和碑刻结合，下面一排是碑刻，上面一排是漏窗，窗式分为眼镜形、圆形、菱形、扇形等。

广庭设在池南，池边有石栏，广庭南有一厅，面阔三间，卷棚硬山顶，其体量和广庭相配。西面和山庄相邻的是明代大学士王鳌的祠堂。院景小巧玲珑，以湖石堆叠、小树相配为主景，最让人感到心动的是在一楼廊下的假山，整面墙只露出了一个角，很是壮观。另一个廊道则在粉壁前设一长条形石槽，槽内堆湖石壁山，也撩人心目。西院用高高的粉墙隔开，中开月洞门，左右植红枫各一，额题为“迎晖”二字，江南水乡味十足。

苏州拥翠山庄

【名园历史】

拥翠山庄位于苏州虎丘山上，建于清光绪十年（1884 年）。新中国成立后重修。

【名园漫步】

在苏州园林中，按轴线布局的台地园林也只有拥翠山庄了，但并不是说有意按轴线布局，而是因为基地狭长造成的；也不是有意而为之的台地布局，而是因为基地情况不得已而为之，恰是两个不得已，造就了拥翠山庄与众不同的风格和游赏趣味。

园林可分五个台地，园门于南。远望园门，在左右的翼墙上写有“龙虎豹熊”四个大字，令人一下就联想到山林景观，以动物点化园林山庄。圆墙也很有趣，西面是龙墙，依地势高低起伏如龙行蛇走，和上海豫园的龙墙相近。园东面刻意不做围墙，有一条通向虎丘剑池的大道，这条道路面挖低，逐级抬高，形成壕堑式坡道，不但增加了道路线形空间的指向性与围合性，也增加了和拥翠山庄的视距，利用仰视形成距离美。所以，园林东面可以不用围墙，所有的景观均可以暴露在道路边上的坡地上。

园林的名景憨憨泉在园东南角的外侧道路边上，虽然不在园内，可是园内可见。传说，它是梁朝天监年间的神僧憨憨尊者所凿，后人饮水思源，以神僧之名来取名为憨憨泉。又传此泉下通东海，又名海涌泉，今天还有“海涌峰”石雕。该泉甘洌清纯，云岩寺和尚均爱饮此泉。清代的苏州状元石韫玉曾留下诗作《憨憨泉》写道：“泉生石中无泥滓，一勺之多常弥弥。海涌山中海涌泉，此渊然者毋乃是。世间泉石争嘉名，此泉独以憨憨行，唯恐当世知其清。清福天所吝，清才人所嗔。师憨泉亦憨，以憨全其真。”此泉是园林肇始的因素，那时发起建设拥翠山庄的人是光绪年间苏州的状元洪钧等，洪钧是文学名著《孽海花》中主人公的原型，曾出使过俄、德、奥、比四国。一天，洪钧和彭南屏、文小波、郭文焯、朱修庭及寺僧云闲等人同游虎丘，发现一泉，恰好口渴，汲水而饮，饮后倍感清爽。发现这里原来是憨憨泉的遗址，大家商定要为此泉扬名，所以集资于泉旁的驾月轩故址边兴建园林，建有抱瓮轩、问泉亭、驾月轩、拥翠阁、灵澜精舍等，总名为拥翠山庄。如今，憨憨泉依旧忠实地守候在山庄旁，井口被井盖铁条严严封锁。

上二十多级台阶始入山庄园门，正面是面阔三间的抱瓮轩，位于第一级台地上，是此级台地的主体建筑。轩东北角有通园外的便门，出便门就是憨憨泉。北行而不出门，沿台阶西转，来到土墙垒起的二层台地，再北折上台，就来到问泉亭，它处于园林的轴线中心位置上，以泉而名。亭名和泉名相呼应，园内和园外相呼应，是题名的妙在之处。可泉亭体量过大，为美中不足。亭东是拥翠阁，它的妙处在于一面临东路、一面居园内，内外两宜。从东便门可以入内，据台可揽园外景色，结伴而上的行人的喘气声，好事者围着憨憨泉的声音，路边题名为“试剑石”的浑圆形态，一应入目，临台如临池。

泉亭向西分别有假石道，松树、梧桐、紫薇、黄杨、石榴、夹竹桃、女贞等绕石而生。循山道上到假山顶，有轩翼然，名为月驾轩，从题名上来看，是为赏月而设。过轩北门，上第四级台地，就来到灵澜精舍，把泉通大海的传说联想起来，成为园林的亮点。宽敞明亮的精舍内，字画对联悬在四壁，厅中曾挂洪钧亲手书写的对联：“问狮峰底事回头，想顽石能灵，不独甘泉通法力。为虎阜别开生面，看远山如画，翻凭劫火洗尘嚣。”站在精舍可远观几十里以外的狮子山，出精舍向东就见到一个宽广的大台，和拥翠阁一样可以近览虎丘秀色。从灵澜精舍北面上园林最高一台，园东“拥翠”、园北“送青”，两景又成呼应。

点评者多赞叹其选址之佳、因地制宜、内外借景。园内铺地镶嵌有青蛙之形，室外多挂大理石屏，廊道门洞题名为“淡月”、“琴心”，远近、内外、虚实、高下、天地、心境皆融合一体，俨然一幅诗情画意之境。

苏州五峰园

【名园历史】

在江苏苏州市阊门西街的五峰园，是长洲尚书杨成所建，俗称为“杨家园”。由于园中有五座石峰，故名。园林始建于明代嘉靖年间，后园屡易其主，峰石倾倒、建筑失修，成为民居。1982 年被列为苏州市文保单位，1998 年修复开放。

【名园漫步】

全园面积 25 亩，园内有山景二、水景一，建筑分别有曲廊、舟舫、厅堂等。最杰出的当属园中的五峰山，以湖石堆山，不露半点泥土。全山有五座高耸的石峰，分别是丈人峰、观音峰、三老峰、庆云峰、擎天柱等。五峰石名如其形，均透、瘦、皱、漏，是峰石中的上品。山体做出峡谷、峭壁、山洞的形态，峭壁陡峭，若封似闭；峡谷狭窄，似关如隘；山洞积潭，似渊如薮；潭水清澈，可鱼可虾；山道连脊，高下起伏。环游该山，似在谷底，似在山梁，似在水边，见峰立如擎天之柱，临深渊如龙潭虎穴。假山有明代的味道，手法凝练，峰、谷、水三者一气呵成，和惠荫园之山有相近之处：山体不大，水池不大，山在山畔，是以山为主。和湖石堆成的五峰山不同，相邻的另一个山冈全为泥土堆成，起阜不高，草地平铺，似欲和石山形成对比。山顶建一六角亭，名为柳毅亭，柳毅原来是苏州一带著名的说书艺人，该山据传是柳毅衣冠冢。

正对五老山的建筑是园林的主体建筑五峰山房，名为山房，概与山相对或和山为伴，显其山林野意。山房面阔五间，和峰数相应，前后均出廊。室内现为茶室，每日接待过客，可是此地深处市井民宅之中，又因开放不久，故来往游客极少，大多是当地或附近的老人。

后部围廊接围墙的五峰山房，依廊前行，过几步到柱石舫。舫是旱船，和其他园林不同的是，该舫正对柳毅山的山亭，周边一滴水也不见，可外形极似画舫。前舱的屋顶是硬山顶，中舱为左右两坡硬山顶，后舱是歇山顶，中舱最低、前舱稍高、后舱最高，后舱依环墙走廊，如望峰而驶。前、中舱和后舱在屋角上有很大的变化，因此在对比上取得了良好效果。

环园的曲廊和园墙在角落或中部留出空间，一可使画廊平添曲折，二可使廊边增加植物景观，或种芭蕉，或植桂树，和北半部的东西半廊如出一辙。坛全是湖石嵌边，湖石选材较大，可成为一景观赏。

园门做得也较有趣，入口不但是门，又是一个半屋，中间是高高的马头墙，中开门洞。入门后不能直接前进，须转 90 度，向左或右入园，正对入口的墙上开有漏窗，恰好剪取园中柳毅山的柳毅亭，设计特别巧妙。

苏州网师园

【名园历史】

地处苏州古城东南隅阔家头巷的网师园，是苏州著名的私家园林。网师园的造园历史可追溯至南宋年间。南宋淳熙初年，吏部侍郎史正志在这里建万卷堂，将其花圃命名为“渔隐”，并隐居在这里。以后，宅园数易其主。在清乾隆年间，光禄寺少卿宋宗元在万卷堂故址营造园林，作奉养母亲的地方。由于花园坐落于王思巷，宋氏取其谐音，托“渔隐”之意，名之为“网师小筑”。其后，网师园又数易其主，几经改建，曾易名瞿园、遽园、苏邻小筑、逸园等。1940 年，文物鉴赏家何亚农购得该园，进行了全面整修，悉从旧规，复“网师”旧名。1950 年，何氏后人将网师园献给人民政府，在 1958 年经过整修后对游人开放。

【名园漫步】

网师园占地不足 9 亩之地，东宅西园，有序结合，是古代苏州世家宅园相连布局的典型。

住宅格局规划严整，由前庭广场、门厅、轿厅、正厅、内厅及后院、下房组成。宅第大门居于园东南，门前跨巷设东西辕门与照壁，围合成前庭广场。轿厅在门内，面阔三间，中间和门厅之间有廊相连，可遮风挡雨。轿厅之后是正厅，名为“万卷堂”，是会客、宴请及举行婚丧嫁娶等重要仪式的场所。厅内悬有“万卷堂”匾额，布置有明式红木家具。厅前有“藻耀高翔”砖雕门楼，各种图案采用浮雕、深雕、空雕等工艺，精雕细刻而成，堪称砖雕艺术的精品。万卷堂之后是撷秀楼，是女主人接待女宾之用。一处假山耸立在撷秀楼北面，庭院花木扶疏，院北端建有梯云室，据说是园主人用膳的地方。在此不但可用膳，而且又可赏景，颇为惬意。

花园在住宅西面，宅、园不但界线分明，而且又处处相通。花园以水池为中心，环池叠筑黄石假山，高下参差，曲折多变，使池面有水广波延和源头不尽之意。池西北有石板曲桥，低矮贴水；东南引静桥微微拱露，对应成景。园内建筑绕池而建，以造型秀丽、精致小巧见长，特别是池周的亭阁，有小、低、透的特点，内部的家具装饰精美而雅致。

从轿厅西侧小门而入园，西行十数步就可至水池南侧的小山丛桂轩。轩面阔三间，四面置窗，三面设廊。轩南峰石起伏，桂树成丛，有庾信《枯树赋》中“小山则丛桂留人”的意境，轩由此得名。在轩中四望，东有山涧溪流，西有老枫遮阴，南有小山丛桂，北有假山屏立，让人有一种如入画境的感觉。由小山丛桂轩沿曲廊西行，可到蹈和馆。馆坐西向东，面阔三间，馆南有一处幽静的小院内建有琴室。琴室是一座半亭，北面靠墙，三面空敞，内置有木座古琴砖一方，传为是汉代珍品。

由蹈和馆沿走廊北行，过廊间的“樵风径”小门，眼前顿时豁然开朗，只见池水荡漾、亭阁秀美，进入了花园的主景区。走廊位于水池西侧，沿花园西墙而建，在平直的 20 米之内处理成平面上有曲折、立面上有起伏的爬山走廊。走廊东连濯缨水阁，北经月来风到亭，西通殿春簃。在走廊弯角的地方精心点置着有竹石小景，充分展现了网师园小巧精雅的艺术特色。

走廊正对网师园的景观中心彩霞池。水池面积仅400多平方米，可由于理水技巧高超，不显局促，反而给人一种坦荡开阔之感。池周配置假山、建筑、花木，高低错落，进退有致，在水中形成层次分明的倒影。池底凿有深井，犹似泉眼，让池水和地下水相贯通，保持了池水的清澈纯净。池中游鱼成群，水面睡莲飘浮，充满生气。池的西北角和东南角分别延伸有水湾和溪涧，分别架有石板曲桥和小石拱桥，玲珑而别致，是江南园林中典型的小桥流水景观。

水池西南是濯缨水阁，西接走廊，是园主纳凉看戏的地方。阁东假山兀立，名为“云岗”，是园中主假山。假山体量不大，但山势峥嵘，挺拔峻峭。水池的西岸紧贴走廊建有月到风来亭，取韩愈“晚色将秋至，长风送月来”的诗意命名，清秋时节在亭中欣赏月光波影，别有一番佳趣。

看松读画轩在池北岸走廊北端，由于体量较大，故意离开池边，退居花坛之后，以避免产生紧迫之感。轩前花坛中古松虬曲苍劲，周围景色处处似画，在轩中看松读画，趣味无穷。看松读画轩东南临水，旁边建有“竹外一枝轩”。面阔三间，硬山顶，东西狭长，形似一叶扁舟。轩名取自苏东坡《和秦太虚梅花》中“江头千树春欲暗，竹外一枝斜更好”诗句，轩前梅树斜倚，正合诗意。

在水池东岸建有射鸭廊。“射鸭”是指旧时仕女玩的一种游戏，就是用藤圈投套池中的水禽。廊极短，仅有一间，北接竹外一枝轩，南连敞亭。敞亭以南是分隔花园和住宅区的高大山墙，墙面景观丰富，运用“粉墙作纸，竹石为绘”的手法，沿墙在池边叠砌山石，种植花木竹藤，便形成一幅美丽的长卷。以彩霞池作中心的主景区内，环池景观以象征手法，借清竹、碧水、秋月、寒松为主题，隐喻大自然的四季，创意十分巧妙。

在主景区西北有一处独立院落，庭院北部建有殿春簃，“簃”的意思是楼阁旁的小屋，多用作书斋名，此处是园主子女读书的书房。书房的北面有小天井，天井内峰石嶙峋，并植有竹、梅、天竺、芭蕉。从书房中透过红木窗框来欣赏天井景色，就像一幅幅国画。殿春簃庭院布局简洁，清幽而雅致，为苏州园林中小庭院的代表作。在美国纽约大都会艺术博物馆里有仿照殿春簃修建的明轩庭院，使很多外国人领略了我国古典园林的精妙。在主景区东北、花园和住宅之间建有集虚斋和五峰书屋，是园主读书养心的地方。

网师园是以宅园完整、玲珑精雅、以少胜多、迂回有致闻名于世。园虽不足9亩，可布局合理、主题突出。各式建筑高低错落、疏密有致，中有回廊、小桥、石径相连，配以水池、假山、花木，形成变化又完整统一的景观。巧妙处理空间，使小园不显局促，反显宽绰。园内置景不多，可都是精品，赋、比、兴的手法融入造园之中，使园景充满韵味，文化、艺术内涵甚为深厚。网师园堪称是我国古典园林中以少胜多的典范。

苏州西园

【名园历史】

位于江苏省苏州市城西的西园，始建于元至元年间，初名“归元寺”。明嘉靖年间，太仆寺卿徐泰时建东园，后来更名“留园”，同时购得归元寺作为别墅，更名“西园”。徐泰死后，其子徐溶舍园为寺，复名归元寺。明崇祯八年（1635年），茂林和尚主持寺务，提倡律宗，遂更寺为“戒律幢寺”，俗称“西园寺”。经咸丰、同治年间的战乱，寺和园不幸罹难。

【名园漫步】

西园寺其实是一个寺与园并重的寺院，寺院有山门、大雄宝殿和放生池、普度桥、罗汉堂。大雄宝殿前的放生池是佛教的八功德水的表现，水池四面是用花岗石整形砌筑，石栏围护，中间轴线上架石拱桥。在寺院部分还有一个小庭院，院内鹅卵石铺地，立有两个湖石峰，一高一低，两峰之间植花木，清爽之至。

著名的罗汉堂，建于清光绪二十六年（1900年），正堂以四大名山为中心形成田字形布局，塑五百罗汉、千手观音、济公等像。据传塑师鲍子云和吴晓芳为师兄弟，鲍子云塑扫秦桧的疯僧，一手拿吹火筒，一手拿扫帚，面带讥讽之态，身上的丝腰带如同真丝结成，好像可松可紧。师弟吴晓芳见师兄如此大作，不甘示弱，他塑济公，歪戴破僧帽，身披破袈裟，手拿破芭蕉扇，一脸神情让人难以捉摸，左看像笑，右看像愁，正看喜怒难分，把济公不畏强暴、嬉笑人间的性格体现得淋漓尽致。千手观音，高达四丈，用整块香樟木雕刻而成，四面、四身、千手，每只手上还有一只眼睛，让人感到佛法无边。

西园在寺院西部，园和寺一墙之隔。过小庭院，就到达花园东南角。入口小院是围墙、曲廊、门屋围成的天井，天井中种紫藤，搭花架，紫藤根部置湖石几块，古藤和伏石交错盘曲，古意盎然，紫藤外用一圈石柱铁杆围护，柱上立石狮。

过天井进入假山区，假山上土石相间，四周黄石界边，高低错落，形近动物。山和墙之间拱石作洞门，山上古木繁森，小碎石铺地，黄石嵌路边。山顶建六角攒尖亭，名为云棲亭。山上山下的路用瓦片与瓷片铺成图案，图式分别有大叶、鹿、仙鹤等。寺院围墙在假山东面，西、南两面是曲廊。假山的出口堆成石洞，有两个洞口向西，洞口南北接以曲廊。在水池就可以看到假山的出口，暗示假山的存在。否则，游廊会把假山全部包围，难以露出真容，真是匠心之极。

出假山，进入以放生池为中心的园区，池中建湖心亭，东西连以九曲桥。此种格局在苏州的狮子林、上海的豫园等地各有出现，并且大多以寺院园林居多。九曲桥西分别有茶馆、月台，桥东有苏台春满厅，呈现出分明的东西轴线。大部分以条石砌成的池岸，低矮石栏围护，非常整洁，黄墙、绿树、灰栏、青瓦、绿水，显出佛家的清净之地。

苏州拙政园

【名园历史】

位于苏州城区东北隅的拙政园，是苏州最大的古典园林。在明正德四年（1509 年），御史王献臣建造该园，取晋代潘岳《闲居赋》中“灌园鬻蔬，以供朝夕之膳，是亦拙者之为政也”之意，名“拙政园”。王献臣去世以后，其子一夜豪赌，把园输给徐氏。徐氏家族不久也衰落，拙政园逐渐荒废。在明崇祯四年（1631 年），侍郎王心一购得拙政园东部废地，修建宅园，名为“归田园居”。拙政园中、西部多次易主，曾经成为私人居园、官署。清乾隆初年，蒋氏修复了中部的花园，取名为“复园”；叶士宽购得西部旧地，营建了“书园”。在咸丰十年（1860 年），太平军攻占苏州，这里成为忠王李秀成的府宅。清政府收回苏州后，这里成为江苏巡抚行辕。同治十年（1860 年），江苏巡抚张子万对园林进行了大规模整修，今园内中部景致大多建于这时候。光绪三年（1877 年），吴县富商张履谦购得园西部，修建了“补园”，园内主要建筑都保留到了现在。新中国成立后，政府在对拙政园中、西部进行整修的基础上，又重建了东部园林，将古园重新焕发了光彩。

【名园漫步】

全园精华所在是拙政园的中区。以水为中心的整体布局，空间开阔，层次深远，亭台楼榭大多临水而立，造型别致精美。中心水池聚散有致，显得清广而又漫远。池北岸丘壑起伏，树木葱茏；较为集中的是池南岸建筑，小院相连。池中设有一大一小两座岛山，把水池分成南、北两部分，丰富了层次景观。

在中区入口有一座砖雕门楼，称为“腰门”，以前一直是拙政园的正门。进门就见一座黄石假山耸立面前，山上草木葱茏，两侧秀峰散点，形成了“峭石当门，群峰玉立”的格局。绕过假山，就可到中区主体建筑远香堂。远香堂是主人宴客的地方，由于堂外池中荷花遍布，因取周敦颐的“香远益清”之句命名。其建筑形式是三间、单檐歇山顶，四面设落地长窗可供观景。堂西建有临水曲廊与倚玉轩。

在远香堂东南隅有一座独立小院，名为“枇杷园”，院内原植有多株枇杷，每到初夏时候，金果累累，具有江南村舍风光。园主取园名为“拙政”，便有归农意味，该院构思即立意于此。附近还有听雨轩、海棠春坞等几组小院，彼此相连，构成了一个幽曲别致的游赏区间。

由海棠春坞继续向北，就又进入了山水主景区，游人从封闭的小院中出来，顿时觉得眼前豁然开朗。中央水池的东面建有梧竹幽居，这是一座正方形单檐攒尖顶的亭式建筑，每面墙上都开有圆形洞门。在亭中透过洞门外望，四面景色各不相同。南面是远香堂、倚玉轩等建筑，则北面是苍莽青翠的两座小岛，“人文”和“自然”景观形成对景，特有文人题对的立意。亭壁上悬有一联“爽借清风明借月，动观流水静观山”，描绘了这里动静结合、风月入景的美妙境界。

梧竹幽居北面有曲桥和池中岛山相连。东岛较小，可高耸陡峭；西岛较大，可山势平缓。两岛山间分别建有待霜亭与雪香云蔚亭，相立成景。

在水池的西北角建有见山楼。见山楼三面临水，是拙政园水池中体量最大的建筑，又是园内重要的观赏水景的地方，从楼上观赏大池水景，层次分明。楼内陈设有桌、椅、茶几，都是明朝式样，据说太平天国忠王李秀成曾在这里处理公务。

见山楼的西面是一组由曲廊形成的景致，名为“柳荫路曲”。沿曲廊过别有洞天亭，可至位于倚玉轩西侧的香洲。香洲是一座旱船，上楼下轩，船头向东，三面伸入水中，尾部和陆地相连。古代的文人雅士多向往遁世隐逸，乘舟优游，因此常在园林中建造旱船，以便表达这一意愿。船舱中置有一面大镜，映出了对面倚玉轩一带景色，虚景和实景相互映衬，特别有趣。后舱上面建有澂观楼，过去是园主休息怡养的地方。

香洲的南面，一座廊桥斜跨于中心水池分流南去的河汊上，该桥名“小飞虹”，目前是苏州园林中仅存的廊桥，具有较高的文物价值与观赏价值。

拙政园西区占地约有12亩，格局以水池为中心，建筑、花木分布于水池周围。建筑精美的园内，装饰华丽，是晚清风格。西区主厅位于水池的南岸，是一座南北两厅共处在一个屋顶之下的鸳鸯厅。北厅名为“卅六鸳鸯馆”，南厅名为“十八曼陀罗花馆”，两厅中间隔以木雕屏风。卅六鸳鸯馆北临荷花池，池中原蓄养有鸳鸯，在馆内欣赏鸳鸯戏水，是一大乐趣。在十八曼陀罗花馆前有一小院，明末清初，院里植有数株名贵的山茶花，花开时灿烂若锦，名人雅士均以一睹花容为快事。南北两厅除适合观花赏景外，还是园主宴客、听曲的地方。厅堂门外的四角各建有一间耳房，在宴宾会客时可作为仆从等候的场所，在唱戏听曲的时候可作为临时后台，冬天又可起到阻挡寒风的作用。此种建筑形式在我国古园林中仅此一例，充分展现了“游”和“居”的巧妙结合。

卅六鸳鸯馆的东侧假山之巅有一六角小亭，名为“宜两亭”。由于此亭高过界墙，因此从亭中东望，就可欣赏到中部园区的美丽景色，这是我国园林中隔院邻借很好的例子。和宜两亭相对，水池的北岸建有一座两层方形阁楼，名为“倒影楼”。楼之倒影投在水面，虚实相映，极为生动，是西区重要的水景。倒影楼西南池中岛山上，建有浮翠阁、笠亭、与孰同坐轩，都造型精美，甚具韵味。

水池的西岸建有留听阁，其名取自唐代诗人李商隐“秋阴不散霜飞晚，留得残荷听雨声”之句，是观水景、听雨声的地方。小阁装修得格外精致，内置有银杏木透雕飞罩，隔扇裙板上雕有蟠螭图案，可能是太平天国时期忠王府的遗物。留听阁的南侧有曲桥和卅六鸳鸯馆相连，荷池自曲桥处分出一条溪流，蜿蜒南去，悠长而深远。溪水中建有一座八角亭，水中倒影形如宝塔，故称为“塔影亭”。这是拙政园西南端的一座建筑，又是园中精致的建筑之一。

拙政园的东区是在明代“归田园居”旧址上修建的，布局以平冈草地为主，凿池筑山，配以亭堂，风格清新而疏朗，不仅保留了传统风貌，又有所创新。园之主厅是兰雪堂，分别有涵青亭、芙蓉榭、天泉亭、秫香馆、放眼亭等建筑。

兰雪堂靠近拙政园的东门，是自从东门入园后的第一处重要景点，“兰雪”之名得自李白“独立天地间，清风洒兰雪”诗句。堂坐北向南，面阔五间，风格古朴而典雅。堂中布置有琴桌、花几等家具和《拙政园全景图》漆雕与四块大理石屏，陈设甚为雅致。堂后叠有湖石假山，峰峦起伏，峻峭多姿。

兰雪堂的西面为一东西长、南北窄的荷池，大致呈矩形，池里植有荷花。荷池的东端、兰雪堂之北建有临水小榭，名为“芙蓉榭”，一半建在岸上，一半伸入水中。这里是欣赏荷景的好地方，每逢夏季，满池碧叶田田，花朵点点，景色宜人。

在芙蓉榭的西北是一片宽阔的大草坪，草坪的北部缓坡上广植黑松，创造了平冈松林的风景的意境。草坪中建有天泉亭，八角攒尖，庄重又质朴。亭中原有古井，相传是元代大弘寺遗物，由于井水终年不涸，被称为“天泉”。该亭体量较大，可处于空旷的草坪中，并不显滞重。天泉亭西北建有秫香馆，是东区最大的建筑。以前，馆北的园墙外是成片的农田，丰收季节的时候，稻谷的清香随风飘至，让人心醉，馆名因此而得。

秫香馆的南面有一座溪流围绕的岛山。山上树木茂盛，一座方亭立于树丛之中，取白居易“放眼看青山”的诗句，称为“放眼亭”。此亭处于在东区的景观重心，具有极强的点景作用，同时和南边的涵青亭形成对景，设置得甚为巧妙。亭西便是进入拙政园中区的入口。

拙政园堪称我国江南园林的代表作，其布局设景可以称得上是江南园林的样板。整体布局呈山环水绕、亭台错落之势，甚为和谐而得体。中部景区疏密而有致，西部景区紧凑幽曲，东部景区疏朗明快，可各具特色，虽合为一体但特别融洽。我国古典园林布局使讲究“平面曲折，高低错落”，拙政园的布局可算是这一原则的绝妙展现。

拙政园的建筑大多古朴典雅，陈设甚为雅致，远香堂、卅六鸳鸯馆、香洲、小飞虹等建筑最富特色，是古典园林建筑中精品。做为一座文人园，其文化底蕴十分深厚，园内题额、联对精彩纷呈，名家碑刻到处可见，是优美的园林景色增添了许多韵味。高超的造园技巧和数百年来文人名士的推崇，将拙政园在我国园林中居于最高的地位。它不但是江南四大名园之一，并且被列为世界文化遗产、全国重点文物保护单位，是全国特殊游览的参观点。集这样众多荣誉于一身，在我国园林中可算是绝无仅有。

苏州曲园

【名园历史】

在江苏省苏州市马医科巷 43 号的曲园，是清代大文学家俞樾的故居。同治三年（1864 年），在友人的资助下，他购得乾隆年间的大学士潘世恩旧宅西面数亩地，在宅间隙地建一园，名曲园，因基地狭曲类篆体“曲”字，再取老子“曲则全”之意，得曲园之名。1954 年，俞樾的曾孙、著名学者俞平伯先生把曾祖故居献给国家。1985 年曲园被列为市文保单位，次年整修开放。

【名园漫步】

园和宅占地 5 亩，园不过 1 亩左右。宅与园之名均有出处，语意深刻。宅园呈前宅后园形式，先到前面的宅区，宅区分三进二路。正宅门厅挂匾“俞曲园故居”，是现代书画家谢孝思的住所，二进院正中是轿厅，上挂俞樾的油画坐像，两侧挂清朝肃亲王所赐堂联：“太史有书能著录；子云于世不邀名。”第三进正中是正厅，名乐知堂，取《周易》“乐天知命”之意，堂面阔三间，是俞家日常接待与节庆宴会的地方，匾额由现代书法家顾廷龙所书。门额题道“俞樾先生故居”，是俞樾的玄孙俞润民所书。正中挂牡丹图，王西野所画。画旁是俞樾作的两副对联，一副为：“积累譬为山，得寸则寸，得尺则尺。功修无幸获，种瓜得瓜，种豆得豆。”另一副为：“三多之外有三多，多德多才多觉悟。四美之先标四美，美名美寿美儿孙。”“三多”指多福、多寿及多子孙，“四美”指仁、义、忠与信。厅抱柱加俞樾自拟、钱太初所书的楹联：“且住为佳，何必园林穷胜事。集思广益，岂为风月助清谈。”对面的门楼加刻“金躲玉桢”，就是金玉满堂之意，与之相应，院中植金桂及玉兰。

西路主厅名春在堂，和乐知堂相邻，堂名取自俞樾在复试中的“花落春仍在”的意思，是曾国藩所书。堂面阔三间，青瓦粉墙，是俞樾讲学的地方，也是俞樾研究学术的地方，他的《春在堂全集》500 卷大多在这堂中写成。堂内正中设屏风，上刻有俞樾的《春在堂记故事》，两侧抱柱有联写道：“生无关乎时，死无关乎数，辛辛苦苦著二百五十卷书，流播四方，是亦足矣。仰不愧于天，俯不怍于人，浩浩荡荡数半生三十多年事，放怀一笑，吾其归欤。”厅里还有一块云石屏和玻璃镜相对，俞樾对两者偏爱有加，曾作《镜屏串月歌》写道：“吴中八月中秋节，都向石湖看串月。想见波光荡漾中，冰轮成串真奇绝。不图小小镜屏风，风景依稀亦与同。是时二月十五夜，月如晚镜悬半空。玻璃窗内清光入，扇扇玻璃不相袭。此景惟于当午见，好比优昙花一现。”此是一首咏月之作，可与他人咏月之作不同的是，主人所见之景是由镜屏中映照出天上的明月，明月不是一个而是一串，当作吴中奇景，是真实的生活感受。该事后记在串月歌的序里：“从镜中仰视天上月，化一为五，竟如一串，但末后一月稍淡耳。”

春在堂是前宅和后园的过渡，最先是功能的过渡，再是建筑形态的过渡。在春在堂前后有一小竹馆，是俞樾学术研究之余诗词歌赋及散步闲逛的地方。在堂与馆之间的庭院中植梧桐一株、蜡梅一株，梧桐听雨芭蕉夜，蜡梅傲雪迎春讯，一以写苦难岁月，一以明孤傲气质。

春在堂后为认春轩，轩后为曲园。所有的景观以曲为主题，在院中有水曲折，水不广，以小求真；水不直，以曲求全。岸边有湖石点缀，又以条石整形砌筑，环池立条石栏杆，干净整洁。两楹建筑以曲水作对景，左是回峰轩，左为曲水亭，曲水亭则依曲廊而立，回峰轩据高台而耸，下临深渊，旁植灌木，轩下湖石堆山，曲径蜿蜒，石洞幽冥。山石之间有一古紫藤，是俞樾于光绪元年（1875 年）亲植。

在假山曲池之后，右折而达艮宦，是俞樾琴室，墙上有俞樾亲书匾额，柱悬俞樾的誓言式楹联：“惜食惜衣，不但惜财尤惜福。求名求利，只须求己莫求人。”园周是半廊，廊壁上嵌俞樾诗文，其中有一块张继的《枫桥夜泊》碑，此碑文是俞樾 86 岁高龄时所书，书写后 4 个月，老人就逝世了。对于曲园的估价，俞樾作有一首《曲园诗》写道：“园中一曲柳千条，但赏扶疏绿荫绕。为惜明月无可坐，故于水面强为桥。平铺石桥俨成路，俯倚红栏刚及腰。处置梯桄通小阁，差堪布席置茶铫。”把园林的布局情况、构成原因和游园效果全表露无遗。

苏州残粒园

【名园历史】

在江苏苏州装驾桥巷 34 号的残粒园，原是扬州盐商之园，现是苏州老画家吴氏之居所，园面积只有 144 平方米，不但是苏州的小园林，又是中国的小园林之一。

【名园漫步】

在空间经营上，残粒园确实是有独到的地方。因为旁边就是住宅，故还是一个宅园。尽管说，中国的宅园是有宅可居的，但是，中国人的园林审美还是在于园林为上、宅居为下。因此，所有园林必有亭台楼阁以避风雨、可观风景。

要定园林类型，对于残粒园而言，它是山水型园林。它的第一个造园步骤是掘地成池、堆石为山。在园林的中部，一个以聚景为主的水池形成了。由于园林面积小，连桥都不架，唯恐破坏水面的完整性。水面不方不圆，极为自然。园池虽小，但驳岸湖石散点，北面的蜡梅树下有踏步入水成石矶，岸石曲白高低错落，拱洞是水口，实在佳妙。园林的北部堆石为山，蹬道陡峭，山下是清水一泓。山内又有石洞，洞府森森。在小园中，一般的原则是山水作骨干，或以山作主，或以水为主，有时舍山就水，有时弃水成山，均无不可。在约140平方米的基地上，山水兼顾的做法是很险的，可是，残粒园却的确做到了这一点。解决这一矛盾的秘诀在于：平面以水为主，水居中央，山退角隅。立面以山为主，依山就势，顺势立亭。把亭与山这两个都讲究立面效果的景观合于一处，叠加而成。亭由于山而玉立，由石而能登；山倚角而省地，山由亭起而势长；再加上墙的交角与洞的中空，从而就出现了“两墙直交而有始，一洞虚空而无终”的效果。

完成了山水的基本骨架以后，就可以开始营造可居的园林建筑了。在残粒园中，面积的苛刻决定了不可能选取大体量的楼阁馆榭，只能选取体量最小、多于变化、可游、可观、可居的亭。为了增加其观赏性、统率性，并且近可撷园景、远可揽群翠，把亭置于北角的石山洞府之巅、墙头之上。不但遮挡了园墙的高耸，并且突破了园墙的封闭。亭虽半间，却卷棚歇山，有梁有柱，有栏有杆，檐牙高啄，如翠斯飞，取名栝苍亭。

有了山水与建筑之后，就开始铺地。中国园林和日本枯山水园林不同，不但要从外面可看，而且要可以进入游。这里的主要游览路线有两条，一条是环池道路，另一条是登山道路。环池道路的两边是湖石点缀，沿池顺水曲折弯延。因为两条游览路线都很短，因此在路线途中按地面的高差有几级台阶，上上下下，让人有不尽的心理感受。上山登亭的路线不是从北角直上，而是从西南角开始攀登，沿墙转两折才能到达栝苍亭。

园林本有南、北两门，今仅开北门。北门是一个圆洞门，两边竹影扶疏，地上用带棱角的片石镶嵌，中间与两边加青砖拉线。园墙白而高，洞门光而亮，吸引着人们不断地前进。一进门，顿时豁然开朗，青水蓝天，尽在眼前。圆洞门题名“锦窠”，意义不凡。

该园中的植物有假山亭下的蔷薇，有入水踏步前的蜡梅，有池北岸的桂树、榆树。树依水畔，石增花色，相得益彰。游客还可以看到地上非常有趣的拼花，一个仙鹤昂首回眸。

残粒园中，园林面积虽小，但严格使用了中国传统造园的方法，拓展了园林的视野，增添了园林的景观，延长了游览的路线，体现了中国园林的特质。该园堪称中华一绝。

苏州遂园

【名园历史】

在苏州市景德路儿童医院内的遂园，原是清末私家花园，今只留中心水池和岸边景观。

【名园漫步】

池岸均为石砌，有湖石，有黄石，参差不一，用石不讲究，但极尽自然，可能是由于年久失修后良石不存，因此有拼凑之嫌。园林中心是水池，不规则形式。在池上架有两座石桥，桥是三曲，今是铁栏杆。园中最大一处景观是石舫，舫是写实建筑，船头朝向水池，除后部接陆地外，三面均在水中。前、中舱均为钢筋混凝土卷棚，系后期修复时候改建，前舱有一层半，下层前开门窗，上层侧窗是圆形，下层侧窗是两扇；后舱左右是曲坡式，二层，最高，前后左右各开窗；中舱最低，一层，平顶加花瓶式栏杆，侧面开窗。舫由于全部用墙，显得很厚重。在舫侧临水的地方有一平台，台比外面低一米左右，形成一个面向池心的半封闭空间。背面坡地上堆石成山，石材大部分是太湖石，也有少部分是黄石，黄石在下面做为基础，湖石在上面做为点缀。太湖石林立成为群峰景观后，在深树荫之下，显出十分幽静，屏蔽了四面的现代气息。在台地边界做成石壁状，山势峻峭，构石洞，架石梁，砌台阶，然而整体山势起伏不大，没有明显的山脊峰峦，可能有失原貌原旨。

道路顶端有一主体建筑，系民国之物，正面是半圆拱式，立柱有两层高，二层走廊露出中间三个开间，梢间用砖墙，是典型的西方建筑，可是屋顶又是用中国庑殿顶，铺绿色琉璃瓦，正面屋顶山花面加了檐部栏杆。

右侧有一个六角亭是主体建筑。过桥上亭，亭平面六角，五面有美人靠，入口两侧的柱子雕刻两具石狮，十分生动，这是在江南园林中是少见的。美人靠的栏杆三层，每层都用瓶式短杆装饰，好像受了西方建筑影响。据亭而望池中，曲桥浮水，睡莲丛簇，池水清静，有岸峰石舫的倒影。

苏州狮子林

【名园诗话】

斜梅势压石栏杆，
花似垂头照影看。
白昼云阴天欲雪，
半池星斗逼人寒。
万竿绿玉绕禅房，
头角森森笋稚长。
坐起自携藤七尺，
穿林络绎似巡堂。
素壁光摇眼倍明，
隔帘风树弄新晴。
树根蛙鼓鸣残雨，
恍惚南山水乐声。

元·释惟则：《元诗选·狮子林即景》

【名园历史】

位于苏州市园林路的狮子林，是苏州著名古园，和拙政园、留园、沧浪亭统称“苏州四大名园”。元至正二年（1342 年），高僧天如禅师与众弟子在这里建寺，初名“狮林寺”，后改名“菩提正宗寺”，又名为“狮子林”。由于天如禅师曾经在浙江天目山狮子岩跟中峰禅师学禅，又由于寺园内山石形态奇异，状如群狮，因此以“狮子”作名。在乾隆初年，寺、园分开，园林归休宁黄氏，成为私园，改名为“涉园”、“五松园”。乾隆帝对此园特别赞赏，曾五度光顾，还在北京长春园、承德避暑山庄均仿建一座。1917 年，颜料巨商贝仁元购得该园，斥资 80 万银元大加整拓，形成今天规模。

【名园漫步】

狮子林面积约有 17 亩，平面是东西略长的长方形，四面有高墙围闭。园内建筑主要集中在东部与北部，著名的湖石假山位于东南部，西、东两面设长廊，中部是水池。

从东南角的正门入园，最先是门厅，门厅后是贝氏家祠，再后有建筑两进，形成了一列南北向建筑群。西侧有一条与之平行的复廊，复廊的西边是另一列坐北向南的建筑群。这列建筑群最南端的一座是燕誉堂，是园中正厅。堂名取自《诗经》中“式燕且誉，好尔无射”之句，有安闲快乐之意。堂阔三间，轩昂华丽，陈设典雅华贵。堂前庭院布置精美，院南粉墙前的石笋、玉兰极富情趣。堂后是小方厅，其屋顶形式别致，把室内空间与前后廊区分开来。厅北庭院中央立有奇石“九狮峰”，细观可数出小狮子九只，让人称奇。庭院的西面有多处洞门通往主景区，小方厅成为游览线路中一个重要过渡。

主景区的东南部是湖石大假山，山上石峰林立，洞壑幽深，小道盘旋，有山洞 21 个、曲径 9 条，数不尽的石峰、石笋千姿百态，随意堆置。各种奇石形态多变，很多形如狮子，据说可从中数出多只狮子。石径和洞壑曲折连通，如同迷宫，咫尺之间也需上下盘旋，几经转折才可到达。在假山南部有一拱桥状黄石假山，称为“小赤壁”。虽体量不大，但古朴自然、气势不凡，和繁杂的湖石假山形成了鲜明对比。湖石假山中部建有卧云室，是二层重檐歇山顶楼阁。楼阁飞檐高翘，充满了动感，成为湖石假山中心景点。山南部建有修竹阁。是一座敞轩，基座是叠石而成的拱桥涵洞，下有山涧流过。在阁中观山赏水，别有一番情趣。阁东为立雪堂，面阔三间，背倚燕誉堂西院墙。该堂原为书斋，堂名取“程门立雪”的典故，另有“尊敬师长，虚心求教”之意。堂前有小院，三面围廊，中间置石峰，成为园中之园。

园的北部建筑较集中，从东向西依次分别有指柏轩、见山楼、荷花厅、古五松园、真趣亭、石舫、暗香疏影楼等。

园内主要建筑之一是荷花厅，面阔五间，平面扁长，前出月台跨建水上。厅前是园内大水池，水面回环曲折，层次丰富，池中锦鳞无数，并且点缀玲珑湖石。厅西有九曲石桥跨于水上，和西岸相连，曲桥中部建有湖心亭，六角攒尖顶，亭额“观瀑”，在亭中可观西岸山间飞瀑。厅北有小院，置花木小景，隔廊为古五松园，建于清乾隆初期，由于园内原有五株元代古松而得名。荷花厅的西面一座临池小亭，名为“真趣亭”。亭内装饰精美，雕梁画栋，描金绘彩，显得富丽而堂皇。亭中所悬“真趣”匾额，是乾隆帝御题。真趣亭的西面水中建有石舫，制作精巧，造型逼真，细部花饰带有西洋风格。石舫的北面为暗香疏影楼。该楼构造与众不同，底层是敞廊，上层有房五间，东西的两侧楼梯间形制各不相同，造型灵活而优美。

园西面与南面多是花木、山石景观，沿围墙延伸的长廊串起飞瀑亭、问梅阁、双香仙馆、扇子亭、文天祥碑亭、御碑亭等建筑。飞瀑亭又名“听涛亭”，建在水池的西岸一座石包土假山上。亭侧假山高处有三迭飞瀑跌落水中。这是苏州园林中唯一的人造瀑布，给全园增添了不少灵气。亭南的问梅阁建在高处，阁顶暗置水箱贮水，就形成瀑布水源。

园的南部依廊建有三座小亭。最西墙的扇子亭，呈扇面形，造型十分生动别致。中间文天祥碑亭是半亭形式，亭内壁间嵌有文天祥狂草手迹《梅花诗》碑，是元代古物，甚为珍贵。东面御碑亭内有乾隆帝亲题的御碑。

园内北、西、南三面景致被一条长达200多米的长廊串联起来，形成了一条游览主线。游人随廊之曲折高低，还可以从不同角度欣赏园景。长廊中还有各种碑刻71方，游人可以一边观赏美景，一边品味书法杰作，可谓美不胜收。

苏州古松园

【名园历史】

古松园在江苏省苏州市吴县木渎镇山塘街，由于园中有棵明代的罗汉松而得名。园初建于清末民初，是木渎四大富翁之一的蔡少渔的宅园。

【名园漫步】

住宅最先是门厅，厅左右接东西小厅，门厅背部有砖雕门楼题“明德惟馨”四个字，左有舟人出游图，右有双人坐桥图，上下均有人物故事长卷，深雕缀饰，形神有致，檐下有斗六攒，屋顶是青瓦单脊，脊左右出燕头。过小院就到古松堂，堂方椽上刻有八只琵琶，以喻“八音联欢”，这种造型在江南园林中是独一无二的。过小院到凤凰楼，凤凰楼是一座走马楼，是东山雕花大楼的前期作品，建筑与雕刻艺术如出一辙。楼上下栏杆花式图案分别有白象献瑞、雄狮踏云、花瓶三宝、美人图、寿字画等。

后花园的主体建筑是一座水榭，榭立在水上，后接楼，前临水，左右回廊分开，抱柱上题“剪波纳漪”。柱下砖坐木栏，扶栏可见园之八九。前面有一池，池后是湖石假山，山脉峰回，有亭翼然，该山极其自然。以水面为中心的全池，在榭前汇成一汪，在榭右的后角出水口成去水态，廊架曲水之上，如镇水之桥，可桥平而水细，不觉有水之存，若有所失。池岸全由湖石构成，或探前或后退，石隙藤蔓阶草丛生，非常自然。在池中横向架三折曲桥，桥是石构，正当榭前景。该种设计很罕见，一般情况是桥据水角，此地突破此例。依廊右行，见廊跨于在水面之上，此地水面狭窄如溪，南行再跨复廊后方收成一莲池。池旁依粉墙立石峰，峰上垂藤，似狮头昂首。依廊前行，渐渐封闭，由柱而窗，窗只设窗洞，不设花格，窗洞巨大，高达有一人余。廊的内侧植竹子、芭蕉，地上铺太极图。廊的外侧有罗汉松一株，这是明代所植，松下设一园林小品：石雕大元宝，立于石托上。

廊端接有一楼，楼下似走廊，中开门洞，不设门板，左右开窗洞。楼上中间的木窗横向较长，侧面是半壁粉墙，上开八角形漏窗。立面这样处理，上下黑白虚实形成对比，再加上歇山卷棚顶，楼显得轻盈而又虚空。上楼即见当中挂有水彩画，画上悬“胜台”匾额，左右有联一副。推开当中的排窗，便见园林的山石水桥、亭榭楼台均如画屏于前。走马楼的背面的粉墙、画窗和屋脊的燕头凤凰灰塑，历历在目。

楼侧面是复廊，此景又为江南园林少有。在退思园、耕乐园中偶见，可其他园林的复廊都非常短，此园复廊很长，几乎环绕整个园林。廊通到宅部走马楼，再从走马楼侧出复廊，至复廊低走，直接到接山亭，亭平面呈方形，歇山顶，卷棚，一层依湖石假山成洞室，二层为成观景台。

从亭出来，便到大假山，假山高有三米多，选料精良，堆叠有法。从崎岖山道望六角亭而去，可体验身临深山巨壑的感觉。山正中是瀑布，瀑布从山顶而落下，积为小池，小池再跌至大池，是激水扬波，有分水石与扬波石。跌水边种植芦苇，增添野趣。过瀑布有一亭，题名为“影亭”，挂一串红灯笼。亭前小松生于石隙，枫叶红于绿松间，色彩搭配佳妙。下山入石洞，左右穿行，不知东西。纵观全园，水池居中，建筑主次明确，复廊联系有序，虽然假山一座但峰脉有致，池瀑均备，是后园型中心式佳构，理水之法和风水合，可是榭前曲桥有意突破常规。

苏州听枫园

【名园历史】

枫山房听松园在江苏苏州市老城区庆元坊12号，于清代同治、光绪年间，由苏州知府、金石名家吴云所建。今为苏州画院，属市文保单位。

【名园漫步】

全园面积18亩，建筑有听枫山馆、适然亭、平斋、味道居等。园门很简单，在粉墙上开方形门洞，柱楣均用石，在砖雕额框内题“听枫园”三字。入门后，迎面是一落地屏窗，上部玻璃、下部木板，屏风两侧开门。小园之内大多没有门厅，否则园内必狭。入里，阶边植枫树一株。园主体建筑听枫山馆居中，四面庭院穿插。东北的庭院有水池一口，水面很小，深如渊薮，池岸全是自然湖石堆叠，石隙草生，叶入池中，静如山中，和残粒园水景相近，但为听枫园多设平地，减小水面。池边铺地均为青砖。池边有湖石堆山一座，山不高，石径通顶。山上有多株枫树，成为听枫园名副其实的景观。山周有路回环，路曲而狭，石径生有绿苔。池边有竹椅竹榻，可坐可卧，闭目而听风起，秋至而细品枫黄，这是当年园主独得之妙。

适然亭背面设有一圆洞门，上题“适然”二字，过月洞又有天地，可见其他建筑。环池半廊很狭，只容一人往来，廊前绿树成荫，廊里阴暗无比。栏杆下，在木栏外的砖阶上三三两两点缀些湖石。亭里立重修园记碑刻，亭侧园墙前堆湖石。墙与石都是藤本植物覆盖，形成了高低起伏的形态远看如龙行，再看似狮走，成为不可多得的绿景。

苏州可园

【名园历史】

苏州的可园在沧浪亭的对面，本是宋代沧浪亭的一部分，原名“乐园”，又名“近山林”。乾隆三十二年（1767 年），诗人沈德潜将其辟为读书讲学的地方，其西建有讲堂和生祠，后由于诗狱株连入牢，名园毁于一旦。嘉庆九年（1804 年），巡抚汪稼门创立正谊书院，可园归入书院，成为苏州又一所著名学府。同治十二年（1873 年），书院重修，同治帝赐“正谊明道”匾。光绪十四年（1888 年），黄彭年在可园旧址建学古堂，增设讲堂、斋舍、藏书楼，藏书达八万多卷。1914 年，可园改属省立图书馆。1957 年，可园成为苏州医学院的一部分，直至今日。1963 年，被列为市级文保单位，斥资 15000 余元大修，是今存非常完整的一处书院园林。

【名园漫步】

园内分别有挹清堂、浩歌亭、一隅堂、坐春舻、想陆亭、陶亭等景观，如今犹存。

旧园门和沧浪亭的园门隔河相对，门楼做砖雕屋顶，嵌于粉墙之上，可现在只能从医学院内进入。墙壁置压顶，顶上爬满藤本植物，园里乔木高出墙头。

园林的中心是水池，名为小西湖。池中植莲花，一片一片散布在全池，池岸系黄石或花岗岩堆成，这是在苏州园林中很少见。柳树与棕树在池边点缀。湖南建厅堂。大凡厅堂临水者，多前开广庭以利观水。该堂虽是主体建筑，可是堂前的广庭被高高的粉墙围入院里，成为小院，院墙正中开一圆洞门，和池北建筑成对景，框取北池景与厅堂之秀色。池北一堂面阔三间，周边再加周围廊，东接曲廊。堂前左右有铁树两株，临水设有月台，台左右设有石栏，又可当坐几。南北是用两个对景的主体建筑，虽分主次，可体量一般，在江南园林中也是少见的。两堂东面绕曲廊，曲廊四面通透，变化比较少，围合感不强，和他园不同，这也是此园畅朗的重要原因。

池北的濯缨处是和沧浪亭保持意境与出处一致的景点，它面阔三间，带檐廊，中间开门，次间粉墙方窗，屋顶歇山，屋角微起。由于隔溪为沧浪亭，故名。

园内的北部有一山，由于被曲廊所阻，所以在这边见不到。此山名梅岭，曲廊在环岭之南，是时断时续地用一片墙，墙上设漏窗，打破了曲廊呆板不变的格局。该廊一片墙上还用了灰塑，图案是菊叶花托，托上左出梅干，右出兰叶。图案塑在扇形画卷上，很少见。

建于梅岭山巅的浩歌亭，四角攒尖，四面有砖砌护栏，又作短凳。登高而呼，山岳传响，放声高歌，四海通气。四周一片郁郁葱葱的林木，夹道的整形绿篱又显出现代公园的新意。

苏州留园

【名园历史】

留园地处苏州阊门外，是我国著名的大型古典私家园林。明万历二十一年（1593 年），太仆寺少卿徐泰时去职还乡，在这里修建宅园，名为“东园”。其后园主数易。至清乾隆五十九年（1794 年），刘恕得到该园，整修扩建后改名为“寒碧庄”，民间俗称为“刘园”。同治十二年（1873 年），布政使盛康购得这园，又大加增建，至光绪二年（1876 年）完工。由于吴中诸名园唯此园留存，盛康遂取“刘园”谐音，给该园取名为“留园”。在抗日战争中，留园饱受日寇蹂躏，后来又成为国民党军队的驻扎地，遭到严重的破坏。新中国成立后经过抢救修复，园内各处景点得以恢复。

【名园漫步】

留园面积约有 50 亩，大致分别可分为中部山水景区、东部庭园景区、北部田园景区、西部山林景区等四大景区。其间以长达 700 多米的曲廊相连，宛转迂回，通幽度壑。

以山水为主的是中部景区，景色秀丽，建筑造型优美。园门在花园南部，直接临街。进门后经小天井和狭长的曲廊，至内门厅庭院，可见花木湖石小景，略显园林气息。透过一排图案精美的漏窗，隐约地可窥园内景色。穿厅进入园里，眼前顿时豁然开朗，顿觉美不胜收。进门至主景区这段空间的处理，巧妙地运用空间收放、光线明暗变化与漏窗透景的手法，就起到了先抑后扬、引人入胜的效果，是我国园林空间处理中以小衬大的经典之作。

在进入主景区后，最先可见廊间贴墙花坛中有古柏与女贞连理交枝，名为“古木交柯”，是园中一景。透过西侧山墙上漏窗，就可见明瑟楼和楼山景观。一座卷棚歇山顶的二层小楼，叫明翠楼。其西侧和涵碧山房连在一起，形如画舫的前舱与中舱，造型精巧，与众不同。楼底层是敞厅，东、北两面均临水；上层三面开有半窗，临窗俯视碧波微澜的水池，如有水中乘船之感。楼南叠有“一梯云”楼山，不但是园艺精品，而且又具使用价值，是艺术和实用的完美结合。

沿涵碧山房的西侧爬山廊上行，可至位于池西假山上的闻木樨香轩。小轩呈方形，卷棚歇山顶，南北连以曲折蜿蜒的爬山廊。周围的桂树成丛，在金秋时节香气盈轩，“闻木樨香”之名特为贴切。沿爬山廊北行，再折向东，可至居水池东北隅的远翠阁。阁是两层重檐歇山顶，其名取自“前山含远翠，罗列在窗中”诗句。此地是观赏园内山景的好地方。

远翠阁的南面临池建有清风池馆，是一座西向敞轩。馆南是西楼，是中部景区和东部景区之间的过渡建筑。西楼南面有曲溪楼，西向，面阔五间，进深较浅，形如长廊，屋顶是纹头脊单面坡歇山顶，造型优美别致。楼壁上开有各式精美图案的花窗，形成了处处框景。下层里壁嵌有 38 块历代名家石刻，都是珍品。

由重重庭园组成的东部景区。庭园之间是以漏窗、门洞、廊庑沟通连接，互相对比映衬，是苏州园林中院落空间最富变化的建筑群。五峰仙馆是全园也是苏州园林中规模最大的厅堂，面阔五间，面积达288平方米。由于大厅的梁柱是楠木，故又称为“楠木厅”。馆前后都有庭园。

五峰仙馆东面和冠云峰庭园之间有石林小屋、揖峰轩、“还我读书处”等数重小院。小院以峰石为主，以花木点缀，布局灵活，景致秀雅。石林小屋在最南端，意在模仿宋代人叶梦得的石林精舍，院里石林挺秀，景致特佳。揖峰轩在石林小屋的北面，为两间半小轩，室内陈设精雅。庭院中竹石倚墙，芭蕉映窗，满目诗情画意。“还我读书处”是揖峰轩的北面一处独立小院。院中有坐西向东的二层书楼，是藏书读书的地方。楼悬匾额“还我读书处”，系取陶渊明《读山海经》中“既耕亦已种，时还读我书”的诗意。楼前植有古木，环境清静。

五峰仙馆的东南原建有大戏厅，可以容纳十桌客人喝酒看戏。后来，戏厅被毁，今改为一处以花木取胜的景观，称为“东园一角”。这里的景色自然疏朗，和周围精致而小巧的庭园形成了鲜明对比。

“东园一角”北面是冠云峰庭园。冠云峰是江南三大名石之一，立于庭园北部中央位置，高65米，玲珑剔透，奇伟秀丽，太湖石之“瘦、漏、皱、透”的审美标准全部具备。瑞云峰与岫云峰分立冠云峰东、西两侧。瑞云峰高45米，形如长袖善舞的仙女；岫云峰高55米，有百年老藤缠绕峰间，非常有趣。冠云峰前有一小水池，名为“浣云沼”。池水清澈，映出奇峰倒影，形如少女梳妆，让人称妙。水池西面是冠云台，是一座卷棚歇山顶方亭，在亭中可俯瞰池中游鱼与冠云峰倒影。亭中六扇楠木纱橱，是明代遗物，十分珍贵。

北部景区果木葱茏，呈现一派田园风光，称为“又一村”，现辟为盆景园与花圃。入门是蜿蜒曲折的葡萄廊架，横贯北部景区。廊架南面是桃林，北面是盆景园与花圃。苏州盆景全国有名，该园盆景又是苏州盆景中精品，观后的游人无不叫绝。

西部景区以假山为主，黄石抱叠土山，山势又高耸，山上枫树郁然成林，盛夏绿荫蔽日，红霞似锦的深秋。山林中建有六柱菱形的至乐亭与攒尖圆顶的舒啸亭，形制活泼，给山林增色不少。山南有小溪宛转流淌，依山跨溪建有水阁，名为“活泼泼地”，是观赏飞鸟游鱼和林涧胜景的好地方。

江南园林集大成之作的是留园。园中山水明秀，建筑又奇美，峰石绝妙，匾联精彩，不愧是“江南四大名园”之一。留园建筑与庭院的划分和园林空间的组合堪称绝妙，庭院大小布局合理，搭配得当，生辉相映，其中以长廊为脉，通幽度壑，变化无穷。丰富多彩的窗景、框景也是留园一绝，让人感觉美不胜收。

苏州高义园

【名园历史】

高义园在江苏苏州城西 85 千米的天平山南麓，本来是唐代白云庵旧址。明代万历年间的时候，范仲淹十七世孙范允临辞福建参议不就，回归故里，就在祖墓边营建山庄，依山建亭，引泉为池，通石梁，修曲廊，成为一时名园。

清康熙二十九年（1690 年），山庄的右侧增辟参议公祠。乾隆七年（1742 年），重修园林，改名为“赐山旧庐”。乾隆帝六次南巡，四次至此，因慕范仲淹云天高义，取杜甫《奉和严中丞西城晚眺十韵》诗中“辞第输高义，观图忆古人”之句，赐名“高义园”，以此来表明范家历代为国为民的高风义行。范家子孙就以此为名，陆续分别增建坊、亭、楼、殿，把园林扩大到山门入口。咸丰十年（1860 年）和同治二年（1863 年），高义园两度遭遇战火，同治五年（1866 年）之后陆续修复。

新中国成立后，在1954年拨款修复园林，但因故没有竣工。1981年至1983年再度修复后开放。

【名园漫步】

狭义的高义园分别指天平山庄的咒钵庵、来燕榭、范参议祠、高义园和白云古刹五部分，广义的还包括石坊、接驾亭、十景塘、宛转桥、御碑亭、古枫林、祖坟等，全园占地53公顷。在天平山正南入口耸立着一座石坊，上刻乾隆帝亲题的“高义园”三个字，边署“乾隆十六年辛未三月十八日赐”，该亭是乾隆帝赐名后，由范仲淹第二十七世孙范瑶所建，以示皇恩浩荡。坊四柱三楼柱出头式，白石构成，柱雕浮云。过坊上石阶百步，就来到接驾亭，为范瑶迎接乾隆所建，毁后，1982年改用钢筋混凝土复建。亭平面呈长方形，面阔三间，屋顶为歇山顶，正中立天平胜迹碑，正面由程可达书“天平胜迹”四个字，背面刻1989年10月写的《天平山名胜重修记》。过接驾亭就来到方形水池，名“十景塘”，塘中筑堤建桥，名宛转桥。西行就来到古枫林，红枫是范允临从福建移来的，尚存176株，如今有四百多年历史，深秋季节，灿烂如霞的枫叶成为苏州民众竞相观赏的一大名景。在枫林中建有一亭，名为御碑亭，始建在乾隆年间，自1954年以来，几度重修。亭平面八角，重檐攒尖，石柱石栏，木构梁架。亭中立砚石御碑，高达3米，刻乾隆帝的四首御诗，碑帽刻双龙戏珠，正南的五级台阶正中，精刻团龙浮雕，甚为精美。

枫林过后，就来到咒钵庵，是范仲淹母亲的住所，一共三进。第二进为三间小屋，壁嵌石刻有“山石间”、“佛在者里”。第三进是佛堂。咒钵庵右依范隋墓门石坊与桃花涧。范仲淹的高祖范隋于唐咸通十一年（公元870年）任处州丽水县丞，携家南迁，唐末战乱时候定居苏州灵芝坊。墓前立有单间两柱冲天式花岗石牌坊，额题道“范氏迁吴始祖唐乾柱国丽水府君神道”，背南刻有“祥发中吴”四个字。坊北筑长长的八字墙。入墓门是长达200米的甬道，沿桃花涧曲折前行，过石梁，即见石羊、石虎、石马分列道边，相传是清初范氏翰林之墓前遗物。墓堆土成坟，高有2米，直径3

米，倚青山，植翠柏，听溪涧，甚为清幽。

来燕榭在咒钵庵的西面，榭南有池，名鱼乐国。水池的平面呈“凹”字形，亭呈“凸”字形，三面临水，额题为“听莺阁”。水亭后有五间厅堂，名为寤言堂，三间厅堂，两间耳室。池周环以回廊，南廊开门，额题“来燕榭”。榭西别有幽斋两间，名芝房，由于其正对十景塘的宛转桥，因此名对桥书屋。

来燕榭西是范参议祠，仅祠门与享堂一进，享堂额题岁寒堂，面阔三间，硬山顶，左右出厢。祠是为纪念明末书画家范允临而建，由于范允临曾任参议，故名。

过范参议祠，就来到高义园，园有五进。一进为门楼，二进有仪门，三进有乐天楼，四进有逍遥亭，五进是正殿。园依山而建，逐渐而高，纵深 70 多米。乐天楼，又名为御书楼，是为了纪念白居易而建。楼面阔三间，二层重檐歇山顶，高达 15 米，底屋周有回廊，上层四面槛窗。逍遥亭，凌空高架，和乐天楼互望，两翼如双阙，屋顶为歇山顶。正殿单檐歇山，内藏乾隆这亲题“高义园”金匾与手书《游天平十六韵二首》诗碑。乐天楼左右出小院，有山崖一壁，积泉二池，植竹作友，葱茏两区。

高义园西邻白云古刹，始建于唐宝历年间，初是白云庵，因为白云泉而得名，后更名功德香火院，今遗留大殿三间、厢房和山门一座。由于范仲淹的卓越功绩，后人在山西麓建范公祠。康熙年间，名家手书“第一流人物”五个字，在忠烈庙前建有忧乐坊，来纪念范仲淹诞辰一千周年，并以他的《岳阳楼记》中“先天下之忧而忧，后天下之乐而乐”而命之为忧乐坊。

苏州启园

【名园历史】

位于苏州市东山镇的启园，为1933年，席启荪纪念其祖席启寓迎接康熙帝游东山而营建的私家园林，因此又名“席家花园”。园还没有竣工，就转售给旅沪棉商、东山人徐子星，徐子晏依图续建，终于完成。徐子星，字介启，故将园命名为启园。

【名园漫步】

启园总面积一共50亩，背依东山，面对太湖，选址甚佳，是太湖之滨少有的山麓湖滨园林。为建此园，园主曾经邀请画家蔡铣、范少云等共同筹划设计事宜，还参照了东山镇陆巷明代“山中宰相”王鳌的招隐园，在景观上深得苏州园林的小巧玲珑、曲折幽深之意，还兼具无锡蠡园长廊分院、积石开池、起楼营榭的风格，再加上一边临湖，借景于浩渺太湖，又有御码头、古梅花、柳毅井三宝，难怪被称为“太湖明珠”。

全园被曲廊与粉墙分隔成九个大小的景区或院落，每一景区的景观各不相同。门厅面阔三间，左右两间为粉墙漏窗，中间开门，屋顶是硬山顶，粉墙灰瓦，非常朴素。入园见屏墙一堵，前筑两山，是湖石构成；右为石洞悬崖，滴水成潭；左山蹬道，通到墙头。跨门进入另一景区的爬山廊，依廊就可到借景凉亭，像有木渎古松园复廊的味道。或从右山下圆门洞也可入内，见院内顿时开阔起来，草坪上植木育林，绿茵如毯。

被曲廊分隔的院子左侧，上曲廊，可见廊左掘池理水，黄石砌岸，环水曲廊，水中架三折石桥，跨桥就来到翠微榭。榭面阔三间，歇山卷棚顶，两端接曲廊，正对水榭是阅波楼，面阔五间，前出抱厦，二层，卷棚歇山，粉墙灰瓦，今是茶楼。曲廊临水处出三间小轩，似临崖，曲廊在北面是复廊，中开圆门洞，前后可收取两个院中景色。

站在翠微榭里向太湖方向望去，水面是先收再放，成为长河，河上架七折石桥，隔桥远望太湖之滨的堤上还有一拱桥，名叫挹波桥，两个层次格外明显。

出榭东行，曲径是用砖、石、瓦、陶瓷片等拼成的海棠花、冰纹等图案，寻路即来到撷银亭。亭平面方形，面阔三间，歇山顶，立粉墙，环坐槛，开漏窗，悬匾额，挂对联。漏窗中还漏出背后的漪漪竹薮。亭附近有一株古杨梅树，在康熙三十八年（1699 年）就有了，康熙帝曾在这里歇息问梅，甚是难得，是园中一宝。杨梅古干斜生，分出三支干的主干，郁郁葱葱。

水面在杨梅树边，跨水有石拱桥，名为吟春桥。桥头建一亭，名晓澹亭，亭粉槛朱柱，六角攒尖顶。过桥就来到水角，可见夹竹桃三株，红花树夹于白花树之间，灿烂夺目。环太湖筑长堤，与蠡园之柳堤相似。堤里的小水曲曲长长，堤外太湖渺渺茫茫。堤道用青砖、黄石、瓦片、瓷片拼花，两岸垂桃轻拂，堤上建石拱桥，名为挹波桥。站在桥上，向园里望去，层次十分丰富，前景是七折石桥，中景是翠微榭，背景是阅波楼。七折桥的两端，一边是宸车堂，一边是撷银亭。

循廊前行就来到融春堂，取名自《阿房宫赋》的“春光融融”，体现该院自然风光之美。堂前有一井，碑题是“柳毅井”三个字，是明朝宰相王鳌亲书。中国的古代神话有柳毅传书，唐代的李朝威据此写成传奇小说《柳毅传》，相传洞庭女遭夫虐待，是书生柳毅帮她脱离苦海，后来两人相爱结为夫妻。元朝的尚仲贤以《柳毅传》为本，写成了杂剧《柳毅传书》，故事相似。该院接门厅，在院角的二层位置可见角楼，在门厅所对的影壁后堆湖石作壁山，石洞积水。

纵观全园，全是古典式样的建筑，设计源泉多路，从中还可以看到杭州西湖、无锡蠡湖、苏州五峰园、古松园的影子。其景观之胜分别有五：一为曲廊分院、复廊隔景、跨水廊凌波、爬山廊借景；二是长堤围湖入园，堤上架桥，成为宜两景观；三是小院众多，深奥者幽杳，清旷者畅朗；四是湖石拱门做法，意在框景；五是御码头直探太湖，万顷湖光成为园景。

苏州畅园

【名园历史】

畅园位于江苏省苏州市庙堂巷22号，面积一共900平方米，是一个以水池为中心的小宅园。

【名园漫步】

由于面积小，所以尽量要做广，从而形成“畅”的效果。园林中心的水池的北方南曲，西南突出出水口，在出水口的位置设三曲石桥镇水，桥上有方亭。清代造园多以水池为中心，并且发展了环池建筑与周边围廊的手法，畅园亦是一个典型。它的构成与半园相近，东西突出回廊，南北突出主体建筑前的广庭。桐华书屋是入口附近的建筑。直接就在入口做成功能性建筑较少，这一点与半园入口位置设半波舫相近，不仅充分利用边角空间，还让所有的建筑占边据角，占边者多是线式建筑，据角者多是点式景观建筑。桐华书屋面阔三间，正中间是书屋内室，梢间做成周围廊，和东西曲廊相接，屋顶为歇山顶。过桐华书屋向前直行，均是曲廊，依墙之廊都是半廊形式，这一点与半园相近，如不为半廊，则势必占据很多空间。延晖成趣亭和曲廊相接，依墙成为半亭的东边，平面六角，攒尖顶，高高的背墙附一宝顶，把屋面与四角都投影于其上，极为美妙。

依廊走一步，就来到憩间，它是一个四方的亭子，不是做成方形攒尖顶，而是做成卷棚硬山顶，临池挑出垂莲柱，好像是一个画舫的前舱。和憩间相邻的方亭，屋顶用歇山顶，和西南角的临池亭形成对角线的呼应关系。

出方亭来到留云山房，该房是全园主体建筑，坐南朝北，屋顶用硬山顶，前后的两坡线条整洁，和两侧变化的平面与屋顶形成对比。屋前设广庭直达水面，临水用石条当栏杆，花样非常简洁。据石栏向四周细看，池岸西北平直、东南曲折，建筑平面有进退，屋顶形式有变化，硬山、歇山等各式各样，可畅朗之感还是很强烈的，在这么一个小地方经营出这样的效果确是不易。

在广庭西面曲廊南行，接池西舫，名“涤我尘襟”。该名字点出了主人的清高品格，不愿和喧嚣凡尘为伍，宁愿做池边钓叟，以清水濯缨濯足。舫的怪处在于不是用常见的三段式处理，又不是用舫头面水的入水式处理，而是用船舷靠岸的泊舟，意思是已经到达理想的彼岸，主人也许认为在园中生活已经是心满意足，别无所求了。可在形体上，船侧的和合窗用上下开启的支摘宫，屋顶是歇山顶，怪就是怪在它的山面朝前，露出山花面，和广庭东的方亭相同。这在江南园林与中国园林中都是极少用的，只有日本园林才大量使用。为了丰富山花，在上面灰塑一棵松树，来表明延年益寿。

舫之南是方亭，亭立于池上，如水榭形制，可能是为了弥补园中有水无榭的不足，屋顶为歇山顶，里设美人靠，据亭可观游鱼曲桥。

东南角的处理也很有特色。在角上用湖石堆山一座，山不高不大，可内构山洞，洞上建有一亭，名待月亭。想要上亭，或沿廊行，或从洞内转折而上。亭的西、南两面与廊相接，以该廊表示山的存在，由于山太小了，在远处看不出亭据山顶，因此以爬山廊来点题。

园中之廊有几个特点。一是环园以避风雨；二是依墙成半廊；三是偶尔让出空间隙地，种花植草置石；四是以廊串联建筑节点；五是平面曲折成“之”字形，最明显的就是西南角；六是爬山廊，在立面上起伏增加游览情趣。

池南是一片空地，和北面相呼应。为了得到“畅”的效果，在建筑上这种少就是多的原则也是常用的，以空为实，以无为有，真是畅园得“畅”的法宝。

苏州惠荫园

【名园历史】

惠荫园始建于明末，名“洽隐山房”。清顺治六年（1649 年），韩馨购得，重建园林，名为“洽隐园”。康熙年间遭火焚，除小林屋洞以外，所有的亭台楼阁全付之一炬。在乾隆十六年（1751 年）重修，园中多植梧桐、银杏、紫荆、柏树，后来又归倪莲舫，更名为“皖山别墅”。光绪年间，李鸿章奏请朝廷并购得该园，建立程公烈祠与安徽省会馆，始名惠荫园，而后进行扩建，是时为惠荫园全盛期。后来园林渐毁，设立中学。

【名园漫步】

到苏州第十五中学门口，就可见门口对面一个影壁，呈现八字形，翼墙八字展开，粉墙灰瓦，中间书“惠荫书院”四个字。入门后，见一小院门，方门洞上书“惠荫书院”四字，门左置的石几上置花台，内植灌木，门的左右置铁树盆景，门右开扇形漏窗，透出院内植物。透过方门洞，就可见小院对面还有一个月洞门，框住了对面的景色。

从院门前经过，就到了周秉忠建造的湖石假山，据园林名家汪菊渊教授所言，惠荫园“可能是明代用湖石构洞掇山的首次创作”。后来，假山塌毁，2000 年修复，是全园中最杰出的地方。它的形态像苏州太湖上的西山小林屋洞，是按百分之一比例缩仿。现在的假山还保持当年的风采，山用湖石构成，洞口在正中，隐于林立的湖石间，极尽自然。下几步石阶入洞，见地上积水一池，池从洞内延伸到洞外。洞顶是用配重法起拱，就是洞顶有多重，杠杆另一端的石头就有多重，因此现所见洞上山石林立，都是配重平衡所致。洞顶的石景像小林屋洞的熔岩景观。洞内的水池有汀步，有矶石，多似动物。该洞有三奇，一奇是结构上用悬挑法，又不用其他拱券法或钢筋混凝土暗梁法等；二奇是活水系，就是洞内池水系活水，园池在明代建园之时就修有暗河道，池水涨跌和护城河同步；三奇是石奇，假山用石仿狮、鹰、羊、兔等，有仙桃石、玉兔出山、仙人灶和鲤鱼跳龙门等，其中鹰字石和留园的冠云峰和织造署的瑞云峰齐名。

假山上建一厅，歇山顶，四周出檐廊，飞檐高起，舒展而大方。假山承屋之重，建筑柱下的立石直达洞底。

假山的周边植物配植多用梅、松，是为春华秋实而植石榴、桃花、李树等，是为金玉满堂而植桂花、白玉兰、海棠，另植银杏、柏树与紫藤等。

苏州怡园

【名园诗话】

叠石疏泉不数旬，
水芝开出似车轮。
石幢一尺桃花雨，
便有红鱼跳绿萍。

清・李鸿裔：《怡园》

【名园历史】

怡园地处苏州市旧城区中心地段，是典型的园林、住宅和家祠相结合的江南私家园林。怡园前身是明成化年间的吏部侍郎吴宽的宅院，当时称为“复园”。清同治十一年（1885 年），浙江宁绍道台顾文彬在复园遗址上修建了义庄、祠堂与花园。花园取名为“怡园”，取自《论语》中“兄弟怡怡”句，有“怡性养寿”之意。

【名园漫步】

面积约 9 亩的怡园，东西狭长，以复廊隔为东、西两部分。东部是复园旧址，以建筑为主，峰石林立，风格和留园东部石林小屋一带相近。园门东向，第一进院里依墙设有“粉墙作纸，竹石为绘”的竹石小景。第二进院落内花街铺地，修竹掩映。在院西有四时潇洒亭，在院南有玉延亭，之间连以曲廊。亭和廊壁上嵌有历代书法名家刻石，一共有刻石 101 方，人称为“怡园法帖”，十分珍贵。此处，园林艺术与书法艺术完美地融为一体，可谓相得益彰。穿过四时潇洒亭，沿廊可到一硬山卷棚顶建筑。建筑隔为东西两间，东为坡仙琴馆，西是石听琴室，是一组以音乐为主题的园林建筑。坡仙琴馆的南面有拜石轩，面阔三间，是敞厅形制。由于轩北庭院内有嶙峋怪石，遂取“米芾拜石”典故命名。相传北宋著名书法家米芾见一怪石，惊而下拜，曰：“吾欲见石兄二十年矣。”轩南院里花木繁茂，特以“岁寒三友”松、竹、梅最盛，因此轩又名“岁寒草庐”。

坡仙琴馆的西侧为分隔东、西两园的复廊，长约 30 多米，系仿沧浪亭复廊修建。廊两端的南雪亭和锁绿轩，都精致可爱，一头一尾，轮廓分明，和复廊形成有机的组合。

顾氏增拓的园区在怡园西部，又是全园的主景区。景区中心是水池，各景点是绕池而建。主建筑藕香榭和水池、假山构成南北景观主轴线，周围通过曲廊、小径把园景层层地展开，宛转而又富于变化，形成动观、静观两相宜的游览路线。

位于中心水池南岸的藕香榭，是采用鸳鸯厅形式的建筑，中间用长窗隔为南北两厅，北厅悬“藕香榭”匾额，南厅称为“锄月轩”。厅北的月台突入池中，池里植有睡莲，养有红鲤，在月台上观莲赏鱼，甚为得宜。厅的东侧有曲桥跨在池上，通向对岸；西边的池水曲折西去，像有不尽之感。对岸就是峰峦起伏的主景假山，坐在厅中观水望山，让人心旷神怡。厅南的庭院里遍植牡丹、芍药、白皮松等花木，其中特以十几株老梅最是出色。园主集历代名家诗句，书写多副对联挂在厅中，增添了更多文雅之气。在藕香榭西侧有碧梧栖凤轩和面壁亭。

用湖石叠砌而成的池北假山，山崖高耸，洞壑幽深，山上东西的两端各建一亭，分别称为“小沧浪”和“螺髻亭”。二亭都是六角攒尖顶，一东一西，一低一高，互为对应。小沧浪体量稍大，一旁有三块巨石并立如屏，称为“屏风三叠”，是园里著名的景观。螺髻亭小巧玲珑，和留园舒啸亭有相近的地方。亭下有慈云洞，洞中有石状如观音，因此得名。东侧另有紫霞洞，洞顶乳石倒挂，好像天然溶洞。二洞和峰壑、山道有机结合，峰回路转，曲径通幽，形成了引人入胜的游览空间。

在园西的北部有画舫斋、湛露堂两座建筑。画舫斋是建于水边的旱船，系仿拙政园香洲而建。建筑外形和装修都特别精美，为江南园林旱船中的佳作。在船头东望，只见池水微澜，形成了三个大小不同的水面，层叠远去，意犹未尽；左右假山和主厅隔池相望，形成了对景，互相衬托。到这里的游人，回望诸多美景流连忘返，再一一回味，真可谓妙趣无穷。

怡园博采众长。园中复廊似自沧浪亭，水池似网师园，假山、洞壑似环秀山庄、狮子林，藕香榭、画舫斋分别似拙政园远香堂、香洲。虽是仿建，可并不是简单模仿，有修改、也有创新，因地制宜，自成一体。经过造园者反复推敲的全园每个景点，细部特别精巧，用心颇为良苦。颇为值得称道的是，造园的人将文学、书法、绘画、音乐与园林艺术巧妙结合，融入园景之中，使中国古典文化艺术在怡园得到具体体现，所以怡园被列为世界文化遗产。

苏州羡园

【名园历史】

位于江苏省苏州市吴县木渎镇王家桥侧的羡园，原为乾隆年间的苏州名士沈德潜所有。道光八年（1828 年），宅园归诗人钱端溪所有，钱氏叠石疏池，筑亭建楼，名“端园”。光绪二十八年（1902 年），转让给木渎首富严国馨，由建筑名家姚承祖为其改造，更名为“羡园”，俗称为“严家花园”。

【名园漫步】

园林占地 16 亩，中设住宅，三面是花园，近年修复后景点一共达 33 处，童寯先生考察之后写道："北临田野，登楼凭窗，远瞩天平，近望灵岩，极游目骋怀之致，园内布置，疏密曲折，高下得宜。木渎本多良工，虽处山林，而斯园结构之精，不让城市。"龚自珍道："妙构极自然，意非人意造。"古建筑专家刘敦桢称为"江南园林翘楚"、"江南园林之代表作"。住部有三进三院，入门厅可见前厅，名"怡宾厅"，面阔五间，硬山顶，厅后有砖雕门楼，题"桂馥兰芬"四字，前出垂莲柱，屋顶做燕形脊头。中厅名"尚贤堂"，硬山顶，在正脊有灰塑童子，脊端做燕头外飞状，左廊右墙，前植枇杷。出院东边的门可达东部园林，门题为"别有洞天"。过尚贤堂，有一砖雕门楼，上题"绿野流芳"四字。明是楼是最后一座楼，室内正中挂松梅图，壁上摆有严家宗谱。

从"别有洞天"门出来，可达东园，该园新近恢复，景观开敞有余，但不够幽静。园以水池为中心，池岸由黄石筑成，选材精良，进退有致，池中雕有仙鹤，从池南向北望，可见北园的宜两亭高居围墙之上。和北园分隔的园墙做成龙墙形式，呈波状起伏。池东有一亭，名"闲亭"，柱基立于水上，六角攒尖，屋角高翘，比例得宜，可惜宝顶过大。水池向东延伸成一溪，水口有桥名"清漪桥"，用花岗岩条石筑一座拱桥，石柱石栏过于小巧，让人想到广东佛山梁园之石拱桥。

过东园清漪桥，从采秀山房进入北园，最先到墙角的宜两亭，该亭有仿拙政园东西部交接处的宜两亭之嫌。亭高居于假山之上，其下石洞森森，洞旁有石道至亭上，亭四角攒尖，立于界墙，可南看东园、北看北园，设计十分巧妙。

下山北行，来到青分江上景区，该地另为一院，院墙题为"青分江上"，前植竹松，于墙一角立有石笋，另一角堆湖石假山，山内为洞。对壁是半轩，船头前出石栏，里面展览严家人物。铺地有"五蝠捧寿"图，喻意福寿双得。

水池在院外，池岸和东园相同，全为湖石堆成，选材亦很精良。池东收为一溪，溪口有拱桥。池北是该区主体建筑——环山草庐，门左右有楹联，内置两椅一桌，桌上置有一盆兰花。堂前出月台，前观水池及宜两亭，侧观回廊清苑轩。轩上是楼，曲廊从采秀山房东侧慢慢爬升，成为爬山廊。登上疏影斋，可见东部自成一区，该区有海棠书屋、琴室、忆梅、听雨轩。

呈多进院落式的西园，每院景致不同，和北园、东园不同的是，院中堆石都是黄石。东北角与环山草庐相接处是两座阁楼，两楼东西相并，东名眺农楼，登楼就可见园外农家野趣；西是见山楼，登楼可见北部诸山。楼前有一影壁，壁前堆黄石假山做为壁山。绕到壁后，仍然是黄石假山，为明是楼的对景。

走下见山楼，经锁绿轩及小方斋到西园的主景区。首先是闻木樨香榭，榭前出月台，前有水池，黄石构成的池岸，南岸堆两座石峰。池的西北有石平桥锁住来水，东北有小桥锁住来水；东南一轩，名为鱼趣轩，三间四柱，立于黄石基柱上，背倚明是楼的巨大粉墙，成为观鱼的好地方；池前的曲廊西南接延青阁。阁顶正脊在三分之二处断开，作一特色，廊为复廊，中间隔实墙。最妙的是廊半封半敞，廊屋面穿过延青阁落地封山墙，成为阁一层的披檐，虚实对比、横竖对比、黑白对比，特别明显，是匠心所致。进廊更有趣，原来东部廊墙是用压顶，和南面直廊间有一缝隙，抬头仰望，如一线天，由墙上的漏窗可见北部水榭。小院为冬景的南部，全湖石构成，以喻白雪，侧有雪鸿轩，背依侧墙。院门框住两湖石景观，一是轩前置湖石峰一个，石上大下小，上题为“天绘”二字，侧植竹一竿；二为廊边湖石一峰，透瘦皱漏。地上铺两处花砖，一是圆面，上有“寿”；二是扇面，上有“吉祥”二字。

泰州乔园

【名园历史】

位于江苏泰州城内八字桥直街的乔园，是苏北地区今存最古老的私家园林。在明万历年间，陈应芳在这里建园，取陶渊明《归去来兮辞》中“园日涉以成趣”之句，名“日涉园”。其后数易其主，在雍正年间归高氏，更名为“三峰园”。在咸丰年间归属吴文锡，名为“蛰园”，没过多久被两淮盐运使乔松年得到，遂称为“乔园”。

【名园漫步】

面积不大的乔园景致极佳。全园以山响草堂为中心，草堂古朴典雅，由于堂前假山上耸立有三支石笋，又名为“三峰草堂”。草堂临水面山，一泓碧水曲折如带环绕假山。用黄石和湖石两种石材叠成的假山，由于安排巧妙，并无拼凑、杂乱的感觉。在池中，水面以下用黄石，水面以上用湖石；在洞中，下面用黄石，其上用湖石。山中置有砖拱隧道，甚为罕见。山间植古桧柏一株，虬枝苍劲，已有数百年历史，是泰州最有名的古树。山麓西首壁间嵌有一块湖石，宛如漏窗，十分别致。池上架有小桥，过桥就进入山间洞曲，蜿蜒而行，忽明忽暗，特为有趣。

在山响草堂后面有一小园，园中垒黄石为台，台下有泉。沿磴道迂回而上，可至台正中的绠汲堂。绠汲堂是一敞厅，是园主读书的地方。堂东是松吹阁，西是因巢亭，四周花木葱茂、山石森然，环境清雅而幽静。

园内还有皆绿山房、蕉雨轩等建筑，都古朴优雅。园中植物的配置以乔木为主，古柏最多，辅以松、梅。庭前和屋后点缀翠竹、芭蕉、牡丹、丛桂等花木，四时花开不断，清香宜人。乔园山水清隽明秀，建筑古朴精雅，整体风格自然而恬淡，清新脱俗，是一处雅致的南方小园。

浙 江 省

宁波天一阁

【名园历史】

位于宁波市月湖西侧的天一阁，是一座以藏书丰富而著称的古典园林。嘉靖四十年（1561 年），范钦由于与权臣严嵩不和，告老还乡。他以读书、藏书作乐，为妥善保存珍藏的书籍，精心修建了藏书楼。由于藏书最怕火，他根据《易经》中“天一生水，地六成之”的说法，给藏书楼取名为“天一阁”。以后，范钦的子孙在藏书楼前后堆山辟径、广植花木，将天一阁逐渐修成为一座以藏书楼为中心的优美的园林。新中国成立后，当地政府辟建了花园在藏书楼的东面，在西面修建了书库与陈列室，使天一阁的规模得到扩展。

【名园漫步】

现在的天一阁面积约 26 万平方米，分藏书文化区、园林休闲区、陈列展览区。以宝书楼为中心的藏书文化区有东明草堂、范氏故居、尊经阁、明州碑林、千晋斋和新建藏书库。以东园为中心的园林休闲区有明池、假山、长廊、碑林、百鹅亭、凝晖堂等景点。以近代民居建筑秦氏支祠为中心的陈列展览区，包括芙蓉洲、闻氏宗祠和新建的书画馆。书画馆在秦祠西侧，粉墙黛瓦、黑柱褐梁，有宅六栋，为云在楼、博雅堂、昼锦堂、画帘堂、状元厅、南轩，与金碧辉煌的秦祠相映照。

天一阁大门朝西，门外有一对石狮，大门上悬“南国书城”匾额，由著名国画大师潘天寿手书。外柱上的对联为钟鼎文，由顾庭龙所写，为：

“天一遗形源长垂远，南雷深意藏久尤难。”内柱上的对联为郭沫若所书的“好事流芳千古，良书播惠九洲”，中悬“天一阁”横匾。

进入大门，首先看到的是天一阁的主人的全身坐像，后面有块照壁叫“溪山逸马图”，上面有八匹骏马在溪边媳戏。此为民间老艺人胡善成先生的力作，并非建楼时的遗址。

从旁边的月洞门进去是东明草堂，前方照壁上有一只龙角、牛嘴、狮身、鹰爪、马尾的奇怪动物，名为“獬豸”，是一种生性耿直、专顶坏人的动物，所以是正义的象征。照壁面对的这些房子是东明草堂，是天一阁建成前的藏书楼，“东明”为主人范钦的号。

司马第为范钦后人居住的地方，中间有很高的防火墙与藏书楼分隔开，内有范钦官服的复制品和范家的系氏表，还有多块写有禁规的牌子，比如切忌带烟登楼、女人不上楼、书不出阁、外姓人不准上楼等。

天一阁最重要的地方是宝书楼，是清代留下来的两层木结构建筑。藏书楼内部构造别有匠心，楼上是一大通间，设有成排的书橱，宽敞明亮；楼下是并排的六间。这样设置系取“天一”、“地六”的意思。该楼是我国现存最早的藏书楼。范钦曾在楼内藏书数万卷，均为宋、明时期木刻本和手抄本，不少是稀有的珍本与孤本。为了不使藏书失散，范钦晚年将财产分为两份，一份为白银万两，一份为全部藏书，让两个儿子来挑选，大儿子范大冲继承了藏书，范钦又拨给大儿子部分良田作为保管藏书钱款之用。

清乾隆三十七年（1771 年），清政府开修《四库全书》，让全国藏书家提供珍品书籍，天一阁共献书 638 种，居全国之冠。乾隆帝对天一阁的构造十分欣赏，在营造放置《四库全书》的书楼时候，特意命人到天一阁考察借鉴。后来分处全国的文渊、文津、文源、文溯、文澜、文宗、文汇七大名阁，都仿天一阁而建。后来，由于战乱、官吏勒索、抢劫、偷盗等因素，天一阁藏书严重流失，至 20 世纪 40 年代末，只剩 13 万多卷。新中国成立后，通过管理部门的搜集与藏书家的捐赠，天一阁的藏书又渐渐丰富。现在已有藏书 40 余万卷，阁藏善本达 8 万余册，其中有不少珍品。

在藏书楼前有一座水池，名为“天一池”。该池有暗沟与月湖相通，不但可以贮水防火，而且美化了园景。池上垒石为山，周围植以竹木，是园内主要水景。藏书楼前后，假山嶙峋，松竹依依，亭台雅致，布局设景突出藏书楼，搭配十分巧妙。阁前假山堆成“福、禄、寿”字形，还有“九狮嬉戏”。从山顶俯视天一池，有长石伸入在水中，似象鼻吸水，颇为有趣。阁后假山主题是“五狮献剑”，当中一只大狮口含宝剑，另外有四只小狮偎依在大狮身旁。古木参天的山间，洞曲迂回，山下一泓碧水映出山光云影，别有情趣。

东园的面积约 10 亩，系新中国成立后新建。水面宽阔的园内，山势起伏，花木葱郁，景色优美。园在天一阁东部，故称为“东园”，园内水池称“明池”，“东”、“明”二字合在一起，为范钦的号，含有纪念范钦的意思。

尊经阁三层，歇山顶里面主要收藏皇帝御赐的书籍以及儒家书籍等，但现在看到的尊经阁是在 1935 年的时候从别处移建过来的。同样，旁边的很多石碑也是从别处移建过来的，叫作明州碑林。古碑共 80 多块，其中，宋碑 7 块、元碑 16 块、明碑 34 块，其他是清碑。所有的古碑对于研究天一阁与宁波的发展史都具有重要的参考价值，不少是属于珍贵文物。

天一阁不仅以中国最古的藏书楼闻名于世，并且以优美的园林称誉全国。园虽不大，可林茂池清，山峻石奇，楼宇精致，整体风格清隽而文雅。恰如郭沫若在赞颂天一阁的诗中所写：“林泉雅洁多奇石，楼阁清癯类硕儒。”秀美的园林景色和古老的藏书楼珠联璧合，让人称绝。

温州江心屿

【名园历史】

江心屿又名“孤屿”，位于温州市北瓯江江心，是闻名的风景名胜园林。此地风景秀丽，历史古迹、人文景观丰富，素有“瓯江蓬莱”、“人间仙境”之美誉。自南北朝时期就已是风景胜地，“孤屿”之得名来自于谢灵运“乱流趋正绝，孤屿媚中川”的诗句。历代经过不断营建，修建了如江心寺、宋文信国公祠、浩然楼、谢公亭、澄鲜阁等建筑。新中国成立后，经过整修扩建，面积一共达1070亩，风光更加迷人。

【名园漫步】

地势呈东西高、中间低的形态的江心屿，在中部低洼地带建有一座雄伟的寺院，名为“江心寺”。南宋绍兴七年（1137年），来自于西蜀的高僧青了率众填平孤屿东西两岛之间的江流，在其上修建寺院，取名为“中川寺”，宋高宗赵构赐名为“江心寺”。当时，寺院宏伟庄严，富丽辉煌。宋宁宗时，评选天下禅宗寺院，将其列为十刹之一。宋代以后，江心寺屡废屡建，今存的江心寺系清乾隆五十四年（1789年）重建，占地约有8亩，是江心屿上最大的建筑群。

寺院主要由前、中、后三殿及方丈室组成。前殿为“天王殿”，两侧建有钟、鼓楼，殿内供奉着弥勒、韦驮像。山门上悬挂着南宋政治家、诗人王十朋所撰楹联写道：“云朝朝朝朝朝朝朝散，潮长长长长长长长消。”该联立意奇特，用字巧妙，有数种读法，意义不尽相同，充分表现了我国楹联文化的深奥绝妙。中殿为“圆通殿”，是寺院的正殿。门柱对联为：“四面烟波，几疑蓬岛移来，金山飞到。一龛香火，剩有蜀僧胜迹，宋跸遗踪。”非常形象地描写了江心屿和江心寺的优美风景与悠久历史。殿内正中供奉着观世音菩萨坐像，两旁侍立善财童子、龙女。大殿东首的青石碑上镌刻着有“清辉”二字，系宋高宗赵构御书。殿前的两侧各有廊五间，东为“三畏堂”，西为客堂。殿后有佛塔一座，建于五代后梁乾化年间，离今已有1000多年历史。后殿为“三圣殿”，方丈室在圆通殿西首，室内藏有珍贵经本和书画等文物。深受佛教信徒敬仰的佛门圣地的江心寺，长年香烟缭绕，香客不绝，素有“江天佛国”的美称。

江心屿东西双峰崖岩挺秀，林木葱茂，两座山峰上各建有一座砖塔，称为“东西双塔”，是江心屿的标志性建筑之一。东塔始建于唐咸通十年

（公元869年），其后历代多次重修。塔6面7层，用青砖围砌。以前，各层外围有平座、栏杆与外檐，里有扶梯可登塔顶；如今，塔顶与各层外檐都已毁去，只留下形如巨柱的塔身。让人称奇的是，塔身顶部竟长出一棵大椿树，巨大的树冠把塔身顶部完全罩住，好像是砖塔加了一个绿顶。这棵榕树是完全靠悬在塔身内部的庞大气根吸取养分，是江心屿一大奇观。西塔始建于北宋开宝二年（1276年），历代多次修缮，现在保存较好。塔高32米，6面7层，每面每层均有小佛龛，内置石雕佛像，非常精美。在碧水蓝天的映衬下，该塔巍峨挺拔，分外秀美。东西双塔分立在江心屿东西两端，遥相呼应，成为了对景，勾勒出江心屿优美的轮廓。东塔下面的巨岩称为“象岩”，西塔下面的巨岩称为“狮岩”，江中还有象礁、狮礁与其相应。在象礁与狮礁上有导航灯塔，夜幕降临时候，灯影波光交相辉映，景色更加动人。

在江心寺的东面建有纪念南宋文学家文天祥的祠堂，由于文天祥曾被封为信国公，因此名为“文信国公祠”。南宋德祐二年（1276年），文天祥在江心屿中川寺居住过一段时间，并且写下《北归宿中川寺》诗。祠面积约有13亩，红墙绿瓦，古朴而典雅。庭院里植有苍松翠柏，气氛庄重又肃穆。中堂立文天祥石像，梁上高悬“天地正气”匾额，左右两侧墙上绘有壁画，描绘了文天祥率兵和元军激战的场面。祠内回廊四壁镶嵌着有《正气歌》、《过零丁洋》等文天祥诗作及后人凭吊诗石刻20多块，游人在祠内游览，可深深地感受到民族英雄的凛然正气。

在江心寺的南面，临江建有浩然楼。据说该楼是为纪念唐代诗人孟浩然而建，也有人说楼名取自文天祥《正气歌》中写的“于人曰浩然，沛乎塞苍冥”之句，是因为纪念文天祥而建。登楼南望温州古城秀色，东眺瓯江滚滚入海，景色优美如画。在楼上倾听瓯江潮声，也是一种很好的享受。

江心寺北面有一小湖，称为“荷花湖”。湖北岸由亭、桥、廊、榭构成一组建筑，称为“小飞虹”。这里湖水清澈，建筑精雅，花木葱茏，是一个优美清静的区域，人在其中行，似在画中游。

西塔的东面山坡上建有“归鹤亭”、“澄鲜阁”等景观。澄鲜阁是观赏温州城及瓯江美景的又一个好地方。阳光明媚的时候，登阁望远，群山如屏，瓯江似练，天高水阔，蔚为大观。在夕阳西下的时候，登阁欣赏晚霞映衬下的翠微山美景，真是如诗如画。

江心屿上有两处有名的古泉。一处在原龙翔寺旁，名为“海眼泉”，俗称为“东井”，据说是宋代高僧青了所掘。清澈甘洌的泉水长年不涸，被人们视为“圣水”。另一处古泉在西峰山温州市博物馆旁，名为“琉璃泉”，俗称为“西井”。该泉是温州三大名泉之一，据说若是抛铜钱下去，泉水就会上涌，发出涛声。

作为一处历史悠久的风景胜地，江心屿千百年以来一直享有盛名。屿里古树名木苍翠蓊郁，塔桥点缀，亭榭相映，山光水色秀丽妩媚。如今的江心屿有十景：春城烟雨、瓯江月色、孟楼潮韵、远浦归帆、沙汀渔火、塔院�风、海眼泉香、翠微残照、海淀朝霞、罗浮雪影。令人赞叹不已。

余杭超山梅园

【名园历史】

位于浙江余杭超山的梅园，是一处以赏梅为主的自然山水园。超山自古就是观梅胜地，素以“十里香雪海”而著称。自五代开始，超山就开始植梅，历经千百年，山中已植梅万株。品种以素梅为主，其中还有铁骨红梅、玉琢白梅、萼绿梅等诸多名贵品种。山间有数万平方米的梅林，花开季节灿然若锦，蔚为壮观。

【名园漫步】

进入超山梅园，呈现在眼前的全是梅树，或三五成组，或百余成林，自成风景。行到大明堂，周围梅树甚为密集。堂前建有一座四角小亭，名为“宋梅亭”，是园内赏梅佳处之一。亭前植有一株宋梅，古树虬枝苍劲，花开六瓣，是世间罕见的品种。刻有七副楹联在亭柱上，其中著名书画家吴昌硕先生所撰一联甚为绝妙：“潜龙何处去，有萝猿挂月，石虎啸秋；鸣鹤忽来耕，正香雪留春，玉妃舞夜”。描绘了超山自然风光和梅花盛开时的情景，意境优美。吴昌硕先生还勒石一幅“宋梅小影”，虬枝之上几点寒香绽放，形神兼具，让人叫绝。

在大明堂附近建有浮香阁，该处亦为园内主要赏梅点。阁前石坛中植有一株唐梅，尽管历经风雨，但枝叶茂盛、生机盎然。不远处的梅林之中，建有吴昌硕墓，圆形墓冢用条石围土筑成，高 2 米，直径 3 米。在墓冢上建有吴昌硕纪念馆，介绍其生平，并且展出部分作品。吴昌硕是现代著名书画家、篆刻家，他一生爱梅，生前曾多次到超山赏梅、画梅，并且立遗嘱，死后葬在超山。他曾赋诗一首写道：“十年不到香雪海，梅花忆我我忆梅。何时买棹冒雪去，便向花前倾一杯。”甚言爱梅之情。

从浮香阁登山，经过“翠韵”、“疏影”、“松风”诸亭，可以登上超山之巅“超峰”。倘如说宋梅亭是近赏梅花的最好的地方，此地则是远观梅景的绝妙所在。在花期，在这里四下眺望，十里梅海尽收眼底。四周景色正如清人王在晋所赞言道：“白花平铺散玉，十余里遥天映白，如飞雪漫空。”

以梅为主的超山梅园，不多的建筑和山水自然景致一起烘托梅林主景，全园主题突出，特色鲜明，不愧为自然山水园中的精品。

海盐绮园

【名园历史】

位于浙江海盐县武原镇的绮园，是一座保存较好的清代文人私家园林。绮园建成于清同治十年（1871 年），是海盐富商冯缵斋与其妻黄绣修建的宅园。黄绣是当时著名诗人、剧作家黄燮清的次女，知书达理、才识过人。建园时，冯缵斋大多时间在上海经商，绮园事实上主要是由黄绣主持修建，因此该园继承了海盐以往文人园林的风格。我国著名园林专家陈从周先生在20世纪60年代发现了绮园，根据该园特点总结出“水随山转，山因水活”这一叠山理水理论。从此，绮园声名鹊起，成为了游览热点。

【名园漫步】

占地有15亩的绮园，可分为南北两部分，园里建筑不多，以山水为主。从西侧园门入园，就进入南部景区。沿曲径前行不远，便可透过山石树木看到一座厅轩。该轩名为“潭影轩”，由于体量较大，造园者用假山和树木将其包围，使其不直接显露在山水之间，游人往往要走到它跟前，才能发现它的存在。这里，造园的“隔”与“藏”的手法运用得非常巧妙。轩南紧临深潭，清澈潭水映出天上白云，正合王勃“闲云潭影日悠悠，物换星移几度秋”的诗境，轩也由此而得名。潭池对岸峭壁耸立，更能衬托出潭水之深。潭的西部架有一座九曲小桥，与一般曲桥对称而曲不一样，该桥随意而曲，显得潇洒自然，颇符文人性格。围绕潭影轩与潭池的北、东、南三面是绵延不绝的假山。潭上曲桥和南山蹬道相连，过桥登山，沿蹬道穿行在山石洞壑之间，似置身群山之中。登上山顶，眼界顿然开阔，可见园北部的大水池、石桥、亭台。在潭影轩东侧，潭水变为溪流，蜿蜒北去，穿过北山的下暗洞，汇入北部的大水池。溪流两岸，山石高低起伏、奔走绵延，形成东山。分隔绮园南北景区的界山是北山，又是潭影轩背后的倚靠，其结构巧妙多变，具体可分为东、西两部分。西部的顶端较为平坦，设有石桌、石凳，坐在这里，一边休息，一边观赏北部大池水景，甚为惬意。东部山势宛转伸展，直达东面的园墙。东西两部分虽被溪流、假山分隔，可经过精心处理，又浑似一体。最让人叫绝的是山间小径，有盘旋的蹬道、幽深的曲洞、架山巅的石梁、低于地面的隧道，构成交叉立体交通网，在山中蜿蜒迂回而行的游人，领略变幻多姿的风景，其乐无穷。

绮园的北部景区占全园三分之二以上，空间开阔，山雄水广。景区北部与东部是横亘连绵的大假山，在南部有宽广的大水池。池中筑有东、南两堤，把水面分成三部分，在堤上又架有三桥，使得三块水面相互联系。

南堤西端水口上架有一桥，为一块石板横跨于水面，是堤桥风景自然随意的开端。在南堤和东堤的相连处另有一座三跨平桥，桥墩是形如剑刃的菱形石柱，造型独特而精巧，是我国园林桥景中的独例。第三座桥是架于东堤北端的罨画桥。该桥是园内规模最大的一座桥，也是唯一的拱桥。桥拱很高，桥洞宽大，桥身较长，园池中修建如此的拱桥，甚为少见。池面宽阔，周围环境处理较好，该桥并不显得突兀。桥南北两端的两株百年古樟、隐现于桥后浓荫中的假山与滴翠亭，以及堤、桥、山、树在池中的倒影，构成了一幅美丽的画卷，从小到大、从简到繁，把水面装点得分外多姿，游人有渐入佳境的感觉。

大水池的北部与东部，是气势磅礴的大假山。山中峰峦迭起，山洞穿流，林木茂密，一派山野风光。山巅建有六角小亭，名曰“依云”。这里是全国最高点，可俯瞰园内美景。

三面环山的大水池，只有西面地势平坦。在西面平直的沙岸和北面石矶组成的曲岸交接处，建有卧虹水阁。该阁阁体扑入水面，东南两侧邻水，为作一座写意的旱舫。阁东和卧于碧波之上、形似彩虹的罨画桥相对，互为对景。

绮园虽然是冯家的宅园，可它不仅没有商人私园的富贵气，而且没有纤细繁密的闺阁气，整体风格雅健豪放，是比较有代表性的文人私家园林。园中的建筑寥寥无几，以山水景色为主，充满自然野趣，堪称为“城市山林”。全园布局巧妙，山水搭配得宜，“水随山转，山因水活”，表现了造园的人深厚的园林艺术功底。绮园不愧有“浙中第一园”之称。

湖州莲花庄与潜园

【名园历史】

位于湖州城东南隅是莲花庄和潜园，两园合二为一。莲花庄一直是文人墨客游玩的地方，颜真卿、白居易、杜牧等都曾经到过这里，并留下诗文。至元代，著名书画家赵孟頫在这里建园，命名为莲花庄。该园一直享誉江南，至清末才逐渐衰败。当地政府在1986年重建莲花庄，并且将东侧的潜园并入园内。潜园是清末四大藏书家之一陆心源的私园，又称为“陆家花园”。该园在日寇侵略时遭到破坏严重，在20世纪80年代才得以修复。

【名园漫步】

今莲花庄和潜园占地约120多亩，园内三分之一是水面。莲、石、翰墨，是园中三绝。

湖州广植莲花，苏轼曾在环湖州城观赏莲花，留下了“绕城荷花一千顷”的诗句。莲花庄内的莲花是湖州城之最，其品种之精、数量之多，向来被人称道。据当地县志记载，清末的莲花庄“四面皆水，荷花盛开时绵云百顷”。现在，莲花庄内虽无百顷莲花，可池中渠间没有一处不植莲，夏季园里到处绿叶田田、花朵点点，使人如置身莲乡。园中有特辟的几方莲池，植有精品名莲，花形秀丽，清香扑鼻，近观细赏，甚为得宜。园内莲花最大的特点是“多、精、香”。

遍布全园的千奇百怪的太湖石也很具特色。湖洲弁山是大湖石的主产地之一，莲花庄内置有弁山太湖石2000多吨，选用的都是品质上乘的石料。屋角池畔，奇石到处可见，引景、点景极为自然。用湖石垒砌的石山嶙峋突兀，连绵不绝，和园内池渠形成山环水绕之势，景致甚佳。园中最著名的奇石是立于如意池畔的莲花峰。该峰高38米，宽约12米，形似出水芙蓉，是建园时的遗物。明沈梦麟有诗赞曰：“魏公池上玉芙蓉，元气淋漓湿贝宫。汉女梳头云冉冉，天丁凿翠雨玲珑。”

莲花庄的另一大特色是众多的翰墨收藏。莲花庄是赵孟頫的别墅，因此园内保存着他的许多手迹。赵孟頫，字子昂，是元代著名书画家。诗、书、画皆绝，且其妻、子、甥都擅书画。园门的北侧有赵孟頫撰文并书写的《吴兴赋》碑刻，叙述了湖州人杰灵地之盛况。在不远处还有赵氏父子所画《吴兴山水清远图》的石刻。园门北侧的“青卞居”，得名于赵孟頫之甥王蒙所画《青卞隐居图》。园内不但保存了古代文人墨客的众多书画作品，还藏有沙孟海、吴作人等很多现代书画家的佳作，可谓墨香满园。

园内的建筑主要有松雪斋、题山楼、青卞居、大雅堂、集芳图、晓清阁、鸥波亭等，都是近年来重建。遍布满园的各色花木使整座园林充满生气。

莲花庄与潜园鲜明特色、风格清雅，是江南文人园林中的秀作。赵朴初在松雪斋撰写的“儒雅风流，一时二妙兼三绝；江山故里，青盖碧波拥白莲”一联，巧妙地点明了全园的特点，是对此园真实、全面的概括和写照。

绍兴青藤书屋

【名园历史】

位于绍兴市前观巷大乘弄内的青藤书屋，是我国著名的书画家徐渭诞生与读书的地方，也是我国绘画史上“青藤画派”的发源地。在清代康熙、乾隆、嘉庆年间，青藤书屋各曾得到修缮。新中国成立后，当地政府又对青藤书屋进行了全面整修，使其基本恢复了旧日的原貌。

【名园漫步】

占地不足 2 亩的青藤书屋，是一处清幽的小园。它四面围以高墙，南、北、西三面和其他民居相邻，东面临街，有一门可供出入。进门是一小庭院，有假山贴墙而筑，山腰蓄土，植以花木，景色自然清新，徐渭题之为“自在岩”。穿过庭院，就到书屋。书屋坐北向南，中间用墙隔为前后二室。前室正中悬挂有“青藤书屋”匾额，为陈洪绶题写。匾额下挂有徐渭的画像。屋的南面是一排方格长窗，长窗上方悬挂徐渭手书“一尘不染”匾，窗前布置着有明式家具，东西壁间有《天池山人自题像赞碑》及《陈氏重修青藤书屋记》。书屋的后室已被辟为作文物陈列室，展示出徐渭部分书画作品，有《墨葡萄图》、《驴背吟诗图》、《黄甲图》等。其画作用笔放纵、酣畅淋漓，画风别具一格。

书房旁有一小天井，靠墙种有一株青藤，枝干虬曲，盘旋而上。这里原有徐渭少时手植青藤，大如虬松，只可惜已枯死，今存青藤是为后来补植。徐渭非常喜爱青藤于石隙中顽强生长、长年青翠的旺盛生命力和不屈的精神，因此以“青藤”为书屋的名字和自己的别号。青藤旁有一方形小池，面积不足8平方米，东、西、南三面围以石栏。池的北面和房屋相连，池中立有方形石柱，上托石梁，石梁之上是房屋檐柱，方形石柱上还刻有徐渭手书的“砥柱中流”四个字。徐渭称“此池通泉，深不可测，天旱不涸，若有神异”，因此名之“天池”，也以其做为自己的别号。

清幽淡雅的青藤书屋，质朴简洁，正似园主人洒脱、清贫的一生。

绍兴沈园

【名园诗话】

其一

城上斜阳画角哀，
沈园非复旧池台。
伤心桥下春波绿，
曾是惊鸿照影来。

其二

梦断香销四十年，
沈园柳老不吹绵。
此身行作稽山土，
犹吊遗踪一泫然。

宋·陆游：《陆放翁全集·沈园二首》

【名园历史】

沈园位于绍兴市延安路与鲁迅路之间，由于园主姓沈，故名。沈园占地70多亩，是南宋时期江南著名的园林。由于此园见证了名诗人陆游和唐婉的爱情悲剧，多年来一直具有很高的知名度。新中国成立后，当地政府以古园中残留的景物为基础，把沈园修建成一座以纪念陆游为主题、具有宋代园林风格的古典园林。

【名园漫步】

园内主要建筑为陆游纪念馆，是一组典型的江南民居院落，主要由安丰堂、碑廊、务观堂等组成。院落内和四周花木葱茂，环境非常幽雅。“安丰堂”之名取自陆游劝农文中“安丰年而忧歉岁”一语，堂里展有陆游塑像、毛泽东书陆游诗词手迹等的各种展品120多件，全面介绍了陆游的生平及取得的成就。务观堂以陆游的字为名，堂里展有陆游的手迹，着重地展示了陆游不被人熟知的书法魅力。碑廊位于安丰堂与务观堂之间，廊壁还嵌有范成大、杨万里、梁启超、蔡元培等历代名人赞咏陆游的诗作刻石十数方，从侧面反映了陆游的历史地位。

陆游纪念馆西北为沈园古迹区，葫芦池、石板桥、古井等都是古迹。一处两端大、中间窄的水池是葫芦池，由于形似葫芦而得名。池中间狭窄处架有一座三曲石桥，池南是一座山势平缓的土山，点缀着一些黄石。在山上绿树掩映之中建有一座古朴的茅亭，亭额为“如故”，喻指这里景色与当年依然如故。假山附近有一口旧园中的古井，为了加以保护，在井上添建了井亭。

在沈园中部有一片新开辟的景区，孤鹤轩是这一景区的景观中心。轩为仿宋建筑，单檐歇山顶，两面带廊，平面呈倒“凸”字形，造型端庄而凝重、秀丽又典雅。柱上刻有一联写道：“宫墙柳，一片柔情，付与东风飞白絮。六曲栏，几多绮思，频抛细雨送黄昏。”孤鹤轩的西面有一口六朝古井，井身用纹绳平砖错缝砌成，井里曾出土过六朝时期的陶瓷碎片。在井上建有井亭，亭顶中空，透出蓝天，如此建造是为了“承天露”、“承天花”。孤鹤轩的南面有一时沈园遗留下来的旧壁，称为“遗物壁”。重修沈园时，对这块旧壁略加修补，上置瓦顶防止倾倒，遂成园内一处景观。

沈园内还有新建的连理园、情侣园等景区。连理园中，亭榭绕池而设，假山雄浑，花木繁茂，景色如画。情侣园中，亭台错落，山石奇秀，有广耜斋、琴台、鹊桥、相印亭、吴越山石、琼瑶池、祈愿台等景点。这两个景区不仅是为纪念陆游和唐婉之间的爱情，也是为了给现在的相爱之人提供一个激发情感之地。

绍兴百草园

【名园历史】

三味书屋与百草园位于浙江省绍兴市东昌坊口新台门的鲁迅故居内。鲁迅故居是鲁迅生活与工作的地方，后家庭败落，将整个建筑群及后花园卖给东邻朱家。易主后，大部分拆除重建，唯鲁迅家的主要部分没有拆，新中国成立后，政府拨款整修，基本恢复旧观。

【名园漫步】

鲁迅故居是四进深门宅院，有四个园林式院落。第二进长廊的西边有侧院，满植桂花。长廊的东面设六角门，上题“怡轩”。入内，南面的粉墙前堆起三峰湖石，三峰中低侧高，之间似连非连，前植百年古木。中峰较低是为了表现墙上的砖雕漏窗，这样搭配极为合理。长廊在门口伸出半亭，既有门楼的作用，又有景观的作用，栏杆用砖花拼图。

中院的北面依粉墙置有一池一山，湖石假山在水面之上依墙而立，水中金鱼浅游，石根毕现。驳岸为自然湖石，假山上满布青苔，墙上中间砖刻有“闲余小憩”四个字，左右两侧有方形青瓦拼花漏窗。假山正对曲廊的圆洞门，洞门题有匾额与对联。

后院以池为中心，池岸由条石砌成，南面临池有轩，木栏铁杆，其他三面是石栏石柱。池北正中筑有石柱亭，亭立在黄石台基上，台基周边是以假山构成，蜂洞密布。亭西依墙角有一座湖石假山，如同悬崖，上大下小，上下构石洞，有蹬道可以上人，山顶高过墙头。亭东也堆有湖石假山，有石洞与蹬道。山旁鹅卵石铺地，墙垣斜砌，正中开有圆洞门，左右开砖雕漏窗，从门洞向院内观，正好把亭角和假山收入画框内。三院均有山有水，前、中两院较为自然，后院由于水池过大、石山分立而显得局促。

出后院就是百草园，百草园占地 2 亩，是在嘉庆年间建宅时留下的菜园，归周家十多户人所共有。1918 年归朱氏后，园地的南北改变较大，但中部的主要部分没变。朱氏购园后增堆假山、营造堂榭，使之成为花园。后院院墙中开月洞门，题“百草园”，对联写道：“仰视桑葚熟，俯听蟋蟀声。”撷取了鲁迅的文章《从百草园到三味书屋》里的内容。

百草园中，整齐的菜畦保留至今，使入园的游人体会鲁迅儿时的回忆：“我家的后面有个很大的园，相传叫做百草园……其中似乎确实有着一些野草；可那时却是我的乐园。”鲁迅在《从百草园到三味书屋》中写道：“不必说碧绿的菜畦，光滑的石井栏，高大的皂荚树，紫红的桑葚；也不必说鸣蝉在树叶里长吟；肥胖的黄蜂伏在菜花上，轻捷的叫天子忽然从草间直窜向云霄里去了。单是周围的短短的泥墙根一带，就有无限趣味。油蛉在这里低唱，蟋蟀们在这里弹琴……”在园里捉蟋蟀、拔何首乌的鲁迅，夏天在园中纳凉，冬天在雪地上捕鸟，是多么让人羡慕的地方。

在菜地北端有一高大厅堂，面阔五间，周围出廊，歇山顶。该厅之大，让人想到江南的佛殿。厅堂西向，正对有一个椭圆形花坛，花坛中植有铁树两本。隔着花坛，依西墙筑有假山，山体南北走向，高五六米，以湖石为主，夹杂着黄石，山根有石洞，石洞下有清泉，洞眉题“漫月。”山上遍植樟树，登山可见墙外景致。假山上古木很多，好像只见树木不见山。北陈列花卉盆景。在山南有一列泥墙，是周家旧物，墙外为梁家地界，因此称梁界，鲁迅在文中说：“……单是周围的短短的泥墙根一带就有无限趣味。”

绍兴兰亭

【名园诗话】

兰亭绝境擅吾州，
病起身闲得纵游。
曲水流觞千古胜，
小山丛桂一年秋。
酒酣起舞风前袖，
兴尽回桡月下舟。
江左诸贤嗟未远，
感今杯昔使人愁。

宋·陆游:《陆放翁全集·兰亭》

【名园历史】

位于绍兴市西南兰渚山下的兰亭，是我国书法圣地，又是一处美丽的纪念园林。这里曾经是越王勾践种植兰花的地方。汉代在此设驿站，也称“驿亭”，因此称“兰亭”。东晋永和九年（公元353年）三月初三，大书法家王羲之和当时名士共42人在这里饮酒赋诗。众人沿溪而坐，行曲水流觞之乐。这次聚会共赋诗37首，王羲之给这些诗作了序，并且当场挥毫，写就了传世之作《兰亭集序》。由于这次聚会加上王羲之的名文、名书而声名大振，成为了历代书法家的朝圣之地。每逢三月初三，都有很多书法家赶到兰亭怀古续胜，举行书会。

今天作为纪念园林的兰亭建于明嘉靖二十七年（1548年），符合《兰亭集序》中所描述的“此地有崇山峻岭，茂林修竹，又有清流激湍，映带左右”的意境。在明、清两代，游人络绎不绝。当地政府在1980年对兰亭进行了全面整修，使其得到了更好的保护。

【名园漫步】

在兰亭前面有一条流水潺潺的小溪，名为“曲水流觞”。溪畔建有流觞亭，面阔三间，单檐歇山顶，四周围廊。亭内正中悬挂有“曲水邀欢处”匾额，左右陈列有《曲水流觞图》，描画了王羲之当年和众名士在溪边饮酒赋诗的情景。流筋亭前沿溪叠石，凹凸相间，其中，凸起的石头一共有42块，代表了当年参加聚会的42名士。

流觞亭的北面有右军祠。由于王羲之官至会稽内史、右军将军，所以人们称他为“王右军”，祠也以“右军”名之。祠前清水横流，古樟蔽日，祠中悬挂有王羲之的画像。堂前有一座碧池，名为“墨池”。据说王羲之练习书法的时候经常在池中冲洗笔砚，日久天长，将池水染成了黑色。池中有翘角方亭，名为“墨华亭”。亭建于水中，南北两端有石板桥相连。墨池的两侧建有回廊，嵌满唐宋以来书法名家摹写《兰亭集序》的刻石在廊壁上。今天，右军祠是中外书法交流的重要的地方。

流觞亭的西面石台上耸立着一通高68米的御碑。碑的正面镌刻康熙帝临摹的《兰亭集序》全文，碑的背面刻有乾隆帝题写的《兰亭即事》七律诗一首：“向慕山阴镜里行，清游得胜惬平生。风华自昔称佳地，觞咏于今纪胜名。竹在春烟偏滃荡，花迟禊日尚荣。临池留得龙跳法，聚讼千秋不易评。”表达了他对兰亭的仰慕之情。御碑顶部、底部和四周都雕有龙、凤等图案，雕工精细。像这样两位皇帝共题一碑的情况，在全国园林中很少见。

在流觞亭南有一座方亭，称为“小兰亭”。亭内立石碑一通，上镌“兰亭”二字，为康熙帝手书。后来，石碑遭到破坏，虽经修补，可“兰”字缺尾，“亭”字缺头。小兰亭前一泓碧水，水中白鹅嬉戏，称为鹅池。平生爱鹅的王羲之，家中养鹅很多，民间还流传着他以字换鹅的故事。据说王羲之从鹅的动作中领悟出了很多执笔、运笔的道理。王羲之一生写过许多不同的“鹅”字，在鹅池旁有一石碑，上书“鹅池”二字，传为王羲之亲笔。其中“鹅”字银钩铁画，遒劲洒脱，格外有神。

兰亭建于群山合抱、曲水环绕的山阴之地，周围山明水秀，景色优美而疏朗。造园以“山为骨架，水为血脉”，直接引天然景物入园，和人造景致相比，固然要胜出一筹。园内建筑古朴而典雅，大多掩映在翠竹古木之中，和周围环境很自然地融为一体，特为和谐融洽。兰亭的最大特点是文化氛围浓郁。王羲之和众名士兰亭聚会的盛事一直被人们广为传诵。成为历代名人骚客、尤其是书法家们的聚会的盛地，现在仍是中外书法家交流的重要的地方，并成立有著名的“兰亭书会”。现在，园内到处可见王羲之与历代书法家的墨迹。自然秀美的景色和深厚的文化底蕴，使兰亭颇具魅力与风格，成为我国著名的纪念园林之一。

绍兴东湖

【名园历史】

位于浙江省绍兴市东 6 公里的东湖，是浙江省著名的自然山水园林。原为青石山的南面，自汉朝起，此地成了采石场。经过千百年开采，几采山之一半，形成高达 50 米的悬崖峭壁，崖下积水成水塘。

清末，绍兴园林家、书法家、教育家陶浚宣看到这里的秀丽风景，移居此地，在兄弟陶在铭和陶在宽的协助下，筹集 8000 银元，开始筑园。

抗日战争时，绍兴沦陷，园林多有毁损。战后经多年整修与改造，恢复原状。

【名园漫步】

园内有景多处，崖壁景有陶公洞、桃花洞及喇叭洞，亭阁景有听湫亭、饮绿亭、香积亭、静趣亭、揽越亭、寒碧亭、稷寿楼、扬帆舫、陶社、小稽轩等，桥有九座，如汀步桥，秦桥、静趣亭桥、霞川桥、万柳桥等。

堤长几百米，全湖以堤桥景最胜，堪和杭州西湖媲美。仿照西湖，此堤又名白堤，堤上植柳，堤与桥结合，与墙结合，或通透，或封闭。园外过往的舟楫与园内穿梭的乌篷船隔堤呼应，颇有乡间野趣。堤桥结合，不但有西湖游堤之形，而且有水乡纤道之神。

在东部是园门，南向开门。入门后须跨高大的石拱桥，该桥飞跨运河两岸，非常壮观。过桥左折，左边沿古运河起堤，堤上有桥，站在桥上看湖面满种荷花。沿堤走到陶社景区，该地堆有土丘，丘上堆有假山，建四角攒尖亭，名为揽越亭。下亭可到陶社，陶社建于湖边，有乌篷船码头在前面。原陶社不在此处，绍兴沦陷时被日伪所毁，在1982年重建于湖西首，周谷城为陶社题匾。陶社面阔三间，硬山顶，前檐廊，抱柱有一联："半生奔走，有志意成，开中华民主邦基，君子六个齐下拜。万古馨香，于今为烈，是吾越英雄人物，湖山八百尽增光。"陶社后面靠近围墙的地方也堆湖石假山，在园路上拱石成门，和墙上的月洞门成为两个取景框，在月洞门上题"搜奇"二字。人们在此乘上乌篷船游览东湖，可浏览园中深奥妙境。左面是堤桥不断，橹声可闻；右面为悬崖陡立，石洞幽深。出发不久，可见陶社不远的堤上有亭桥，题为"静趣桥"，桥亭歇山顶，两头出披屋，墙上开梅竹图案的漏窗，图案较复杂。桥东西向，桥下之水沟通运河与东湖。亭西挂的匾为浙江省书法家刘江的楷书，亭东挂的匾为绍兴书法家冯亦摩的草书。正前方横一桥，是秦桥。秦桥是陶浚宣所筑，中间为拱桥，左右两边再接两墩三架平桥，是一个组合桥，桥左右再接堤坝。桥靠山一头建有小稽轩，为茶室，面阔三间，硬山顶，临湖而建。轩后筑花岗岩假山，山内构洞，遍植桂花，额题"桂岭"。岭外临内湖建四角攒尖亭，名为香积亭，为防柱子腐烂，用石头做柱子。

穿过秦桥，来到中部湖区，该湖区被堤分成内外两部分，更像西湖。堤上建单孔桥，起拱比较高，还可以通船。堤边时而突起几丈，时而入水几步，入水之矶如龟引颈。内湖有几十米高的石壁，凿石后留有大洞，由于上小下大，形如蟠桃石屋，因此名仙桃洞。石壁上刻有陶浚宣写的对联："洞五百尺不见底，桃三千年一开花。"桃花洞边还有一洞，名喇叭洞，上小下大，壁上有书法家郭仲选题"空谷传声"四个字。在外湖的白堤上建有万柳桥，以白堤多柳而得名，运河和湖在这里相通。仙桃洞边有石突出如仙椅，又成一景。湖东还有一桥，名霞川桥，为陶公所筑。桥墩两个，三架石板平置，桥墩上一首对联：“剪取鉴湖一曲水，缩成瀛海三山图。”该联表明了桥堤源于鉴湖古纤道的设计意图。在桥头的靠山的一面建有一亭，名为饮渌亭，“渌”指清澈，该景表明游人可观清澈的湖水中的倒影。亭平面六角形，石柱，宝顶有一只灰塑的仙鹤，垂脊有灰塑白象、雄狮等。

过霞川桥，来到东部湖区。该区有一洞，名陶公洞，船入洞内，仰望天空，似坐井观天，郭沫若在1962年游湖时写下一首诗：“壁立千尺，路隘难通。大舟入洞，坐井观空。勿谓湖小，天在其中。”这首诗生动地描写了东湖游洞的感受。在洞处石壁山根建有六角攒尖亭，名为听湫亭，是由书法家诸乐三书写。“湫”指秋天的水潭与清凉，此地用“听”字，也只有坐亭方能体会，原来有水自崖上滴入水潭之中，顿生清凉之意。

出洞到稷寿楼前码头。稷寿楼两层，面阔五间，周围出廊，骑马雀替，寿字花栏。有书法家沙孟海所题的“稷寿楼”三个字，室内的“稷寿”两字是陶浚宣所书。在湖东水面上有一舫如扬帆而来，故名扬帆舫。舫上有两个小亭，前亭小而开敞，三面是石槛木栏，正脊有龙吻，垂脊有仙人；后亭封闭，三面粉墙，一面开门，歇山顶，正脊有龙吻，垂脊有吉兽、仙人，屋角有青蛙与梅花，侧窗檐顶粉壁上有两只蝙蝠、一个蟠桃。陈从周题联写道：“洞中藏洞泉流隐，桥外有桥水更幽。”曾于舫上观瀑的清代人周元棠写诗：“驻舫看嵇山，山光助幽兴。泉声泻若飞，半规山欲暝。几似水帘垂，镇住芙蓉径。又似酒帘飘，卷来松罗嶝。推开玉女窗。引入月光滢。化作若耶泉，溪流耐远听。余韵滴空岩，隔岸遥相应。”有方池一口，石栏围护，壁上植木一本，题字“墨池”。池边出月台，旁有石山，题为“此峰自蓬岛飞来”。月台正对笔架山，山如笔架，启功先生题写“笔架”二字。稷寿楼旁有湖亭，面阔三间，题有两联，外联写道：“月做主人梅做客，花为四壁船为家。”该联和寄啸山庄的船厅联相同。内联写道：“凿石出奇文，满壁藤萝存鸟迹。自天倚长剑，四山风雨作龙吟。”稷寿楼与湖亭西有月洞门，门侧植芭蕉两株。跨门入内，见楼后依墙堆有假山一座，另有竹丛、石笋。月洞门西接小轩，左右出拱门，山墙上题“酒”字。东湖东门的石门框上题“东湖”二字，门联写道：“门前学种先生柳，岭上犹横隐士云。”码头东有牌坊，上题“槐荫别墅”，对联写道：“以是山阴道上，知来西子湖头。”表明东湖和西湖的渊源。

杭州郭庄

【名园历史】

位于杭州市环湖西路卧龙桥畔的郭庄，是一座古朴典雅的私家园林。郭庄建于清咸丰年间，原是为丝绸商宋端甫所建，称为“宋庄”。后来归郭士林所有，改称“郭庄”，由于郭士林是山西人，又称之为“汾阳别墅”。之后，郭庆一度几乎荒废。1991 年，经过整修，对外开放。

【名园漫步】

紧临西湖的郭庄，分“静必居”和“一镜天开”两个景区，静必居为宅院，一镜天开为花园。园里建筑多贴水而建，“环水为榭，雅洁有似吴门之网师，为武林池馆中最富古趣者”。

卧龙桥畔的园门前有一株高大的香樟。入园后，经过一个不规则门厅，进入静必居景区。庭院里花木葱茏、奇石耸立，左侧建有两宜轩、伫云亭。沿游廊曲折前行，可到正厅，厅中悬有“香雪分春”匾额。厅后建有后堂，两侧是厢房，形成了具有杭州民居特色的四合院。院内的莲池四周围以石栏，清澈透明的池水，上浮莲花点点，给庭院增色不少。建筑里的家具陈设都按照当年原有形式布置，古色古香，非常雅致。

园内的精华是“一镜天开”景区。景区内的主体建筑是景苏阁，高两层，造型优美，原是绣楼，现辟作接待室。阁面向西湖，登阁可借苏堤春晓等诸景入园。阁前矮墙上开有洞门，前后门额分别题有“枕湖”、“摩月”。出门就是船坞，可乘船游湖。花园在阁后，园内建有三角形小亭，玲珑而别致。不远处临湖设假山，用湖石叠成的假山，山中怪石嶙峋，洞曲幽回。在山顶矗立着赏心悦目亭，飞檐翘角，四面开窗，登亭可望园内景色及西湖风光。亭下架空形成石洞，水流入洞，有不尽之感。景区南端建有乘风邀月轩，小轩四面开敞，坐在其中赏近水远山，最为得宜。

景区内有南、北两池。北池为方形，条石砌岸，池上架石板平桥，规整中见平实与自然，如浙江乡间常见的池塘。南池呈不规则状，湖石驳岸，曲廊环绕，看似随意，实则是精心设置，如苏州园林中的水池。两处水池各具有特色，对比鲜明，丰富了园内观赏的空间。

背山面湖的郭庄，周围景色甚为优美。造园的人充分地考虑到这一点，利用苏景阁、赏心悦目亭、乘风邀月轩等建筑把园外风光借入园内。它东借“苏堤春晓”，西借“双峰插云”，南借“南屏幽姿”，北借“保傲倩影”，可所谓借尽地利，揽尽风骚。园内亭榭精致，山石怪异，小桥流水，花木芬芳，风格古朴，美景无限，风光宜人，成为西湖胜景之一。郭庄是西湖诸园中最富江南古典园林特色的私家园林。

杭州黄龙洞

【名园历史】

黄龙洞位于浙江省杭州市栖霞岭北麓扫帚坞，南宋名将孟珙于淳祐五年（1245 年）购栖霞岭北麓建龙国仁王禅寺。寺内石洞流水不断，人们称该洞为黄龙洞，此泉为龙泉。

淳祐八年（1245 年）以后，黄龙洞就成为了祈雨之地。元、明时期，佛寺屡建屡毁。晚清时环洞建道观及亭台楼阁，堆叠假山，由于风景秀丽而成为杭州游览胜地。

1985 年，对黄龙洞景区全面修整，增筑仿古建筑，成为了仿古园林景区。1995 年，由于全国的主题公园兴起，黄龙洞发展“月老”思想，以“缘”作主题，增建月老祠、禧缘江南戏台、圆缘台、连心锁等几十个景点，成为了杭州四大婚庆园林之一。

【名园漫步】

公园分为有自由开放区和非自由开放区，从曙光路入口开始到民俗园门口是自由开放区。入口处有一组巨大的河石，上题“黄龙洞”三字。园中心有一个大池，池岸很低，虽很规整，但很自然。水的源头有瀑布，流曲水，植水草，岸边的游人坐着谈话嬉笑。跨池有仿松木低的拱桥，石条石铺成，石间嵌草。有一块枯池枯流区在草地上，小鹅卵石铺底，大河石而点缀。

来到非自由开放区，门口有黄石巨岩，上刻一个“缘”字。该区是园林老景区，今辟为“缘”主题园区，园门为二层门楼，重檐，二层题“黄龙洞”，一层题“圆缘民俗园”，门联题“黄泽一竭，老子其犹”，意为白黄帝以来，道教如深泽不涸；老子像龙一样得道成仙。黄帝与老子都是道家人物，表明该地曾是道家圣地。门楼檐下披红挂彩，连楼前的一对石狮也挂红彩。

一入园，一个自然山池被石桥分成两部分，池中立有刘海戏金蟾雕塑。投缘池在路右边，池为圆形，池岸与池底皆是鹅卵石砌成，池中心雕塑为六个童子抬铜钱，池边内圈为黑白细鹅卵石拼花，外圈为花岗石铺地，鹅卵石上点六个鼓石，上刻“财”、“情”、“姻”、“文”、“仕”、“子”，是为六缘。六童所抬铜钱中央为投缘孔，游客可根据自己意愿来择定一方位，站在某一个缘鼓石上向缘孔中投币，投中即可获得该缘。山道两边都是黄石铺地，林下设台，是用十个铜钱拼成图案，上题“投缘池”。

从投缘池向山上走，就来到禧园，此园内设茶肆、戏台、书斋等。戏楼为歇山顶的仿古建筑，额题“同结喜缘”，越剧团每天都在这里演出越剧。在两幢茶楼间的楼梯分道处可见粉墙月洞，透出洞内的缘中园。斜坡草地上是用鹅卵石铺成的“缘”字，平地一角用竹竿围一个水池，水池上架五个竹瓢底写“缘”字，竹围栏上立一高杆，上架一小坡顶，挂红灯笼，题“幸福缘”三个字，另外还有一竹竿题诗一首。在围墙上开有九个漏窗，漏窗图案是九龙图，九龙形态不一，两边题有对联：“柳暗花明春正半，珠联璧合影成双。”在窗前有陶瓷桌椅，上置一盆玫瑰花。院中建一亭，名为祈愿亭，对联写道：“幸福祈愿，良缘达成。”亭平面三角形，青瓦拼花的屋脊，亭内悬一铜锣，任人来敲击。出八角洞门，来到新乐府。新乐府三开间，前出月台，石栏围护，丹陛九级，前植古柏，里面表演江南音乐。新乐府旁边是黄龙洞及黄龙池。池岸用黄石立柱，上题写道“有龙则灵”，这句源于唐代诗人刘禹锡《陋室铭》的“水不在深，有龙则灵”之句。在峭壁上有一黄龙头吐出水流形成瀑布，瀑布经入水，溅起白色的水花。瀑布前架几块石板，可临瀑赏清流而听水声。

正对着黄龙的池岸上建曲廊，曲廊一端接月老祠，香雪亭在中间；另一端有五角攒尖亭，名“鹤止亭”，宝顶立一回头仙鹤。传说北宋隐逸诗人林和靖在孤山养一仙鹤，常在此地栖息，因此建亭以记之。其实，黄龙洞开辟时距林和靖去世已二百多年，此为后来传说。亭有一联写道：“月上新亭，把酒待招玄鹤至。风来古洞，倚松静听老坶老龙吟。”

曲廊内是月老祠，坐东朝西，面阔三间，硬山顶，前檐柱是石柱，左右植古柏。室内祀月老，月老手执婚书，祝愿天下有情人终成眷属。月老祠前是庭院，院中置宝顶香炉，上面刻有三龙拱珠。院西和月老祠相对的是三间前殿，上题为“积翠仙馆”，前檐设廊，廊左右设拱门，门额刻有狮子。馆前小院极为精致，粉墙砖瓦顶，顶上压脊，灰塑有双鹤戏水、双马吃草、双鹿回头、双狮下山等，墙上砖雕一个“缘”字，院门左右的漏窗的图案是双鹤南飞与双鹿飞奔。

月老祠西是方竹园，此园中竹类不多，以方竹最为有名，方竹根部方正，节带钝刺，是园中珍品。《杭州府志》写道：“方竹出西蜀，杭州西湖飞来峰下亦有之。”《花镜》写道：“方竹产于澄州、桃源、杭州。体方有如削成，而劲挺堪为挂杖，亦异品也。”

庭院靠山的地方有一座百岁老人苏局仙题匾的“长乐亭”，亭六角攒尖，粉红色，浅蓝脊，朱红宝顶，有美人靠。亭后有黄大仙洞，黄大仙是秦代的黄石公，汉代张良给他穿靴。以前，洞内曾有“黄龙祖师像”，传为是慧开和尚自刻像。山上还有一洞，名“卧云洞”，由于地处山坞，林木森森，常年都是云雾缭绕，故有此名。长乐亭后假山结合道路、护坡、护栏构筑，人入在其中，似路似山，山下远观则是玲珑百孔的大山。堆石手法较巧，路内侧是护坡呈直壁式，外侧护坡呈勾搭环孔式，外观似猴洞，石隙平台植有高大乔木，掩住山势。全山是用黄砂石堆成，环勾成洞，让人想到厦门鼓浪屿菽庄花园中的黄沙堆成的猴山，这种堆法国内仅见几例。

过假山，来到圆缘台，该景区由多个平台组成，每个平台都有景。最下面一层最为开阔，依山建有得缘楼，面阔五间，歇山顶，由竹子构成。平台边上建有一竹亭，平面六角形，重檐攒尖顶。

平台最上一级竖挂有圆盘，圆盘中挂同心锁，同心锁的两侧由同心链系于平台两侧的四根同心柱上。凡是兄弟结义、情人表心、新结姻缘、故友重逢，均可在这里购一同心锁锁于同心链上，以示结缘连心，锁里可放入自选的字条或信物，供日后验看，挂锁后，可以得到特制的结缘认证证书。

拾级而上，过圆缘台，来到棋牌楼、仿松亭、宋皇祈雨台。之后开始下山，经竹林到石坊，坊两柱一梁，上题为“黄龙吐翠”，雀替刻成有龙头，石柱刻成龙身盘柱。过石坊，来到“黄龙童子”雕塑，四个童子在一起嬉戏，传说抚摸童子屁股就可子孙满堂。

杭州西湖

【名园诗话】

征途行色惨风烟，

祖帐离声咽管弦。
翠黛不须留五马，
皇恩只许住三年。
绿藤阴下铺歌席，
红藕花中泊妓船。
处处回头尽堪恋，
就中难别是湖边。

唐·白居易：《西湖留别》

【名园历史】

杭州西湖位于浙江省杭州市西部，旧称西子湖。湖中被孤山、白堤、苏堤、杨公堤分隔，按面积大小分别为外西湖、西里湖（又称“后西湖”或“后湖”）、北里湖（又称“里西湖”）、小南湖（又称“南湖”）及岳湖等五片水面，其中外西湖面积最大。孤山是西湖中最大的天然岛屿，苏堤、白堤越过湖面，小瀛洲、湖心亭、阮公墩三个人工小岛鼎立于外西湖湖心，夕照山的雷峰塔与宝石山的保俶塔隔湖相映，由此形成了“一山、二塔、三岛、三堤、五湖”的基本格局。

唐代，西湖面积约有108平方公里，比现在湖面面积大近一倍，湖的西部、南部都深至西山脚下，东北面延伸到武林门一带。香客可泛舟至山脚下再步行上山拜佛。由于当时未修水利，遇到大雨天气，湖水就四处泛滥；如果久旱不雨，西湖又干涸见底。

长庆二年十月（822年），白居易任杭州刺史。在任期间，白氏兴修水利，拓建石涵，疏浚西湖，修筑堤坝水闸，增加湖水容量，解决了钱塘（杭州）至盐官（海宁）间农田的灌溉问题。人们往往误认为西湖上的白堤为唐代白居易所修，其实白居易主持修筑的堤坝，在钱塘门外的石涵桥附近，称为白公堤，并非现在的白堤。如今，白公堤遗址早已漫漶无存，但是杭州人却将西湖上的白堤作为凭吊白居易的古迹。

五代十国时期，吴越国历代国王崇信佛教，在西湖周围兴建大量寺庙、宝塔、经幢和石窟，扩建灵隐寺，创建昭庆寺、净慈寺、理安寺、六通寺和韬光庵等，建造保俶塔、六和塔、雷峰塔和白塔，一时有“佛国”之称。由于西湖的地质原因，淤泥堆积速度快，西湖疏浚成了日常维护工作，因此吴越国王钱镠于宝正二年（公元927年）置撩湖兵千人，芟草浚泉，确保了西湖水体的存在。

从五代至北宋后期，西湖长年不治，葑草湮塞占据了湖面的一半。元祐五年（1090），动员20万民工疏浚西湖，并用挖出来的葑草和淤泥，堆筑起自南至北横贯湖面28公里的长堤，在堤上建六座石拱桥，自此西湖水面分东西两部，而南北两山始以沟通。后人为纪念他，将这条长堤称为“苏堤”。元代后期，继南宋“西湖十景”，又有“钱塘十景”，游览范围比宋代有所扩大。元世祖至元期间，曾一度疏浚西湖，作放生池，部分湖面又逐渐葑积成桑田。但到了元朝后期，西湖疏于治理，富豪贵族沿湖围田，使西湖日渐荒芜，湖面大部分被淤为茭田荷荡。

直到明代宣德、正统年间，杭州开始恢复繁荣，地方官也才开始关注西湖。由工部拨款。地方官展开，疏浚工程使苏堤以西至洪春桥、茅家埠一带尽为水面，疏浚挖出的葑泥，除加宽苏堤外，在里湖西部堆筑长堤，后人称杨公堤。万历三十五年（1607年），钱塘县令聂心汤在湖中的小瀛洲放生池外自南而西堆筑环形长堤，形成“湖中岛、岛中湖”的独特景观。万历三十九（1620年）年，杨万里继筑外埂，至万历四十八年（1620年）规制尽善。池外造小石塔三座，谓之“三潭印月”。

清代，因康熙帝、乾隆帝多次南巡到杭州，促进西湖的整治和建设。康熙五次到杭州游览，并为南宋时形成的“西湖十景”题字，地方官为题字建亭立碑，使“双峰插云”、“平湖秋月”等景观有了固定的观赏位置。雍正年间，还推出“西湖十八景”，使杭州的游览范围进一步拓展。乾隆帝六次到杭州游览，又为“西湖十景”题诗勒石；又题书“龙井八景”，使偏僻山区的龙井风景为游人注目。乾隆年间，杭州人翟灏、翟瀚兄弟合著《湖山便览》一书，记载西湖游览景点增加到1016处，为杭州最早的导游书籍。

民国时期，西湖景点和文物古迹不断增多。政府将孤山的清代行宫中的御花园辟为公园，后改称中山公园，公园左侧辟为浙江忠烈祠，祀浙军攻克金陵阵亡将士，还在西泠桥附近建徐锡麟、秋瑾等烈士墓。其后，又修建了灵隐寺的大悲阁，数次翻修岳王庙、岳坟、黄龙洞，及修整倾废的钱王祠，并构筑园林。

新中国成立后，杭州为全国最早对外开放的旅游城市之一。杭州市政府对西湖山区实行封山育林，植树绿化，对西湖进行全面疏浚。在西湖风景区，开辟植物园、花圃，兴建花港观鱼、柳浪闻莺公园，改建玉泉观鱼、涌金公园，整修灵隐寺、净慈寺、岳庙、三潭印月、湖心亭等风景点，修筑环湖西路（西山路）、龙井路、九溪路。1984 年之后，杭州政府修复灵隐寺、天竺寺、净慈寺、岳庙、大成殿和“西湖十景”碑亭等古迹，扩建虎跑等名胜，新建曲院风荷等公园，开辟“灵峰探梅”景点，在黄龙洞、阮公墩创办仿古游乐活动，还办起夜花园、音乐夜市等夜游活动。

【名园漫步】

西湖主要景点是西湖十景。西湖十景形成于南宋时期，基本围绕西湖分布，有的就位于湖上，它们是：苏堤春晓、曲院风荷、平湖秋月、断桥残雪、柳浪闻莺、花港观鱼、雷峰夕照、双峰插云、南屏晚钟、三潭印月。西湖十景各擅其胜，组合在一起又能代表古代西湖胜景精华，所以无论杭州本地人还是外地游客都对此津津乐道，先游为快。西湖山林景点是：云栖坞、烟霞岭、五云山、翁家山、水乐洞、吴山城隍阁、凤凰山、狮子峰、月轮山、南高峰、理安山、郎当岭、鼓楼、北高峰吉祥宫、法喜寺、风篁岭、飞来峰造像、南屏山、法镜寺。其他景点还有长桥旧月、花圃烂漫、金沙风情、九里云松、太子野趣、植物王国、中山遗址。

孤山位于北侧外西湖中，海拔 35 米，面积约 0.22 平方公里，为栖霞岭的支脉，也是西湖中最大的岛屿。南宋《临安志》卷二十三称：“一屿耸立，旁无联附，为湖山胜绝处。”今山上林木葱蔚，多历代人文古迹留存。

孤山东西分别以白堤和西泠桥与湖岸相连，岛上名胜古迹甚多，杭州人将“孤山不孤寡人孤”、“断桥不断情谊断”与“长桥不长情意长”并称西湖三怪。孤山上主要的景观包括中山公园、浙江省博物馆、文澜阁、西泠印社、放鹤亭、秋瑾墓、俞楼、慕才亭（苏小小墓）等。

中山公园原为清代行宫的御花园。1927 年，为纪念孙中山先生，公园改名“中山公园”。进公园门，迎面石级上书有“孤山”两大字，其中，“孤”字没有一点，人们猜测其意为“孤山不孤”。放鹤亭在孤山东北角，为纪念宋代以“梅妻鹤子”闻名的林逋而建。浙江省博物馆在孤山南麓，现有各类文物藏品 10 余万件。文澜阁在浙江省博物馆内西北角，清乾隆年间，为存放《四库全书》而建。西泠印社于 1904 年创办于孤山西南麓，因地近西泠桥而命名，是中国近代著名的金石书画艺术团体。岛内还有杭城老字号饭店“楼外楼”，以在西湖活养的草鱼烹制“西湖醋鱼”闻名。

西湖的二堤指的是白堤和苏堤。白堤东起断桥，经锦带桥向西，在“平湖秋月”与孤山相接，长约 1 千米。唐代称白沙堤、沙堤，在宋代、明代又称孤山路、十锦塘。古时，白堤以白沙铺地，故而得名，后改为柏油路面，两侧广种碧桃翠柳，是欣赏西湖全景和周边诸山的最佳观赏点。断桥位于白堤东首，在民间故事《白蛇传》中，断桥为白素贞与许仙邂逅之处，因而在西湖诸桥中享有盛名。锦带桥位于断桥西，又称涵碧桥。清雍正年间的《西湖志》卷八称：“锦带桥旧架木为梁，圣祖仁皇帝（指康熙帝）临幸孤山，御舟由此转入里湖。”1914 年重修。1921 年，与断桥同时加设水泥混凝土拱券。

苏堤旧称苏公堤，南起南屏山麓南山路，北至岳王庙东，横贯湖中，堤长 2797 米，宽 30 ~ 40 米。苏堤上共有六座石拱桥，从南往北分别为映波、锁澜、望山、压堤、东浦（据考证，疑为“束浦”之讹）、跨虹。南宋咸淳年间的《临安志》卷三十三：“元祐中，东坡既奏开浚湖水，因以所积葑草筑为长堤，起南讫北，横跨湖面，绵亘数里，夹道杂植花柳，中为六桥，行者便之……后十年郡守吕惠卿奏毁之。咸淳五年，朝廷给钱命守臣说友增筑……高二丈，袤七百五十丈，广皆六十尺，堤旧有亭九，亦治新之，仍补植花木数百本。”清《湖山便览》卷三：“国朝雍正二年与白沙堤同时修筑，五年同植花木。”《西湖新志》卷四：“今乃满植桑株所谓苏堤杨柳，斫伐都尽。”1950 年，加高加宽堤身，修筑沿湖游步道，设置座椅。

三岛指的是小瀛洲、湖心亭和阮公墩。三潭印月景区在外西湖西南部水域，包括小瀛洲及其南侧三座葫芦状石塔，以赏月和水上园林著称。现在全岛面积约 7 公顷，水面占 60%。

小瀛洲前身为水心保宁寺，也称湖心寺，北宋时为湖上赏月佳处，其园林建筑和景物布局在 18 世纪初基本形成。清《湖山便览》卷三：“万历三十五年，钱塘令聂心汤请于水利道王道显，绕滩筑埂，成湖中之湖，以为放生之所。三十九年，令杨万里继筑外埂，至四十八年而规制尽善。”从空中俯瞰，全岛如一个特大的田字，构成了“湖中有岛，岛中有湖”的奇景。小瀛洲具有典型的江南水上园林特色，主要景点包括浙江先贤祠、九曲桥、九狮石、开网亭、“亭亭亭”、“竹径通幽”和我心相印亭。湖面三塔始建于北宋元祐五年（1090 年）苏轼浚湖期间，当时所在位置与现在不同。据清初文献记载，今三塔系清代康熙年间所建。三石塔顶为葫芦状，塔身呈球状，高出水面 2 米，中空，环塔身均匀分布五个小圆孔，塔基为扁圆石座。三塔呈等边三角形分布，每边长 62 米。

湖心亭在外西湖中心。清雍正年间的《西湖志》卷九：“亭在全湖中心，旧有湖心寺，寺外三塔，明孝宗时，寺与塔俱毁。明代的《县志》称：湖心寺外三塔，其中塔、南塔并废，乃即北塔基建亭，名湖心亭。复于旧寺基重建德生堂，以放生之所。据此，则旧湖心寺乃今放生池，而今之湖心亭，乃三塔中北塔之基地。”《湖山便览》卷三：“万历四年，按察佥事徐廷裸重建，额曰‘太虚一点’，司礼监孙隆叠石四周，广其址，建喜清阁，但统称曰‘湖心亭’。国朝重加葺治，左右翼以雕阑，上为层楼……”清乾隆二十七年（1762 年），乾隆帝御书“光澈中边”额。抗日战争后，喜清阁旧址先后改建为财神殿和观音大士殿。

阮公墩在外西湖中，位于湖心亭西。清嘉庆五年（1800 年），浙江巡抚阮元疏浚西湖时以所挖葑泥堆叠成岛，俗称“阮滩”。岛南北长 34 米，东西宽 33 米，面积 0.57 公顷。长期以来，岛上无建筑，杂树荒草丛生，成为候鸟栖息地。1952 年至 1958 年间疏浚西湖时，岛四周加添乱石护岸，面积稍有拓宽。1977 年，岛四周驳块，再次扩大面积并加填客土。1981 年，在岛上添土 1000 余吨，建“环碧小筑”。岛上有忆芸亭（阮元号“芸台”）、云水居等建筑。1982 年，岛上开辟西湖第一处垂钓区，游人可登岛品茗、垂钓。1984 年起，岛上举办“环碧庄”仿古旅游，在西湖夜游活动中颇受欢迎。

杭州花港观鱼

【名园历史】

位于杭州西湖苏堤以西、西里湖与小南湖之间的一座半岛上的花港观鱼，是西湖著名山水园林。这里处于花家山前，由于山中一条小溪流经这里注入西湖，因此称“花港”。

南宋时候，内侍卢允升效仿林逋隐居孤山养鹤植梅，在这里结庐建园，曰“卢园”。园中花木扶疏，池里蓄养五色锦鱼以供观赏怡情，景致特佳。南宋宁宗时，宫廷画师马远、祝穆等人创作《西湖十景》画卷，将其列为十景之一，题名“花港观鱼”。清咸丰末年，“花港观鱼”毁于战乱，同治八年（1882 年）重修。

新中国成立后，经过整修扩建，成为了一座占地约 300 亩的山水园林。

【名园漫步】

花港观鱼主要由鱼乐园、牡丹亭、花港三部分组成。从苏堤过映波桥，可到花港观鱼东门。进门迎面有一块玲珑湖石，石后是一排挺拔高耸、伟岸遒劲的雪松。宽阔的草坪在雪松后面，草坪的一角堆有假山，山上筑有藏山阁，小阁飞檐翘角，如欲乘风归去。该阁是入园后第一登高赏景的地方，登阁眺望，园外的青山苍翠景色借入园内，如藏阁中，“藏山”之名就由此而得。东门左侧临近小南湖建有拚水园。本来是无锡廉惠卿于民国初年建造，名为“小万柳堂”，后归蒋氏，改称为“蒋庄”。园内有著名儒学大师马一浮先生纪念馆。东门的右侧树木掩映之中有一碑、一亭，是当年康熙帝题景的地方。

穿过草坪，可到位于公园中部南端的鱼乐园。红鱼池在园中，是著名的观鱼的地方。鱼池以湖石驳岸，参差错杂，富于变化，池中堆土成岛，池上架设曲桥，四周的花木，烂漫多姿。南北两岸，梁乐亭和印影亭互为呼应，倒影成双。池中有数万尾红鲤沉浮嬉戏，煞是喜人。在微风吹过的时候，落英入水，鱼、花共舞的情景合“花著鱼身鱼嘬花”、“余红水面惜残春，不辨桃花与锦鳞”的诗意。若游人在曲桥上投放食饵，群鱼八面汇集，争相抢食，瞬间染红半个池面，人和鱼各有所得各得其乐。此区域通过运用虚实相生、开合相间的布景手法，把水池、亭榭、曲桥、花木、游鱼、人流巧妙地融合一体，互相搭配，互相衬托，营造出了一种天光恍荡、倒影迷离、有动有静、人鱼共乐的迷人境界，为造园佳例。

由鱼乐园西行不远就是牡丹园。这里地势开阔，缓坡之上，山石高低错落，蜿蜒曲径把景区切割成形态各异的小景区，里面种植着各种名贵的牡丹与芍药。杭州本无牡丹，唐长庆年间，开元寺僧惠澄自京城长安移来一枝，引得白居易携酒赏玩。唐代诗人张祜曾赋诗记此事：“浓艳初开小药栏，人人惆怅出长安。风流却是钱塘守，不踏红尘看牡丹。”宋代，杭州得到广泛栽植牡丹。苏轼任杭州通判时，写过《牡丹记叙》一文，内有“圃中花千本，其品以百枚”之句。今牡丹园内植有一百多种牡丹，其中不乏乌龙卧墨池、酒醉杨妃、姚黄、娇容三变、赵粉、二乔、艮山夜光等名贵的品种。园内还植有海棠、紫薇、杜鹃、梅花等花木。不但牡丹园，整座园林内随处繁花似锦，充分展现了“花、港、鱼”三大主景中“花”的特色。

牡丹园中最高处建有牡丹亭，亭为两层，八角重檐，雕梁画栋，亭额“牡丹”两字为茅盾先生手书。该亭是全园又一处登高观景的好地方，置身亭中凭栏望去，东、南、北三面的景色尽收眼底。东面绿树婆娑，长堤卧波；南面南屏山青翠葱茏，一派秀色；大草坪的北面，西里湖波光船影风光无限。在牡丹亭旁一株梅树下有一处梅花形状的小平台，用黑白鹅卵石铺就，马一浮先生把它题名为“梅影坡”，取自林逋咏梅诗中“疏影横斜水清浅”之句。

从牡丹园出来，穿过松林湾，就是后来辟建的新花港。与它连通的是西里湖和小南湖，使整座园林被水环抱。这里的水质清澈，可见游鱼，一座石桥飞架于水上，似白练凌波。港畔绿树繁茂，浓荫蔽日，林间枝头，飞鸟不绝，充满山林野趣。沿新花港曲折南行，过平桥，呈现在眼前的又是一块大草坪。在草坪西侧建有花坛，一年四季花开不断。东侧临水筑有水榭，游人可在这品茗赏景。

运用开合收放的花港观鱼，虚实相间的空间处理手法，是以多个不规则的区间，组合成一整座园林。自由洒脱的布局结构与西湖整体布局十分协调，使花港观鱼很自然地融入了西湖这一大景区当中。园内的鱼乐园、牡丹园、新花港三处景区有机地结合在一起，很好地突出了“花、港、鱼”三位一体的观赏主题。大草坪平坦开阔，牡丹园高低起伏，鱼乐园曲折紧凑，新花港宁静而疏朗，彼此衬托，相得益彰。精致而又华美的亭台楼阁，小桥叠石形态各异，掩映在葱茏的花木之间，到处充满诗情画意，几步之内必有胜景。整座园林主题明确，风格独特，布局合理，景致又丰富，在西湖诸园中占尽风骚。

杭州西泠印社

【名园历史】

西泠印社位于浙江省杭州市西湖的孤山西部，是一座山地古典园林，占地 0.34 公顷，是全国重点文保单位。南朝，陈文帝在这里建园，植桧树，称为“陈朝桧”。唐代，白居易在这里建竹阁。北宋，僧人智圆开凿闲泉，在闲泉北今华严经塔上建四照阁，建柏堂在陈朝桧前，苏轼曾作诗记事。明代建仰贤堂，毁后在清光绪三十一年（1905 年）重修。

光绪三十年（1904 年）夏，杭州篆刻家丁仁、王提、叶为铭、吴隐等人在孤山数峰阁商讨结社的事宜，1913 年正式结社。由于社址在西泠桥畔，所以名“西泠印社”。

自从西泠印社成立以后，园林在社员及各方的配合下，更进一步重建和增建建筑，使之成为孤山最为完整的古典园林。

【名园漫步】

从南面入口进入印社的圆形大门，来到庭院。院中凿一大池，称莲花池，池中有一片奇石，上刻有“莲池”二字，池中养鱼、植莲。池周围还有柏堂、竹阁、碑廊等建筑。依山面池的柏堂前的“陈朝桧”植于南朝的陈天嘉二年（公元 561 年），北宋时，志铨和尚于柏树之前建堂，因柏而名柏堂。苏东坡到此曾写道：“道人手种几生前，鹤骨龙姿尚宛然。双干一先神物化，九朝三见太平年；忽惊华构依岩出，乞与嘉名到处传；此柏未枯君记取，灰心聊伴小乘禅。”为此诗倾倒的南宋孝宗，亲书此诗并刻石立碑。如今的柏堂为毁后重建，堂中的悬清代大学者俞樾的隶书“柏堂”二字，室内几案和壁上陈设名人的金石书画。

莲池东是曲廊，廊中分别有邓石如、郑板桥、吴昌硕等人的作品。莲池的西侧建有三间竹阁，白居易于唐长庆二年（公元 822 年）任杭州刺史，建阁后常来游玩，并且作诗以记之："晚坐松檐下，宵眠竹阁间。清虚当服药，幽独抵归山。巧未能胜拙，忙应不及闲。无劳别修道，只此是玄关。"以前，阁上曾供奉白居易画像，今改陈列篆刻书画作品。从柏堂后上山，山道名"鸿雪径"，典出雪泥鸿爪，语出苏轼的《和子由渑池怀旧》的"人生到处知何似，应似飞鸿踏雪泥；泥上偶然留指爪，鸿飞那复计东西"，来比喻往事留下的痕迹。山道口立有一坊，两柱出头，枋板题"西泠印社"四个字，柱联为"石藏东汉名三老，社结西泠纪廿年"，是印社创始人叶为铭的手笔。

过坊来到六角攒尖亭，亭名为"石交亭"，就是与金石交朋友。过石交亭来到印泉，它是印社内印鸿雪径旁的一眼小泉，终年不涸，旁植修竹，岩壁上刻有日本籍社友长尾甲所题的"印泉"二字。印泉边有仰贤亭、宝印山房和山川雨露图书室等。仰贤亭坐北朝南，砖木结构，始建于明代，重建于清代，亭内北墙嵌丁敬的石刻像，是清代画家、扬州八怪之一的罗两峰的作品，由篆刻家吴石潜摹刻。丁敬双手拄杖，侧身延颈而立，如闲云野鹤。其他墙上还嵌有郑板桥等 28 位篆刻家小像及题赞。鸿雪径侧的石壁上嵌有一方小碑，题"印藏"，是西泠印社为了纪念社友弘一法师出家时把全部篆刻作品全部赠给印社的义举而立。

从印泉东面的山路可达四照阁。北宋时，为都官关氏的别业，风景秀美，宋神宗曾在看《西湖图》时问道："关氏四照阁安在?"在 1922 年，从华严经塔迁到这里。阁四面开敞，有两联抱柱，一为清代的叶翰仙撰写的对联："面面有情，环水抱山山抱水。心心相印，因人传地地传人。"另一为清代的赵士鸿所题的对联："高阁山光仍四照，帮人石壁亦三生。"登阁望景，宋人郑獬有诗道："湖山天下之绝景，群山绕湖千百重。碧笋四插明镜绿，此阁正落明镜中。当轩不置窗与槛，湖光山色还相通。侧耳似闻天仙语，接乎便欲翻长空。"山顶有闲泉，面积不大，但因山顶有泉池而生色不少，传说泉的挖掘者为北宋的智圆和尚。智圆，字无外，自号潜夫，生于钱塘，居孤山，和林逋相好，有杂著《闲居编》。全园中心是闲泉，不但泉景之美令人心醉，泉池边的空间高低有致，半开半合，景色各异。池上还有崖，池边建有屋，面南而望，西湖如在画中，近景远景均美。闲泉东面依崖，崖名规印崖。崖上建题襟馆，馆是攒尖顶，两边接粉墙。西泠印社成立之前，吴昌硕在上海和吴石潜等人组织过《题襟馆》书画会，印社成立后迁在这里，在馆中作画写诗刻印，74 岁时撰馆联："印岂无原，读书坐风雨晦明，数布衣曾开浙派。社何敢长，识字仅鼎彝瓴甓，一耕夫来自田间。"此外，他曾作一幅《西泠印社图》并题七绝诗。今馆四壁嵌丁敬《研林诗墨》刻石 30 方，檐廊还有任伯年画、吴昌硕自刻像。通过题襟馆门就可通北面石拱墙，石由当地的黄石砌成，如同城墙一般，墙上建鹤庐。洞的东侧、规印崖上开有石龛，名"缶亭"，中置日本人朝仓文夫为吴昌硕塑的铜像，洞西临池有皖派篆刻创始人邓石如的石像。洞外有小径通石拱门。闲泉的北面建有华严经塔，为 1924 年招贤寺僧人弘伞法师所建，塔由白石砌成，实心八面，高 11 层，每层檐下挂铜铎，随风传声，塔面刻有《金刚经》、《华严经》与十八罗汉像。塔西建有一楼，名为观乐楼，面阔五间，硬山顶，二层，坐北朝南，有两联，一是吴昌硕 78 岁时题写的"宜雨宜晴静观自得，尽美尽善为乐至斯"，一是岭南人许炳墩题写的"合内湖外湖，风景奇观都归一览；萃东浙西浙，人广秀气独有千秋"。檐廊东壁嵌印社的创始人丁仁撰文、王提篆额、吴昌硕书写、叶铭刻石的《西泠印社新建观乐楼之碑》。楼内现在是吴昌硕纪念馆，陈列吴昌硕各时期的作品。

在闲泉的西面、岁青岩之上，建有三老石室，室全是青石构成，石柱、石梁、石墙、石盖，攒尖顶，三开间。内藏碑刻，其中有一件最珍贵，是东汉初年《三老讳字忌日碑》，由于篇首存"三老"二字而得名，俗称为三老碑，是三老的孙子怕后辈年久忘记祖先的名讳和忌日而刻的石碑。碑是其九世孙所立，清咸丰二年（1852 年）出土于余姚客星山，是浙江省最早的碑石。出土后先藏于余姚周家，后流入上海，被日本人购去，正拟东渡，被余姚人姚文敷与沈酝石等听到，两人在家乡募集 8000 元购回。石室的南侧有篆刻丁敬大师像，旁有清代的袁枚题诗。在闲泉南建有木构架铁皮亭，平面六角，攒尖顶，从亭中可观西湖全景。

从石室西下，有还朴精舍、六一亭与左云右鹤之轩。还朴精舍面阔三间，硬山顶，前出檐廊，门、窗、柱、脊皆非常朴素，与名字相符。六一亭，平面六角，攒尖顶，处于巨木林荫之中。六一亭下有六一泉，是苏东坡任杭州知府的时候，为纪念他的恩师欧阳修把杭州名僧惠勤和尚介绍给他而建的泉井，苏东坡特作“六一泉铭”。“六一”为欧阳修晚年的自号，欧阳修在《六一居士传》中写道，家中有藏书一万卷、金石遗文一千卷、琴一张、棋一局、酒一壶、老翁一个，共六个一，故称“六一”。南宋时，泉上石屋毁，代之以石亭。元初，石亭毁、涌泉止，时疏浚六一泉，后又湮灭，今亭为现代改建。

园中四泉是山地园林难得之景，山顶的文泉与闲泉相通，其中以闲泉为最，为点睛之作，另有潜泉和印泉亦生色之笔。

全园有几大特点：有山而地形复杂，有石而碑刻繁多，有泉而生机盎然，砖石木竹取材多样而古朴苍古，堂亭塔廊形式多样而变化多端，石刻众多而主篆刻摩崖题明确。

杭州曲院风荷

【名园历史】

曲院原称为“轴院”，位于今杭州灵隐路洪春桥附近，是南宋朝廷开设的酿酒作坊。作坊的周围有许多荷塘，每逢夏日，微风徐来，荷香和酒香随风飘逸，让人不饮自醉，被称为“曲院荷风”。

后来，康熙帝游西湖，题下西湖十景，把“曲院荷风”改为“曲院风荷”，在苏堤跨虹桥畔立碑建亭，并且修建了迎薰阁、望春楼等建筑。

1983 年以来，经过逐步扩建，曲院风荷已经成为一处面积约 600 亩的山水园林。

【名园漫步】

全园包括风荷、曲院、庙前、竹素园、滨湖密林五个景区。

园内主景区为风荷景区，夏日赏荷是这一景区的主题。景区以水面为主，水中植有从全国各地引进的近有100个品种的荷花，品字莲、并蒂莲、千头莲、重台莲等各种名莲争芳斗艳，更有白底红圈的双色玉蝶虎口、红底白边的香玉荷、花盘直径达30厘米的红千叶、白千叶、人工杂交的玉茶碗，以及用辽东半岛普兰店泥炭层中挖掘出的千年莲子培育出的古代莲等很多名贵品种。每到夏日的时候，景区内荷叶田田，菡萏妖娆，荷香扑面，杨万里“接天莲叶无穷碧，映日荷花别样红”的诗句是该景真实的写照。

水面上架设了六座小桥，或近水、或贴水、或依水，似一条条锦带飘在荷田之上，人从桥上过，如在荷中行。倚栏近赏荷花，享受凉风拂面，感觉清爽无比。在分隔岳湖和西里湖的金沙堤上，一座石桥横跨在水上，如长虹卧波。桥上建有小亭，玲珑而精致。此桥名为“玉带晴虹”，是我国园林景桥中的佳作。

迎薰阁是远观荷花的好地方。登阁远望片片荷田，可以领略到“十里芰荷香到门”的景观，园外的美丽风光也尽借入园。迎着微风，闻着阵阵荷香，让人心旷神怡，烦恼顿消。迎薰阁下辟有荷文化陈列室，陈列着赞咏荷花的各种艺文佳作，向人们展示了“花中君子”出淤泥而不染的高尚品格。

香波亭贴湖而建，是观雨荷的好地方。小亭如一只小舸深入荷田之中，逢细雨漫天，看水面波纹荡漾、荷花沐雨盛放，其情其景让人陶醉。清代的许承祖的《曲院》诗中写道：“白云一片忽酿雨，泻入波心水亦香。”居于曲院中心的涵碧楼，是月夜赏荷的绝妙处。清风明月之夜，在楼上观月赏荷，别有一番情趣。

竹素园景区原是清初西湖边的一座名园，在近年改建后正式开放。曲水环绕景区内，竹石雅致，景色清幽宜人。滨湖密林景区中古树参天，浓荫蔽日，将有城中森林的意味。林中建有许多木头小屋，游人可以在这里野餐、野营。

以赏荷为主的曲院风荷，特色鲜明，人文景观多，围绕赏荷这一主题而建，和自然风光结合巧妙，不愧是西湖名景之一。

杭州三潭印月

【名园历史】

在杭州西湖湖中的三潭印月，是一个经明清两代修造、形成于雍正年间的江南古典园林，是西湖中的园中园。

北宋元祐四年（1089 年），苏东坡任杭州知府，在疏浚西湖时，不但筑苏堤，并且在堤外湖水深处立三座石塔，名三潭，让三潭内不准种植水生植物，以利于测量水位与淤积程度。南宋时，马远等人由其有波光潭影而名之为三潭印月，并且列为西湖十景之一。

三塔毁于明初，在明万历三十五年（1607 年），湖区再次淤积，在三潭旧址清淤之后，以淤泥积成小岛。万历三十九年（1611 年），在岛周再围环形堤，形成湖中有湖的放生池，在岛上建德生堂，派专人看守，禁止渔民越界捕鱼。天启元年（1621 年），在放生池南立三个瓶形石塔，远看似香炉浮水。清雍正五年（1727 年），浙江巡抚李卫把放生池中东西连以柳堤，南北缀以曲桥，使三潭印月的“田”字形布局形成，成为了西湖的最佳景观。

【名园漫步】

三潭印月总面积一共 105 亩，其中水面占 60%，中岛、东西长堤、环湖长堤、石塔、“我心相印亭”、御碑亭、迎翠轩、南舒亭、“竹径通幽”、九狮石、“亭亭亭”、开网亭、九曲桥、先贤祠、闲放台、小瀛洲、扇面亭等。景点主要布局于南北中轴线上，轴线上有亭、桥、岛、石、堤等多种景观，特别丰富，环岛则只是堤景。

环岛堤景是最早形成的景观，堤上植有木芙蓉，秋天开花，灿若红霞。

清代，此景被题为“鱼沼秋蓉”，清代的张云锦的诗《鱼沼秋蓉》写道：“百顷琉璃似镜平，夹堤红艳自盈盈。游鳞密藻翻秋渚，面新妆炫晚晴。乍觉影浮濠濮境，只疑人住锦官城。月明花近三潭发，绰约仙姿下玉京。”如今，明代的木芙蓉已毁，代之以柳树、樟树。

月台在轴线南端，月台前是明代重立的三个石塔。每塔高有 2 米，呈等边三角形的布局，间距有 62 米，塔似香炉，飘浮在水上。进入月台，就见到曲桥南端的我心相印亭，该亭名字典出佛语“我心相印”，意思就是不须多言，彼此意会。亭上有作家周而复写的对联：“山光静对烟波际，塔影清涵水月间。”

上曲桥，来到御碑亭，亭六角攒尖，葫芦顶，内置“三潭印月”碑。内池中岛上建有主体建筑迎翠轩，轩歇山顶，半壁半廊，周围植竹千竿，因此名迎翠轩。轩北有一亭，歇山顶，处于道路当中，一面题为“畅北”，一面题为“舒南”。出亭，见池中立有一碑，题“鱼沼秋蓉”，以示这地为放生池，并种有木芙蓉。

过中岛又踏上曲桥，见曲桥旁有一石峰，宛如室内的池山，峰是湖石堆砌而成，石上藤本攀爬。过石峰来到小岛，名为“竹径通幽”，粉墙青瓦，中开洞门，左右各两个叶形漏窗，窗花是花鸟图，有松鹤延年、喜鹊登梅、栖莲鸳鸯等。“竹径通幽”四字为康有为手笔。进入月洞门，可见竹堤，堤左右满植翠竹，不见湖水，这是全园最封闭的空间；出堤方觉豁然开朗，这是中国古典园林中“欲扬先抑”的手法。

在“竹径通幽”前有一花池，四时花色不同。从洞门向北走，来到九曲桥，桥上建有一亭，名“亭亭亭”。此亭原名为百寿亭，后按明代诗人聂大年诗句“三塔亭亭引碧流”更名为“亭亭亭”，三字相叠，实在高妙，三字可多解，如“婷婷亭”、“停、停、停”、“停停亭”等。亭子是一个桥亭，亭基是桥墩，四柱有枕石夹杆，左右有石栏围护，亭上有湘军名将彭玉麟题的对联：“两岸凉生菰叶雨，一亭香透藕花风。”过桥亭，水中立有一个狮子头似的湖石，该石是全园最美的湖石，石上大下小，上覆青藤，开花时披彩衣，四季着绿装，名九狮石。

正对九狮石的一个建筑是先贤祠，原为彭玉麟退省庵，彭玉麟死以后改为彭公祠，辛亥革命后改为先贤祠，祀浙江明末清初四大学者吕留良、杭世骏、黄宗羲，齐周华。祠面阔三间，硬山顶，四面落地门窗，山墙嵌有漏窗，图案为松鹤图、双鸭图、鸳鸯图、双鹅图等，正脊青瓦拼花，南面题为“先贤祠”，书法家费新我写有对联：“退食有余闲，当载酒人来，草辜负万顷波光，四围山色。临流无俗虑，看采莲船去，只听得一声渔唱，几杵疏钟。”北面题有“天水合壁”。九狮峰边架九曲桥，转折点上建三角攒尖亭，宝顶上立有灰塑仙鹤。该地为旧时的放生池，并且此亭只有一面可通，取佛家语“网开一面”，名为开网亭，有亭联写道：“一檐虚待山光补，片席平分潭影清。”

出先贤祠，来到北堤上的小瀛洲，取名自中国神话的海中三神山。小瀛洲面阔三间，歇山顶，正脊砖瓦拼花，垂脊砖砌抹灰，周围檐廊，槛墙舷窗，有舟舫之意，内置大镜，照出先贤祠的天水合璧和对联，檐下挂赵朴初写的“小瀛洲”三字。小瀛洲东建有闲放台，是精致小屋，为彭玉麟所建，取名自高江村的“圣朝休甲兵，吾其得闲放”一句。小瀛洲有曲廊和廊亭，为码头所在，廊内有一围合幽闭空间，铺石拼花的地面，四面有上等湖石点缀，中间设湖石桌几。在南堤西面建有扇面亭。为方便入岛游览，今筑有七个码头，东面有划船码头和市区码头，西北有中山公园及岳坟码头和手划船码头，西南角有团体码头与花港码头，东南角有大华码头。

杭州刘庄

【名园历史】

位于杭州西湖丁家山的刘庄，是西湖一带的园林中最华丽的一处，有“西湖第一名园”之称。刘庄建于 1905 年，是广东香山人刘学询的别墅。

1954 年，刘庄改为国宾馆。

【名园漫步】

面积约有 540 亩的刘庄，山、河、湖、岛齐聚一园。门外碧水环绕、绿树茂密，架有小桥，符合“门开绿水桥通野”的造园法则。门里密植云松等大型乔木，形成障景。在一座湖中的小岛上植有 14 棵黑松，呈现“迎客”状。附近有一座“松岛长春”碑，是古园旧物。园里小桥流水，奇石异木到处可见，步移景异，景景不同。园中有花木一百多种，其中包括杭州最大的五针松、紫藤，随处绿树葱茏，花香醉人。望山楼、梦香阁、“湖山春晓”、半隐庐、藕耕草堂、延秋水榭、花竹安乐斋等建筑，有的隐于在花木之中，有的矗立在开阔的地方，或隐或露，错落有致，各有意趣。

刘学询将广州住宅中的名贵花木悉数运到刘园，又将大量的岭南家具置于园中。陈设包括嵌有雪母石与贝壳的木器，小树盆景，祝枝山的画等，都极为珍贵。

刘庄布局得体，景致优美，陈设豪华，在西湖诸园中占尽风骚，特别是特有的岭南园林风格，使它更加与众不同，独具特色。

杭州灵隐寺园林

【名园历史】

飞来峰位于浙江省杭州市西郊灵隐寺前，是灵隐寺的寺园。山内多洞，山石怪奇，佛像石刻多，常常是历代文人墨客所好歌咏的地方，被人们誉为“东南第一山”。

【名园漫步】

从园门一进去，来到新建景区的玉液幽兰景区，全是草地，在铺地上立几个石刻像，按佛寺布局，只不过没有屋顶而已。石像里有四大天王、观音、普贤、如来，石像后面有一个亭子，柱子很粗，歇山顶非常矮。

理公塔是开山祖师慧理建造的，又叫灵鹫塔，位于龙泓洞口、春淙亭前，毁后于明万历二十八年（1590 年）重建。塔七层八面，全部用砖砌成，高二丈多，二层有虞淳熙所撰塔铭，三层刻《金刚经》及“光明净域”、“南无阿弥陀佛”等字，佛像都刻在四层以上的塔中。

飞来峰的里面有很多洞穴，曾有七十二洞之说，但后来多数淤塞，如今最出名的是龙泓洞、玉乳洞、射旭洞等。洞有水平洞穴与垂直洞穴，游路忽而上忽而下，忽而开又忽而闭。

最先到达的是射旭洞，它在所有的洞中最大，洞口朝东，位于山的东边，所以早晨最早接受到阳光，故名射旭洞或金光洞；它为垂直洞穴，上有一石隙，故又称一线天。洞口如同张开的虎口，所以又叫老虎洞，因过去山顶遍植桂树，秋来香气扑鼻，故又称青林洞、香林洞和香桂洞。宋代的郭祥正《香林洞》诗云：“幽香来近远，此洞接蟾宫；欲借飞翰云，聊乘桂子风。”黄初庵的《香林洞》道：“日射岩扉晓雾开，杖藜拄石破苍苔；一双蛱蝶随人去，知是香林洞里来。”此洞在后周时就刻有弥陀、观音和势至像。出洞来到玉乳洞，洞顶倒挂钟乳，故名玉乳洞；洞内有 20 余尊刻于北宋年间的与真人大小一般的罗汉，故又名罗汉洞；洞内过去还常年栖息有蝙蝠，故又名蝙蝠洞。此洞清凉，为避暑之地，传说南北朝诗人谢灵运曾在此翻阅经典，故有石台名“翻经台”。灵隐涧在飞来峰北边山脚，一涧之水缓缓地流，或积为潭，或泻为瀑，整个园由此而妙趣横生，涧上汀步、木桥令人不忍离去。合涧桥位于灵隐路路口，合涧桥对面有照壁，上题“咫尺西天”四个字。此桥过去曾有春淙亭，取名来自苏东坡诗句“两涧春淙一灵鹫”，两涧一为东涧，源于五云山；一为西涧，原于西源峰，经飞来峰。南宋时，西湖舟楫可以到这座桥。

龙泓洞口建回龙桥，桥跨西涧之上，五代吴越时人们称它叫清绕桥，亦叫龙春桥，明万历三十九年（1611 年）在桥上建亭，名觉路津梁，亭在明末被毁，乾隆九年（1744 年）重建桥与亭，改称回龙桥和春淙亭。对面岩壁上刻有“听雨”两字，亭与桥为观山听雨之处，清代的厉太鸿有文记录听水情景："斯涧也，若断若续，涓流如线，其声滴沥幽咽，或有时而涸……斯涧也，如风雨交作，震动岩岫；又如奏洞庭之乐，五音繁会，玲激荡，自远而近。"清代的王廷鼎的《春淙亭》曰："两涧清流泻碧峰，冷泉亭外又春淙；可怜流出山门去，海阔江长要曲从。"亭上有联，集李白、苏轼之诗而成："山水多奇踪，二涧春淙一灵鹫；天地无凋换，百顷西湖十里源。"明代的陈贽在《合涧桥》说："绿树层层怪石重，东西硐绕梵王宫；桥间流过双溪合，雨后声喧万鼓雄。"

灵隐涧上有一冷泉，唐代以前称龙溪，唐代以后改称冷泉。唐代中期，杭州刺史在泉旁建冷泉亭，北宋政和年间疏浚冷泉，面积扩大两倍，修水闸，成为泉池，一度因"冷泉放闸"成为灵隐奇观。宋朝人周紫芝有诗《观冷泉放闸》："万里西兴浦口潮，浪花真似海门高；谁将一夜山中雨，换作三江八月涛。"池成《冷泉亭放水》写道："古苔危磴看枯藜，脚底翻涛汹欲飞；九陌倦游那有此，从教惊雪溅尘衣。"冷泉亭是灵隐寺名气仅次于飞来峰的景点。白居易为之写《冷泉亭记》，开篇之句："东南山水，余杭郡为最；由郡而言，灵隐寺为优；由寺观观，冷泉辛为甲。"这个亭初建于水中，由于山洪而毁，在岸上重建，称"会康亭"，亭面阔三间，重檐攒尖顶，青瓦朱柱，匾额"冷泉亭"的"冷泉"二字为白居易所书，"亭"字为苏东坡所书，可是这块匾在明代遗失。明代的董其昌曾书联："泉自几时冷起，峰从何处飞来。"后人纷纷作答。清代的石治棠写道："泉自冷时冷起，峰从飞处飞来，"清代名将左宗棠写道："在山本清，泉自源头冷起；入世皆幻，峰从天外飞来。"历代名人歌咏此亭的诗篇非常多，清代的张新标写道："千嶂碍日树参天。望入空亭已冷然。"晦山和尚写道："六月空亭游客到，飒疑冰雪满林邱。"清代的江元文写道："莫道炎威可炙手，云林尚有冷泉亭。"壑雷亭建在冷泉亭边，是宋太祖的十世孙始建，苏东坡在诗《闻林夫当徙灵隐寺寓居，戏作灵隐前一首》中写道："灵隐前，天竺后，两涧春淙一灵鹫；不知水从何处来，跳波赴壑如奔雷。"这首诗描写的是冷泉亭放闸时刻的壮丽景象，故此亭因诗句而名壑雷亭。在飞来峰下、灵隐寺边还有晋代的杜明禅师为谢灵运建的梦谢亭，白居易在《余杭形胜》中写的“梦儿亭古传名谢”就是指这个亭子。亭子面阔五间，歇山顶，青瓦红柱，四面形成敞轩。

嘉兴南湖

【名园历史】

南湖风景区位于嘉兴市区，总面积 2763 公顷，其中水域面积 98 公顷。南湖因地处嘉兴城南而得名，与西南湖合称鸳鸯，是浙江三大名湖之一，素来以“轻烟拂渚，微风欲来”的迷人景色著称于世。

【名园漫步】

南湖风景名胜区内自然景观与人文景观交相辉映，分布着风景名胜十多处，文物保护单位六处，主要有会景园、湖心岛、南湖革命纪念馆、四季园、英雄园、揽秀园、壕股塔、小瀛洲、放鹤洲、鸳湖生态绿洲等，其中，中共一大嘉兴南湖会址是全国重点文物保护单位。

南湖革命纪念馆成立于 1959 年，是中共“一大”嘉兴南湖会址的保护和管理机构。纪念馆从空中俯瞰为一个硕大的党徽图案，占地面积 3800 平方米，建筑面积 1980 平方米，展厅布置了《开天辟地大事变——中国共产党第一次全国代表大会》基本史料陈列，和辅助专题陈列以及部分革命文物。

湖心岛位于南湖中心，全岛面积 17 亩。明嘉靖二十七年（1548 年），嘉兴知府赵瀛组织疏浚城河，将淤泥垒土护成岛，次年移建烟雨楼于岛上。清代以后又相继成清晖堂、孤云簃、小蓬莱、来许亭、鉴亭、宝梅亭、东和西御碑亭、访踪亭等建筑，形成了以烟雨楼为主体的古园林建筑群，亭台楼阁、假山回廊、古树碑刻，错落有致，是典型的江南园林。

嘉兴革命烈士陵园，亦名英雄园，始建于 1969 年，原址为市区三塔，是为纪念为解放嘉兴而英勇献身的革命先烈而建的，后因城市规划，于1996年5月搬迁到南湖风景名胜区。它坐落于南湖风景名胜区南溪园中，占地面积301亩。整个园区分为五个部分，即入口、纪念碑、英雄广场、烈士墓区、陈列馆。入口道路宽10米，采用花岗岩石块铺设。入口处立有一块黄石，上面雕刻“英雄园”三个大字，周围为花坛，花坛两侧种有龙柏。纪念碑位于英雄广场的北侧，是整个园区的重中之重。底座四面的浮雕以嘉兴革命和建设时期的重大事件为背景，表现了各个时期英雄人物为嘉兴的解放和发展而英勇献身的精神。碑体由人物群雕组成，分别代表不同历史时期人物的代表形象。英雄广场北侧与纪念碑对应部分建烈士英名壁，镌刻烈士英名录。烈士墓区又名人民英雄革命烈士纪念园，为合葬区，现安葬53位革命烈士。四周用花岗岩砌成花坛并种上龙柏。合葬区前配置一块用红色花岗岩制作的英烈碑，镌刻着烈士的名字。合葬区前建造小型祭扫广场。陈列馆园区的西面是革命历史史料陈列馆，馆中陈列着自1840年至1949年期间的嘉兴地方革命史及嘉兴籍的革命烈士。

揽秀园位于南湖西侧，占地11300余平方米。揽秀园之名出于《浙江通志》：“秀水东会沪渎，西控浯溪，襟带具区，独揽其秀”之语，是南湖风景名胜区内的一处文物碑刻主题公园。揽秀园以“文星桥”、“仿古街”为中心，分南、北两园。全园建有碑廊270米，镶嵌大小碑刻95块，许多碑刻出自历代著名的书画家如文徵明、赵之谦、何绍基、吴昌硕、任伯年等大家之手，具有极高的历史研究和艺术欣赏价值，其中，唐代吴道子手绘“出海观音”石刻，神态祥和自然，栩栩如生；明代大书画家董其昌手书“嘉兴府学重修明伦堂记”碑记共1100余字，行笔流畅，风格逸秀，堪称镇园之宝。揽秀园独特的碑刻文物，蕴含了历史、文化、艺术等深层内涵，是嘉兴市重点文物保护单位。

壕股塔是嘉兴古时“七塔八寺”之一，因北临城濠，其水曲如股而得名。相传苏东坡曾到此饮茶，并与文长老（徐渭）在此晤谈。壕股塔及其禅寺在宋元时期非常兴盛。现重建的壕股塔位于南湖西侧的南湖渔村之中，塔高七层，建筑面积600平方米，塔院建筑面积200平方米，塔身四周有回廊，沿袭宋代建筑风格。每层的四角翘檐上下面垂挂古朴风铃，呈现“影荡玻璃碎，风铃柳外高”的意境。塔刹为国内罕见的纯铜鎏金。壕股塔是目前嘉兴市内唯一可攀登的塔，沿木梯盘旋而上，可俯看南湖全景，整个嘉兴城全貌亦尽收眼底。

南湖渔村位于南湖西北，是明代勺园旧址。嘉靖年间由吏部员外郎吴昌时兴建。据吴耦汀《烟雨楼史话》记载：勺园初建时面积并不大，但到处是楼台亭榭，假山峭削，青松苍翠，秋枫红醉；池中荷花，岸边杨柳；面对滮湖，北背城壕，烟雨楼台，近在咫尺，形成了一个由水系为纽带的建筑群体，环境相当幽雅。勺园落成后，钱谦益、吴伟业等名士都曾经来此游览。崇祯年间，江南名妓柳如是在勺园养病，这里就成了与钱谦益的定情之处，一时传为才子佳人的风流佳话。然而，好景不长，随着吴昌时的被杀，勺园开始荒芜。大诗人吴伟业（梅村）到南湖时，就只能在南湖的舟船中遥望一番，归去后写下了《鸳湖曲》，为后人留下了一幅声情并茂，形象逼真的“勺园兴废图”。勺园废弃后，其遗址在清乾隆年间辟为渔村，即后来的许家村，村内陂塘曲径，风景依稀可辨。

放鹤洲位于南湖畔，与西南湖生态绿洲隔湖相望。唐德宗时，贤相陆贽建宅园于放鹤洲，因园中有放鹤亭，故称为鹤渚。唐文宗时，宰相裴休又在洲上建别墅，改名为裴岛。南宋，著名词人朱敦儒寓居嘉兴，辟裴岛为放鹤洲。明末，贵阳太守朱茂时重建放鹤洲。清朝中期，放鹤洲日渐衰落。2004年，南湖风景名胜区重建放鹤洲，使之成为南湖景区内又一处重要的人文休闲景点。重建后的放鹤洲占地面积约52万平方米，其中水域面积9714平方米。景点保持了四面环湖、中多曲水、平岸杂树的自然地形地貌，以静憩赏景为主体功能，辅以荷池、菱塘、鱼池、果园等，沿湖门坊、亭榭、楼阁点缀其中，布局随势而建，力求自然生态。淡然居、桂离馆、嘉福堂是放鹤洲内最主要的仿古园林建筑。

小瀛洲位于南湖东北部，是湖中小岛，与湖心岛上烟雨楼南北相望，旧称小瀛洲，俗称小南湖、小烟雨楼。清康熙时疏浚市河，堆泥于此，遂成一面积约8亩的分水域，初为渔民晒网之地，后渐成游览胜处。清光绪年间，嘉兴民间组织“惜字会”在岛北部建祠三间，祭供仓颉。相传仓颉是造字之祖，后人称仓圣，以示崇敬。

西南湖生态绿洲占地30公顷，区内拥有乔木、灌木、地被植物共计100多种，分布着葡萄园、枇杷园、桑果园、竹林、银杏林、香樟林、杉林等30多个植物园林，使游人可以领略到“春看桃李夏赏荷，秋收百果冬看春”的旖旎风光，是一个不可多得的自然湿地公园。还是郊游踏青，野趣休闲，无论是作为孩子们的生物教学野外课堂，西南湖给人们的都是放牧心灵般的快乐与惬意。看惯了城市的繁华与喧嚣，到树林深处感受天籁之声，到花海中与花蝶齐舞，到小河边看鱼虾嬉戏，泛舟轻歌，渔歌晚唱，映衬着绿色的滩地和挺拔的树林，勾勒出一幅美丽、和谐、诱人的世外桃源浮雕。

湖州颖园

【名园历史】

颖园在浙江省湖州市南浔镇皇御河畔，现为颖园饭店。

【名园漫步】

园门为方形，上题二字，似为“观乔”。粉墙上的漏窗较奇，全部是整石透雕，缠枝藤叶在外，书卷画框居于中心，当中再刻人物。门口放着一对石狮守卫。

一直往前走，可以看见粉墙高耸，墙上嵌有门檐和窗檐。墙远端有一座湖石假山，正前方立一峰湖石。向左转，是粉墙漏窗，漏窗一样是方形透雕。中间开六角门洞，上题二字，似为“饴谷”。入内，见四面粉墙的漏窗全为小青瓦拼图案，玲珑剔透，与园门处的沉重的石雕漏窗形成对比，此院废弃有很长时间了，杂物乱堆，很多处的窗花已经坍塌，唯有地面的鹅卵石铺底青瓦拼花到现在还丝毫未损。

从院中出来，地上以鹅卵石为底，用瓷片铺出“爱”这个字，强调爱心。向左转便来到园中的假山，假山全为湖石砌成，有石洞、石门、石台，山脚紫藤匍匐，从平地爬上石顶，再从石顶爬上树顶，真让人拍手叫绝。上山的道口立有湖石峰，到山顶便可以看见四角攒尖葫芦顶亭，名梅石亭，形式与岭南园林的亭子非常相像。

下了山，过了石洞便出了石门，来到园中池景，可谓是园中最杰出的景物。水池两岸以三折石桥相沟通，池两面为建筑，一是赏月楼，二是养心榭。赏月楼临池挑出水面，三间尽为落地长窗，窗格嵌透明玻璃，可能清楚地看见室内字画，亦如舫形舷窗；二楼三间亦尽开满窗。开门临水可观池中游鱼，晚上可去临风赏月，故名赏月楼。水池的另一边为养心榭，地坪较楼高一些，硬山顶，山墙有一观音兜，檐部有一马头墙，临池开落地门窗。养心榭的门窗上有够看见黄杨木雕刻，每幅均配有名人书法，其中一幅为耕织图，人物形象非常逼真。两层并不相连，中间的隙地植一株夹竹桃，盛夏的时候，整棵树都是红花。在清风厅内落地长窗上保存有部分《西厢记》黄杨木雕，非常珍贵。紫藤和广玉兰是园内所有植物中最难得的，该园中紫藤已逾百岁，广玉兰也叫荷花玉兰、洋玉兰，花型巨大，芳香郁馥。

湖州嘉业堂藏书楼

【名园历史】

位于浙江省湖州市南浔镇西南鹧鸪溪畔的嘉业堂藏书楼，是我国近代著名的私家藏书楼，与天一阁相同，是园林式藏书楼，楼在园中，全园占地 20 多亩。

【名园漫步】

嘉业堂的九龙金匾是宣统帝溥仪题赐给刘承干的，藏书楼因此而得名。

藏书楼是一座砖木结构、中西合璧的两层楼房，面宽七间，左右厢房各六间。楼的地基约五六尺高，皆用花岗岩砌。楼与厢房呈“口”字形，中间有正方天井，平铺方砖，不生杂草，为夏季晾晒图书之用。

藏书楼对防火、防潮、通风等要求十分严格，设计周密，精心构筑。四周河水围绕，利于防火、灭火；一楼的房间皆用专窑烧制的青砖铺地，青砖下铺垫专烧反钵，钵下再铺细沙，青砖离地一尺多高，加上层层阻隔，地下潮气难以上升；一楼底层高4至5米，既通风又隔热。珍藏的各善本书盛于木匣中，匣内复衬板，也是防潮的有力措施。

整座藏书楼筑于典型的江南园林之中，不失为一大特色，楼的南面为小花园，花草遍地，藤萝漫布。花园正中有约4亩大的莲池，周环假山，内蕴十二生肖，中垒石岛。岛上有亭翼然，名“明瑟”。亭后立一石，高约2米，形似虎踞，中腹有一孔，吹之声如虎啸。石上有清代著名学者阮元所题“啸石”隶书二字，其下有张延济题句，故也称“啸石”，是南浔三大奇石之一，。岛两端各有石桥通池岸，岸边亦各有亭曰“晚碧”、“障红”，遥与“明瑟”相掎角。

池的西边建有浣碧亭，与池东的漳红亭东西对称，又与池中龟岛的明瑟亭成鼎足之势。西亭为圆亭，非常厚重，周边砖砌槛座。过了一板石梁，便来到池中小岛，岛形如龟，前与岸相距较远，形成了开阔的池面。后与岸相距较近，形成了狭的窄曲流。可见一放一收的水景处理，前池荷叶平铺，后溪夹岸危石。岛上建六角攒尖亭，名明瑟亭，取《水经注》“日对鱼鸟，水木明瑟”之意。亭砖槛木栏，靠在栏杆边去观赏荷花，是最好的地方。过亭向东，踏过三折石桥，来到池东假山。此桥为花架廊桥，与留园中花架廊相似，古藤绿廊，为园增添了几分古朴之意。

书楼与花园有外围河道环绕，以水替代围墙，使书楼、花园的景色与四周的村落浑然一体。东侧有桥临水，桥内有拱形大铁门，以通出人。园主刘承干在《嘉业藏书楼记》文中这样描述书楼的环境："园之四周，环以溪水，平临泱莽，直视无碍。"

过桥来到池东的大假山，假山全是由湖石构成，桥头即为石洞，石山陡立，平地拔出，有峰无脉，内洞上台，沿着山道走就能够到达山顶，临台观池。十分危险，虽然都是精良的石砌成，然非佳构，突兀有加，婉转不足。

平湖莫氏庄园

【名园历史】

莫氏庄园位于浙江省平湖市，是清末地主莫放梅请人规划设计的，始建于光绪二十三年（1897 年），三年之后竣工。新中国成立后收归国有，1964 年改为莫氏庄园陈列馆。

【名园漫步】

莫氏庄园在平面规划上是以南北中轴线为主，里面设有四进厅堂，置天井、轿厅、天井、正厅、将军亭、天井、堂楼。左右两侧的轴线非常明显，仅仅是依附于中轴上的建筑，东侧有祠堂、账房、天井和厨房，西侧有书房、卧室、花园。高达 6 米的集防风、防火、防盗于一身的围墙环绕在庄园四周，是江南非常典型的封闭式宅第厅堂建筑群。

庄园主体建筑为春晖堂，取自孟郊《游子吟》"谁言寸草心，报得三春晖"之句，比喻母爱。春晖堂是主人议事和举行仪式的地方，前置鹤颈式轩廊，落地长窗的夹堂和裙板上刻蝙蝠、麋鹿、寿字、牡丹等图案。屋顶彩塑双狮戏球，厅内家具都是用极其珍贵的紫檀木精制而成。前面的天井中东植玉兰，西植桂花，分别寄寓着"金玉满堂"和"富贵"之意。室内中堂供福、禄、寿三星，两侧对联写道："五伦之中自有乐趣，六经之外别无文章"、"志行勤修敬仰传为世德，人伦瞻仰勋爵命于王廷"。"春晖堂"三字为明代书法家、礼部尚书董其昌所书。东西两柱挂着清同治年间的状元、末代皇帝溥仪的恩师陆润庠书的对联："衔其山川拾其香草，蒸以灵芝润以醴泉。"花厅联为："事过始知天有权，家居亦以古为鉴。"卧室里的对联为："金屋春浓花馥郁，楼夜月明永团圆。"这些对联都表现了中国传统儒家观念。

堂楼上为眷属起居处，下面名"云浦草堂"，是应酬女宾的地方。中路建筑如塞门、轿厅、正厅、退厅、堂楼等的屋脊都用鲤鱼、双狮戏球、龙凤呈祥、仙人指路、狮马神兽和刘海戏金蟾等装饰着。前园有园林三处，前、后园建于清末，东园建于改革开放后。西园在轿厅的西侧，也称前园，面积不大，园以水池为主，可称池园，池呈深潭式，是江南园林的风格，池岸用太湖石所构成。在池岸或墙前，有像狮、鹰、狗、鸡的峰石，在于形似与神似之间。水池的北面以一口半月形石井相接，似为池水源头。在石间种有木樨、幽竹，以此来飨历代爱竹者的渴望。

后园在书房的旁边，以山为主。后园主山，前园主水，合风水之制，亦合孔子之道："智者乐水，仁者乐山，智者动，仁者静。"朱熹在《论语集注》中亦道："智者达于事理，而周流无滞，有似于水，故乐水。仁者安于义理，而厚重不迁，有似于山，故乐山。"园中置一座假山，全为湖石构成，其上全部是布藤萝，旁植金桂、黄杨、腊梅，屋角植芭蕉。假山全为石构，没有掺和半点泥土，这些都是嘉兴平湖的做法，《嘉兴县志》载："旧以高架叠掇为工，不喜见土。"假山内构石洞，上披苔藓。环山墙根以湖石砌花台，内有湖石石峰与芭蕉。铺地用青砖砌成六边形轮廓，砾石、紫缸片充斥其内，显出两组不同色彩图案。

清风明月廊位于后园东侧，取自苏东坡的《点绛唇》："闲倚胡床，庾公楼外峰千朵。与谁同座？明月清风我。别乘一来，有唱应须和。还知么？从添个，风月平分破。"廊柱间有美人靠，供观静赏，觉天地变幻无穷。廊上层为走马楼，木栏木窗，登楼观园，反觉天地之小。廊的入口处刻石匾，题"拈花"、"度月"，拈花典出如来拈花，迦叶微笑，师徒会心，说明后园寓禅宗佛理于其中；天上月宫是人间理想之地，园中植桂树以示月宫，入园如上月，园主言度月，意思就是佛之普度众生。

东园是改革开放后为了增补园林而请苏州建筑师设计建造的。园林在花厅的东面，亦以水池为中心，池名婴山池。环池筑以湖石，东面为出水口，水口上有一座石板桥，水中立的三个石矶为它增添了不少生气，喻以一池三山。铺地以旧园为榜样，青砖勾边，黄石碎片、白石碎片和断瓦片填白，显出统一的韵律。路外用青瓦勾边，湖石砌花台，台内植花草，花木间堆有一石峰，上小下大，小石堆成。园墙的处理比旧园要好得多，因用藤本植物攀缘，遮去大片粉白，因此在单调中求得丰富。东园的面积比前园和后园都要大，种的植物也富有色彩感，有冬之青松、秋之槭枫、夏之枇杷，还有槐树、菊花等。园西面一列走廊，正中升起成楼阁形式，三开间，下面左右有扶栏，中间是开敞，楼上是木栏朱窗，歇山屋顶，正脊用凤头，简洁又大方，没有太多的雕饰。

安 徽 省

芜湖汀棠园

【名园历史】

汀棠园在芜湖市的北部，是一座徽派纪念园林。古时的汀棠园一带风景就非常优美，历代骚客常到此游赏，留下了很多诗词题咏，又陆续修建了一些建筑，新中国成立后经过整修增建，形成了一座纪念性园林。

【名园漫步】

汀棠园内湖面宽广，岸边垂柳依依，亭台罗列，风景优美。湖中有两座小岛，其中一座位于湖心，叫作“珊瑚枕岛”。岛上凿有芙蓉池，池的中间建有流香榭，榭旁有曲桥跟池岸相通。这种“湖中有湖，岛上有岛”的构造独具匠心，颇具特色。流香榭是岛上最主要的建筑，造型优美，端庄别致。在榭中可以欣赏近处的小池荷花，观看远近的大湖船影，两相得宜。岛上还有钟亭、巴骝山、花廊等景致。

玩鞭亭最初建于北宋元丰八年（1085 年），是芜湖承天院方丈主持修建的。元代毁于战乱，明初，当地一位姓晋的人重建。相传这个人是帮助过晋明帝的老妪的后代，晋姓为晋明帝所赐。明代重建，清代再修，又废；现在的玩鞭亭系 1984 年重建。亭高 10 米，两层八角，非常有气势。亭内壁上绘有四幅描述晋明帝遗鞭退兵经过的壁画，人物形态栩栩如生。玩鞭亭历来是游览名胜，留有甚多文人题咏，如苏辙的“马鞭七宝留道左，猛士徘徊不能追”，黄庭坚的“至今亭竹根延蔓，尚想当年七宝鞭”，读之令人感慨不已。春游玩鞭亭，“风暖云闲上此亭，亭花烂漫鸟叮咛”，无边春色令人陶醉；曲桥小岛，长廊石刻，古井古钟，让人不禁生发“欲将此景归图画，彩笔争如造化灵”之感。

汀苑分为海棠园、茶花园、葡萄园和盆景园，芳香四溢，石子路曲曲折折，两边是松柏遮阴。汀苑中央是一个小亭，亭中栽着一棵古藤树。走出小亭，穿过小石桥，有各种盆景花卉。

“浮州春晓”岛位于汀塘中央，四周环水，假山峥嵘、草木扶苏、翠色欲流，碧波荡漾，颇有海市蜃楼般缥缈之感。岛上建有琉香榭、长廊、喷泉池、望波亭、钟亭，原南京军区司令员杜平为其题名“浮州春晓”。

沿湖建有碑廊，廊内壁嵌有历代名人诗作碑刻。碑廊为黑白分明的徽派建筑，蜿蜒伸展，随着地势的高低变化而变化。作为背景，它对碧波荡漾的湖面起到了一个较好的衬托作用，构成良好的视觉效果。

公园中配套景点有“巴骝山”、“玉带桥”、“珊瑚枕”、“琉璃井”、“诗廊”、“柳堤”、“九曲桥”、“汀棠亭”、“汀苑”、“钟亭”等名胜。服务设施有“船埠”、“餐厅”、“冷饮部”、“小卖部”、“露天浴场”、“乘钓”等。公园开园以来曾多次接待国内外游客，被誉为“江城明珠”。

滁县醉翁亭

【名园诗话】

四十未为老，醉翁偶题篇。
但爱亭下水，来从乱峰间。
声如自空落，泻向两檐前。
流入岩下溪，幽泉助涓涓。
响不乱人语，其清非管弦。
岂不美丝竹？丝竹不胜繁。

所以屡携酒，远步就潺缓。
野鸟窥我醉，溪云留我眠。
山花徒能笑，不解与我言。
唯有岩风来，吹我还醒然。

宋·欧阳修：《欧阳文忠公集题滁州醉翁亭》

【名园历史】

醉翁亭坐落在安徽省滁县琅琊山麓，始建于北宋庆历六年（1046 年），后绕亭增筑一些建筑物，成为有多进院落的庭院式古典园林。

【名园漫步】

全园面积约 10 亩，有景九处，被称为“醉翁九景”，为：醉翁亭、宝宋斋、冯公祠、古梅亭、影香亭、意在亭、怡亭、览余台、二贤堂。全园的布局为“左醉园、右醒园”，醉多醒少，游园先醉后醒，似人世之态。园林在山溪一侧修建，山溪有一泉，位于方形井内，侧面有清康熙四十年（1701 年）知州王赐魁题的“让泉”二字。泉水“甘如醍醐，莹如玻璃”，故亦称玻璃泉。入园先经溪上拱桥，桥头有灰墙围园，墙上开门洞，上题“醉翁亭”。进入院子向右走，见一月洞门，左右开漏窗，门上题“有亭翼然”四字，出自《醉翁亭记》的“峰回路转，有亭翼然临于泉上者，醉翁亭也”之句。过门，见壁上有《解醒阁记》，门上题“酒圃春长”四字。过门，又一亭立于石台之上，上题“醉翁亭”。亭面阔三间，进深三间，屋顶卷棚歇山顶，脊头为鱼身龙头的飞龙。当中挂一匾，上题“醉翁亭”三字，是欧阳修的得意门生苏东坡所题，内柱悬挂两联。亭侧石壁陡峭，石纹斜向，非常奇怪，上刻“醉翁亭”和“二贤堂”。当时，欧阳修在亭中举杯邀月、把酒临风，有时还处理政务。欧公仙逝后，此亭便享有“天下第一亭”的称号。

亭后有三间硬山顶瓦房，名二贤堂，依山而建，始建于北宋绍圣二年（1095 年），南宋淳熙年间的知州魏汝功为之立匾。“二贤”多认为是欧阳修和王元之。堂内立有欧阳修像，陈列两个版本的《欧阳文忠公全集》、部分欧阳修手迹及相关史料，壁上挂有《朋党论》和《醉翁亭记》条屏。

醉翁亭西面为宝宋斋，取收藏宋代珍宝之意，这是在明天启二年（1622 年），由南京太仆寺少卿冯若愚建成的。因明朝重视宋朝字体，故建宝宋斋。斋内两块大型石碑上刻有苏东坡为恩师写的《醉翁亭记》全文。碑建成之后，冯若愚怕因风吹日晒而毁了碑文，故建了宝宋斋。然近千年未损之碑毁于“破四旧”的铁锤之下。之后，依苏体重刻一碑置于六角亭内。人们为了感谢冯公，于宝宋斋西面一院建冯公祠。

出了冯公祠南院门，便是一方亭，攒尖顶，稳重大方，里面有石桌石椅，四周置矮槛。初名皆春亭，明嘉靖四十三年（1561 年）时建，后由卢洪夏重建时更名为“意在亭”，取《醉翁亭记》中“醉翁之意不在酒，在乎山水之间也”。亭周设有曲水流觞景，在明万历三十三年（1591 年）按王羲之《兰亭集序》为模本设计建造。在亭西北角台上，有一石依墙而立，称为菱溪石，此石菱形，表面多孔，是由欧阳修从城东五里的菱溪运到这里的。当时，溪中有六块美石，四块被人偷走，一块因太小而不值得偷，另一块则因太大无人能动，欧阳修用三驾牛车方能拉动，运送之时，有很多人来，欧阳修还特地为此石做《菱溪石记》和《菱溪大石》诗。

冯公祠西为一院，院中种植古梅，《琅琊山志》记载：欧阳修种植此梅，枯后后人再续。古梅高 7 米，离地约 60 厘米，开四杈，每杈粗 70 厘米，树皮上多有斑。每逢花期，必与杏花同放，故名杏梅。古梅在一石台内立着，石台上刻有清代题字“花中巢许”，巢即巢父，许指许由。相传尧想传天下于巢，巢不接，又欲传于许，许逃到箕山下，尧又欲封他为九州长，许嫌尧之语脏了他的耳朵，跑到颍河去洗耳朵。此四字表明梅如巢、许，清高雅洁，似欧阳修风格。梅北有亭名古梅亭，系明代嘉靖年间的滁州判官张明道为赏梅而建，原名梅瑞堂。古梅亭东设览余台。台原建于醉翁亭墙外，让人看亭，后毁于失修，现台为薛楼楼梯改建而成。后人把楼基石料移到梅前，筑台称为览余台，登台而一览全园。台前碧溪，台后怪石，台左亭阁，台右修竹，各个时期、各个角度观察都不尽相同，故有人为台题“四时之景不同”之匾。

古梅亭西为怡亭，原亭已毁，近代痘医张爰棠于1916年进行了重建，这个亭子非常小，为砖混结构，一面开门，三面题字，东西南北依次刻有“东阁迎曦”、“西山拱秀”、“怡亭”，内壁有滁人黄谷耜撰写的碑文。此亭所在地势较高，站在亭内可看到整个园子。从古梅处南望，院门框住一亭，亭子在水中立着，四面围以砖砌为栏杆。过桥上亭，抱柱上题“疏影横斜水清浅，暗香浮动月黄昏”亭子是明初所建，初名见梅亭，后更名影香亭。此亭与山东十笏园的四照亭的设计相似。立于亭中回望梅院，院墙高高地立于台上，门处墙头比侧墙高，侧墙各有一个大方形漏窗、一个圆漏窗与一个八角漏窗。院门两侧题“寒流疏影”、“翠积清香”，两株古松依墙而立。

醒园在醉翁亭西侧，始建于1926年，当时仅有七间小瓦房，为四合院布局，中间四柱有青藤攀附。抗日战争时毁于炮火，现碑记存留。1981年，于园内建宝宋新斋，按苏轼书《醉翁亭记》墨迹重刻碑文，立在新斋里面。醒园西北角高台上建有一阁，单层，五开间，硬山顶，前设檐廊。阁原来建在冯公祠西，始于明嘉靖年间，原名醉翁楼；万历十四年（1586年），沈思孝改名“解醒阁”，并撰写《解醒阁记》；后毁，1983年重建新阁。

滁县琅琊寺祇园

【名园历史】

琅琊寺在安徽省滁县琅琊山，为唐代大历年间的淮南路刺史李幼卿与法琛和尚创建。当时叫宝应寺，后来又改名叫开化禅寺、开化律寺。现存建筑多为民国初年由法修和尚主持修建，但仍保持了原有建筑风格，碑刻、古砖、台基、泉洞大部分是旧物。

琅琊寺是一座园林式的寺院，除有大雄宝殿、藏经楼、念佛楼、悟经堂等宗教建筑之外，有附属园林“祇园”，内有无梁殿、净手泉、明月池、明月桥、明月观、三友亭、濯缨泉、鸿雪洞等景点。

【名园漫步】

这个寺的特征是佛教建筑很少，景观性建筑和景点比较多，寺院主体建筑在一条轴线上。大殿位于高高的台地上，殿前有一百多级台阶，令人仰之弥高。上台阶前必须把手洗干净，故设一净手泉在道边，泉侧石上刻着“净手泉”三字。天王殿为城楼式，下开三圆拱门，侧小中大，上面建有重檐层楼。过天王殿来到寺中心院落，院落中间掘地为池，题为“明月池”，原名华严池，是放生池，池水引自濯缨泉，池水因此长年流淌，池中种有莲花，立有“鲤鱼跳龙门”一景。池全部用青石砌成，周围有石雕栏杆，栏、杆、板都有雕刻。池当中架三孔石桥，桥栏用石头雕刻而成，望柱端是莲花头。从华严池更名明月池就可知，园林的佛教意义逐渐淡化，景观意义逐渐加强。每当月上东山的时候，池中倒影就是一道美丽的风景线。明月池的北边有九间瓦屋，叫明月观。前人有诗赞此景：“一溪山畔净波平，月到中天见底清。独坐更阑不归云，酌泉想象古人情。”过明月观，到三友亭，亭取名三友，一指植物的岁寒三友松、竹、梅，因亭旁植有松、竹、梅而得名；二指琴、酒、诗合称为三友；三指交友中的三友，分别指三益友和三害友。

在大雄宝殿西侧有一个题名“祇园”的寺园。祇园是印度的佛教圣地之一，释迦牟尼得道后，桥萨罗国的给孤独长者用黄金购得舍卫城南祇陀太子园地，建精舍，聘请释迦牟尼讲经说法。祇陀太子把园里面的树木奉献出来，后人把给孤独长者、祇陀太子这两人的名字与竹林精舍并称为祇园。如今，大部分的寺院不专门辟祇园，而是藏寺于自然山水中，但也极少数的寺院单独建祇园。

琅琊寺祇园的入口也比较丰富，从大雄宝殿西折，有一座用砖砌成的门楼，中间开了一个拱洞，门洞上题“禅香苑”三个字。门旁植竹，合“竹林精舍”原意。过了门洞，为园内前院，最上方有一门，人必须要绕一圈才能到达，正前方石壁上有三座佛塔，石间高林密布，一转一折来到一院门，院墙为粉墙高起，月洞门上写有“祇园”这二字。除院门面内墙是粉墙外，其他院墙皆为清水青砖墙，墙上设两个方形拼花漏窗。窗前一株植棕树，取自释迦牟尼的弟子阿难把释迦牟尼理论写在贝叶的典故，贝叶是棕榈类植物的叶，所以选择这棵树。

进门后最早看到的是右边悬崖峭壁上的石刻：“南无阿弥陀佛”、“心即是佛”、“南谯灵光”、“云山之友”等，字漆朱红。石壁前建一观音殿，内置一尊南海观音，原名翠微亭，建于濯缨泉侧，后移至此，改为观音殿。殿面阔三间。歇山顶，背靠着峭壁，前临敞院，院中古树荫郁。最值得一看的是观音殿前的院墙，全部是漏窗，顶部做成波浪式，一面墙雕有迎客松、丹顶鹤、凤凰，另一面墙雕青龙、猛虎、海燕、海鱼、雄狮等。

从观音殿后的台阶往上走，岩隙中有古树，盘根错节，非常坚韧。上得台来，眼前一阔，苍松翠柏之下又有一建筑，名“悟经堂”，为和尚静心领悟的地方。的确，在远离寺中的偏僻园林之中，没有香客的打扰，没有香烟的污染，隐居在这里，可暂得一时清静。从台上俯视台下，有花台水池及远处的群山苍翠。

黟县培筠园

【名园诗话】

万仞巍然叠嶂中，
泻来峻落几千重，
森森桧柏松杉老，
又见黄山六六峰。

南宋·张九成：《碧山访友》

【名园历史】

培筠园在安徽省黟县碧山村，是徽州私家园林的代表。南宋时期，权参知政事汪勃为人正直敢言，因为与秦桧政见不同，屡遭排挤，于是辞官回乡隐居。隐居期间，他在宅旁建园，取名“培筠”。“筠”原意为竹子的青皮，常借指竹子，“培筠”之名有退而植竹、修身养性的意思。

【名园漫步】

园中部用巨石砌成的四角券洞是全园的景观中心。洞顶设置石桌、石凳，登顶可眺望碧山美景。洞口有一通石碑，上刻汪勃之友礼部侍郎张九成《碧山访友》七绝。当时，汪勃退居故里，张九成专程来访叙旧，并在培筠园逗留期间写下了这首七绝诗，赞誉碧山景致，同时针砭秦桧等阴险奸臣得势，暗示忠臣遭到迫害。汪勃有诗《喜张子韶学士见过》答谢：“故人江上来，顾我万山中。别久十余年，相见颜若童。契阔言离好，叹我已成翁。虽徒忧患后，道气汤人胸。碧山春自霭，湖水映天空。鸢鱼欣若观，永日畅和风。山中足鸡黍，为我开眊蒙。”如今培筠园的景致已不能和当年相比，但雕着张九成诗文的碑刻依然存在，虽经近数百年的霜侵雪压，诗文字迹依然比较清晰。

培筠园内不设过多建筑，山、池也基本保持天然形态，风格清淡古朴，充满野趣。整体布局依山水自然脉络，随势设景，没有一点人工痕迹，宛如天成。全园构图十分严谨，就像一幅一气呵成的泼墨山水画。园中到处体现出一种淡泊、宁静的氛围，与园主退隐山林的心境非常相符，很好地突出了园林的主题思想。培筠园作为现存比较完整的南宋园林佳作，在我国园林史上具有非常重要地位。

黟县碧园

【名园历史】

碧园是黟县宏村中一处典型的水院民宅，建于清道光十五年（1835年）。

【名园漫步】

碧园坐落在雷岗山下，地处“牛肠”形水系的源头，据传说建筑此屋的是一位朝廷的退隐高官。他从不与村里人交往与交谈，但他所建的这栋房子，站在高处看，却是以一种形如古代官帽的样式雄立于村中。像这样将墙壁顶端做成半弧形状，在徽派古建筑中是难得一见的，因其有“水榭”而尽透灵气，山以水而秀，居以水而雅，以至于该园成为安徽省清代庭院水榭和民居结合的代表作。

入院门一转，就来到宅院的主体建筑燕诒堂，“燕怡”与“燕誉”谐音，意思是安闲快乐。堂中挂条幅、人物画卷，侧面题联，上面悬匾，再侧又各悬一幅画，画前有两张太师椅、一张茶桌。堂前是走廊，堂前又悬一匾，题“圣人孩之”，表示世代替圣人庇荫。堂亮两层，登二楼可把此园全部看完。虽然建筑是不丹朱粉墨，但从细部构造上看有细腻精巧的风格。在槛墙上有两块石刻非常精巧，是清代原物，为全村之宝，一刻双凤牡丹图，二刻双龙戏珠图，十分逼真。

廊前接一水榭，是园林的主体建筑，建在水池，平面方形，四柱单檐，屋面与燕诒堂的一层相连。堂与榭连为一体，成为半亭式建筑。三面设槛座栏杆，栏杆横向栏木有五根，竖杆则只是两两三三地接于横杆之间，显得平和、空灵。

门口的牛形水圳是水池的源头，是全村的命脉，所有居民都饮用这里的水，而碧园则是水圳的第一家。

在檐廊的终端有一座拱门，如此短的距离内竟然设计得这么完美，可见匠心之至。拱门的西边另有一院，院墙上有长条漏窗，漏窗的几何图案之中有“祥云瑞气”四个字，同江苏吴江同里退思园的“清风明月不须一钱买”九字漏窗如出一辙。拱门的东面沿池砌一护墙，墙也有花式漏窗。池东有一楼，临池一层开圆形洞窗，上挂“清香阁”匾，圆洞窗的侧边另外添加一长方形花窗。从圆洞门可以看到对面“祥云瑞气”院墙和后院的鹤寿楼。二层开长条形窗。水池边嵌鹅卵石为园路，园路与墙之间的空地上种植枇杷、茶花、藤本植物，成为粉墙前景。池沼区的西边另辟一瓜果园，在“祥云瑞气”窗侧设一圆洞门，门上写“碧园”二字。再进去，花台高起，分层种植，与梯田形式差不多，对面围墙上有花式漏窗。回头看水池水榭，又成一景。往右折回，看见一院墙，墙上开梅花形洞门。过梅门，回头可看梯形花台、碧园院门全景。院内开阔，一派田园风光，有鹤寿楼，由此可知园主的祈寿心理。

歙县檀干园

【名园历史】

檀干园在安徽省歙县的唐模村。在明末清初，唐模村有位许姓富商修建了檀干园，供母亲观赏。抗战时期，檀干园被国民党军队的23集团军总司令唐式遵占为公馆。新中国成立后，檀干园成为某中学校舍。1998年经过整修，正式对外开放。

【名园漫步】

全园分别有东、中、西三个独立景区。东部景区以自然山水为游赏主题。景区西部入口的地方筑有八角石柱亭和石牌坊。过亭畔小桥反向再朝南走，就可登上平岗山尽享山林风光。东部景区内山水相映成趣，风格自然明快，充满了山野情趣。

中部景区有较多建筑，从整体布局来看，它是全园中心所在，既延伸了东部景区景观，又为西部景区做了铺垫。许多建筑点明了山水园的主题，从而引导游人游园赏景。从石牌坊向西，过响松亭，便来到檀干园正门。进门沿着台阶而上可以到达确皋精舍，此为园中主体建筑，呈双廊结构，宽敞轩昂。确皋精舍所处庭院，散植花木，摆设盆景，自成一园。舍北建有廊亭，临湖而立，为赏景佳处。

西部景区主要是小西湖水景，仿照杭州西湖建湖堤、拱桥，将小西湖隔为内、外湖。湖的中心建有镜亭，飞檐翘角，飘逸灵秀。亭四周以石栏相围，亭壁间嵌宋、明、清三朝名家书法刻石 18 方，龙蛇隐壁，铁画银钩，镌刻精细。亭内文风醉人，亭外荷风送爽，真是妙不可言。内湖建有笠亭、沙堤、石舫等景观，北岸有长堤横卧，系仿西湖白堤而建，垂柳植在堤上，并设有石桌、石凳。外湖岸边檀树茂盛，檀干溪沿着湖流淌，此处可谓檀干园点题的风景。西部景区水面宽广无限，自然疏朗，小西湖与平岗山相映生辉，营造出山为水峙、水为山映的美好意境。

檀干园借自然山水入园，并且根据山形水势巧妙设景，使全园布局有致，因地制宜、山、水建筑搭配和谐。园景自然清新。秀丽纯朴，充满了山林野趣，有江南山村幽雅情调，在徽派园林中名誉极高。

马鞍山采石矶

【名亭历史】

采石矶位于安徽省马鞍山市采石镇，是我国著名“长江三矶”之首，绝壁临江，水湍流急，怪石嶙峋。东吴时始建广济寺。自从李白在采石矶逝世之后，历代更是大兴亭台楼阁，如今形成巨大规模的风景区。

【名园漫步】

采石矶西是长江，其他三面为锁溪河。进园须跨过宽阔的石拱桥，石桥的每个望柱上皆有石狮。门楼面阔三间，还有两座耳房，正房为重檐，耳房为单檐，左右粉墙围合成入口广场。园内翠螺山高耸入云，山顶上建有五层楼阁。

沿着路向西走，中间两排青石板，两边鹅卵石，侧边一排青石板，形成层次丰富的路面景观。路边有待归亭，取李白诗“寂然芳霭内，犹若待夫归”之意。亭前为望夫石。正对亭东的是荷池，池中莲花盛开，绿荷之中有一白色的荷花仙子雕塑，手里拿着莲花。过莲池，来到另一浮萍池，池中是小岛，一株枯木，藤萝遍地，石笋耸立。继续向前走，见路边一月洞门紧锁，上题“翠苑”二字。

绕过月洞门，即到了林散之艺术馆。林散之是我国书法大师、诗人和画家，人们尊称其为“当代草圣”。艺术馆占地面积为3800平方米，建筑有汉唐时期的风格，粉墙朱柱。主殿用草顶覆盖，故有草堂之称，立于七级台阶的平台上。台下一侧，巨石平卧于草丛之间；另一侧，石柱林立于草坪上，具有层次之美。台上铺地用鹅卵石拼成梅花、冰块、树叶等形状，偶尔嵌有大河石。地上立有瓷瓶，里面种植莲花。殿侧靠山的地方设有围墙，采用马头墙形式，丰富而又有韵律。墙内黄石堆积成山，山间蹬道穿行。偏殿因地势起伏，地面和屋面也高低不平，建筑旁是散之先生的墓。

万竹坞与林散之艺术馆相接。清光绪十八年（1892年）冬天，当地画家张鸿作竹诗画竹形刻于碑上；之后，此地从京、宁、蜀、湘、赣、闽、皖等地引竹种13属100余种，形成了万竹坞。坞中有娥皇与女英哭舜帝的湘妃竹、韩愈“蕲州笛竹天下知”的蕲竹、李白之妹李月圆洗铅华撒竹林的粉竹、唐代女诗人薛涛吟诗楼前的琴丝竹及形似人面的罗汉竹等。

出万竹坞，经曲流小桥、林中小道，来到盆景园区，称作“圆梦园”。池岸黄铺石砌成。三角亭隐于密林之中，青、红浮萍给池面加了一层彩衣。桥体为拱桥，中置一亭，亭侧廊道，桥头加一方亭，亭一面为月洞门，裁取竹景红萍。园区内建筑都是徽州民居式，院墙是廊式半墙，在曲流一旁穿行，院内设有黄石花台，青石花栏，湖石围成莲池，盆景支于架上。出盆景园，外面绿草青青，草地上设花岗岩雕塑：李白屈膝弹琴，渔翁侧立而听，两柱陪立，其中一柱题名“知音”二字。

草地边际有廊式亭立于锁溪河边。再向前走几步，即为李白纪念馆。李白非常喜欢采石山水，多次登临，写有《夜泊牛渚怀古》、《望天门山》、《牛渚矶》、《横江词六首》、《临路歌》等诗词，死后葬于采石。唐时建太白楼，北宋兴建李白祠，明正统五年（1440 年）建清风亭。纪念馆现有多个门楼，其中正门楼是三间砖雕门楼，左右蹲着石狮，正对着太白堂。全馆景点有太白堂、同凤阁、骑鲸轩、仙侣斋、吟香馆、太白楼、酌霞轩、松云居、沉香园等。

太白堂由东南大学的潘谷西与朱光亚教授在 1986 年设计改建而成，全院建筑呈江南风格。太白堂五间单檐，檐下有作一“笑”一“愁”老人，是歙县雕工吴起水所雕，抱柱联为：“诗冢常存，此是青莲捉月地；酒仙好在，今当黄菊插头时。”太白堂和叠翠楼底层正面墙壁上均嵌着当代画家范曾设计的《梦游天姥吟留别》和《庐山遥寄卢侍御虚舟》大型瓷砖壁画。

沉香园东园在太白堂之后，叠翠楼坐落于园中，东北边是清风亭，西侧有门通西园、太白楼和醉月斋。为纪念李白而建的太白楼，始建于唐元和年间，原名为谪仙楼，明正统初年于楼侧建清风亭，太白楼、黄鹤楼、岳阳楼和滕王阁合称“长江三楼一阁”。清顺治十四年（1657 年），一场火灾把楼烧毁。康熙元年（1662 年），知府胡季瀛寻址建楼，重命名为太白楼，把太白祠迁至楼后。雍正八年（1730 年）、嘉庆二十三年（1818 年）又重修，后毁于战火。现在的楼是清光绪三年（1877 年），彭玉麟重建的楼祠，高 18 米，左右回廊，飞檐翘角，雕梁画栋。

李白祠始建于南宋。南宋嘉泰元年（1201 年），道士秦德智重建李白祠，并增建神霄宫。30 年后，郢州防御使王明看见祠宇简陋，建新祠为李翰林祠，并建暮云亭，取自杜甫《春日忆李白》“渭北春天树，江东日暮云”之句。元明两代都进行过修缮。康熙年间，胡季瀛移建李白祠，祠楼始合一，但暮云亭未移，祠亭楼皆毁于太平天国战争，彭氏重修时并未恢复。

沉香园为李白纪念馆的后园，园名取自李白《清平调》的“解释春风无限恨，沉香亭北倚阑干”。园可分为东西两园，两园都有一个牡丹池，池中牡丹系宁国县引进。现在，园中有深红色的四旋，梅红、羽红、粉红色的西施、粉莲、凤尾等品种。园内还有古银杏一棵，桃园一片，竹丛千竿，醉月斋一间。清风亭取名自李白诗《陪族叔当涂宰游化城寺升公清风亭》“闲居清风亭，左右清风来”。化城寺和清风亭都是故景，化城寺建于东吴时代，清风亭建于天宝年间。北宋时，清风亭被毁，僧人道新重建。南宋建炎初年，寺与亭被兵火所毁。明代正统五年（1440 年），周忱重建清风亭，一年后遭火灾被焚，翌年再建，只盖以茅草、围以砖砌。1987 年重建。

出沉香园，上山的途中经过赤乌亭。亭内有一井叫赤乌井，系三国东吴赤乌二年（公元 239 年）建广济寺时掘成的，此处昔有一庵，也叫禅悦庵，周瑜曾在此驻军，孙权亦常来探视，每天都喝井中之水。庵圮后，井亦掩埋，清雍正十二年（1734 年），孝廉秦上达重建，后来庵再毁未建，现只留一井，1982 年在井台建赤乌亭。亭平面六角，庑殿顶，中留方井天窗，上下对照。

前行来到广济寺，旧名为石矶院、资福院，系“采石七十二庙”中规模较大且最早的寺院。宋天圣十年（1032 年）重建，更名广济院，后毁于兵火。明洪武三年（1370 年），永慈和尚在原址建两层楼阁，供观音。洪武十二年（1379 年），明满和尚重修，洪武二十四年（1391 年）更名为广济寺。后再毁于战火，清代屡建屡毁，光绪年间方建山门，并重修大雄宝殿、后殿和观音阁。进院中，如今只剩观音殿，黄墙朱柱青瓦白石，正堂有黄炎培于 1930 年 3 月游寺时所题的“万古一明月，斯人不可寻；此江变春酒，众醉到而今”对联。中堂侧有联：“此江若变作春酒，问余何事栖碧山。”

山顶的三台阁自成一院。院四面围廊，石板铺地，草地上卧石散点、松梅孤植，墙漏窗青瓦，是江南园林的风格。阁共五层，底层有石栏杆回合，每层出腰檐平座。阁后临江有一亭，石柱青瓦，三面围合，一面开敞，四脊与四方形横脊相交。

下山，在山腰处有李白衣冠冢，三级台阶层皆用花岗岩砌成，有赵朴初亲笔所书“唐诗人李白衣冠冢”。

过坟来到怀谢亭，是怀念晋代大将军谢安而建的一个亭子。亭平面六角，内外双槽，檐牙高啄。再向前去，山路边有多石像，都是狮虎。来到蛾眉亭。亭在唐代修建，后毁于白蚁，现存有复制的五个石碑。平面呈长方形，面阔三间，进深三间，后墙粉壁，三面开敞，单檐歇山顶，正脊有青瓦拼花图案，亭前立着李白醉态石雕。

下江边，到三元洞。三元洞是天然石洞，原名承天观，亦名中元水府、定江神祠、妙远阁或三官洞。史册记载：“水府有三，马当为上，金山为下，采石为中。”宋真宗在景德四年（1007 年）赐名为“承元观”，祥符八年（1015 年）改名为“中元水府”。嘉祐八年（1063 年），尚书郎朱公奉第五代平江王杨溥像于此，被称为定江神祠。清康熙年间，僧人定如云游至此，注意定居于此，供奉天、地、水三元神位，三元洞因此而得多。妙远阁建成舟舫形式，一边为双层阁，中为廊，另一侧建有马头墙。今洞上楼阁是 20 世纪 50 年代所建，下层有神龛供奉平江王，站在上层平台远眺，只见江流滚滚、奔流不息。

出三元洞，来到山腰的一座横江馆，馆面阔五间，粉墙红柱，硬山顶，马头墙。过横江馆，来到采石矶上的联璧台，又名为舍身崖，系东汉魏朗跳江处，绝壁奇险，惊涛骇浪。明正德十四年（1519 年），刑部主事方豪与徽州知府刘志淑、安庆知府胡缵宗、太平知府傅希隼、池州知府何绍正同登此崖，取四人官职“一部四府”联璧登台这件盛事，由方豪书“联璧台”三字刻在崖上。明嘉靖三十一年（1552 年），诗人纪元凯和蔡景尧同登此崖，望江思李而作赋“蛾眉峭孤绝，游子狂不歇；不见谪仙人，空江自明月。”此后，人们望诗生义，以为此处即是李白入水捉月之地，故又称之为捉月台。

山东省

青州偶园

【名园历史】

偶园又叫冯家花园，坐落于山东省青州城南偶园街197号，系清朝康熙年间的刑部尚书冯溥的私家园林，也是山东少有的康熙时代的园林。清末，偶园荒芜。

【名园漫步】

偶园最著名的一座山是三峰山，它是由中国著名造园家张南垣设计建造的，是中国唯一保存完好的具有“清初风格”的假山。假山和“一堂、二亭、二池、一桥”共同构成一个园中园。全山由湖石构成，山势沿着偶园东、南两墙分布且依壁而建，景观分成坪、峰、涧、台、壁、瀑布等部分。佳山堂与假山之间为院子，开阔且平展，与假山相映成趣。全山共突起三峰，山岭处用灰色花岗岩铺成方形观景平台，松风阁顶做成屋顶平台，四周绿树掩映，站到台上可以看到墙里墙外的景色。在两峰之间，绝壑为涧，跨涧为桥。

山西南角有一口水池，环池山石砌成石壁，高过人头，瀑布从上面泻下。水东向流去，过石桥钻入一石洞，沿洞先往东南走，再往南一折，只觉脚下越来越高，顺势攀上主峰的山顶，一览远山近树。峰东北是一石窟，俯身进去，转而西行，便觉豁然开朗；进入一石屋，屋上有裂缝，阳光下射，如一线天。继续向南走，洞顶有一圆孔，从孔中可以看到天，有“管窥”之意。复前行，三面有石砌台阶，沿台阶上到达中峰东麓。峰东横着一座石桥，下临绝涧，有泉水自沿中缓缓流出，与西来的瀑布水相汇合，沿山根北去，流入方池。涧北山坳间有卧云亭，沿山路向北行走，即到平台，最后到松风阁屋顶平台。石壁围成的水池是一四方亭，名近樵亭，红柱灰瓦，砖栏石地。前景为草坪，背景为石壁，脚踏清水，背靠山丘，红柱灰瓦相映成趣，高下错落有致，绿草苍松相互掩映，令人流连忘返。在山脉转角的山腰上，有一六角亭，条石铺地，灰砖砌栏，红柱灰瓦，微翘垂脊，把蓝天白云作为背景。

佳山堂与三峰山的中峰相对，为面阔三间的主体建筑，前出檐廊，红柱灰瓦，古柏前耸，对山背池。堂前有一方坪，用青砖拼花格砌成半米高的墙，围成一个过渡的灰空间。冯溥工于诗章，著有《佳山集》，堂名因此而得。堂北面是一方池，池向东延伸至山脚，跨池是一古桥。

过桥出园中园，回着归来处，粉墙之中有一圆门洞，把园内的石桥与假山框住，为框景佳作。墙头青瓦压顶，门框一圈拱砖不加粉刷，绿树在门内外围了一个阴郁佳处，门额上题“楮绿门”的字样。门边建有松风阁。阁一门二窗，门窗顶呈拱券形式，阁顶是一平台，平台与园中园内的三峰山相连，由园内山下可达阁顶，登台即见全园风景。阁角一棵古树比平台高数米，令人倍觉园之古老。

过阁，向东看去，可见动物园的入口，也为圆洞门。不入动物园，直接北行，来到牡丹园。园中有一四角草亭，用稻草做成攒尖顶，四面有灌木丛。牡丹园西侧为芍药园。

偶园除假山闻名外，奇石也很有名。园内有四大奇石，人称“福、寿、康、宁”，系明衡王府的遗物，精巧细致、玲珑剔透，“疏可走马，密不通风”，蕴涵着书法篆刻的神韵，有“一两石头一两银”的故事，说明四石相当贵重。伴随四石而立的有 21 个奇石，其中，“东坡纳寿”、“春”和“冬”也十分有名。

牡丹园的“福”石在一草亭的南侧，高 24 米，宽 16. 3 米，石形呈上小下大，体态雍容，与满园牡丹相映成趣，周身多孔的福石在另一块石上立着，如果于石下生烟，紫气穿孔而出，真是罕见的景观。“寿”石在一草亭的西侧立着，高 24 米，宽 17 米，下面朝北，周身多孔，漏透兼备，形态上大下小，中有通孔，顽童可穿梭自如。“康”石放在松风阁西侧，高 37 米，宽 12 米，形态瘦弱，孔隙狭而小。“宁”石在偶园入口大道的正中放着，作为对景石，高 23 米，宽 12 米，上部大如老鹰头，中部瘦如玉女腰，孔大可容一小孩穿过、小难纳珠玑，圆洞如瞳、长洞如穴、浅洞不通、深洞对望，具透、瘦、漏、皱，为园中奇石之冠。

园林入口北面是文毅堂，面宽五间，中间三间是木窗木门，梢间为砖墙木窗，向西与附屋相接。园内还有四株明朝植的桂花，已有 400 多岁，另有三株迎春花为明代遗物，隆冬每至，黄花满枝。

潍坊十笏园

【名园历史】

十笏园在山东省潍坊市胡家牌坊街，系山东著名私家园林。原本是明嘉靖年间的刑部郎中胡邦佐的故宅，后来曾多次更换主人。清光绪十一年（1885 年），潍县首富丁善宝不惜重金购得此园，经过改建后形成现在规模。

【名园漫步】

十笏园为长方形，由中、西、东三条轴线组成。中轴线上的前院正厅叫“十笏草堂”，其结构是三间硬山顶，堂前散布着草木山石。园林正中内池塘，有红荷亭、立碧波涟漪。池中是四照亭，四面环水，西有曲桥与回廊相连。亭内设有石桌与石凳，系当年园主对酒当歌观景吟诗的地方。亭北隔水相望的花墙的六角门上，有“鸢飞鱼跃”的字样，是唐代学者韩愈亲笔所提。水池东北角筑有船形建筑，叫“稳如舟”。

水池东面为半壁假山，山上小径弯弯、怪石林立，间有水池、山洞、瀑布、山门等，杂植松柏草木，四时常青。山顶是蔚秀亭，亭内有“扬州八怪”之一、金农的白描罗汉石刻一块，姿态妩媚，立意奇特。山南端为落霞亭，亭内装石上刻有郑板桥手迹“笔墨三则”、“田游岩”和“题画竹”各一，亭上所悬“聊避风雨”匾额亦为郑板桥手迹。院中北楼是砚香楼，为十笏园主体建筑，是明代所建。它共有两层，用来供园主人藏书和读书。站在楼上望去，十笏园全景可一览眼底。

十笏园西侧轴线为园中园。西边一排厢房，共八开间，南面是静如山房，北面是秋声馆。前者娴雅、清静，后者取欧阳修《秋声赋》为名，二者都是客房。北过厅名“深柳书堂”，过深柳书堂，来到小院，北厅是颂芬书屋，系园主的书房。此厅的后院中，西为厢房，北边是大厅，原名“雪庵”，康有为游十笏园时改题为“小书巢”。

十笏园东侧轴线有“碧云斋”等四座小院。碧云斋是园主居住的地方，东、西有小廊，东廊内嵌着冯起震的10块画竹刻石，分别由董其昌、邢侗、李晔题跋。西廊内嵌有招子庸画竹刻石，画上招子庸自题诗曰：“写竹当师竹，何须法古人。了然心眼手，下笔自通神。”

“玲珑雅致，布局精巧”是十笏园的特色。此园面积仅3亩，但假山、池塘与楼阁、亭榭、曲桥、回廊等一应俱全，且有67间房屋，巧妙地在其间分布。园内布局主线明确，安排得当，故建筑多却不杂，紧凑却不拥挤。中、西、东三条轴线上的建筑合理分布，互相衬托。园内布置既可享自然山水之美，又满足了家庭起居之需，充分体现了园林可游与可居的特性。十笏园厅堂古朴，亭榭轻灵，假山嶙峋，碧池涟漪，四时花木点缀其间，景致优美典雅。

济南大明湖

【名园历史】

大明湖位于济南旧城北，为济南三大名胜之一，占地面积86公顷，水面46公顷，占济南旧城的四分之一，因此有“一城山色半城湖”的说法。大明湖也叫莲子湖、历水陂、西湖，由于湖区有大明寺而名，最早见《水经注》“泺水北流为大明湖”。元代以后，南部东流水与五龙潭一带湖面被填平，发展成闹市区，北面也由于湖水流入开凿不久的小清河，而形成一片藕池，湖面缩小成如今的规模。1958年扩建成大明湖公园。

【名园漫步】

北极阁位于湖北岸，为一座道教庙宇，始建于元至元十七年（1280年），明清两代重修，现阁建于明成化元年（1465年）。北极阁由钟楼、前殿、后殿和东西配房组成，从前门经几十级台阶至前殿，气势非凡。庙内供真武大帝，明成化年间增建启圣殿，供真武大帝的父母。钟楼下依壁筑湖石假山，山下是荷花池，池中建曲桥与月下亭，高低参差的布局堪称一绝，不仅有中轴对称，又有细部处理。

在北极阁东有汇波楼，为纪念宋代文学家曾巩所建，始建于明洪武四年（1371年），1982年根据原样复建。北水门是调节大明湖泄水的水闸，汇波楼就建在水闸之上，是全园最雄伟的建筑，像一座城楼，高两层，面宽七间，二楼挑出小平台，登楼远近美景尽收眼底，万顷烟波汇于一眼帘，成“汇波夕照”一景。

汇波楼的西面是南丰祠，由于曾巩为济南的建设作出了巨大贡献，人们建祠来纪念他。祠名叫南丰，是由于曾巩为江西南丰人。祠内杨柳飘飘，翠竹成林，三间大殿坐北朝南，内供曾巩像。

铁公祠在湖西北岸，为纪念明代铁铉而立的祠庙。乾隆五十七年

(1792年)始建此祠，目前祠是一封闭小院，正北三间祠堂供铁铉像，正南为曲廊，院内藤萝、青松掩映，清淡典雅。铁公祠院西的“小沧浪”，是一座八角亭，仿苏州沧浪亭而设。亭坐北朝南，北靠着小院，四面临水，水上种满荷花，是历代文人墨客汇集的地方，亭联是清人刘凤浩的千古名联：“四面荷花三面柳，一城山色半城湖。”铁公祠东是明湖楼，高二层，一层左右为曲廊和配殿。

辛弃疾祠始建于清代，有三进院落，1961年和1980年两度重修。大门匾是陈毅元帅所书，两厢有叶圣陶等人的墨迹，正厅有郭沫若的题联：“铁板铜琶，继东坡高唱大江东去。美芹悲黍，冀南宋莫随鸿雁南飞。”

秋柳园。园中有水面亭，为诗人王士祯和文友亲朋会聚之所。当时，杨柳飘飘、秋风清爽，诗人突发悲叹，写下《秋柳》七律四首，一些文人读后相继题诗与之对和，目前，水面亭虽已不在，但秋风依旧令人神伤。

大明湖的西南园门是面阔五间的二层门楼，左右有多间附廊，群体组合精妙。道路端点是毛主席诗碑。碑后有龙泉池，池做成跌水形式，池岸凭巨大湖石堆叠。跨跌水口凭石拱桥，立于桥上可见湖东南角是一片荷花，花中有水榭“荷香茶馆”，左右用廊直通岸上。

同杭州的西湖一样，大明湖中也有多座岛屿。

湖中最大的湖心岛上有一亭，名历下亭，亭八角重檐，毁于北宋，后复建。历下亭的名气既由于历史古老，更因为唐代的大诗人杜甫和北海太守李邕在亭内豪饮后写下了《陪李北海宴历下亭》一诗名扬四海，诗中名句“海右此亭古，济南名士多”即写历下亭。亭的匾额是乾隆帝手书，联为清代书法家何绍基手书。后建有名士轩，柱有郭沫若题联：“杨柳春风万方极乐，芙蓉秋月一片大明。”同秋柳园隔水相望的是湖中清凉岛上的汇泉堂，城内之泉水大部分从此岛附近入湖，因此而得名。该堂是汇泉寺之址上建立的。清嘉庆五年(1800年)，当地盐商茅、张二家捐资重建，叫汇泉堂，后成为棋社。1984年在清凉岛上增盖钓鱼台。

济南遐园

【名园历史】

遐园在山东省济南市大明湖南岸，占地面积约 15 亩，有“济南第一标准庭院”之美誉。遐园原为山东省图书馆的别名，系我国较早的图书馆之一。清光绪三十四年（1908 年），山东学政使罗正钧倡议兴建，宣统元年（1909 年）竣工。因馆址在原贡院附近，故取《诗经·小雅》中“皎皎白驹，在彼空谷”诗意，命名为“遐园”，有大兴学风、造就人才、万古长存之意。

自 1928 年“济南惨案”后，遐园屡遭战火，建筑被毁，藏书遗失，日渐破败。1965 年，将东部园林部分从山东图书馆中分离出来，并入大明湖公园，成为园中之园。

【名园漫步】

进入遐园大门向东，便可看到高大的假山一直延伸到园南部。山势雄浑陡峭，山间辟有小径，可沿着小路上山。主峰偏北是一平台，称为“朝爽台”，台上建有尖顶方亭，称“风亭”。假山西、北两面都是水池，西边大池中建有明漪舫，原为儿童阅览室。建筑为船形，四面出厦，红柱青瓦。明漪舫四周有小溪环绕，蜿蜒流出园外，与湖相汇。

小溪西岸一半壁长廊，沿着界墙一直延伸到园北面。长廊壁间嵌有岳飞手书《前出师表》、《后出师表》石刻，是从河南南阳武侯祠拓来的。长廊中部有一处洞门，可通山东省图书馆。洞门东面有一座拱桥跨溪而建。桥北有一个池塘，内植荷花，周围是依依垂柳。池塘东北、园北界墙上开有一处洞门，系遐园之北门。此门与大明湖南岸荷池正对，透过洞门，可见大明湖荷景。北门东边是读书堂，原是山东省图书馆的阅览室。堂东有一假山，规模略小。山上建有红柱青瓦的六角小亭，名“浩然亭”。在此亭过去可望见济南北部著名景观“鹊华烟雨”，不过现在已经被建筑遮挡，但于亭中可北望明湖秀色。此亭与南面假山上的风亭相呼应，是园内重要的对景。假山南面是一小池，池边有一小亭。沿着亭子的东长廊南行，即出遐园大门。

遐园虽面积不大、建筑不多，但山池环绕、花木葱茏，景色清新自然。因曾是图书馆的一部分，故园内景物设置取书院园林之特色，处处古朴雅致。遐园建于大明湖边，造园者在小园中建两座高亭，可将湖景借入园内。

济南趵突泉

【名园历史】

趵突泉位于山东省济南市旧城坤顺门外，被称为“中国五大名泉之首”，还有“天下第一泉”的美誉。

宋代大文学家曾巩在泉边建泺源堂，并写《齐州二堂记》，正式命名泺水为“趵突泉”，形容水跳跃之状和“叶嘟”之声。此外泺、娥英水、温泉、槛泉、瀑流泉、三股水等也都是趵突泉的别名。

1956 年，以趵突泉为中心，开辟趵突泉公园。1964 年之后两年，把园林规模进一步扩大为 34 公顷，其中包括十四处名泉和其他古建筑。1985 年，把万竹园也并入园内，扩大为 68 公顷，有泺源堂、观澜亭、蓬莱山旧迹坊、来鹤桥亭、尚志堂、李清照纪念堂、沧园、白雪楼、万竹园等。1999 年，进行了全面改造，把白龙湾、万竹园和趵突园连为一体，东扩增到趵突泉南路，北增扩到大小板桥，面积达到 1053 公顷。

【名园漫步】

趵突泉的主题是为了表现济南泉城风貌，园内共有大小泉眼 41 处。以泉为中心的古迹建筑众多，在山东古典园林中，它是最好的。全园共十二个景区：趵突泉、尚志堂、漱玉泉、枫溪、沧园、白雪楼、无忧泉、万竹园、通乐园、白龙湾、齐州遗风、泻玉。园林为三角形，有东、南、北三门，北入南出可看到所有景观。

北区多为新建景点，入北门后即为影壁墙，墙上开一长方窗洞，洞中透出墙后的溪、桥、石，为漏景佳作。从台阶下转折，太湖石围阶而立，疏密有致。花坛中立一菱形峰石。一石桥横跨于溪上，旁边芦苇丛生。过桥，见一草地，其上有平台，用花岗石铺地，石凳散立。向东望，见一座西式穹隆亭在树间立着，是“济南惨案”纪念亭。寻东溪南行，有一巨石夹岸。过娥英桥，来到映雪池，这便是园中最妙的山水景观，堆石犹妙，主景有瀑布五跌，石上杂草不乱，水中芦苇有致。岸石题“濯缨”二字。池水西去过大板桥。

瀑布东南两组建筑通过曲廊接续，围成四合院，院内有叠石泻瀑，假山顶建浣月亭，山石、小亭、瀑布组合巧妙，溪水经曲折廊下、屋下，一派小桥流水人家之态。

曲水以南是李清照纪念堂，该堂建于原丁公祠上，是为了纪念宋代词人李清照而建，因她在趵突泉写下许多名作。院门的联匾是郭沫若亲笔所题，联为：“大明湖畔，趵突泉边，故居在垂杨深处。漱玉集中，金石录里，文采有后主遗风。”清代文人田雯有《柳絮泉访李易安故宅》云：“跳波溅客衣，演漾回塘路。清照昔年人，门外重杨树。沙禽一只飞，独向前州去。”建筑群落为四合院，东廊建有叠翠轩，西廊与溪亭相接，亭名取自李清照的《如梦令》“常记溪亭日暮”之句，院内根据词意配了春天的玉兰、迎春，夏天的海棠、芭蕉，秋天的菊花、金桂，冬天的苍松、翠竹。院内西北角有泉名洗钵泉，泉池为石块砌岸。

院南有漱玉泉与螺丝泉。漱玉泉周围有石雕栏杆，泉名取于《世说新语》的晋代王武子和子荆对话中的漱石枕流典故。李清照的《漱玉词》即按此泉而得名。漱玉泉南侧的溢水口的流水进入另一较大曲池，池中也有涌泉，因气泡旋转而起，故名螺丝泉。院东有马跑泉和浅井泉，马跑泉池长 12 米、宽 5 米。马跑泉是由浅井泉与马跑泉组成，一北一南，1956 年合并了两泉。

从漱玉泉东行，可见东门大假山，假山后立一玲珑湖石，石中有孔，高约 4 米，重约 8 吨，是元代散曲家张养浩云庄别墅的遗石。漱玉泉西为柳絮泉，泉池周围有汉白玉石栏，池边植柳树，春来万柳吐新，飘絮入池，因此得名。

柳絮泉西为卧牛泉和皇华泉，两泉池用石头砌成，北面建有展室。皇华泉依《诗经》中“小雅”句“皇皇者华”而得名。西为卧牛泉，清代以后于 1964 年恢复。

尚志堂书院是由清代巡抚丁宝桢所建，院北主堂为尚志堂，院南为门厅，东西回廊，中间有两泉池，溪穿池而过，溪北为一石，名望月峰，因孔与月形而得名，先哲有诗道：“精灵俊逸玉玲珑，神工鬼斧自然成；一年三十六轮月，变幻俱在此石中。”院中手中大量植国槐，浓荫下面还植有玉兰，每到春天的时候，异彩纷呈，人称玉兰院。不远处有一产于青州的孤石植于花池中，石中有两大洞，顶上有两个小角，形状很像虬龙，故得名虬石。

自尚志堂西行，来到趵突泉。泉水分为北、中、南三股，每天喷涌。《名泉碑》、《七十二泉诗》、《七十二泉记》、《老残游记》等都有记录，游记中说高达五六尺，至 1959 年还可达二尺之高，最大日涌量可达 162 万立方米，恒温 18 摄氏度，冬来云蒸霞蔚，氤氲朦胧。泉水清洌甘美，有“天下第一泉”之美誉，旧时，泉旁茶社茶摊林立，皇帝还指定用这里的水沏茶。人们在此建屋构亭，为了观泉方便。北宋时，曾巩建二堂于此，北堂名历山堂，南堂名泺源堂，并作《齐州二堂记》。元代，二堂供奉吕洞宾。清代，历山堂改称为阁，供文昌帝君、汉钟离，阁后的李公祠改为供奉斗母元君，后合称吕祖庙。现在，北殿三圣殿供奉尧、舜、禹，中殿娥英祠供奉娥皇、女英，南殿泺源堂为赏景佳处。泺源堂面阔三间，重檐歇山顶，红柱琉璃瓦顶，抱柱题有元代的赵子昂之诗：“云雾润蒸华不注，波涛声震大明湖。”三大殿形成两个院落，门额刻“枕流”与“漱石”，墙有漏景窗，墙上刻有王守仁、王钟霖、康熙帝、乾隆帝咏泉碑 19 方，康熙帝字“激湍”，乾隆帝题“再题趵突泉作”诗，二者合称双御碑，十分珍贵。池西水边建有观澜亭，平面方形，攒尖顶，仙人走兽脊饰，采用北方形制。亭后植有垂柳，亭侧堆石。北宋时期，史学家刘诏建槛泉亭于此。明天顺五年（1461 年），两名钦差在此建观澜亭，取《孟子》“观水有术，必观其澜”之意。亭侧垂柳，一角的石碑上有明嘉靖年间山东巡抚胡缵宗亲笔题的“趵突泉”三字。苏辙任齐州掌书记时，曾题《槛泉亭》道：“连山带郭走平川，伏涧潜流发涌泉；汹涌秋声明月夜，蓬蓬晓气欲晴天；谁家鹅鸭横波去，日暮牛羊饮道边；滓秽未能妨洁净，孤亭每到一依然。”

来鹤桥位于池边，明万历年间的知县张鹤鸣始建，天启年间的知府樊时英重建，原来是木桥，现改为石桥。桥南为来鹤坊，也是樊时英所建，两柱带戗柱、青瓦顶，脊头设吻兽，南北题有“洞天福地”、“蓬莱旧迹”。桥东北建望鹤亭，本名漱玉亭，明崇祯年间更名溪亭，清乾隆年间曾有鹤来栖，故而得今名。1964 年，又更名为蓬莱茶社。清王钟霖诗道：“高轩临水不常开，偶酌清泉涤茗杯；一局棋完闲问鹤，过桥可见几仙来?”亭平面呈丁字形，卷棚歇山，青瓦顶，琉璃窗，墙上既有窗洞，亭边植柳叠石，有曾巩《咏泉》诗曰：“滋荣冬茹温尝早，润泽春茶味更真”。

趵突泉南面与无忧泉相接，因传饮此泉水可令人高枕无忧而得名。现在，占地面积 672 平方米，曲折池岸，石矶进退，汀步相瞩，地势将其改流入趵突泉，故通过水榭下溢入趵突泉。

无忧泉西有一园，名万竹园，元代种竹而得名。明隆庆年间，济南的内阁大学士殷士将其改为通乐园与川上精舍。清康熙年间，济南诗人王苹典在这里居住，被称为二十四草堂。民国初年，被北洋军阀张怀芝所占，张征怀芝工匠经营林泉，使之成为人们现在看到的样子。园林面积达 14 公顷，内有庭院 13 个，建筑布局采用北京王府、南方庭园与济南四合院的混合样式。平庭式小院莳花栽木，堆石为山，依植物命名为海棠院、石榴院、玉兰院、木瓜院、杏花院等。有的小院凿池环屋，中间设有亭子，采取江南湖心亭形制。西花园最大，曲廊西北环抱，溪流东南蜿蜒。西南角是白云泉，流出后有白云亭，以桥亭形式镇水。东北水口建造知鱼亭，廊南端建白云轩。万竹园内建有李苦禅纪念馆，用来纪念当代大画家和书法家李苦禅的艺术成就，中国画坛的“南潘北李”之“李”，指的就是李苦禅。

万竹园南是白龙湾，泉水积成一湾，湾中架石桥，分池有东西两部分，东水曲折迂回，西水方形，环以仿古建筑，出白龙湾向东，穿过一个太极图铺地，来到白雪楼景区。明代山东布政使叶梦熊仰慕明代复古运动“后七子”领袖李攀龙，据李在家乡与大明湖两处白雪楼而建同名楼。万历四十二年（1614 年），山东巡盐使毕懋康在白雪楼造历山书院，后来楼毁清顺治十一年（1654 年）重建，1965 年拆除，1995 年再次修建，楼面阔三间，二层，重檐歇山顶，楼南面池对山，楼北是小广场，一层面北是戏台。楼南有湛露泉、酒泉及石湾泉并立，三泉埋没已久，在 1997 年再现，此后根据地势不同形成三个泉池。池边堆石成蜿蜒曲折状岸，南岸筑高山，石形黄石叠崖式，山上藤本植物如狮头狮身，陡峭异常，是一个开门见山的格局。

从白雪楼东行，跨桥来到沧园。园因李攀龙号“沧溟居士”而名，本是书院。院内有南北两院，南院置树桩盆景，1987 年避为国画大师王雪涛展览馆。北院西北角有一个水榭突入枫溪之中，凭栏能够望水中的月岛。佩溪西面集诸多泉水汇成一溪，流入东面的护城河。园中美泉很多，有老金线泉、金线泉、杜康泉、混沙泉、花墙子泉等。从整体上看全园，以泉为主题，环绕泉水构筑建筑，依据历史恢复建筑，规划上虽无太大的特色，概由泉眼散布之故。建筑部分是北方形制，庭院亦平庭较多，而水院受江南园林影响较多。叠石除趵突泉边较多外，其他大部分是后补，不甚统一，稍显凌乱，但所到之处必有景，不失游兴。

济南珍珠泉

【名园历史】

珍珠泉位于山东省济南市院前街 1 号大院内，在济南“七十二名泉”中居第四位，是“济南四大名泉”之一。最早记载珍珠泉的是《水经注》，记载当时官员在这里举行曲水流觞活动。金代的《名泉碑》称它为“北珍珠泉”。元初，济南公张荣在这里构造府院，并开始构园林。明英宗次子在成化三年（1467 年）见此美景，择泉北之基建德王府，也就是德藩故宫。清康熙五年（1666 年），在此建巡抚衙署，是康乾两帝的行宫。1938 年 12 月，日军进逼，焚烧大院，除巡抚大堂及少数建筑遗存外，剩下的全部焚毁。2002 年 5 月 1 日，经修复后，正式对外开放。名泉、古迹、郁树、飞岛是全园四宝。

【名园漫步】

全园其实是一个泉群，叫珍珠泉群，有濯缨泉、舜泉、孝子泉、芙蓉泉、溪亭泉、散水泉、朱砂泉、知鱼泉、云楼泉、灰泉、刘氏泉等，但是珍珠泉最著名。明代济南诗人边贡形容它“百尺珠帘水面铺”，清代学者王昶称它：“泉从沙际出，忽聚忽散，忽断忽续，急急缓缓。日映之，大者为珠，小者为玑，皆自底以达水面，瑟瑟色，累累然。”目前，珍珠泉以花岗石砌岸围成长方形泉池，临水设汉白玉栏杆。由于清代学者王昶曾写“日映之，大者为珠，小者为玑”，在池南临池建的水亭被称为“珠玑亭”。亭面宽三间，红柱画梁，歇山青瓦，站在亭中扶栏望泉，可见泉从池底沙际涌出，难怪古人形容其“风回池面破沧烟，涌出珍珠万颗圆”。泉池中还有红黑两色鲤鱼结成队，悠游其中，和泉泡相映成趣。池北建六角攒尖碑亭，内设乾隆诗碑，记录了乾隆帝驻跸珍珠泉留下的一首诗：“济南多名泉，岳阴水所潴。其中孰巨擘？趵突与珍珠。趵突固已佳，稍籍人工夫。珍珠擅天然，创见讶仙区。卓冠七十二，分汇大明湖。几曲绕琼房，一泓映绮疏。可以涤心志，可以鉴眉须。园流有灵孕，颗颗旋相於。乍人历海峤，蛟人捧出余。又如对溟渤，三五成方诸。作霖仰尧题，泽物留神谟。我来值暮春，农夫正新畬。看彼凡凡者，欣此涓涓如。会得苻圣言，远近均沾濡。”由于乾隆是在上巳日后一天来到这里，因此诗名《戊辰上巳后一日题珍珠泉》。上巳日为中国人修禊之日，文人常在园中进行流觞曲水，所以在亭西比筑湖石假山一座，水从山上流下，经湖石嵌筑的曲水流经碑亭。曲流边湖石林亭亭玉立，翠柳掩映，这里柳树高大，美其名曰“桂香柳”。此外假山高耸，内构洞府，山北临玉带河，出水是石矶，矶上立竖向湖石。

假山北是玉带河，明天顺、成化年间，德王于珍珠泉劳师动众，创建德王府，于是形成玉带河，河环绕德王府一周经濯缨湖、百花洲注入大明湖。明清时，经玉带河在湖内荡舟十分惬意。跨玉带河是海棠桥。过桥是海棠园。园墙是黄色，上设厚重漏窗，顶上压有青瓦屋顶。并且正对园门有海棠一株，据说是宋代大文学家曾巩所栽。海棠后用湖石建筑小假山，山前设小池，池中立跃龙门的石鲤。民国时期成为山东省政府西花厅，称“珍珠精舍”，为宴请贵宾的场所，后遭战火焚毁，1954 年重建。

海棠园北依濯缨湖，原名海子，北魏时叫流杯池，元初名濯缨湖，取《孟子》“沧浪之水清兮，可以濯吾缨”之意，与玉带河相通，湖水顺西北院墙下涵洞流出，注入百花洲和大明湖，是大名湖的主要水源。湖中建有戏台一座，戏台东西与九曲桥相接。九曲桥是大理石构成石桥面石栏杆，贯穿湖的东西两岸。明朝，湖西到芙蓉街“广数亩”、“扁舟一叶，凌波泛绿，不出墙垣，命酒邀月”。但是清初废德王府建巡抚院署时，湖面缩小，成了现在的王府池子。

海棠园对面有一水池，池中堆岛，岛以湖石堆成，石材选用较细，池岸和岛沿立石高耸。岛上造六角亭，亭如江南样式，形态较为小巧轻盈。池边的草地上造有石雕麒麟，形态生动，实为珍品。

涩泉坐落在巡抚大堂西侧，为清康熙八年（1669 年）挖掘而成，据

《尔雅·释水》中“水自河出，济为楚”之意取名为泉壁。泉以整形条石围成，池畔立一高大的湖石。

溪亭泉在珍珠泉池的东南向，处于高差处，被设计成围合小空间，一面湖石护坡，三面栏杆围护。苏辙在济南为官时有《题徐正权秀才城西溪亭》诗云“竹林分径水通渠”、“溪上路穷惟画舫”。李清照居青州时，曾作《如梦令》“常记溪亭日暮”，还有“兴尽晚归舟，误入藕花深处”的佳句。

散水泉处于珍珠泉东约70米处，泉水清澈见底、平静如镜，正所谓“泉眼无声溪细流，树阴照水爱晴柔”。

广 东 省

顺德清晖园

【名园诗话】

南越逢初伏，东林度一朝。
曲池煎畏景，高阁绝微飙。
竹簟移先洒，蒲葵破复摇。
地偏毛瘴近，山毒火威饶。
裛汗絺如濯，亲床枕并烧。
坠枝伤翠羽，萎叶惜红蕉。
且困流金炽，难成独酌谣。
望霖窥润础，思吹候生条。
旅恨生乌浒，乡心系洛桥。
谁怜在炎客，一夕壮容销。

唐·刘官史：《广州王园寺伏日即事寄北中亲友》

【名园历史】

清晖园坐落在佛山市顺德区大良镇，为广东四大园林中历史最悠久的一座。明王启元年（1621年），礼部尚书及大学士黄士俊在此地建园。清乾隆年间，进士龙应时购得此园，开始扩建。清嘉庆十一年（1806年），龙廷槐取园名为“清晖园”，龙氏五代人花费重金修园，终使清晖园成为岭南名园。

【名园漫步】

清晖园可分为南、中、北三部分。自南门入园，过绿潮红雾门，为南部景区。此景区以水景为主，长方形水池位于景区中央，池中碧水微澜、游鱼舞动。池南的澄漪亭与池西的六角亭直接扑入水中，打破了方池平直的线条，使池岸变得曲折迂回。澄漪亭就是一座造型优美的水榭，背靠长廊，临池设美人靠。澄漪亭西侧是碧溪草堂，屏门饰以木雕，屏门两旁的壁板上雕有几个不同字体的寿字，甚为精巧。由此沿长廊北行，经六角亭，便到中部景区。

中部景区是园内主景区，景区内的船厅、惜荫书屋及奇花古木，均为园中精华。船厅位于方池北面，仿珠江的楼船建造，并吸取园林建筑艺术，是园内最精美华丽的建筑。相传当年园主有一位才貌双全的千金，被视为掌上明珠，特建此船厅作为闺阁。船厅上下两层，四面开窗，外形秀美。里面装修极为精致，前舱与内舱之间用镂空芭蕉图案木刻挂落为间隔，雕工极为精湛。

船后部朝东伸出一条游廊，同惜荫书屋与真砚斋相通。两座建筑相互连接，形制古朴，曾经是园主读书之所。真砚斋前设有高出地面的六角形水池，池中设玲珑石山，游鱼穿梭在山洞之间，隐隐约约，颇为有趣。并于惜荫书屋东面建有方亭。结构独特，亭顶用筒瓦与石灰铺就，造型简洁明快。据专家评价，此亭是岭南古建亭台的代表之作，具有很高的艺术价值与观赏价值。亭旁叠有一座假山，名“狮子山”，以“三狮戏球”为主题。造型活灵活现。假山前略植几竿楠竹，增添了山林野趣。

中部景区遍植奇花异木，翠色葱茏，景题名“绿云深处”。惜荫书屋前植有一株紫玉兰，大如碗盏；旁边有一株茶花，虽然主干已枯死，但主干旁又发新枝，依然叶茂花繁。船厅后有一棵木棉树，需六七人才能合抱。这些花木均已逾百龄，如此多的奇花古木共存一园，实为少见。

北部景区主要有竹苑、归寄庐。竹苑内翠竹森森、绿荫片片，环境清雅。归寄庐坐落在假山、竹林之间，有归隐寄居山林的感觉。北部景区曾经是园主及家眷居住之处，建筑较密集。全园为南疏北密、南水北舍的格局，这与岭南气温较高、风大多从南面而来的气候特点很协调，体现了造园者的精湛技术。

清晖园不仅具有岭南园林的鲜明特色，并且吸收了北方、江南园林的许多优点。它的建筑造型小巧别致，装饰丰富多变。园内近百种花木一年常绿，并且季季有花，给古园增添了许多生气。

番禺余荫山房

【名园历史】

余荫山房坐落在广东省番禺市南村，又名“余荫园”，为广东著名园林之一。园始建于清咸丰五年（1855 年），园主邬彬中举后由于捐粟获官，因此获祖赏土地三亩，便用来建园，故名“余荫”。

【名园漫步】

余荫山房面积只有 3 亩多，中间是由廊桥分隔为东、西两部分。自西南部园门入园，门厅中央为一座砖雕照壁，精雕细刻。在二门处有一对联：“余地三弓红雨足，荫天一角绿云深”，是全园点题之作。入二门可至临池别馆，本来是园主藏书之处。馆小巧精制，门窗为木构花纹图案镶嵌玻璃，前廊紧贴水池，护以长栏，两边花窗楣额上分别为“印月”、“吞吐”。馆前一片碧池，石砌池岸形状井然，池中植有莲花。

池北岸同临池别馆正对的是园内主体建筑深柳堂。堂内装饰十分华丽，令人赞叹。两幅木雕挂在堂中央和西侧，分别为“松鹤延年”和“菩提引兽”图案，活灵活现。两旁墙壁挂有古代名人诗画，碧纱橱双面有名家诗书，屏风用紫檀、楠木精心制成，雕有花鸟图案，玲珑小巧。堂前临池，左右分别有一株古木，树龄超过百年。水池西面贴墙叠石，名“童子拜观音”。水池东部有一座名叫“浣红跨绿桥”的廊桥跨于水上，居园之中部，增加了园内景深和层次。桥体造型玲珑小巧，倒影入池，使园中水景增色很多。每逢春深夏初，浓荫蔽日，落英缤纷，红花绿叶交相辉映，故以“浣红跨绿”名之。

东部园景以玲珑水榭为中心。水榭是八角形，又称“八角亭”，在水池中央矗立。水榭八面都是木构花纹的玻璃门窗，通明剔透，精巧别致。过去，园主常邀当地文人雅士在此饮酒赋诗，十分惬意。水池东北倚墙建有半亭，名“来熏亭”。它的南侧另有孔雀亭跨建在水上，孔雀亭南面是假山，奇石嶙峋，洞谷相连。

余荫山房南面是一座独立的小园，叫“瑜园”，由于以前是给女眷住处，又名“小姐楼”。园内有百寿堂等建筑，造型别致，各种奇花异木和精美的雕刻比比皆是，园景致精雅，值得细细游赏。

余荫山房是一座颇具特色的南方园林，有三个主要特点：一是小中见大。二是环水建园。通常，面积较大的园林才以水面居中，环水设景，余荫山房此举可谓大胆。但是水面与周围建筑体重搭配得宜，整体布局随意，曲岸弯环，廊径宛转，使得园内不显拥挤，显得幽曲深远。特别是两池之间的廊桥，集点景、隔景、借景于一身，令人惊叹。园中满园花木、浓荫似盖，显得阴凉幽静、风景迷人，是名副其实的“余荫”。

梅州人境庐

【名园历史】

人境庐坐落在梅州市梅江区东山，为清末爱国诗人黄遵宪故居。1884年，黄遵宪在家乡重造宅园，面积仅500平方米，叫人境庐。

【名园漫步】

园中建有厅堂、七字廊、五步楼、无壁楼、十步阁、卧虹榭、息亭、鱼池及假山等。一堂一室、一草一木，全都透着他的诗情和爱国之情。园林在一个大池塘边，园门临水，西南门挂匾曰“人境庐”，联为：“结庐在人境，步履随春风。”庐名源自“结庐在人境，而无车马喧。”匾是日本著名汉学家和书法家大域成漱温先生所赠。西北门上写道：“朝来爽气，晚节秋容。”东门上写着：“近水楼台先得月，向阳花木又逢春。”一是表明人境庐近水先得月；二是表明自己虽被革职，又希望再度出山的心情。

人境庐分居住区和园区。居住区的西南角，经正厅可达下是柱廊、上是楼层的曲折形建筑，下廊是七字廊，上楼是五步楼。廊前是一个小院，种着花草；上楼能够看到南面的无壁楼。无壁楼的下层便是卧虹榭，楼在榭上，侧临荷塘，在楼上可览乡村秀色。无壁楼由于只有柱窗没有墙壁而得名。抗日名将丘逢甲曾特为此楼写一联：“陆沉欲借舟权住，天问翻无壁受呵。”黄遵宪复撰一联：“药是当归，花宜旋复。虫还无恙，鸟莫奈何。”在卧虹榭写着：“万丈函归方丈室，四围环列自家山。”

走出卧虹榭便至园区。园采用轴线与对称布局，体现主人作为一个晚清的外交官能够容纳西方园林文化的观点。园林建筑形式、花木搭配、对联匾额均体现着中国文化。园中有一亭名“息亭”意思是告老还乡休息，亭联写着：“有三分水四分竹，添七分明月，从五步楼、十步阁，望百步长江。”亭子内有彩绘，顶画水草六枝向心，中心为一朵六瓣梅花，内梁板上用六幅画，包括水草三鱼、双鸟戏松、白鸟红枫、双鸟对松、金鱼戏水等。亭中的一个圆桌与四张圆椅皆为佛山一带的陶瓷精品，精雕细刻的龙凤图案。亭的栏杆是西式栏杆，别有一番风味。

息亭正对的园墙旁有一口小池，池上有泥塑金鱼，靠墙堆黄石假山。黄遵宪亲手于院中植梅、兰、菊、竹，体现了他的高雅情趣。到现在，无壁楼下还有一株他种的花，叶茂花繁，散发着淡淡的馨香。后园还有松树、竹、梅树、茶树、杜鹃花、榕树等植物。

广州宝墨园

【名园历史】

宝墨园在广东省广州市番禺区沙湾镇紫坭村，为清末的一个集清代官式建筑、岭南园林艺术、珠江三角洲特色为一体的古典园林，是岭南园林中石文化、水文化的结晶。

【名园漫步】

宝墨园为一个大型水景园，根据西湖的布局进行景区划分。园中有宝墨湖、荔景湾、清平湖等湖区，更有1000多米的长河。长堤多、长廊多、长河多、拱桥多、水榭多等是湖区的特色。园林景区有“宝墨生辉”、“包公文化”、“紫气清晖”、“上河图壁”、“紫洞藏珍”、“兰竹双清”等九个景区。此外，园中两件宝物是《清明上河图》壁和《吐艳和鸣》壁，前者是巨幅瓷塑浮雕，后者为巨幅砖雕，均被列入吉尼斯纪录。宝墨园有两个白石牌坊。入口的“宝墨生辉”坊额为书法家关山月所题，对联：“鲤水耀祥云荔景湖边玉龙起舞，鳌山呈瑞气柳波堤畔紫燕于飞。”坊斗拱构件，浮雕作为装饰。它在岭南一带许多很出名坊都模仿它的构造。紫带桥头有一座“紫气清晖”坊，三间四柱，题有“鉴古通今”四字，极其雄伟，具有皇家气派。

园中的桥多，大部分为石拱桥，如小溪桥、大溪桥、紫带桥等，桥栏杆的花草、虫鱼、人物雕刻技术精湛。入口的龙桥同北京故宫的金水桥十分相像，紫带桥与北京颐和园的十七孔桥也十分相像，有皇家园林的风格。剩下的大部分石拱桥仿江南的桥梁，并无岭南的风味。

这里的水景做得也十分巧妙，尤其是小河与小桥、柳树、榕树的结合，极为别致。桥和榕树的结合在跨龙桥中表现突出。在园中泛舟，有身处江南水乡之感，明显受到江南园林的影响。

园中小山堆得极多。最好的当数荔景湾一角的假山，它占整个园林的一个角落，石峰林立，有广西石林的效果；石山基部入水，外围是九曲桥，离远看好像一座巨型盆景。

紫竹园是一处公认的美景。假山不高，同水面相映，极其古朴。更令人欣喜的是园丁时时喷水，水润石肤，清凉之意顿生，实在是园中最胜处。清平湖的紫洞舫与荔景湾的石舫为精品。前者是地方风格，后者是异地缩景。宝墨园有很多门洞，做得最好的要数流芳门洞，题联：“流花飘苑宇，芳草入帘栊。”湖石假山在侧，灌木丛生。

在建筑构造和装饰方面，园中建筑不仅有官式的斗拱梁架，也有地方的民间特色；就装饰而言，灰塑、彩画、石刻、木雕居多；在陈设方面，名人书画、古玩玉器数量很大。在墙顶、屋脊和花坛四周加以灰塑，在梁枋位置施以彩画，在石坊、石壁、石桥上加以雕刻，在室内家具陈设和门窗装修上用木刻。就设计细节和施式工艺而言，宝墨园极为精细，各方面都做得相当到位。

广州越秀公园

【名园历史】

越秀公园座落在广东省广州市解放北路。园内的越秀山是白云山的余脉，也叫“观音山”和“粤秀山”。在西汉，南越国王赵佗在这里建越王台。五代时期，南汉皇帝刘龚曾“山分为二，东为歌舞台冈、越王台，西为观音阁。叠石为道。名曰‘呼鸾’。夹栽甘菊、芙蓉其间，与群臣游宴。”明代，越秀山被划入城内，拥有“粤秀松涛”等景观。1921 年，孙中山先生将越秀山辟为公园。新中国成立后，公园进一步扩大，成为广州市最大的公园。每年的“广州园林博览会”均于这里召开。

【名园漫步】

公园内有五个景区，分别为古迹纪念区、北秀湖区、南秀湖区、东秀湖区、蟠龙岗炮台区。每个景区都有好几个著名景点，人文景观与娱乐休闲融为一体。其中，五羊石雕是广州著名的标志。从五羊石雕下到半山腰，有塑石瀑布与仙庭雕塑，塑石瀑布是岭南园林的很流行的崖瀑潭局。

园内保存最完好的古建筑是镇海楼，它是明洪武十三年（1380 年）建的五层楼，目前是广州博物馆，在楼上可以尽饱广州和南海的景色。北秀湖的三岛和路边的崖瀑景观亦为园中的美景。湖心岛上椰树修长的身影和湖面的平静舒展真是神奇的搭配，极具南国风韵。

佛山梁园

【名园历史】

梁园是广东佛山梁氏宅园的总称，由“十二石斋”、“群星草堂”、“汾江草庐”、“寒香馆”等四组相邻的建筑群组成，规模壮观，是广东四大园林中占地最大的。清嘉庆、道光年间，佛山诗书画名家梁葛如和梁九章、梁九华、梁九图叔侄四人，历经 40 载，陆续建成各园，总称“梁园”。十二石斋坐落在今升平路松桂里，寒香馆生落在松风路西贤里，群星草堂、汾江草庐均座落在松风路先锋古道。而清末民初，梁园逐渐败落。如今的十二石斋和寒香馆已是民居，群星草堂与汾江革庐经过修复，重现光彩。

【名园漫步】

梁园总体布局以住宅、祠堂、园林三者浑然一体，具有当地大型庄宅园林特色，尤其是以奇峰异石作为重要造景手段。四组园林群体因各自构思取向不同而风格各异，各种“平庭”、“山庭”、“水庭”、“石庭”、“水石庭”等岭南特有的组景手段种种具备，变化迭出。与各建筑物和景区主题紧密结合的诗书画文化内涵丰富多彩，诗情画意比比皆是，园内精心构思的“草庐春意”、“枕湖消夏”、“群星秋色”、“寒香傲雪”等春夏秋冬四景俱全，各异其趣；展示文人园林特质的“石斋寄情”、“砚磨言志”、“幽居香兰”、“庄宅遗风”四景，将岭南古园林的多种文化意境，如雅集酬唱、读书著述、家塾掌教、幽居赋闲等多种文人文化生活追求表现得淋漓尽致，令人回味无穷。

相传梁园奇石达四百多块，有“积石比书多”的美誉。其中，群星草堂中最吸引人的莫过于“石庭”。它讲究一石成形、独石成景，在岭南私园中独树一帜。梁园的主人通过对独石、孤石的整理，突显个体特性，在壶中天地中表达了对人的个性和自由人格的追求。园内巧布太湖、灵璧、英德等地奇石，大者高逾丈、阔逾仞，小者不过百斤。在庭园之中或立或卧、或俯或仰，极具情趣，其中的名石有“苏武牧羊”、“童子拜观音”、“美人照镜”、“宫舞”、“追月”、“倚云”等。景石大都修台饰栏，间以竹木、绕以池沼。梁园的山都不是“叠”出来的，而是与整个造园质朴的风格是相统一的，不求恢宏的气势而求石的神态韵味，以小代大，表现山川之奇。梁九图在诗中描述到，“衡岳归来意未阑，壶中蓄石当烟鬟。”这种以石代山取代“叠山”的方法，摒弃了石块的积压堆砌，省却了石头纹理及形状的比照磨合，可以更灵活自由地表达不同的思想情感。

梁园的人文特色同样鲜明。梁园是清代岭南文人园林的典型代表之一，布局精妙，岭南式“庭园”空间变化迭出，格调高雅；造园组景不拘一格，追求雅淡自然、如诗如画的田园风韵；富于地方特色的园林建筑式式具备、轻盈通透；园内果木成荫、繁花似锦，加上曲水回环、松堤柳岸，形成特有的岭南水乡韵味；尤以大小奇石之千姿百态、设置组合之巧妙脱俗而独树一帜，是闻名遐迩的粤中四大名园之一。梁园是研究岭南古代文人园林地方特色、构思布局、造园组景、文化内涵等问题不可多得的典型范例，展现了古代佛山文人对远离大都会烦嚣、享受林泉之乐的追求，也体现了“广东文化”中对花园式宅第和自然的空间环境的向往；其典型丰富的历史文化内涵，又是反映佛山名人荟萃、文风鼎盛的重要实物例证。

梁园建筑物全为砖木结构，饰以木雕、砖雕，高雅精致。群星草堂为梁九华所建，位于松风路先锋古道，占地数千平方米。建筑群体由草堂、客堂、秋爽轩、船厅和回廊等组成。建筑精巧别致，引人入胜，虽体量不大，但却小巧精致。“半边亭”结构奇特，首层六角半边，二层四边形，屋顶平缓，飞檐斗拱，可称是“求拙”之作。“船厅”三面为大型窗户，四周景物尽收眼底，真是斗室容环宇。更为突出的是“荷香小榭”，精美纤巧、四周通透、里外交汇，把天、地、人完全融为一体。这些建筑物以石庭、山庭、水庭为基调，建筑宽敞通透，四周回廊穿引，采用移步换景之法引人入胜。如荷香小榭位于湖岸边，站立于小榭屋檐下，面对铺满荷叶和荷花的湖水，一片碧绿中的点点粉红，令人心醉。小榭高四米余，木结构，门楣及窗都饰以木雕，门窗的图案是荷叶、荷花，既优雅又与湖中的荷叶、荷花互相呼应，令人对设计者的用心良苦赞叹不已。

走过一座设计精巧的小石拱桥，就到达汾江草庐。这里的水石运用可说是别出心裁：既有一般的叠石置景，又有独石成景；既有潺潺流水，又有一泓湖水。碧水中，成群的金鱼、锦鲤时浮时沉，湖面涟漪连绵，这静中有动的景观，令人赞叹。岸边有一座造型优美的石舫。遥望湖面，只见一块形态奇特、高约三米的石块屹立于湖中，此石名叫“湖心石”。湖心石周围有白鹅及鸳鸯在戏水，“白毛浮绿水，红掌拨清波”之意境毕现。

群星草堂和汾江草庐都用松、竹、柳和盆景加以点缀。园中除有十余株古树外，还种有富有岭南风韵的玉棠春、鹰爪兰、鸡旦花等。正是：“两处园林都入画，满庭兰玉尽能诗。”

沿着柳树成行的堤岸走约五分钟，便到达松竹寮。这里的建筑物以竹、木为基调，显示出缚紫为扉，列柳成行，一水画堤的意境，展示珠江三角洲特有的田园风韵，体现造园者追求远离烦嚣、贴近自然的独特构思。

珠海共乐园

【名园历史】

共乐园、含愚园、栖霞仙馆是广东珠海旧有的三大名园，共乐园坐落在珠海唐家湾，花6年时间建成，在1914年、1921年两度扩建，园主人是清末民初的政界要员唐绍仪。1921年扩建时改名“共乐园”，体现了唐绍仪与民同乐的思想，唐绍仪欣然题联：“开门任便来冥客，看竹何须问主人。”1932年，唐绍仪捐园给唐家村；珠海建市后，共乐园改名为唐家湾公园。

【名园漫步】

公园建在鹅岭之上，入口为一条百米缓坡，门口有石牌坊一座，两柱依两石狮，坊额题名“共乐园”，坊柱题联：“百年树人十年树木，智者乐水仁者乐山。”穿过牌坊登上台阶，一路山花绚丽、古柏蔽日，到达鹅岭顶，据“望景亭”向东北而望，一些景点历历在目。园里原来有茶厅、红木坊、白鸽塔、四角亭、六角亭、八角亭等，其中最有特色的是观星阁，为唐绍仪观星的地方，内部拱式天花绘有星座，屋顶露天平台置天文望远镜。

园内植有品种名贵的植物均为唐出任东南亚各国使节时从异国带回的。唐绍仪为了实现苏轼“日啖荔枝三百颗，不辞长作岭南人”的意境于园中广植荔枝500多株，更在树上挂100多个鸟巢式木箱，每当丹荔挂枝、小鸟和鸣，他便吟咏诗句寄情山水花鸟。园中的一棵榕树极为神奇，它生长在2米高的塔上，这座塔叫“故榕塔”或“标志塔”，来此筑巢的鸟儿衔榕树籽于塔上，树籽萌芽、生根、长干、吐叶，就成了现在的巨榕，尤为壮观的是榕树根从塔顶爬下，将整个塔团团围住，成为园中胜景，人们称其“盘石孤榕”。

唐绍仪的住宅叫田园别墅，又名小玲珑山馆，为青砖灰瓦的中式平房，是唐绍仪生活起居和接待客人的地方，孙中山、胡汉民、孙科、梅兰芳等人均到这里做客。唐绍仪于鹅岭前岗掘池，筑假山一峰，小桥渡水而去，弯弯曲曲的小路林荫生凉，石台石凳任人坐，花木盆景任人赏。它是唐绍仪喜爱杭州西湖所致，将苏堤、莲影、曲桥、假山、亭榭合集中在一个水池中体现，此景在抗战时被日军毁坏，1979 年恢复。树下有个大麻石，叫“戥鱼石”，是清道光年间唐家著名武师唐家六的遗物，唐家六在唐家湾网捕获大鱼后，把这块石与鱼配成一担挑回家中，被时人传为佳话。

从私园至共乐园体现了中国古典私园开放为公园的历史；就构思方面，受江南园林影响，园中有西湖景观多处；在生态方面，全园植物以国外引种为主，成为全国少有的古典植物花卉园；从体现时代气息上看，建筑还是民居和传统式样，没有什么大变化，由此体现出当时主人的传统意识颇浓厚，文字题联，山水隽逸都体现了主人的儒家意识。

东莞可园

【名园历史】

广东省东莞市西部坐落着著名的可园，它与顺德清晖园、番禺余荫山房及佛山梁园并称“广东四大园林”。可园于清道光三十年（1850 年）始建，历经八年建成。园主张敬修的侄子张嘉谟在《可园跋》中说：“可园之名，有无可无不可，模棱两可之意。”园名为可园，反映了张敬修“可行则行，当止则止，顺其自然，乐天知命”的思想。

【名园漫步】

可园规模较小，但园内建筑很多，有楼阁亭台十八座、厅房三十四间，另有五个水池、三座桥，其间由几个样式不同的大小洞门和游廊、走道连成一体，结构紧凑，格调别致。悠游园中，能够看到草草草堂、擘红小榭、问花小院、可堂、邀山阁、滋树台、环碧廊、绿绮楼等景致。

草草草堂是张敬修为纪念自己拼搏一生而建。他领兵打仗时，“偶尔饥，草草俱膳；偶尔倦，草草成寝。晨而起，草草盥洗，洗毕，草草就道行之。”所以造了此草草草堂。

园内最高建筑是四层的邀山阁，它的底层是可轩和双清室。可轩为园主会客之处，由于室内地板铺成桂花形，俗称“桂花厅”。它的地板正中有一铜管，与隔壁小房连通。盛夏时节，主人在可轩会客时，仆人就在小房中拉动风柜，主客都会感到阵阵凉风，在大声谈论和细语之际又不受仆人打扰，极为惬意。双清室前有荷池，旁植修竹，环境特别清雅。园主取“竹、荷双清”之意，为命名厅。可以到这个厅的客人都是高雅之士，因此他含“人、境双清”之意。双清室俗称“亚宇厅”，它的平面造型、地板、窗棂及桌椅、托盘、茶具等都是繁体的“亚”字形。充分体现了这处建筑是可园中最庄严、神圣的地方。邀山阁的建造目的是为借园外之山。当时此阁为整个县城内最高的建筑，登阁能够远眺群山和大海。张敬修弥留之际，还命人把他抬到阁上，环望一番后，才安心离去。

另一重要建筑名“诗窝”，是吟诗颂赋的地方。室里面曾经有一大木床和一石床，诗人能够躺在床上寻觅佳句，极为惬意。附近还有一座绿绮楼，是园主得到世间名琴“绿绮台琴”后，特意为珍藏此琴而建。楼旁的水池中建有六角攒尖小亭，名“可亭”，小巧别致。岸边有曲桥和亭相连，游人走在桥上，只见水中游鱼嬉戏，周围琼台玉宇参差错落，仿佛进入画中。

可园面积虽然很小，但数十座建筑井然有序，紧凑却不显拥挤，布局合理，设置规整。各类建筑等艺术地融汇在一起，能赏、能游、能居。各种建筑外形美观，内部构造精细巧妙，颇多匠心独运、别具特色之处。此园不但是一座别致的私家园林，还是一处重要的文化交流场所，由于园内曾有很多文化名人聚集交流，被列为广东近代文化的策源地之一。

惠州西湖

【名园历史】

中国称西湖者多处，以杭州西湖最有名气，惠州西湖次之。清代雍正年间，惠州府知府吴骞在《惠阳纪胜》中把两湖作了比较："西湖西子比相当，浓抹杭州惠淡妆；惠是浣纱村里质，杭教歌舞媚君王。"一个浓一个淡，一个媚一个朴。惠州西湖同历代名人结下了深深的情结，特别是同被贬的官员们结下了缘分，因此被人戏称"谪官湖"。唐代，惠州首位进士张昭远给湖取名"郎官湖"。北宋治平三年（1066 年），知州陈称筑堤蓄水，叠作为桥，给百姓造福，使已经淤积的西湖有灌溉、种植、养殖等功能。"民之取其利者众，其施丰矣，是以谓丰湖。"自此，惠西湖同杭、颖西湖齐名于世，是岭南湖光景色的代表。

【名园漫步】

西湖有五湖六桥，湖中还有许多岛屿。其中，菱湖有三岛，鳄湖有一岛，平湖有六岛，丰湖有二岛，南湖有一岛，但是以平湖岛上景观最多。各朝景点有增有减，原有十六景与二十四景之说。目前主要有"苏堤玩月"、"孤山苏迹"、"玉塔微澜"、"留丹点翠"、"芳华秋艳"、"花港观鱼"、"花洲话雨"、"西新避暑"、"荔浦风清"、"南苑绿絮"、"丰山浩气"、"象岭飞云"等。

苏轼于栖禅寺的松林中葬其侍妾，僧人们于旁筑六如亭。有对联云："不增不减不生不灭不垢不净，如梦如幻如泡如影如露如电。"道出了对世事是"不垢不净"，也写出了湖光山色是"如梦如幻"。目前，西湖专设一个景区名孤山苏迹，为专门陈列苏轼对惠州和西湖的贡献。

平湖有许多岛屿，其中的芳华洲、百花洲和九曲廊桥等为西湖最有名的地方。百花洲古称花墩，曾有落霞榭，另一个名字"花洲许雨"就是写此地雨景，有诗赞道：“忽惊豪雨来天处，洒向平湖万斜珠。”湖中的三个岛屿通过迎仙桥、偃龙桥、九曲桥相连。九曲桥大部是平桥，局部是亭桥形式，桥面同水面贴得很近，廊桥升起，并且构筑观景平台，材料的色彩搭配十分醒目。大段的平桥与局部的廊桥不仅让整体效果很平静，又有韵律与节奏，而杭州西湖的苏堤六桥不能与此来相提并论。岛上的“留丹点翠”一景，是以建筑与空间转折，榕树与奇石的组合为特色。爱国人士廖承志曾在此留下一首诗：“破堞楼头来复去，留丹亭畔恣徘徊。悠悠夜月东江水，忍望天南剩劫灰。”

丰湖同平湖之间通过苏堤划分，苏堤上有西新桥，为五孔石桥。并在其上植柳树和桃树。在孤山上有泗洲塔，同杭州葛岭上的宝傲塔一样，是一个风景绝美的地方。色彩比宝傲塔更富丽，墙壁的蓝灰、角柱的粉红、叠涩的紫红、隐窗的乳白在阳光下极其耀眼。湖畔还有十二生肖雕刻，栩栩如生。而且，湖中的石舫也是一个很不错的景点。

潮州西湖

【名园历史】

潮州西湖位于潮州西郊，古时曾经是韩江的支流，历代均在这里留有建筑。它始修于唐代，重辟于民国，而整治于当世，是潮州八景之一。假如惠州西湖是以湖取胜的话，那么潮州西湖就是以山取胜。

唐代，官府修北门堤，形成了今日的西湖。唐乾元年间，西湖被列为全国81处放生池之一。宋庆元五年（1199年）知军林嫖疏浚西湖，“剔朽壤，翳繁秽，引清流，储而广之，南北相距倍于昔”，并且“诛茅穿薛，插柳植竹，间以杂花，盘纡诘曲，与湖周遭，横架危梁，翼以红阑，镜奁平开，虹影宛舒，数步之内，祠宫梵宇，云蔓鳞差，萦绕女口，粉碧相映。”

【名园漫步】

园中山占三、水占一，因为山十分像葫芦，所以取名叫葫芦山。山上岩石裸露，山石嶙峋，洞穴幽森，题刻比比皆是，多达163处，为广东三大著名摩崖石刻群之一，有唐朝韩愈的《白鹦鹉赋》、北宋俞献卿的《俞献卿葬妻文》、北宋苏东坡的《潮州昌黎伯韩文公庙碑》等。园里还有北岩的活人洞、李公亭、寿安岩；山东麓的晨运广场、涵碧楼、景韩亭、新苏亭、文山亭、芙蓉亭、莲花池、处女泉、艺苑、鳌谷、雁塔，沁园等几十处景观。山顶有四望楼与凤楼，巍然耸立在花岗石城楼上，一层是城楼式样，开拱门，城上还有一巨凤立于屋顶，是园林标志，凤通体用白色马赛克贴面，特别有趣。登楼远眺，潮州美景尽收眼底。

西湖中的湖心亭为湖中最胜处，亭为六角重檐，内外梁枋斗拱全为彩画。亭子同岸有两石桥相连；桥面很窄，显得特别局促，但又很精致，桥头有古榕婆娑，陆上还有塑石沿坡道而设。鳌谷为园中园，园门极富地方特色，门楣有额题，左右上角是凤凰灰塑，两柱有一对灯笼；门头压顶脊用色彩鲜艳的灰塑，门口有石鼓一对。围墙用扇形漏窗加琉璃顶。园内有堆石一座，如蛤蟆，成为洞门的框景。园内还有五角亭一座，灰瓦朱柱，为岭南风格。鳌谷前有一座莲池，池中整形砌筑二层圆台，四面有栏杆，栏杆上设盆景，台中立六角亭一座；池旁是处女泉，立石题名，用此作为标志。

雷州西湖

【名园历史】

雷州西湖曾叫罗湖，在广东省雷州市西面。于北宋绍圣四年（1097年）始建园林。苏轼被贬至海南，路经雷州半岛时，和在这里做官的弟弟苏辙在此相会。兄弟两人一起游罗湖，后来，雷州百姓为纪念苏轼，依杭州西湖之名改罗湖为西湖。南宋年间，知军何庚为兴修水利及怀念旧迹而重整西湖，筑堤储水，建东西二桥，叫作惠济桥和通济桥；西闸引西山的水灌溉白沙田，东闸引水南流到通济桥，与特侣塘水汇集共同灌溉东洋田。南宋咸淳八年（1272 年），知军陈大震又环湖建八座小亭。明清以后屡有修缮，一直是粤西著名古典公共园林。

【名园漫步】

园林的面积约 3300 平方米，有宋园、寇公祠、苏公亭、荷池、蛙岛、飞瀑、塑石等胜景，幽雅古朴，颇富南国丰姿。此外，雷州西湖的“十贤”可谓是雷州人文的代表人物。

古代的雷州是一块荒凉之地，贬官逐客众多，仅唐宋两代就有 7 位宰相贬至雷州或途经逗留，官阶在四品以上的朝廷命官更是不计其数。雷州人民将其中品德高尚、正气凛然的十位列为“十贤”。进入宋园，在右侧可见一方大型石刻《雷州十贤堂记》，始建于南宋宋咸淳十年（1274 年）。进入园内，还有另一方较小的《十贤堂记》石刻，碑文是文天祥撰写的，原稿收藏在“十贤”之一秦观处，直到清嘉庆九年（1804 年）才由广东学政姚文田书写刻石，人们多认为此碑铭为《正气歌》的姐妹篇。

“曾为深渊无处诉，年年江上哭青春”，这是寇准寄居“西馆”时抒发内心激愤和伤感的诗句。这位历经宦海沉浮的良相，于北宋乾兴元年（1022 年）被贬到雷州当个小小司户参军，不到两年就与世长辞了。雷州成为他在人生的道路上最后的归宿点。为了缅怀这位忠心耿耿的名宦，雷州百姓在他寄居寓所“西馆”立饲奉祀。南宋绍兴五年（1135 年），宋高宗赐“族忠祠”匾额。至今，人们以崇敬的心情瞻仰立在洞前的塑像，低吟其感人肺腑的遗篇，以依恋的心情在“莱录并”边徘徊。这口井千年不枯、泉水清冽，是寇准饮用过的古井。因寇准曾被封“莱国公”，故后人命名为“荣泉”。元延祐四年（1317 年），海北南道廉访使余胜，慕寇准之为人，重新清理这口井，由名宦王佐题“莱泉井”石匾。寇公洞两侧廊厢布满歌颂寇准的诗文。一批高官文士在谒寇公时，留下了不少激励人生的诗篇。

在谒寇公祠的同时，人们可以看到古代雷州最大学府——浚元书院。雷州在宋代以前虽是“间有塾堂，巷有校室”，但在南宋咸淳年间才开始设书院。浚元书院始设于咸淳八年（1272 年），取名“荣泉书院”，继而又改为“平湖书院”、“浚元书院”之名。它曾被列入广东六大书院。数百年间，由各社会名流执教，对汲取、容纳、传播中原文化起着承先启后的重要作用，为培育雷州立子作出贡献而留下历史一页。从书院两副对联可以回思其当年严谨的教育气氛：其一，“传道得吾徒，以言教还以身教。读书先立品，重经师尤重人师。”其二，“道不可离圣城贤关，须向五伦入路。文期有用名言精义，要从六籍寻源。”

“弟兄聚散天南北；烟水苍茫情有无。”这是昔年苏公亭一副对联。从一座牌坊沿着西南方向漫步，可见一尊苏东坡塑像和一座小巧玲珑似浮在湖面的苏公亭。它立在三面环碧波、一径中通的湖心小岛之中。北宋绍圣四年（1097 年），苏轼从惠州贬移檐州，千里跋涉途经雷州，有幸与其胞弟苏辙邂逅，悲喜交加。兄弟择日游罗湖泛舟，被罗湖秀丽的风光吸引，恋不思归。游罢到湖滨天宁寺，苏轼游趣尚浓，写下“万山第一”四字。雷州人民为纪念这两位大文豪，将罗湖改为西湖。其名虽屡次更改，但怀念苏公的含义始终如一。现在的苏公亭是清嘉庆年间重建的。不少文人墨客在亭门、亭柱、走廊题书作对，如“云拥星罗”、“渊深鱼乐”、“水到渠成”、“一万里定游来海国，一般乡景忆杭州”等。清初，闽浙总督陈瑸有诗云：“一同作逐臣同路行，天涯难弟与难兄。地邻已戴鸿思重，滴所犹铺棠橡荣。北望峰峦当面起，南洛波浪接天平。此间又作劳劳别，凭吊谁人不动情。”

肇庆星湖

【名园历史】

星湖坐落于肇庆古城北郊，由于湖北有七座状若天上北斗七星的岩山，因此给山取名叫七星岩，给水取名星湖。星湖原名沥湖，将北山涧的水江集于一湖，春夏水满，波光粼粼，莲花盛开，水中采莲舟穿梭，十分惬意。李调元在《粤东笔记》中盛赞星湖之美。明代嘉靖至万历年间，本地官员大加修饰，为星湖的鼎盛时期，号称有星湖二十景，“当与兰亭、西湖、凤台、燕矶比雄于中原”。明嘉靖年间，岭南副使李开芳等于湖上填石筑堤，开辟一条道路通往山上探险入洞，还建筑馆舍，大范围地栽植松树和榕树，还提出了保护自然生态的理念：“岩石岩树勿伐，如有违者罚钱一千文。”新中国成立后，全面重新规划，筑堤修路，扩大了湖区，使其同杭州西湖面积相近。

【名园历史】

整个园林既壮观又具有特色是七星岩和长堤各桥。还有七岩、八洞、五湖、六岗，共八十余个景点，荣获“桂林之山，杭州之水”的美誉。从唐代后，各朝代文人墨客，只要历游至岭南，肯定会至星湖，如李绅、包拯、周敦颐、俞大猷、郭都贤，黎简、冯敏昌，郭沫若、叶剑英、陈毅、宋庆龄、粟裕、夏衍、韦君宜等，留下石刻共计500多通。叶剑英还留下：“借得西湖水一圜，更移阳朔七堆山。堤边添上丝丝柳，画幅长留天地间。”

湖区分为六个湖面，中心湖最大，在西面，青莲湖和东湖分别在南面与东面，三湖环绕北岭山的七座山岩。全湖最佳景观是中心湖与青莲湖间的长堤，一堤共有三桥，堤中间为小洲，叫做白凫洲。堤头建荫梓亭，横跨水月桥。青莲湖北面建有九曲桥和五龙亭，很明显是模仿北海五龙亭和扬州五亭。七星岩山岩陡峻，奇洞颇多，排列像北斗七星。斗勺处有石掌岩、蟾蜍岩、阿坡岩、天柱岩，斗柄处有石室岩、玉屏岩及阆风岩。天然洞穴为七星岩的最神奇的景象，石室山下为石室洞，阿坡岩下是双源洞。

阆风岩，也叫石角岩，为七星岩最东的岩石，名字源于《十洲记》的“昆仑山三角，其一角下北干辰之辉，名曰阆风巅。”同玉屏岩东西对峙，自玉屏岩南麓能够到达岩顶，东望羚羊峡、鼎湖山，环顾七星岩整体景色。阆风岩三面临水，溶洞颇多，峰顶有一无底洞，自上朝下望，看不见岩底。在七星岩西面有揽胜坊、栖云亭、蓬壶径，还有流霞岛，也叫钟鼓洞，洞里的钟乳石像罗纱围幔悬垂，洞中泉水叮咚，好像是仙境。

玉屏岩半山有三仙阁，于明万历年间修建。阁外有两穴，用石击打它们，可发出好听的声音，因此被叫作八音石、扶啸台。阁右有夹石小道，石头犹如一个人嘴里含着珍珠，因此得名含珠径。再向上能够看见明代建的玉皇殿。

石室岩也叫嵩台，上有岩洞，洞口高只有 2 米，可是洞内宽广，且高达 30 米，各朝代的文人墨客在此留下手迹 270 多处。洞门有唐代书法家李邕写的《端州石室记》石碑，也是七星岩最早的碑刻了。其他还有明代俞大猷和清初岭南三大诗人的屈大均、陈恭尹、梁佩兰、黎间等人。岩南麓建有水月宫，东北麓建有陈白沙碑亭。全山植物葱茏，呈现一片勃勃生机的景象。

海拔 117 米的天柱岩状如石柱，且岩上多红豆。此岩人工景观美丽，南坡建有天柱阁，阁后有螺旋洞，洞后有栈道、天桥。由此上百级台阶，可见文昌阁，阁后有玄虚洞。岩顶建有摘星亭，岩其他地方还有金津洞和玉溶洞。北麓新建铁索桥、莲舫等。东有双源洞，洞内地下河分两支流出洞外，是星湖的水源，因此也叫双源洞，洞内石钟乳与石柱颇多。仙掌岩三面临中心的大湖，北列九根石笋，形如托掌。蟾蜍岩高大概 70 米，上有石沟、石笋，有一块石头如蟾蜍翘首望雨，由此而得名。

1997 年，七星湖景区六个小岛、七座山岩及长堤上装 560 盏 1000 瓦射灯、250 盏彩色泛光灯和 3000 米彩虹管，根据不同颜色勾勒出景物的夜景。

澄海西塘

【名园历史】

澄海西塘坐落在广东省澄海市东里镇，于清嘉庆四年（1799 年）始建，面积大约 230 平方米，属于宅园，其东西两面是屋，北墙南河。这条河通向梓林港，西塘是樟林港全盛期的产物，也是粤东园林的代表。

【名园漫步】

西园的修建吸取了苏州园林的成就，采用前宅后园式。园门之后，有一月洞圆门，过门可见用红黑小石铺成“双凤牡丹”样式的庭院地面，一弯水渠，雕栏围绕。迎面是巨大的假山，山下岩洞被称为“鹤巢”。岩洞之上，奇石峥嵘，石壁上刻“秋水长天”四字，苍劲俊秀。山下石路迂回曲折。

院内小桥旁边，数竿金丝竹低拂着一片山石，上刻“挹爽”二字。沿小石径可登假山。山顶建六角亭，临亭俯瞰，园内山明水秀、园外绿水弯弯。山北建六角亭一座，这个亭子很大，平面拉长的六角形。园西建四间书楼，书楼二层与假山相接，依山傍水，十分惬意舒畅。

假山北面，楼阁临池、飞檐映水、恬静清幽。在六边形的水阁后面正中，一石壁立，高约人余。西南是厅堂，陈设清雅，可闻鸟语花香，前挂名士书画，有唐寅、陆润庠、何绍基等人真迹，并珍藏《二十四史》一部。厅堂对面，芝兰飘香、山茶竞艳。厅堂围墙绿窗下有两根木化石，立于绿荫丛中，斑驳花老，别致清奇。处身“西塘”之中，确如已赴苏杭。

广西壮族自治区

武鸣明秀园

【名园历史】

明秀园为广西著名私家园林，坐落在广西武鸣县城西部。清道光年间，当地乡绅梁生杞和他的儿子梁源纳、梁源洛于这里建富春园。园内遍植果木，以植物为主景。1919 年，两广巡阅使陆荣廷得到此园，以其叔父陆明秀的名字，改园名为“明秀园”。陆荣廷请名匠建造园林，修堂建阁，将它改造成一座个性突出、园景丰富的园林。

【名园漫步】

明秀园三面临江，面积约 3 公顷，布局狭长。园门朝东，进门很近处有一栋砖木结构的二层楼房，为新加坡华侨胡文虎、胡文豹兄弟于 1937 年捐资修建的当地学校的教学楼。楼南立石碑两座，叫作“虎豹石碑”，用以纪念胡氏兄弟的光荣事迹。石碑后面有一些天然奇石，被依形就势加工成石凳石椅，可赏可用，颇具特色。

园东部有两座房屋，原为广西壮文研究会所在地，现辟为景点，称“壮文策源”。附近临河建有游廊，游人可小憩观景。河中水面宽阔、波浪涌动，岸边怪石突兀，古树耸入云霄，景色迷人。这里风光令人神往，为园内重要景点。

“别有洞天”亭建在园子的南面的高处，六角攒尖，玲珑典雅。游人穿过亭前天然石拱门，登亭远眺，可见河如玉带、林如翠云，景色美丽宜人。园南部临河植有成片的荔枝，原是梁氏建园时所栽，树龄大部分在一百年以上。荔枝林西部临河建有一座“荷风辖”，后来由于县人在此修志，改名“修志亭”。亭周围果木繁茂，开花时，空气中到处都弥漫着香气，沁人心脾；结果时，硕果累累。于亭中闻香、观果，乃是人生一大快事。荔枝林中设有古色古香的石桌、石凳，是陆荣廷命人精心制造的。这里环境清幽，可以下棋品茗、赏花尝果。据说陆荣廷还曾在这里召开过秘密军事会议。

此园的风景迷人，园里承接园外自然美景，稍建亭台，广植果木，配以嶙峋怪石、古木翠竹，风景清新淡雅，到处流露出一种天然之美，是一座难得的风景美丽的园林。

桂林雁山园

【名园历史】

雁山园在桂林市南郊，是一处山明水秀的风景园林。清同治八年（1869年），桂林人唐岳建于此雁山别墅。清末，岑春煊购得雁山别墅，因岑春煊是广西西林县人，故改园名为“西林花园”。1929 年之后，这座园林开放为公园。

【名园漫步】

雁山园内有许多水景，包括溪流、池塘、平湖与跌水，这也属于雁山园的主要特色。园门外有一小溪蜿蜒而过，跨过溪上木桥进入园内，面前是一莲池，周围树木葱郁，恬静清幽。走过莲池，可见一条溪流在园内曲折流淌，此溪叫“青罗溪”，取韩愈赞颂桂林美景诗作中“江作青罗带”一句。青罗溪流经桃源洞，可一览全园。当年，园主疏凿溪流，使之与园中湖池相连，形成了全园纵横交错的水景体系。

在青罗溪流出桃源洞的地方，有一溪水汇集而成的深潭，潭中巨石突出，石上建一小亭，亭旁小桥与岸边相连。青罗溪下游建有元珠桥，过桥向东即为当年唐岳开凿的人工湖，名为“碧云湖”，也叫“鸳鸯湖”。湖面比较开阔，湖中间建有水榭，南北两岸曲桥相连。这里曾是雁山别墅建筑较为集中的地方。湖南岸建有涵通楼，是别墅的主楼，楼前设有一戏台。涵通楼西南为澄研阁，园主常居于此。碧云湖内建有一石舫，名“碧云湖舫”，舫上建有二层舱楼，是园内观景的好地方。三座建筑之间用一条100米的长廊连接，故而构成了一组规整宏大的建筑群。碧云湖北面是一朱红门楼，是雁山别墅正门，门上刻有一联：“春秋多佳日，林园无俗情。”是由陶渊明诗句集而成的。门楼对面的山峦为雁山。

雁山园内有小山两座，南为方竹山，北为乳钟山。两山均高达50米，山上怪石兀立、林木茂盛。方竹山下有一石洞，因为出土过动物化石，故人称“龙骨洞”，园主取陶渊明的《桃花源记》之名，改名为“桃源洞”。洞里面是奇形怪状的石笋，青罗溪从洞中穿流而过，洞口山崖上是一钓台。

雁山园奇花古木众多。园内奇花异卉遍布，参天大树俯拾即是，且树种繁多、形态各异。桃源洞外粗大苍翠的红豆树，每三年才开花结荚一次，所结红豆十分红艳。园内有珍贵的绿萼梅、四方竹与古丹桂，它们与红豆树并称“雁山四宝”。园内还有白玉兰、牡丹、墨兰、素心兰、紫竹等名贵花木。

雁山园规模宏大、山清水秀，园内到处可见醉人的美景。尤其是园内溪涧湖池和奇花异木遍布，为整座园林平添不少魅力。

桂林七星公园

【名园历史】

七星公园位于桂林漓江东岸、漓江支流小东江畔，因七星山七星岩而得名，是桂林市最大的综合性的生态景区，占地面积约1347公顷，集山青、水秀、洞奇、石美于一身，俨然是桂林山水的缩影。七星公园具有典型的岩溶地貌景观，集山奇、水秀、洞异、树翠、花香五大美，在隋唐时便是游览胜地。七星公园现在已成为世界旅游组织推荐景区、中国国家重点名胜风景区、桂林的核心景区。

【名园漫步】

全园植有桂树9000多株，每逢秋天花香扑鼻。公园有七座山峰，以北斗七星的名字命名，北面由天枢、天璇、天玑、天权四峰组成普陀山，又作做栖霞山，南面由玉衡、开阳、摇光三峰组成月牙山。前者为斗身，后者是斗柄。普陀山因唐代建有栖霞寺而名栖霞山，后供奉观音而名普陀山，现有普陀精舍、玄武阁、碧虚观、七星岩、元风洞、博望亭、旷观亭、八百壮士墓等景点。山上岩洞众多，其中以七星岩最著名，它以六大洞天内的石钟乳、石笋、石柱、石幔姿态怪异而独领风骚，全长1千米，最大处可容1000多人。岩洞前有栖霞亭与碧虚亭，洞口西向，开阔，可见桂林诸峰。七星岩又有栖霞洞，以前在洞口外建有栖霞寺和碧虚亭，现洞口设有高僧昙迁和李士美两人同题的"栖霞洞"字样。

普陀山的大门为圆形，门有一对联："蝉噪林愈静，鸟鸣山更幽。"门右侧的碑亭内立着刻有唐代著名书法家颜真卿手书"逍遥楼"字样的石碑，碑背有李彦弼的《湘南楼记》。普陀精舍是一座二层小楼，靠山而建，进门有一石屏，登楼可眺望桂林市区景色。楼后有洞叫作观音洞，其上是广昌亭。这一景区内，建筑与山石、岩洞巧妙组合，是园林石景的典范。

月牙山上有月牙洞、月牙楼、月牙寺等。月牙寺毁于战火，后建观音阁，1963年建新阁"小广寒阁"。小广寒阁通过天桥与襟江阁相连，小广寒阁面阔三间，襟江阁六角攒尖，二者呈现一横一直，一低一高的格局。站在高阁上，可一览漓江与桂林全景。月牙山有月牙岩、剑宝岩、六合岩、颠岩、玉兔岩等名石。月牙山下面对广场处是月牙楼，建于1959年，三层混凝土结构，屋顶铺绿琉璃瓦。龙隐洞亭有人世仙境之美称，洞顶有一道石槽，由于水的侵蚀，其上留下了像龙鳞一样的斑痕，人们称其为"龙隐洞"。洞深30米，高24米，内有一条可通舟楫的小溪。许许多多的文人墨客在龙隐岩洞留下名篇，现有从唐至清的石刻210余件。在月牙楼对面的草坪上建有“华夏之光”大型雕塑墙，雕塑墙长106米，高5米，是全国最大的一雕塑墙，展现了中华民族数千年的历史。雕塑墙前为一宝鼎，后有大型假山一座，仿桂林岩峰。

骆驼山位于普陀山南，因其形似骆驼，故而得名。骆驼山西是动物园，园四周植有金桂、银桂、丹桂、桂花等。骆驼山东是盆景园和驼峰茶社。盆景园内开敞透亮、转折幽深，是岭南园林中的艺术精品，墙上有景门、漏窗、壁画、博古架等各式各样的装饰，著名影壁画“江山多娇”就位于墙壁上，另一幅“山水画”则是在墙内堆一假山，假山外罩着玻璃，远看为画作，实则为模型山。园中还有水池、曲流、小桥。

普陀山南山脚是一瀑布流水景观，是集真山与置石于一处的景观。瀑布三跌，直下积潭，潭四周有小岛、小桥、曲溪、亭台、廊架；入水平台的铺地用了双凤图案，曲流驳岸所用皆为湖石，与广东园林常用的河石不同。横跨小东江的花桥是七星岩的胜景。桥为五孔石桥，全长60米，宽6米，桥上为长廊。花桥始建于宋代，原名嘉熙桥，清代重建时因两岸树翠花繁而名花桥。桥东有小石峰，平地而起，因形似础柱，故名天柱峰，亦称芙蓉石。

普陀山北面平地剑溪分割成沙洲，沙洲上原有明代岭南名园东园，现在是儿童乐园。在沙洲东有建于清代的普同塔，与其相并列的为雁黄塔。芙蓉石下另有芙蓉亭。与沙洲隔剑溪对面的地方有栖霞寺。

桂林虞山公园

【名园历史】

虞山公园位于广西桂林市北面，濒临漓江，风景秀丽。园内有虞山、皇泽潭、韶音洞。相传，虞帝曾到此南巡，当地人在此立庙纪念，是为虞帝庙，为桂林最早的庙宇。之后，历代文人、官人、平民都朝拜观光于此，留下了许多宝贵的文化财产。

【名园漫步】

全园以虞山为中心。虞山北部的入口区采用轴线和规则式布局，南部入口则按自由式布置。门楼为希腊式，进门为一个观景平台，台下有一半圆形喷泉水池，台壁上有浮雕。堆土成台是岭南园林的一贯做法。登台上，可一览园林东部于眼底，轴线有一层层台阶、花坛、水扶梯，周边是大草坪，草坪上有榕树雕塑，一个花坛上还有一个大茶壶彩陶及一个青石雕，表明广西的茶文化。

向东走，便是位于虞山东面的皇泽潭和韶音洞。潭上有石拱桥，洞内有清代石刻画。沿着山脚向西走，来到九重天，这里有九个圆拱门洞，从山下一直排到山上，登阶如上九重天。九重天旁是一圆形小广场，中心是一个小石塔。环广场有一段百福墙与一段百寿墙，墙上分别刻有一百个“福”字和一百个“寿”字；小广场外的树上挂着红花，不过是假花，作点缀装饰之用，真假难辨。

南行数步，便是五层的五福塔，塔用蓝色琉璃瓦、红色栏杆。五层塔代表五福。《书·洪范》说，五福“一曰寿，二曰福，三曰康宁，四曰攸好德，五曰考终命”。塔的造型极为轻盈，与日本的方塔类似，设计具有唐代风格。五福塔前的怡心园是全园的精华所在。怡心园围绕水池布局，水池一侧为草地，另一侧则为院墙，池中有石舫，池边是很自然的湖石驳岸。怡心园西是全园最大的假山，亦为岭南古典园林中的精品。把岭南石山作为模本，在山边理水架桥，临水有榭。虞帝庙在怡心园旁边，庙前有金水河和三座金水桥，桥头有“虞帝驾车”的雕塑。庙内建筑皆为蓝琉璃瓦、红构架、白墙壁、灰石栏。虞帝庙后与韶音洞出口正对，洞口立一座智者石雕。南行即到山脚，虞山顶有重檐方亭，山侧石上雕刻有千手观音。山脚的闻韶楼周边为塑石群，有的在院落一角，有的则在路边，石间塑有十八罗汉。

四 川 省

成都杜甫草堂

【名园历史】

杜甫草堂坐落在成都市西郊浣花溪畔，为我国唐代伟大诗人杜甫故居。为躲避“安史之乱”，杜甫携家人流亡到成都，在浣花溪畔修建草堂。杜甫离开了成都，草堂也就倒塌不存在了。到了五代时期，诗人韦庄在原地重建草堂。宋代再次重建，并增建了沧浪亭等建筑，并且种植了松、柏、竹等植物，初步形成了纪念杜甫的祠宇及园林。明清时期，杜甫草堂被屡次扩大，形成了今天的格局。

【名园漫步】

草堂坐北朝南，前临浣花溪，门前置有一座白心青瓦照壁，增加了景观的神秘感。门两侧有一联：“万里桥西宅，百花潭北庄。”为杜甫的诗，点明了草堂的地理位置。由正门而入，二条小溪横于面前，溪上架有石桥，桥头两边各有两棵大树，浓荫蔽日，环境清幽。

门内为大廨，是一座敞厅。“廨”指官署，是古代官吏办公的地方。因为杜甫曾任左拾遗等官职，后人尊敬他，特意修建了这座建筑。大廨内设有杜甫铜像。

杜甫草堂的主厅是诗史堂。杜甫一生的创作相当丰富，流传下来的诗作达 1450 多篇，这些作品都真实地反映了当时的社会现实，思想价值和艺术造诣极高，他也因此被后人誉为“诗史”，诗史堂的名字便源于此。诗史堂占地 100 多平方米，为园内面积最大的建筑。堂内正中设有一尊杜甫胸像，东、西两侧分别设一尊杜甫、李白塑像。尽管李白与杜甫的诗风不同，但二人却结下了深厚的友谊，因此人们把李白像放在了纪念杜甫的园林内。诗史堂左右建有回廊，同大廨共同围成一个庭院，院内遍植梅树。

一条小溪在诗史堂后面，溪上架有别致的小拱桥，桥畔翠竹森森、竹荫蔽日，过桥有一低矮古朴的小门，称“柴门”，曾是杜甫营建草堂时所造的院门。门上匾额是著名画家潘天寿书写，门柱上楹联为明朝人何宇度所撰：“万丈光芒，信有文章惊海内。千年艳慕，犹劳车马驻江干。”

柴门西面有一小型建筑，形状好像一座廊桥连接着南北两岸，两侧临水处设飞来椅作为栏槛。这里是一座水亭，也称“水槛”。临水处是用木板搭成的简单木栏。杜甫很喜欢这里，常常在此凭栏远眺，有时在此临溪垂钓。他曾作《水槛遣心二首》，其中一首为：“去郭轩楹敞，无村眺望赊。澄江平少岸，幽树晚多花。细雨鱼儿出，微风燕子斜。城中十万户，此地两三家。”这首诗写的就是水亭的风光。柴门东面，有一条小径，叫作“花径”，取自杜甫名句“花径不曾缘客扫，蓬门今始为君开。”顺着花径能够走到东部的草堂寺。

由柴门而入，迎面为工部祠。由于杜甫曾任检校工部员外郎，所以叫“杜工部”，祠因此得名。又由于祠内共祀杜甫、陆游及黄庭坚，故称“三贤堂”。工部祠是淳朴厚重的平房，没有任何的装饰。祠内旁有清人钱保塘所撰对联：“荒江结屋公千古，异代升堂宋两贤。”

草堂书屋在工部祠东侧，草堂书屋东侧，有一座以原木为柱、茅草作顶的碑亭，于亭内立有石碑，上刻“少陵草堂”四个大字。由于杜甫曾自称“少陵野老”，因此人们常称杜甫为“杜少陵”，叫杜甫草堂为“少陵草堂”。书屋靠近荷池，四周绿树环绕，景色令人神往。

景色优美的梅园处在杜甫草堂的西北角。这里本来是一处私家花园，新中国成立后并入草堂。园内以人工湖为中心，湖北岸临水建有水榭，并有假山，西南岸边建有四层砖塔，一座曲桥横跨湖上。湖、山、塔、桥搭配绝妙，构成一幅美丽的山水图画。梅园的植物以梅树为主，并且植海棠、玉兰等花木，湖中则遍植荷花。一年四季，园中均有鲜花盛开。

杜甫草堂布局规整而不死板，建筑大多古朴简洁、不加修饰，颇符杜甫恬淡平实的性格。各种景物按照古时草堂旧貌和杜甫诗意设置，到处能够看见的楹联碑刻，令人叫绝。它在我国众多纪念园林中，地位十分重要。

成都望江楼公园

【名园历史】

望江楼公园坐落于成都市锦江岸边，为一处纪念唐代女诗人薛涛的纪念园林。由于薛涛的墓地在现在望江楼附近，又因明代官府在这里仿制薛涛发明的诗笺，因此人们把此地与薛涛联系起来，修建了一些纪念性建筑，造就了一处风景优美的纪念园林。

【名园漫步】

全园的自然景观与人文景观相映成趣，魅力无穷。园内主体建筑是崇丽阁，也叫望江楼。于清光绪十五年（1889 年）建成，为乡人马长卿倡议修建。阁共四层，上两层是八角形，下两层是四方形，每层的屋脊上均饰有精美的雕塑。阁顶是镏金宝顶，金光闪闪，光彩夺目。它集于北方官式建筑庄重雄伟和南方园林建筑精致秀丽的特色于一身，矗立锦江边百余年，是成都的标志性建筑之一。“崇丽”之名源于《蜀都赋》的“既丽且崇，实号成都”。旧时，成都人由水路远行，亲朋大都登此阁目送，因此又被称为“望江楼”。崇丽阁为园内最高建筑，又建于江边，确实是登高望远的好去处。登阁俯瞰园内景色，遥望江心白帆点点，佳景尽收眼底，让人神往。崇丽阁自从建成后，便是文人墨客汇集之地，留下的诗赋联文数以万计。

吟诗楼建于清嘉庆十九年（1814 年），咸丰初毁于战乱，光绪二十四年（1898 年）重建。薛涛晚年居住在碧鸡坊吟诗楼。原址早已无处可循，清代人为纪念她而建此楼。该楼为砖木结构，翘角飞檐、四面敞开、依江而立，风格别致，颇具江南庭院风韵。薛涛酷爱竹，特别欣赏竹子虚心、有节的品性。她曾作《酬人雨后玩竹》诗："南天春雨时，那鉴雪霜姿。众类亦云茂，虚心宁自持。多留晋贤醉，早伴舜妃悲。晚岁君能赏，苍苍劲节奇。"后人为纪念薛涛，搜集各种竹子种于园中。现在，竹子已遍布全园，品种达130多种，有人面竹、弥勒竹、鸡爪竹、方竹等，当然不乏海内外稀有品种。游人悠游于竹海之中，世间的烦杂立即消失了，幽情渐生，情趣昂然。风和日丽之时，锦江碧水映照楼槛，一片波光云影，恍若海市蜃楼。清末诗人何绍基专门为此楼撰联："花笺茗碗香千载，云影波光活一楼。"将该楼描写得活灵活现，可谓传神之作。

浣笺亭建于清嘉庆十九年（1814年），咸丰初年毁于战乱，光绪二十四年（1898年）重建。浣笺亭建筑颇有特色，该亭实为半亭，与一五开间建筑连为一体。亭为攒尖四坡顶，正面的两檐角翼然飞翘，很是漂亮。与亭相连接的为五间悬山式建筑，白墙花窗、朱柱青瓦、古朴庄重、风格独特。浣笺亭对联为："古井平涵修竹影，新诗快写浣花笺。薛涛用住所旁的井水制出的纸在当时很负盛名，被称为"薛涛笺"。明代，蜀王朱椿为了纪念薛涛，在今天的望江公园打井、建作坊，仿制薛涛笺。由于井水经砂质地层过滤，所制出的纸号为上品。清康熙年间，在井旁刻了一座"薛涛井"石碑。

濯锦楼原建于清嘉庆十九年（1814年），咸丰初年毁于战乱，光绪二十四年（1898年）重建。自古以来，成都织锦业发达，锦工所织之锦，经锦江之水洗涤，色彩分外鲜亮，故锦江又名"濯锦江"。该楼面临锦江，因此得名。濯锦楼造型别具一格，犹如头朝锦城的画舫楼船。此楼三开间二层，四面是格门花窗，其二层为敞厅，恰似船头观景平台，楼内各柱雕有五彩点金的"二十八星宿"，柱上有云龙透雕。整座建筑玲珑空透，布局与江岸平行。

五云仙馆建成于清光绪二十四年（1898年），其名取自于薛涛诗《试新服裁制初成》中"九气分为九色霞，五灵仙驭五云车"和元稹诗《寄赠薛涛》中“别后相思隔烟水，菖蒲花发五云高”之句。薛涛居住在浣花溪时，种了很多菖蒲。五色云和菖蒲都是吉祥之物，以此命名，以示人们对薛涛的尊重，盛赞薛涛诗歌的艺术水平，暗喻诗人创作丰富。五云仙馆面宽五间，悬山式屋顶，白色山墙。木质花格门窗，正面一排五根朱红廊柱，建筑风格轻盈朴实、庄重明快。馆内展示了薛涛最具代表的三十九首诗作。馆内正中一幅《薛涛制笺图》是由国画大师张大千于1947年所作，明纸明墨，工笔描金彩绘，堪称画中精品。馆门对联：“思古发幽情，试看他秀气灵襟纷披楮墨。听真惟令德，仅对此吉光片羽也够流连。”

清婉室建于清光绪二十九年（1903年），其名取自《诗经·国风·齐风·猗嗟》中“猗嗟娈兮，清扬婉兮”一句，以称赞女诗人薛涛的诗风清扬婉约、雅俗共赏。室内陈列有清代的石碑、石刻，均为文人墨客对薛涛的题咏之作。正中墙壁上装嵌有薛涛道装石刻像，为光绪二十九年（1903年）所立。清婉室室内对联：“杯酒送征帆，对杨柳楼台，几人同唱阳关曲？锦笺传妙制，过枇杷门巷，千载犹称女校书。”边柱对联：“古井冷斜阳，问几树枇杷，何处是校书门巷？大江横曲槛，占一楼烟月，要平分工部草堂。”

泉香榭建于清光绪二十四年（1898年）。位于流杯池旁假山上，树皮盖顶。左有崇丽阁、濯锦楼与吟诗楼临江而立；右有薛涛井、浣笺亭、流杯池、泉香榭、清婉室、五云仙馆等，构成一独立的景区。

崇州罨画池

【名园历史】

罨画池坐落于四川省崇州市东南，建于唐代，时称东湖或东亭，一直是作为地方官府待客的花园。北宋嘉祐二年（1057年），江原县令赵扯据的友人杨瑜游览时留下诗句“占胜芳菲地，说其为罨画池”。始名罨画池。北宋熙宁四年（1071 年），赵抃任蜀州（今崇州）知府，大规模改造罨画池。1916 年，改为公园。

【名园漫步】

罨画池公园面积约有 3．5 公顷。整个园林的中心是罨画池，水面达 1．5 公顷，回环迎绕，非常自然。池中堆土成岛，山上建阁，雕栏成栋，登高即可望远。岛与岸之间连接三折曲桥，水中种植荷花，水边建有榭。

各朝代的名士为此园写下了著名诗词，卢炳的《满江红》曰："罨画池亭，对十万、盈盈粉面。依翠盖，临风一曲，霓裳舞遍。亭上人如蓬岛客，坐中别有飞琼伴。占世间，风月最清凉，宜开宴。当盛旦，歌喉啭。齐祝寿，金樽劝。算才华合侍，玉皇香案。处事从来坚持操，立朝更要待公论。使他时，台阁振风声，朝天眷。"范成大的《满江红·罨画溪山》道："罨画溪山，行欲遍，风蒲还举。天渐远，水云初静，柁楼人语。月色波光看不定，玉虹横卧金鳞舞。看五湖，今夜只边舟，追千古。怀往事，渔樵侣。曾共醉，松江渚。算今年依旧，一杯沧浦。宇宙此身元是客，不须怅望家何许。但中秋，时节好溪山，皆吾土。"

水池东南为琴鹤堂建筑群，"琴鹤堂"之名来自于宋代名官赵抃。赵抃一生清廉，只以一琴一鹤为伴，因此命名其主体建筑为琴鹤堂；"风吹花香入酒卮"、问梅山馆等建筑得名于赵抃喜爱的梅花；此外还有"半潭秋水一房山"、"水面风来菡萏香"，都出自诗词名句。各建筑以回廊相接，周围假山相拥、古楠银杏相映。

位于池的东面的陆游祠，是一个四合院，正堂称"放翁堂"，亦叫"香如故堂"，取名于陆游的《卜算子·咏梅》"零落成泥碾作尘，只有香如故"之句。

梅与荷是罨画池的特色植物，自唐宋以来，有很多诗词描写它们。唐代诗人裴迪任蜀州（今崇州）知府时，邀杜甫同游，杜甫著有《和裴迪登临蜀州东亭送客逢早南相忆见寄》，其中的"东阁观梅动诗兴"便是杜甫因梅游兴大发而写的。陆游任蜀州通判之后，给后人留下了 100 多首与蜀州有关的诗，其中歌咏蜀画池荷花的就有 10 多首，如《次韵张季长正字梅花》、《日暮至湖上》等。

罨画池的建筑有川西民居特色，小青瓦、小飞檐，朴素之中透着清雅。廊桥跨水，水榭出水，如临濠濮，给人的感觉有些与江南园林相似。

眉山三苏祠

【名园历史】

三苏祠在四川省眉山市城西，本是北宋文学巨匠苏洵、苏轼、苏辙的故居，元代改为祠堂，用来纪念三苏赫赫功绩。明末毁于大火，清康熙四年（1665 年）重造。1928 年改名为三苏公园。

【名园漫步】

园林东部为祠堂，从前至后是正门、二门、祀殿、启贤堂、来凤轩等。最妙之处在于，所有的建筑都被瑞莲池三面环绕，水波涟漪。园林由园北引水入园，流于东、南、西三面，亭台楼榭依水而建，打破了主轴线的僵硬布局。

园林西部为园区，最有名的是八风亭，亭一面临水，三面均是植物，攒尖顶，立柱非常粗，黑瓦，非常古朴。八风亭之名来源于苏轼在杭州时自誉的一句话："八风吹不倒。"往南走至百坡亭，百坡亭两边连着水廊，立于水中央，平面八角形，攒尖顶。百坡亭得名于苏轼的《泛颍》中"散为百东坡"一句。以此往北，来到披风榭，披风榭重檐歇山，顶部用葫芦宝顶，榭后立苏轼石雕像。亭西为船坞，平面为船形，五开间，歇山顶，平缓舒展，虽然体积大，但一点也不觉得大而无当。另外，园内还有采花舫、抱月亭等。

总体看来，园林纪念部分以轴线和院落为主进行空间组织，院内绿化，以墙、漏窗、门洞与邻近院落分隔。园林部分景点与空间组织中，以曲流为园林景点景观轴线，从主轴的院落建筑侧面引出通道和景点，在自由中寻找到与主轴的关系，具有四川纪念园林的特色。

新都桂湖

【名园历史】

桂湖位于四川省新都区。西汉时，这里是一个天然湖。东汉时，这里设驿亭，名为广汉亭。三国时，新都县令卫常在驿亭旁扩大湖的面积，所以又叫做卫湖。公元首世纪时，这一带已是风景秀丽的园林区。

明末，四川战乱，园林荒废、桂湖淤塞。清乾隆年间，湖区被租给农民种田。嘉庆十七年（1812 年），知县杨道南开辟桂湖，建景观楼台。后来，新都知县张奉书重修桂湖，博采各地园林之长，着重模仿绍兴的鉴湖，从而使桂湖得以成为西蜀名园之一。

【名园漫步】

新都桂湖全园面积约 4. 8 公顷，湖的面积可占一半。园区呈曲尺形，恰似一横卧着的琵琶，以城墙为界，且把城墙作为园景。湖面是狭长形，筑有六个大多突出湖中的半岛，岛上、岸上还有一些建筑。现有景区六个、景点二十余处，其中的澄心阁、香世界杭秋、绿漪亭等是传统建筑。全湖构筑精心别致，湖面变化多端，是四川优秀的古典园林。

园内的主要建筑是杨升庵祠，用于祭明代文学家杨升庵。

杨升庵中举得官之后，在此接待友人，与夫人新婚时所住的榴阁也建在湖边。杨升庵为桂湖写过许多名篇，如《桂湖曲》、《胡孝思》、《桂湖夜月》、《桂林一枝》。他不仅沿湖植桂，还建了一桂花亭。园门内有一长达百米的紫藤廊，古干虬枝，盘桓绕曲，至今风采依旧。交加亭建于湖中小岛，清道光十九年（1839 年）时在此修建高台，文人墨客多游于此。宣统元年，（1909 年），废台建亭，用以观荷。以前有一匾“看花多上水心亭”，所以又叫水心亭。亭为平面八角双亭，交接处省一柱，呈两柱交于一柱之势。一亭在水，一亭在岸，赭红石栏，芭蕉、修竹等种植于一侧。

杨升庵在云南昆明戍所去世，归葬于新都，祠墓在杨氏祖坟，称状元坟；后来，昆明也在西山立升庵祠作为纪念。新都的升庵祠，原在状元坟附近，亡后迁于桂湖内。乾隆五十四年（1789 年），知县徐世经在城内西街状元府旧宅重建状元祠；道光十九年（1839 年），知县张奉书在桂湖新辟升庵祠。

祠堂位于桂湖中心大岛上，占地面积 500 平方米，其前是升庵殿，后为会心堂，左是藏舟山馆，右为澄心阁。殿面阔五间，进深三间，单檐歇山顶，殿内置杨升庵像，祠内展出有杨升庵作品及名人题咏。会心堂内供有杨升庵祖父杨春、父亲杨廷和、叔父杨廷仪像。祠前宽阔平地上可远望黄峨馆，祠左有郭沫若手书“桂湖”字样的石碑，祠后经回廊接仓颉殿。

祠南为“飞虹桥”，墙上城楼就在桥的另一头。岛上怪石林立，有一阁名聆香阁，因立于花木怪石之中，故而得名。

在升庵祠会心堂左侧水面上有一草亭，名曰“亭亭”，建于 1913 年。修建此亭是为了纪念辛亥革命成功，亭匾道：“莲叶亭亭，出淤独立，当今国土，其必如是耶。因名此亭自勉，勉人。”亭重檐，下八角，上四角，用草覆顶，承袭杜甫草堂之形制，且具川西特色。

出了亭亭，走过藏舟山馆边上的山石，即到一石舫，题名为“杭秋”，用航的谐音与《诗经·国风·卫风·河广》中的“一苇杭之”道出来历。此舫在 150 年前修建，泊于两岸之间，诗意盎然。

从升庵祠后面出，途经游廊即到桂湖碑林，为一厅三廊组成的四合院，占地面积 1400 平方米，院内展有明清名家法碑 100 余座。碑林拥有桂湖、龙藏寺、新都等其他地方的碑刻。

道光十二年（1832 年），建仓颉殿，供有中华文字始祖仓颉像。光绪二十七年（1901 年），铜梁人吴鸿恩按家藏的杨升庵墨迹勒石刻碑，经补修后立于碑林。通仓颉殿的过厅称为地台子，现在是汉画像砖馆，陈列东又画像砖。

向东行，跨桥即到南岸，周围环绕着古墙，一亭立于水中央，叫绿漪亭，与岸接以石桥，与拙政园水面东北角的绿漪亭同名，取绿水漪漪之意。

桂湖南面和西面都环绕城墙，长达 5000 米，其中在桂湖段有 850 米。明正德六年（1512 年），杨升庵中状元后，蜀王等人前来祝贺且赠贺杨升庵道："与其用这笔钱来光宠一名状元，不如移为筑城之资，大庇全城百姓。"于是把所赠贺银全部用于筑城，现在这座古城成为成都平原保存较完好的古城。

在城墙中段登上城楼，有问津楼，语出《论语·微子》中的"使子路向渔焉"，即孔子让子路询问济水渡口的路，后人引为寻幽访径之意。楼上有联："地静一尘不起，楼高四望皆通。"是集杨升庵诗句所得，登楼可见郊外风光。

沿城墙东行另有一楼，名为坠月楼，在城头高高耸立，与问津楼相呼应。此楼始建于 1912 年，三面临空，斗拱层叠，檐牙高啄，歇山顶，因为此楼适合晚上赏坠月，故名。折回西行，在城墙转角处建有观稼台，是为了远观田舍景观。体现了当时中国人民以农业为本的思想。

环墙一周，到桂湖西北角的桂花林，林中有亭，名桂花亭。后来，桂林与桂花亭都被毁，新中国成立后复原。在桂林边缘与古城墙交接处有一亭，名古香亭。此亭是从古文庙中移来的，屋顶铺黄琉璃瓦，台基用花砖铺地，题匾"桂屏柳浪"四字。

出了桂花林，向南行见湖西的水中建有一楼，名为湖心楼，有双孔石桥通向岸边，始建于咸丰十年（1860 年），是官府的火药库。1927 年改作图书馆。新中国成立后曾进行过修缮。1984 年，把旧砖楼改为重檐卷棚楼阁，作为文物书画陈列馆。楼后两翼设有角楼，形式高贵且多样。

位于湖西的沉霞榭，东西两面临水，早迎朝霞、晚送晚霞，故而得名。

沿墙东行，湖边建有一名为香世界堂，始建于道光十九年（1839 年），因为堂边植桂花，秋天来到，香气四溢，因而得名。其中一株名"桂花王”，传为杨升庵手植。

从沉霞榭北行，来到柳堤上饮翠桥，形式与西湖断桥相似。桥的另一头枕碧亭立于碧波上，亭在清道光十二年（1832 年）始建，平面四方形，重檐，四面花木竞放，人称花界玲珑。从此向西可上城墙。

沿湖东行，来到杨柳楼，有楼突兀于柳树林中，取古人折柳送别之意，名之曰“杨柳楼”，且因杨升庵和黄峨多次别离。楼始建于清咸丰十年，即 1860 年，在 1981 年重建，面阔三间，周围环廊，卷棚屋顶。两端有花墙相绕，建有假山，楼上还放有茶几，凳子，福联，匾额等，任人凭眺，人道，画舫远汀迷柳树，一池明月浸荷花。

出杨柳楼，来到湖畔的小锦江，实为一座水阁，因仿建成都锦江边的濯锦楼，故而得名，面阔三间，四周围廊，楼道接曲桥，与长堤相接。

全园无巨大建筑群，也无轴线，大片植物是其主基调，建筑也不注重装饰，这是唐代自然山水园的风格，因此桂湖基本上保留了唐代山水格局。园林得以保存的原因在于它是一个驿站园林，驿站设有专门的管理人员，虽时代迁，但驿站管理却有专门的经费、专门的管理人员作为保障。

山西省

新绛绛守居

【名园历史】

绛守居地处山西省新绛县，是供当地官员家居、游乐、办公的衙署园林，有新绛花园、居园池、莲花池、隋园或隋代花园等别称。园林在隋开皇十六年（公元596年）始建，临汾县令梁轨为了解救百姓井水水质不好与灌溉之难，从鼓堆泉引来清水，并开灌溉水渠12道，沿路灌溉农田，使百姓受益，水渠最后注入牙城，经过衙门，再进入城内街巷。唐代几任绛守刺史都把这里作为官居家园，添建亭台，不遗余力。园林毁于宋末元初，于明代重新修复。

【名园漫步】

唐长庆三年（公元823年），绛州刺史樊宗师居园，亲自写《绛守居园池记》，详细描述了当年的园林的概况。当时，园林从西北角引入活水，形成两个水池。西南的水池中有小岛，上建洄涟亭，亭南北有桥与岸相连，名“子午梁”。池南建轩舍，名“香轩”，周设回廊。池西南是虎豹门，可通衙府，门的左扇画有虎猪搏斗图，右扇画胡人驯豹图。池东西为新亭和槐亭。东流的渠水穿过望月渠，流至尽头的柏树林，林中建柏亭。东面的水池名苍塘，塘西为一片梨树林，地面平坦，梨花盏开之时，作为表演之所。正北界限筑土为堤，名风堤；西北筑土为山，称为鳌砾原。本园北环水渠土堤，西北筑有假山，池中建一亭架桥。从景观上看，有山、滨、堤、桥、亭、岛、谷等地形变化复杂，师法自然。

历经各代增补，现园池占地面积16594平方米，东西长为175米，南北为95米，有水渠、子午梁、六角拱券门、春景亭、八卦亭、拙亭、燕节楼、望而却步月台、苍塘、孤岛等景致，被列为省级重点文保单位。

中间一道子午梁高高隆起，贯穿全园，把园林分成东西两部。园林按所种植物分春、夏、秋、冬四景区。甬道西面为洄涟亭、芙蓉池，水中的荷花在夏天盛开，成为夏景。园前面围墙中间立有半亭，重檐攒尖，是冬景亭，因其四周翠竹花木，冬雪压竹，故为冬景。子午梁东面为一园亭，攒尖顶，系宋代富弼所建嵩巫亭旧址，亭周种植迎春花，春暖花黄，故为春景。东部水塘中筑二岛，西岛架有木桥，东面建有拙亭，用曲折石堤相连。岛上筑有一四角茅亭，用素草覆盖，十分简朴，亭边种植菊花，秋高气爽之时，菊花迎霜，故属秋景。

榆次常家庄园

【名园历史】

被誉为“晋中大院之首”的常家庄园，坐落在山西省晋中市榆次区，始建于乾嘉年间，之后多次修缮方成今日之格局，当时占地60公顷，有房屋4000余间、楼房50余座、小园林13处，建筑占原车辋村的一半。1947年，区战争被毁多处，后得到修复。

【名园漫步】

常家庄园区面积为15公顷，其中宅院4公顷、园林8公顷、附属房屋3公顷，庄墙12公里，形成一山、一阁、两轩、四园、五院、六水、九堂、八贴、十三亭、二十五廊、二十七宅院”之格局。山、水、阁、轩、堂、亭、廊等大部分在静园之内。

静园是由一个主园和四个园中园组成。原来的杏园、枣园、桑园、花园、菜园，总称静园。经修复之后，部分小园更名，形成如今天的杏园、狮园、遐园、可园四个园中园，后部以主园融为一体。

主园是人工山水园。水系由东而西，源头为琴泉。琴泉出于叠石假山之上，落水为瀑，瀑前置石汀步，渡汀步，上登台阶，则为琴心亭。亭三开间、重檐攒尖顶，四周绕以回廊。泉流形式依柳宗元的《小石潭记》所载之景，石潭被石景分成上下二潭。泉水清冽，水中植莲。上潭之水向北分流而成小溪，北折西流，制如浙江绍兴的兰亭曲水，在出水口筑流杯台，石台中凿流杯渠，渠水流汇入下潭之中，再经过九曲石拱桥到达主园中心沼余湖。

湖原本为村中洼地，广 11 亩，浩如烟海。湖南构听雨轩。轩三开间，前出抱厦，左右游廊，屋顶歇山，制如水榭。听雨轩的南面为书院后楼，楼前后可观。北向临园设立柱围栏，坐廊柱之间，可俯瞰主园中心景区，二楼有咸丰年间进士潘祖荫所题对联："竹阴在地清於水，兰气当春静若人。"听雨轩临湖由道光年间的状元张之万题对联："曲水崇山，雅集逾狮林虎阜。莳花种竹，风流继文书吴诗。"

湖西北以开湖之土堆土山，名望稼岭，占地 14 亩。山上广植花木。站在山头北望，远村近田，一片生机勃勃景象。山东构五层观稼阁，四面开敞。登楼可四面借景：东可远眺太行，西可概括吕梁；近览则北俯四季田畴和农家村舍，南瞰湖潭花木和琼楼玉宇。观稼阁三楼有道光年间的进士何绍基题联："万水地间终是一，诸山天外自为群。"四楼由乾隆年间的探花王文治题联："厚俗仁风开轩畎亩余笙歌，张德斯威体乾勉已识睿机。"

园中园亦是静园特色。主园东面最大者为百狮园，南面杏林和可园则镶嵌于后院与主园之间，以园路分隔，西南为遐园。

百狮园，顾名思义是以石狮为主景，不过，此园之狮为恢复时添加的。园林格局为人工山水园，水系与主园不通，自成水系。上游仿日式枯山水，以沙拟水。下游以真水示人，汇于水榭曲廊一角。园门为四柱三间木牌坊，四角有四个石狮护卫。穿过牌坊，经一个小门，方到园中。园中主体建筑为五开间正堂，堂东西出曲廊，西接小室，东接水榭。一座双狮砖雕影壁隔水与水榭相望，绕过影壁，可达东边的且坐亭。

杏园为旱地果园，东接常家祠堂，西接节和堂，南为静园大门，北为组合式影壁门。园内遍植杏树，中间开辟甬道，东北筑杏坛，上雕孔子课徒石雕。杏坛北接流芳亭。杏园东西两面各有28间长廊，廊壁嵌有56方清代名家名联，为书法与楹联佳作。长廊两端各有两个看楼，据守杏林四角。所谓看楼，为下屋上亭的台式建筑。南面东西二亭分别题景星、庆云，一喻天上德星，二喻尧帝盛世。北面东西二亭名披风、枕霞，据亭可北望主园。最有特色的是影壁门，为三段影壁构成的似花墙又似园门的分界构筑物。中间影壁的图案为太极八卦图，两侧影壁为夔龙插屏和草龙插屏。画心分别为春之水仙、夏之莲花、秋之菊花和冬之梅花。据传，该挂屏为道光年间赵氏商人从扬州运来的。

可园为旱地花圃，位于得趣院的后部。园内植牡丹、芍药、月季，花圃中植松、槐各一。园东北构知味轩，轩三开间、歇山顶，轩内立《修复常家庄园碑记》。可园西为沿墙廊，壁上嵌以唐诗、山水人物画碑。西北部构建长廊，既作为可园的入口，又作为遐园的入口。廊东端为卧云亭，藏于花台土坡之上。亭柱由安徽怀宁人邓传密题联："树人床头花来镜里，风生石洞云出山根。"

遐园是水景园，水系自成。园门在东，隔水相望的西岸为锄月亭。池北为三间厅堂，池南为二座小室，东者二开间，西者带角亭，如船舫一般。池岸之石源自太行山，与主园琴泉的黄石不同，显出圆润秀气，为园中用石最佳者。

陕 西 省

临潼华清池

【名园历史】

华清池坐落在陕西省西安市临潼区骊山脚下，是在唐代皇家宫苑华清宫遗址上修复起来的名胜古迹园林。这里因为有温泉涌出，一直是著名的沐浴游览胜地。据说西周时期，周幽王在这里修建离宫。秦始皇统一中国后，在这里建宫筑池，名“骊山汤”。唐贞观十八年（公元 644 年），太宗李世民在这里修建宫室，名“汤泉宫”。唐高宗时，把名字改为“温泉宫”。唐天宝六年（公元 747 年），玄宗李隆基大兴土木，环山列宫殿、筑罗城、修山道，改名为“华清宫”，又称“华清池”。唐玄宗对华清池非常喜爱，常携杨贵妃在这里沐浴游乐。“安史之乱”中，华清池毁于战乱。清代恢复了部分建筑。新中国成立后，又经过数次整修、扩建，最终使一代名园重放光彩。现在的华清池绿树丛丛，泉池清澈，楼阁宏伟，廊庑深回，已变成一处驰名中外的旅游胜地。

【名园漫步】

华清池整座园林大致可分为东、西两区。

华清池正门是一座城门式建筑，开有三个门洞，上面建有歇山顶敞厅，门楣上挂着郭沫若写的“华清池”匾额。进门为东区，这里地势比较开阔，草长得非常茂盛，富有野趣。东区里面有长汤、凝香池等泉池。长汤在东区南部，是一个相当大的温泉浴池，进入长汤前要先经过涤尘池，两池之间以游廊相连。

向南走可到达“环园”。环园面积大概有9亩，园内小桥流水、亭阁错落，很有一番江南园林特色。大多数的建筑是在清代修建的，主要有望湖楼、荷花阁、五间厅、飞虹桥、棋厅、阿房长廊、碑亭等。五间厅坐南向北，单檐歇山顶，后面依着山崖，前临荷池，环境非常幽静。

从深尘池朝西走，可进入西区。它的中部是一处人工湖，叫做“九龙湖”。有上、下两湖，上湖中建有“九龙吐水”喷泉，而下湖中有龙首石舫及“贵妃入浴”雕像。环湖筑造许多仿唐建筑，如宜春阁，晨旭亭等。红色是主色调，与碧水绿树搭配在一起，十分醒目。湖水由温泉水汇集而成，寒冬季节，湖面水气蒸腾、烟雾渺渺，楼阁殿宇在朦胧雾气中，好像人间仙境。

在西区东南部，有著名的御用温泉（唐代称为汤泉）遗址。发掘整理了“星辰汤”、“莲花汤”、“海棠汤”、“太子汤”、“尚食汤”五个御用汤池，它们是专门供皇帝、后妃、皇子、皇女等沐浴的温泉。莲花汤专供唐玄宗沐浴。海棠汤用青石砌成，两端设石阶，由于池面形似盛开的海棠花而得名，是杨贵妃沐浴的地方。“春寒赐浴华清池，温泉水滑洗凝脂”便为对杨贵妃入浴时的写照。

在御汤遗址东南，有一处用栅栏围起的泉眼，叫作“温泉水源”。它已有数千年历史，由此可见骊山温泉利用之早。骊山温泉泉水来自地下常温层，当涌出地面后水温常年保持在约43摄氏度，“长此以来变质，不为凉暑易操”，从古至今“与日月同流，不盈不虚”。泉水含有一氧化硅、氟离子等多种矿物质，能够治疗多种疾病。汉代的《温泉赋》、北魏的《温泉颂》及唐太宗的《温泉铭》中都对骊山温泉的医疗作用有所记灵。这也是历代帝王要在骊山修建汤池宫殿，来此沐浴游乐的一个原因。

华清池是数代帝王的离宫别苑，积累了深厚的历史文化，闻名遐迩。唐玄宗和杨贵妃的爱情故事给华清池增添了许多浪漫色彩。目前的华清池，在园林布局及建筑风格方面完全按照唐代文献资料设计，是对当年华清宫的体现。尽管现在仅恢复了盛唐时期的一部分，但仍规模宏大、风景秀丽。

园中建筑、湖泊、泉池、花木搭配布局，得体规整，确实是我国园林中的佳作。

留坝张良庙花园

【名园历史】

张良庙坐落在陕西省留坝县庙台子镇西的紫柏山东南麓。三国时候，张鲁占领汉中，在张良隐居处建张良庙用来祭祀。之后，历代相继修建了南花园、北花园、进履桥、五云楼、三清殿、授书楼等，是汉中地区规模最大，保存很完整、风景极其秀丽的祠庙园林。

【名园漫步】

庙前有一大照壁，上题“紫柏山汉张留侯辟谷处”。跨河是进履桥，过桥便可进保安殿，经钟鼓楼、灵官殿、三清殿，再过拜殿，就进入张良殿，出殿至北花园。花园在山下部分临河，园中建上官厅与下官厅，两厅之间有曲廊相连，围合成内聚空间。廊上嵌明清碑刻，最著名的是宋代大书法家的“第一山”三字，爱国将领冯玉祥也在这里留有墨宝：“收案关百二山河，奇谋独运；辅汉家统一事业，成功不居。”“豪杰今安在，看青山不老，紫柏长存，想那志士名臣，千载空余凭吊处；神仙古来稀，设黄石重逢，赤松再遇，得此洞天福地，一生愿作逍遥游。”院内建八方及圆形水池各一，名“洗心池”，意境深远。两池间有水渠相接，中间架有石桥，池边栽有许多植物古木，蔚为壮观。园路都是青砖拼成，别有风味。

上官厅是北园的主体建筑，面阔三间，左是耳房过道，石砌墙壁，硬山屋顶。西面盖拜石亭，平面六角，攒尖曲脊，坐落在五级平台上。亭内壁绘孔雀，在顶部绘太极图，石桌石椅上方刻英雄、神仙像。

山上的回云亭，内壁绘山水，设有方形石桌石椅，脊雕有象、羊、虎、豹等。出亭上台阶登山，只见竹林森森。小山头的草亭，平面六角，亭顶是草顶。出亭至山顶的授书楼。此楼建于山顶上，下临陡坡，十分险要。楼以大理石与南阳玉砌筑，楼下平台也建有假山，登楼远望，周围佳处美景收发眼底。楼名源自黄石公在洞中授兵书给张良的典故，梁枋上刻张良的丰功伟绩。半山腰有第三洞天，里面有赤松子彩塑，并且洞口石壁上雕有石鱼。自山上下来，先到竹园，只见修竹茂盛，不见天日，林中有一青石牛，犹如在水中悠然洗浴。

步入圆门洞，首先映入眼帘的是门上两角雕的两只蝙蝠，目光上移，门洞顶是天桥廊道，廊通五云楼二层。

楼同屋围合成三合院，院中造有一口圆形水池，池中建六角亭，叫作辟谷亭。辟谷是道家修炼的方法，所以这个景体现了道家理念对园林的影响。亭和岸用两跨拱桥相接，亭内刻《辟谷亭记》，桥头正对假山。从整体上看整个园林，分为四部分，各有特色，建筑装饰华丽，屋脊用吉兽，青砖拼花围合空间，有许多奇石怪山。此园主题明确，实为汉中名园。

西安大明宫遗址公园

【名园历史】

位于陕西省西安市未央区境内的大明宫遗址是盛唐时期最具代表性的宫殿遗址。唐大明宫是举世闻名的唐长安城“三宫”（太极宫、大明宫、兴庆宫）中最为辉煌壮丽的建筑群，地处长安城北部禁苑中的龙首塬上，建于唐贞观八年（公元634年），平面略呈梯形，占地面积约32平方公里。

【名园漫步】

大明宫遗址公园划分为三个区域：殿前区、宫殿区和宫苑区。

殿前区为丹凤门至含元殿以南的外廷部分，现为政治历史文化主题展示区，重点介绍、诠释隋唐长安城及大明宫的历史文化，展示唐代礼仪文化。重点保护文物包括丹凤门、建福门、望仙门、上朝路、沟渠、桥、宫墙与道路等遗址。

宫殿区为含元殿至紫宸殿的朝政部分，现为考古及遗址保护主题展示区，重点展示先进的现代考古过程与成就，以及先进的文化遗产保护理念、方法、技术、材料与成果，为古迹遗址保护与展示的重点示范区。重点保护文物包括含元殿、东朝堂、西朝堂、宣政殿、紫宸殿、延英殿、昭庆门、含耀门、光顺门、崇明门等遗址。

宫苑区为太液池周围的后宫及夹城部分，现为社会历史生活文化主题展示区，重点展示唐代宫廷及世俗生活。重点保护文物包括太液池、蓬莱山、清思殿、三清殿、大福殿、玄武门、青霄门、银汉门、重玄门、九仙门等遗址。

大明宫整体景观空间结构可概括为“一轴、三区”。所谓一轴，即南起丹凤门，经含元殿、紫宸殿至太液池，为唐大明宫国家大遗址保护展示示范园区暨遗址公园的空间景观主轴线；所谓“三区”，即延续唐大明宫的历史格局，在空间格局上分为殿前区、宫殿区、宫苑区三大区域。

遗址公园的景观规划设计以遗址为中心，提供仰视、平视、俯视遗址的不同视角，以及近视、远观遗址的不同视觉距离，来充分显现不同材质在不同季节的遗址之美。

殿前区以含元殿至丹凤门之间的殿庭院为中心，保持开阔空间、大尺度的历史景观氛围。绿化是唐长安城绿化的延续，主要种植槐树、柳树。

宫殿区以含元殿、宣政殿和紫宸殿三大殿为中心，保持庭院空间、建筑尺度、遗址面貌的景观氛围。绿化整体特色以松、竹为主，配合梅、梨、桂等花木点缀。

宫苑区以太液池为中心，保持池苑空间、灵活布局的自然园林景观氛围。绿化花木茂盛，种类繁多，按照历史文献记载分区种植，包括牡丹园、菊园、梅园、玫瑰园、竹园、梨园、杏园、桃园、柿园等，再现唐代皇家园林胜景。

宫墙东、南、西、北四侧与城市道路之间开辟保护及隔离绿带，种植槐树、柳树及灌木花草。

西安曲江池公园

【名园诗话】

佳气犹能想郁葱，
云间双阙峙苍龙。
春风十里灞陵树，
晓月一声长乐钟。
小苑花开红漠漠，
曲江波涨碧溶溶。
眼前叠嶂青如画，
借问南山共几峰？

金·吴激：《全金诗·长安怀古》

【名园历史】

曲江池是中国唐代著名的风景区，在唐长安城东南隅、今曲江新区车南部，因水流曲折得名。曲江池南倚终南山，北对乐游园，东南临少陵园，是中国历史上久负盛名的皇家园林和京都公共区。

这里在秦代称“恺洲”，并修建有离宫“宜春苑”。汉代在这里开渠，修“宜春后苑”和“乐游苑”。隋代修建省都大兴城，凿地为池，隋文帝称池为“芙蓉池”，称园林为“芙蓉园”。唐玄宗时，恢复“曲江池”的名称，而园仍名“芙蓉园”。

盛唐时期，曲江池的繁盛达到了顶峰时期，当时的皇亲国戚、达官贵人、文人墨客、平民百姓长聚于此，又有各种宴会及游乐活动，是京都游人的最佳去处。唐玄宗李隆基重新疏浚开渠，引大峪水入黄渠而注于池中，因地形曲折，江水漫流，故名“曲江”。

现在，“青林重复，绿水弥漫”的曲江池已经被打造成山水人文格局，构建成融生态环境重建、观光休闲娱乐等功能为一体的综合性城市生态和娱乐休闲区。

【名园漫步】

曲江池公园因循山水格局，以秦、汉、隋、唐曲江池遗址为摹本，依据历史水系和文物勘探成果，建设琼楼玉宇、桥廊轩榭共三十六处，如璀璨群星辉映曲江池。

“曲江流饮”因宴席饮酒而得名。曲江池作为我国汉唐时期一处极为富丽优美的园林，两岸楼台起伏，宫殿林立，绿树环绕，水色明媚。在唐代，每当新科进士及第，总要在这里摆宴，乘兴作乐。宴席间，放杯至盘上，放盘于曲流上，盘随水转，轻漂漫泛转至谁前，谁就执杯畅饮，遂成一时盛事。“曲江流饮”由此得名。现在，时常有文人画士在此举行宴会，现场赋诗、题字、作画，亲身体验古人“曲江流饮”时的壮志豪情。

汉武泉景区在曲江池公园的主入口附近，处于整个公园的西北部。包括中和广场、百花亭、鸿胪、汉武泉鸣、汉武泉桥、濯缨桥、凤凰池等景观。中和广场是公园三大广场之一。三大广场上承历史文脉，分别对应唐代三大节日——中和节、上巳节、重阳节。百花亭处于园之北入口东侧，两面临水，可近观曲池，远望唐城墙遗址公园。名取唐储光羲《同诸公秋霁曲江俯见南山》诗句：“阴阴豫章馆，宛宛百花亭。”汉武泉鸣在汉武泉桥北侧，古曲江池驳岸旧址之上。是一组为纪念汉武帝疏浚曲江而作的艺术雕塑，其侧以现代手段再造鸣泉胜景。汉武泉桥所在的汉武泉位于曲江池西岸，是其最主要的水源。考古工作者在曲江池遗址挖掘过程中发现了清晰可见的驳岸和泉眼遗址，为纪念这一重要胜迹，命名为汉武泉桥。濯缨桥处于曲江池水和芙蓉池水连接处，清流潺潺、跌落石间，命名意取唐《曲江池赋》的“怀碧海以欲垂钓，望金门而思濯缨”之句。凤凰池地处汉武泉桥东，南侧毗邻曲江池遗址公园，西侧为芙蓉湖与南湖水系连接处，北侧为唐城墙遗址公园，三面观景，应接不暇，举目眺望，曲江胜景“八园一塔”尽收眼底，信步其中，汉武泉鸣余音萦绕。

西安兴庆宫遗址公园

【名园历史】

兴庆宫遗址公园位于古都西安城墙外东南角，因在唐代皇宫兴庆宫遗址上修建而得名。

兴庆宫是唐玄宗朝代政治中心所在，也是和他的爱妃杨玉环长期居住的地方，宫内原有兴庆殿、南熏殿、大同殿、勤政务本楼，花萼相辉楼和沉香亭等建筑物。今日的兴庆宫遗址公园，沿用当年兴庆宫的池、堂、楼、亭方位和名称而设计。公园内有唐勤政务本楼遗址，仿建有唐玄宗与杨贵妃游乐的“沉香亭”以及花萼相辉楼、长庆轩、缚龙堂、阿倍仲麻吕纪念碑等多处名胜。

【名园漫步】

兴庆湖是兴庆公园的第一景，位于公园中央，占地10公顷，约是全园面积的五分之一。兴庆湖是在唐兴庆宫龙池原址上修筑的。据史籍记载，唐玄宗与其嫔妃、大臣经常在这里泛舟游乐。

沉香亭，据说是唐代此亭用沉香木建成，所以称“沉香亭”。亭周围栽植着各色牡丹、芍药，唐玄宗李隆基和杨贵妃一年一度在此赏花，还在此召见过著名诗人李白，命他作诗咏牡丹花开。诗人李白即席写下“名花倾国两相欢”，“沉香亭北倚阑干”的诗句名传中外，也吸引着广大游人的恋恋情意。沉香亭凌空高筑在公园的中央大岛上，系仿唐建筑艺术风调，四角攒顶，上盖碧色琉璃瓦，下面朱柱挺立、雕梁画栋、剔透玲珑、金碧辉煌，极为壮丽，是园内最别致的一座亭子。登高置身亭上，可远眺湖西的花萼相辉楼、湖北的南薰阁、西山叠石、北山丛林，尽现诗情画意。凭栏俯视亭下西南角的牡丹台，台子形似牡丹花，上植各色牡丹。花开时节，这里牡丹吐芬斗艳，游人如织，男男女女熙熙攘攘好不热闹。临亭北山之上，松柏常青葱郁，樱花竞开，“太白诗亭”展现书法、国画，给人以古雅之感。

勤政务本楼位于兴庆宫的西南角，唐玄宗将此楼取名为“勤政务本楼”，意思是要他勤于政事、关心人民疾苦。唐玄宗在位前期很有作为，他励精图治、奋发有为，开创了“开元盛世”局面，始我国封建社会走向巅峰。最初，勤政务本楼是他处理朝政、主持科举考试的地方，后来成为举行歌舞宴会的场所。尤其是每年八月五日玄宗的生日，百官献寿，宫内除了各种歌舞演出外，还有大象、犀牛、舞马等表演。因为勤政务本南临大街，所以常常引来老百姓拥挤观看，时常堵塞交通。现在的勤政务本楼为唐代遗址，地面柱础可见。目前已经尽享发掘保护，成为西安“丝绸之路”申遗工作一个重要的节点。

花萼相辉楼是兴庆宫的主要建筑之一，简称花萼。玄宗是以宫廷政变方式获取皇位的，为了防止其兄弟以同样方式谋取皇位，玄宗特在兴庆宫建造这座宫殿，取名“花萼相辉楼”，比喻兄弟之间应当相亲如手足、相互扶助，如同花萼相辉一样。玄宗常在这里与他的几个兄弟宴饮游乐，有时玩到深夜，便留他们在花萼相辉楼过夜，兄弟几人同床共枕，以笼络他们。现在的花萼相辉楼位于大湖西岸，是一组金碧辉煌、彩绘花饰、绚丽夺目的新建筑。此楼红柱挺拔，画檐飞展，金匾高悬，加上楼前花坛草坪的点缀，显得更加壮丽美观。使“花萼楼前春雨浓，蒙蒙柳絮舞晴空”的景象重现园内。该楼虽沿用唐宫的旧命题，但已赋予了新的含意，象征着全国各民族的大团结。花萼楼位于公园西门入口处，门内树木蔽日，竹林郁闭，山上林木苍翠葱茏、密疏有致，石崖峭壁，甚为壮观。沿环形路绕过山脚、迎春桥、龙池水、高翘的彩楼即展现在眼前，美不胜收。由楼向北，有着地势起伏的草坪和密林，雀儿蝉鸣，幽深恬静。沿林间曲径可登公园最高点北高峰，举目四望，全园景色一览无余。

缚龙堂位于兴庆湖南岸正中，临大湖游船码头之滨，是一组仿唐的亭廊，廊腰漫回，碧檐舒展。经由公园南大门和喷泉草坪，游人可来此品茶歇息，凭眺全园景色，近临游弋小舟从码头三三两两向湖中进发，满园五彩缤纷的景物尽收眼底，使人陶醉在古情诗意的遐想之中。

长庆轩位于公园南大门东侧，与中央大岛上的沉香亭隔水南北相望，周围散座有芙蓉岛、鸳鸯桥、七曲桥，以及竹石、垂柳、花树等，侧依翠竹山，旁临龙池水，是一组精巧玲珑、高低错落、层次分明、有唐代风格的新建筑。屋南以竹丛为主，配植有松树、梅花、大芭蕉，其间点缀山石，形成“岁寒三友”的意境。屋北角亭立于水边，钓鱼平台伸入水中，与湖面融为一体，自然谐趣。此轩取名自唐时的原名“长庆殿”，寓意与各国友谊源远流长。

阿倍仲麻吕，日本诗人，为日本奈良时代的遣唐留学生之一，历侍玄宗、肃宗、代宗三朝，备受殊遇，为中日两国友谊和文化交流做出了杰出的贡献，是中日文化交流史上的著名人物。1979 年，为纪念晁衡留学唐朝 1200 周年，中国在兴庆宫遗址公园里建造了“阿倍仲麻吕纪念碑”和“阿倍仲麻吕纪念堂”。

南薰阁，原是唐时的“南薰殿”，位于湖正北的半岛上。它与座落在东南中央大岛丛林中的沉香亭和座落在湖西南岸上花萼楼基本上采用了唐兴庆宫原有方位，形成三角对峙格局，隔水相望，是全园最高的三个雄伟建筑，分别占据着大湖的三个主要位置。昔日诗人李白笔下的“水绿南薰殿，花红北阙楼”的宫苑，今日展现在游人眼前。阁外配以小桥流水，廊亭回转，空门庭院，植以花竹，用作“鱼餐”宴庆之用，来使中外游人品尝湖中各式鱼香，颇具苏州园林风味。楼阁高大，金碧辉煌，坐落湖滨，甚是壮观，又很幽静，使游人从公园南部闹区乘舟北进或沿湖散步北上，几经回转又会沉浸在幽雅的南国水乡之中。

位于公园南门东侧的翠竹亭隐约在丛林之中，用作风景照相馆。沉香亭北侧山上有一座塔式建筑——彩云间，可以登高远望公园内所有景观。彩云间下部的李白卧像，带给广大游客无尽的想象。公园北侧一组大型建筑积庆殿，建筑布局巧妙，设计浑厚大气，周边景观开阔临湖，是游玩赏景的好处所。位于湖东岸的大型展室，四角攒顶，室内明亮整洁，经常有画片、书法、花卉展出。总之，在一片开阔的湖山之间，精巧地布置着许多瑰丽的园林建筑和优美的风景点，加以古雅肃静、花木郁香，形成景随步移，增步添景的自然园林风貌。

在各风景点与古建筑之间，又架设有形态别致、命题清新的拱桥：如洁白高耸的迎宾桥、精巧秀丽的牡丹桥、高低起伏、步回路转的七曲桥，突起于翠柳、合欢花之间的芙蓉桥，通途于东风亭与山丘之间的进水桥，横跨于月季园与丛林之间的东风桥等，都各具特色。各风景点之间既各自独立又相互连系，整个园林与周围自然环境争丽竞辉，遥相辉映，各自成趣，使碧水潆回的兴庆湖和重峦叠翠的山丘，都和园内建筑和谐地融为一体。兴庆宫公园在建筑上吸收了我国唐代的营造艺术，在继承我国园林布局、建筑方法上都有一定的创造和发展。

云 南 省

安宁楠园

【名园历史】

楠园座落在云南安宁县百花山，是我国著名园林专家陈从周先生主持建造的。全国以我国古典造园法而营造。建成后，让江南文人园林瑰宝能够在西南高原展现，被称为“云南第一园”。

【名园漫步】

楠园以大水池作为中心，建筑和假山绕水而建，四周有一个个小庭院，同中心景区相互衬映，为江南古典园林布局的典型代表。

楠园四周是有漏窗的粉墙，正门建于园西南部。门里偏北建有春苏轩，坐北朝南，是三间带前后廊，四面都是窗，都可以观景，因此也叫“四面厅”。轩和正门围合成一个清雅的小天井，天井内植楠两株，为点睛之笔。从轩中东望，透过假山石隙，若隐若现能够看见粼粼碧波与亭台轩榭，让人神往。

轩南与一条曲折的长廊紧紧相接，叫“春影廊”。顺着长廊东行，就能够进入主景区。水上有长廊，取名“春影”。在春影廊中段建有六角攒尖顶小亭，叫作“楠亭”。小亭于水面之上突出，将丰富南岸景观层次起到至关重要的作用。春影廊东端为三开间的随宜轩。轩廊面水，架空在水面上，给人一种特别的感觉，进一步丰富了水景的层次感。

楠园的主体建筑为鸳鸯厅，坐东朝西，前出月台，跨建在水上，是纳凉、赏月的佳处。厅中间由木屏板分为前后两厅，前厅朝水，后厅朝山，前后有各自的观赏主题。前厅悬“春花秋月馆”匾额，点明了前厅观花赏月的游赏主题；后厅匾额题“小山流水轩”，主要是观赏假山、溪流为主。后厅朝着北部假山余脉，山脚下有溪水自石隙流出，流过一弧形洞门，蜿蜒曲折。松竹奇石巅于山水间，空间虽小，可环境清新舒畅，同前厅开阔大气的赏景空间有强烈的对比。假山上建有安宁阁，阁下有曲洞，穿洞沿石阶能够登阁上。

楠园北部为绵延的大假山，山的东部以山林野景为主，十分像江南丘陵风光。另外建有春涧亭，轻巧别致，在绿树之中掩映。山的中部峰峦迭起，高低错落，险峻峭拔。山的西部涧谷蜿蜒，溪流多转，景色清新宜人。山临池一面都是石构，山脚参差突出在水中，四周散点以奇石。东边同鸳鸯厅前月台相接，顺着池有曲折岩洞和三曲浮桥。浮桥西头是一座巨大的石峰立在水边，上大下小，有些险峻的形势。峰身镌有“音谷”二字，由于山中溪流从峰边汇入水池，因水声“叮咚”悦耳而得名。

书斋位于假山西头的一处，是一个院子，有古朴厚重的怡心居。院内清流相绕，翠竹摇曳，十分静谧。自院内透过圆月洞门东望，按顺序能够看见音谷石峰、峰后碧波与主厅春花秋月馆，景色优美迷人，是楠园中最佳对景。

楠园在艺术水平上毫不逊色于我国江南名园。园林布局独特，造园风格古典，建筑材料特殊，建筑形式各式各样，植物配置适当，还有许多名人墨迹题咏，使楠园风格典雅、主题鲜明，吸引了无数游人，文化气息浓郁，“云南第一园”之称当之无愧。

昆明滇池

【名园诗话】

昆池千顷浩冥蒙，
浴日滔天气量洪。
倒映群峰来镜里，
雄吞万派入胸中。
朝宗远会江淮迥，
泽物常裨造化功。
圣代恩波同一视，
却嗟汉武谩劳工。

元 · 郭孟昭：《咏昆明池》

【名园历史】

滇池亦称昆明湖、昆明池。在昆明市西南，是云南省最大的淡水湖。连同湖西侧的西山是著名游览、疗养胜地。素有“高原明珠”之称。

【名园漫步】

滇池边上有很多风景名胜，如古滇王墓、郑和故里、官渡金刚塔、西山华亭寺、太华寺、三清阁、筇竹寺、大观楼、海埂湖滨公园、白鱼口等。游览内容丰富，既可环湖探访云南文化摇篮的奥秘，又可以深入大小城镇考察风俗民情。

古滇王墓建于晋宁石寨山，是滇池风景名胜区内主要景点之一。石寨山是一代滇王或几代滇王及其家族、臣仆的墓地，如今的晋宁县晋城镇一带是古滇国都邑，是滇文化的发祥地和中心所在。登上盘龙寺海拔 2174 米的主峰日照山，在阵阵林涛中举目四顾，近瞰石寨山、天女城、梁王山；透过烟波浩渺的滇池，远眺太华、碧鸡、玉案诸峰，晨霞夕照，古往今来，道不尽古镇远近的人事兴衰。

郑和故里在晋宁城郊月山上的郑和公园内。沿着红土山坡上新砌的石阶，拾级而上，不一会便登上了苍松翠柏葱郁的郑和公园。公园大门的门楣上，镶嵌着黑底白线的浮雕航海图，那一艘艘乘风破浪行驶的帆船，把游人带回了当年郑和远航西洋的情景。郑和的故里在滇池南端的晋宁（古称昆阳），那里流传着许多有关郑和的故事和逸闻。公园内立有“明三保太监郑和故里”石碑。

官渡金刚塔，亦称穿心塔，位于昆明东郊的古镇官渡螺峰村。金刚塔为沙石所建，形制之奇，建工之精，堪称国内金刚宝座塔之上品。据典籍志书记载，金刚塔始建于明天顺元年（1457 年），次年落成。至今历经五百多年的风雨沧桑，其塔虽为风蚀斑驳，但风骨依旧，傲然耸立。金刚塔的基台为方形，底部开有券洞门。基台上有五座佛塔，中心的主塔的四边是形制一致的群塔，基台四角雕有力士像 4 尊，四面皆为雕刻，形象生动，刻工精湛。放眼望去，金刚塔主塔状似喇嘛塔，塔的下部是 7 圈莲瓣，上承覆钵形塔身，四面各开一佛龛，并塑有佛像。塔刹上有十三天相轮、铜宝伞盖、摩尼珠和宝瓶。主塔与四小群塔，参差不齐，错落有致，相映成趣。

西山华亭寺位于云南省昆明市西山华亭山腰。由碧峣精舍向南斜登上径，上华亭山，修竹蔽天，松荫夹道，在茫茫林海当中，一座饰以丹青的楼亭掩映在松柏林间，这便是华亭寺的门户——钟楼，清澈的钟声在山间回荡，使人有“披寻得古寺，小坐收众清”之感。平面布局呈矩形，属中轴对称、封闭院落式类型。其建筑特色深受官式营造法则和儒家文化的理性美的影响。全寺沿中轴线排列建筑，纵轴线上有放生池、天王殿、八功德池、大雄宝殿、藏经楼；横轴线从大雄宝殿左右分设经堂、祖堂、方丈室、僧堂、客堂、浴堂、库房、香积厨等。全部建筑以大雄宝殿为中心，如众星捧月，规则严整，排列有序。大雄宝殿两侧的各建筑有回廊相通，使院院相连。大雄宝殿后面的藏经楼，金碧辉煌，鲜艳夺目。

太华寺又称佛严寺，位于太华山上，居西山群峰之中，森林茂盛，为西山最高峰，海拔2500米。它始建于元大德十年（1306年）。云南禅宗的“开山第一祖”玄鉴（又名无照）常在此讲经说法。后改称为太华寺，被明代大将沐英奉为家庙。明末被毁，清康熙二十六年（1687年）重建。大悲阁在咸丰年间遭战火烧毁，光绪九年（1883年）重建。有大雄宝殿、一碧万清阁等建筑，皆围以石栏。虽因天阴多雨，以至石栏蔓生苔藓，但苔藓掩盖不了生动形象精巧细致的浮雕，这石雕是吴三桂王府的旧物。山门外有一棵银杏树，挺拔粗大，相传为明建文帝手植。纵观太华寺，历尽沧桑，依旧层楼飞阁、巍峨磅礴。

三清阁在昆明西山罗汉山腹。初为元梁王避暑行宫，明初改建为玉皇阁，后又增建三清殿、三丰殿、吕祖殿、元帝殿、真武殿、七真殿、张仙殿、老君殿、抱一宫、飞云阁、斗姆阁等，统称“三清阁”。各殿缘山壁而上，层层叠叠，栉比鳞次，在建筑上颇具特色。从三清阁往上有龙门石窟，石窟凿于罗汉崖悬岩绝壁上，共有道教神像22尊，为全滇最大道教石窟。三清阁本是元梁王的避暑台，后道教宫观兴起，逐渐发展成九层十一阁的嵌壁建筑群。如从峭壁下的龙门村拾级而上，仰视1000多级石阶蜿蜒，穿古柏入云间方上到此罗汉崖。由于三清阁建筑在绝壁上，全靠锤凿而得立足之地，绿树贴壁探海，亭阁钩心斗角，俨然是一座道家神仙的空中楼阁，上出重霄，下临无地。在这一群建筑中，奇石巧洞，泉水叮咚。三清阁有一副联语：“置身须向极高处，举首还多在上人。”这无疑是人生应悟的哲理，三清阁所处的位置的真实的写照。

坐落在云南省昆明市城西的大观楼公园里的大观楼，又称近华浦。它高峙在风景秀美的滇池岸边，是一座驰名中外的古代亭阁式建筑。明代之前，大观楼是一片杂草丛生的湖滩，没有什么好的风景。清初，人们开始在此叠山造湖、养花种草，让此地变成一处风光明媚的园林浏览区。因为这里紧邻滇池，离太华山不远，并且位于昆明城的西边，人们就把这片园林区叫作西华园，也叫近华园。清康熙年间，人们又在这里修建了许多楼等建筑，增建了小桥，又栽种了奇花异草，因此这风景变得更加优美。

大观楼始建于清康熙二十九年（1690年）。那时的大观楼仅有两层。它与康熙二十一年（1682年）修建的观音寺、康熙三十五年（1696年）修建的涌月亭等建筑一起，成为这片游览区中的主体，是昆明的一处胜景。道光八年（1828年），人们重修了大观楼，并把它从两层增加为三层。咸丰七年（1857年），大观楼在战火中被毁。到了同治三年（1864年），大观楼得以重修；同治五年（1866年），大观楼的重修工程才告以结束，这就是现在看到的昆明大观楼。之后，人们对大观楼也进行过维修、加固与重新油漆彩绘，使其保持着当年的面貌。大观楼高三层，平面是方形，十字攒尖顶，铺着黄色琉璃瓦。在大观楼内外悬挂着很多匾额、对联及诗刻。三楼内悬挂着我国当代文学家郭沫若的诗《登楼即事》；楼东有一块匾，上题“烟波世界”四个大字；楼西有一匾，上题“拔浪千层”四个大字。一楼的东面有一副对联：“千秋怀抱三杯酒，万里云山一水楼。”在大观楼悬挂的所有匾额、对联中，最为著名的应该是清代人孙髯翁写的那副长联。上联为：“五百里滇池，奔来眼底。披襟岸帻，喜茫茫空阔无边。看东骧神骏，西翥灵仪，北走蜿蜒，南翔缟素。高人韵士，何妨选胜登临。趁蟹屿螺洲，梳裹就风鬟雾鬓。更苹天苇地，点缀些翠羽丹霞。莫孤负四围香稻，万顷晴沙，九夏芙蓉，三春杨柳。”下联为：“数千年往事，注到心头。把酒凌虚，叹滚滚英雄谁在？想汉习楼船，唐标铁柱，宋挥玉斧，元跨革囊。伟烈丰功，费尽移山心力。尽珠帘画栋，卷不尽暮雨朝云。便断碣残碑，都付与苍烟落照。只赢得几杵疏钟，半江渔火，两行秋雁，一枕清霜。”这副长联文字内容优美流畅气势澎湃。这篇散文上联写景，下联写史，对后来的对联创作起到了推动作用。滇池处于大观楼下面。凭大观楼远眺，四周景点尽收眼底。长联高度概括了这些山川美景及秦、唐、宋、元在云南地区发生的重大历史事件。从整体上看全联，对仗工整，文辞优美，气势宏伟。所以，这副对联被称为“海内长联第一佳者”。如今，孙髯翁的这副对联完好地悬挂在昆明大观楼上。

著名的海埂公园在滇池的东北部，是伸入滇池的湖中长堤，这里河港纵横，堤岸垂柳轻路。海埂南面的湖滩是一片细软白沙。湖水由浅入深，是天然的湖滨游泳场。夏日到这里游泳，击水逐浪，卧波纳凉，最为惬意。近年又在这里新建一座云南民俗文化村，游人到此参观，可领略到彝、傣、白等民族的淳情厚意和有趣的民族风情。

位于滇池西南部的白鱼口，是昆明著名的风景疗养胜地。这里的空谷园，有磊楼别墅、引胜桥、红云坞、待月亭、温水泉等园林设施，雅致宜人。在此凭栏眺望滇池，波光粼粼，白帆墙影，群鸥逐浪。每当春日樱花烂漫，绯红一片，如云似霞，景色更加绮丽迷人。

昆明翠湖

【名园历史】

翠湖位于云南省昆明市西北角，始建于明代。湖区本来是滇池的一部分，后来滇池退缩，这个地方变成内湖，并有河道跟滇池相连，因为湖东北有九个泉跟，所以人们叫它九龙池，又有菜海子、洗马河之称，西临圆通山和五华山，风景秀丽。明初，昆明修城墙时，把翠湖也围入城内，开始跟滇池彻底分开。明代大将沐英看上这个地方，仿照汉代名将周亚夫屯兵细柳的做法，立军事指挥所在此，植柳树，牧马匹，并取名为“柳营”。沐英的后代在柳营基础上进行风景建设，亭台楼阁全部齐备，作为别墅之用。明末，农民起义军首领刘文秀占领昆明，在柳营修建蜀王府。

清代，吴三桂在相邻的五华山上建王府，扩至翠湖。后来，吴三桂发动“三藩之乱”，因战事失利而病死。其孙吴世璠继位，建洪化府，辟翠湖为御花园，不过御花园的历史只有三年，就于康熙二十年（1681 年）就消失了。

民国时期，军阀唐继尧对翠湖进行大幅度修整，在湖中筑东西向长堤，跟南北向阮堤在湖心岛相交，时人称为“唐堤”。

【名园漫步】

翠湖面积 21 公顷，水面占 15 公顷。两道长长柳堤呈“十”字交汇于园心，把全湖分为四部分。南北横堤叫“阮堤”，是道光年间的云贵总督阮元仿西湖“苏堤”美韵修筑；东西纵堤叫“唐堤”，于民国年间修建。两堤交接处，是湖心小岛，以湖心亭为主轴构成中心游区。湖心亭又叫“碧漪亭”，亭子造型美观，飞檐黄瓦，点缀着翠湖春色。亭前后有两个内院，为各种展览举办之地。

金鱼岛上植有雪松、香樟等树木，四季葱翠，林荫地润，花环路绕，迂回曲折，鸟语花香，微风习习，游人在此漫步、小憩、品茶。

竹林岛沿堤修竹成林，绿翠浓荫，又多藤蔓花架，幽径曲折，竹林连片成荫，花架下蔽日乘凉，湖塘荷花怒放。岛上常有民间艺人、歌手云集，演戏、对调、唱歌、跳舞，多为即兴表演，不拘形式，自娱自乐，为观者甚多，热闹非常。

湖心亭西侧有建于嘉庆年间的莲华禅院和放生池，是有名的“濠上观鱼”处。如今，禅院变为游艺宫，“放生池”成了一座水上园林；西北角有“来爽楼”，设有溜冰场；西南角是“葫芦岛”，棕榈挺拔；东南角有一个由三个半岛连成的大花园为“水月轩”花木繁盛；东北角有“知春亭”，每逢节日，便有人在此对唱山歌，别有一番情趣。

莲华禅院曾在清同治六年（1867 年）被同治帝赐“妙莲涌现”匾。莲华禅院更有数联，皆不离“莲”字，如“十亩荷花鱼世界，半城杨柳佛楼台”，还有“赤鲤跃碧波，吞却三分明月；红莲开翠海，托来一瓣馨香”等。

如今的翠湖，又增添了雪白的红嘴鸥，从头年 11 月到次年 3 月，成群地从遥远的北方飞到这儿过冬，一年一度，从不间断。“翠湖观鸥”已成为昆明最热门的景观之一。

翠湖增修景点并借景圆通山与五华山，使之成为昆明的一个非常典型的古典园林。

昆明黑龙潭

【名园历史】

中国的黑龙潭很多，如北京黑龙潭、云南昆明黑龙潭、云南丽江黑龙潭，这里讲的黑龙潭是云南昆明的黑龙潭，它在昆明市北郊15公里左右的龙泉山麓，由于山下水潭水色黑黝，时人便以为黑龙潜藏在其中，故名“黑龙潭”。汉代，建有黑水祠，人称“滇中第一古祠”。后来，古祠荒废，唐代在原址建道观，元代建龙泉观，清代又有修缮，分成上下两观，下观名“黑龙宫”，上观为“龙泉宫”。解放后黑龙潭被辟为公园，叫黑龙潭公园。

【名园漫步】

进入园中，可见黑龙潭，涌泉经数丈到达水面，滚滚而来，水珠在水面游走一段距离后才在水中融化，在阳光下显得晶莹闪烁。潭水分成南北两区，两区间架以石拱桥，同潭而不同色，南潭水碧绿清澄，人们把它叫作“清水潭”；北潭浑浊灰黄，人们把它叫做“浑水潭”，两区泾渭分明，游鱼不相往来，就像道家太极图，有诗道：“两池相交鱼不往，一桥横断水色殊。”经过专家考察，事实是清水潭水深，泉自下涌，所以清可见底；而浑水潭水浅，再加上山坡雨后泥沙流入，显得浑浊。潭水终年不枯，四季常流，自唐宋以来，人们常常在这里祭祀求雨。

现在的龙泉观于明代初期建立，依轴线、地势递进，依次是紫极玄都牌坊、雷神殿、北极殿、祖师殿、三清殿、玉皇殿、长春真人祠等13所院落。紫极玄都坊依山而建，色彩华丽，古意盎然。走过牌坊，便来到雷神殿，清代云贵总督阮元题“汉黑水祠”四字。在三清殿前，有一座高五米的铜香炉，铸于清道光二十五年（1845年），炉腹浮雕八卦图，八卦图下有一周篆书二十八星宿图，可以分辨北斗七星，著名的“三异木”便在铜炉的前面。祖师殿前的石阶上镶嵌着一巨大石板，上刻双龙戏珠，龙体黝黑；殿门两边墙上分别绘青龙、白虎。在三清阁的前面曾经有几株千岁梅，据说是唐代道安和尚手植，在200多年前就已枯萎，现在只留下大理石上的影图，人称“唐梅遗照”。旁边，有两株宋代古柏，千合高入云霄，参天蔽日，两株互望而生。在正殿丹墀的下面，有一株明代所植的山茶花，名字叫作“一品红”，树高出脖口，花时千朵竞放，绚烂多彩，风过花红入眼，如茶如火，尽显云南山茶风姿。

在黑龙潭的玉照堂里面，立有几座石碑，其中就有清代云贵总督阮元的《咏梅》诗：“十岁梅花千尺潭，春风先到彩云南。”另外还有被百姓称为“鼓字碑”的“古字碑”，四个篆体字“万物滋生”刻在上面，文本阴刻，如细看，则又好像是凸文，它是明永乐年间独贬到云南的刘渊所书，笔力苍劲，一气呵成。

在龙泉观的北边的山顶上，矗立着一座达13米高的定风塔，始建年代已无法考察。人们为了突出云南地理气候之宜的植被特点，开辟梅园，种植3000多盆梅桩、6000株树梅，与明清两朝的22株古梅互相映衬，从而显得更有情趣，珍稀品种有“龙潭旷、“台阁绿萼”、“曹溪宫粉”、“红怀抱子”、“嵩明小梅”、“昆明桃枝”、“丽江红悔”等，在红梅、白梅、绿梅、腊梅的梅海之中用草亭、水榭等点缀。

丽江黑龙潭

【名园历史】

丽江黑龙潭亦称玉泉公园，在云南省丽江纳西族自治县的象山脚下，是滇西高原著名的风景名胜区，因泉清水碧如玉而名“玉泉”。清代以来，每年的农历三月，当地村民就会在玉泉举办具有民族风情的龙王庙会。近年来，随旅游开发的深入，人们扩潭筑堤，修园路、园墙、拱桥，开辟牡丹园、梅园、兰圃这三个园中园景区，使其成为了一座极富地方特色的古典园林。

【名园漫步】

园林分玉河、龙潭、清溪、山林四个景区。从文明石坊、忠义坊处进门便可以看见镇守古庙的石狮。忠义坊始建于明万历年间，石狮神态安详而机敏、威武而神采，园门为木构牌楼。穿牡丹园、演奏厅，来到黑龙潭。黑龙潭泉从象山脚下古栗树下缓缓流出，汇成开阔水面，泉水清澈透底，环潭建有古建筑：龙王庙、五孔桥、一文亭、得月楼等，庙、楼、亭与背景的玉龙雪峰和象山在水中成倒影，显得十分清幽。有词道："泉涣涣兮涟漪，问何时最是可人？须略月到天心，风来水面；亭标标而矗立，看这般无穷深致，应记取云飞画栋，雨卷珠帘。"潭中筑长堤，堤上建石桥，其中的五孔桥是黑龙潭景观中最壮观的构筑物，桥用大理石砌成，有五个孔，中孔大而侧孔小，起拱曲线自然，两边的护栏精美，在碧空远清潭之间，格外地令人心旷神怡。

五孔桥边建有一文亭与万寿亭，一路南国风光、山清水秀，既可南下到解脱林、锁翠桥、东巴研究所、梅园、方国瑜墓，还可以环潭北行到龙王庙。龙王庙以乾隆、光绪两朝皇帝之封而闻名。

过万寿亭，往南走就来到锁翠桥，两廊是知府许其翔所题，匾题"漾青"、"锁翠"，桥上古联道："惊涛撼树飞晴雪，未雨垂虹卧曲波。"站在桥上，向北放眼望去，五孔桥与长堤将黑龙潭分为两区，外潭开阔，内潭曲折，内外两潭分别都有一景，内潭是得月楼，外潭是一文亭。一文亭原名香炉亭，立于水中，始建于明万历年间。

南行来到缓坡上的解脱林，它是一个二层板楼，明天启帝赐"福国寺"三字，1974 年跟王凤楼一起迁到园内。楼附近建丽江东巴文化博物馆，陈列东巴经文，是听究东巴"活着的象形文字"的珍贵资料。

五凤楼原本在丽江县城西北的芝山福国寺里面，原是福国寺大殿，名江云阁，福国寺始建于明代，最早是土司木增的别墅和家庙。崇祯年间，徐霞客旅游到鸡足山，丽江土司木增便邀请他做客，徐霞客应约而来，共游丽江十五天，在五凤楼旁住了八天，木增精通汉文化，感到与徐霞客相见恨晚，每天秉烛夜谈至困。

纵观丽江黑龙潭全部，园林的风景排在第一，有清潭、溪流、借景的雪山与象山；古建筑集中，并且当地特色明显，布局以潭为中心，亭与楼入水中，好像是杭州西湖之影。但是这里更有新意，桥少而精，堤短而秀，使该园不愧于“滇西名园”的称号。

大理西云书院

【名亭历史】

西云书院位于云南省大理县城米市街，是一古典书院式的园林，园林占地面积很小。光绪三年（1877 年），原屋主杨玉科调任广东提督后，把宅院拿出来给地方办学，因杨玉科号云阶，故名“西云书院”。

【名园漫步】

西云书院的建筑可分府邸和花园两个部分，整个建筑群严格依照封建宗法礼教的传统，按轴线左右对称地布置房屋和院落，并且呈现出云南白族民居样式。

西云书院的府邸部分为三进四合院，大门向东，形制为垂花门，门内迎面建影壁，使外人看不到院内的活动。影壁前后及庭院四角砌有花台，分植山茶、丹桂、腊梅和玉兰。进入大院依次为门厅、过厅、大厅，最后一进院为住房，系二层建筑，楼上宛转相通，俗称“走马楼”。

三院的左右纵轴线上，分别布置为客厅、书房。内院正殿前为大理石板地和雕栏，房屋用穿斗式木结构，并使用斗拱和彩饰，房顶铺琉璃瓦。府邸四周为封闭式砖墙，三进庭院都栽种花木，陈设盆景，构成安静舒适的居住环境。

府邸的后面是花园。分为北庭、南庭、西庭。从书院跨两进院落，来到后院小庭，这个小庭是主庭的引导空间，三面是建筑，一面是围墙，院中凿小池一个，摆有石椅石桌。

向南过院门，便来到南庭。正对园门有一个花台，作为障景之用。著名的种松碑就旁边，文中记录了苍山造林的一些情况：“何日再买三千担，遍种云中十九峰。”往南，正中凿有北方南圆的水池，取名为月牙塘。塘中建水阁，成为庭院的构图中心。阁的北、东、西三面架有石桥。塘南堆有土山，山上和环岸边上松、竹、梅、玉兰等花木，花间置石凳石桌。

南庭西墙有一道门通向西庭，西庭的西边与杨公祠相邻。庭正对园门建六角亭，亭西南堆一座用土石砌成的大假山，从南庭引水入西庭，成曲溪环绕小山林下。这个地方取自然山水之意，与东面南庭的人工意境不大一样。

从建筑规格的等级来说，杨玉科的庭园超过了明清以来对府第的规定。杨玉科怕“树大招风”，住不多久就改报自己的籍贯为湖南，携家远走“避风”，把这所宏大的府邸捐作“迤西书院”，后改名“西云书院”，取其“迤西杨云阶创设”之意，云阶是杨玉科的字。院内现存光绪三年（1877年）杨玉科撰《西云书院碑记》。后来，杨玉科在抗法斗争中战死于谅山，封为武愍公。光绪年间，在书院后建了一座“杨公祠”，后称“云阶院”。

建水朱家花园

【名园历史】

朱家花园在云南省建水县建新街，是集滇南民居、园林于一身的建筑群，素有“滇南大观园”的称号。花园在清光绪年间建成，民国年间扩建重修，最终成型。园主为清末富绅朱朝瑛。1990年，政府斥巨资20万元进行全面整修，重建后花园，并增辟了梅馆、兰庭、竹园、菊园等院落。

【名园漫步】

建水朱家花园正前方为三开间的花厅，左右两侧为朱家小姐的“绣楼”。花厅前是花园，左右有透空的花墙，将其自然分隔为东园和西园。花园正前有荷池。树丛、花圃，形成一座既典型而又富地方特色的云南私家园林。

垂花门式的大门，门楼上方有三重错落有致、优雅精美的檐枋，上面分别雕刻有富有寓意的图案：第一重檐枋上雕有几尾游鱼和两条金龙，寓意“鱼跃龙门”；第二重檐枋上雕有朝阳和四只喜鹊，寓意“四喜临门”、“蒸蒸日上”；第三重檐枋上雕刻着佛手、寿桃、香炉、宝瓶等物，象征着“福禄寿”。旁边雕有金马、碧鸡，寓意“金碧辉煌”。金马、碧鸡传说是古代滇池边的两种神物，如今已经成为云南的象征物。在大门前有一对刻着龙凤图案的石鼓，据说是两个石匠花了一年的功夫才大功告成。

进了大门是家宅，是三路三进的院落。步入中门，迎面而来的是一道透空花墙，上面开着一道月亮门，正上方有“循规蹈矩”四个字，背面则是“谨言慎行”。院子的中轴线上依次排列着前厅、中厅和后堂。前厅左接花厅，花厅三开间卷棚，两侧置美人靠，主人在园中赏花观鱼后，可在此小憩。花厅四面均雕刻着精美的图样。当年，花厅外面的花园是朱家少爷、小姐们最喜欢的地方，他们在这里吟诗写字，还在这里一遍又一遍地读《红楼梦》。在这个仿照大观园而修建的豪宅里，他们一次次向往着属于他们的春天。

花厅内悬“中将第”匾，是朱朝瑛参与辛亥革命的临安起义后获中将衔时所制，楹柱上还挂有云南都督蔡锷的题赠：“做事须凭肝胆，为人莫负须眉。”朱朝瑛的居室前后不对称，有人解释说这就是“歪门邪道”，有辟邪之意。朱家花园北面居高，由正门进来，道路会逐渐变高，加之轴线偏斜，形成了外面人看里面不清、里面人看外面准确，其用意一是可隐藏主人的隐私，二来也可以监视下人们的举动。

在花厅两旁是朱家小姐的闺房。那香闺寂寂、“日高犹自凭朱栏，含颦不语恨春残”之类的故事，在帘栊后面似乎随时都有可能发生。1998 年，在重修朱家花园的施工中，管理人员在楼上发现了朱家小姐学诗时，经老师批改过的诗文。现在，它们也在朱家花园内的图片展览里，那些娟秀的字迹依然散发着青春的气息与脉搏。闺房里，陈列着仿制的花瓶、床铺、墨砚、帐幔、瑶琴等，一副清代大家闺秀的气派，似有佳人余韵。这个落入民间的“大观园”，和《红楼梦》一样，没有逃脱一种悲剧命运。那些可爱、又充满灵性的女子，生逢乱世，用惊恐的文字记录下了眼中的世界：“千方百计终难安，坐困愁城泪沾襟；仲春九月天气寒，何处惊现枪炮声”、“何地茫茫起黑烟，继而红光火冲天。兵匪相争施回碌（火灾），良民保命恐后先”、“牧童去来有归路，手足逃难无歧途。每日观音座下拜，骨肉早早还故乡”。

走过“蓄芳阁”、“含玉楼”、“红楼影射”楼，只见一副副对联显示着豪宅主人曾经的风雅情趣。错落有致的精巧花木，曲径通幽的层层院落，整座园林尽显神秘与高贵。

住宅东面的朱氏宗祠是一个三进院落。在墙壁上刻着五百多字的“朱子家训”——“黎明即起，洒扫庭院，要内外整洁。既昏便息，关锁门户，必亲自检点”、“一粥一饭，当思来之不易；半丝半缕，恒念物力维艰”、“子孙虽愚，经书不可不读”、“勿贪意外之财，勿饮过量之酒。与肩挑贸易，勿占便宜。见穷苦亲邻，须加温恤”。门前有池，名“小鹅湖”，典出朱熹在江西铅山讲学的鹅湖寺。池前建有水榭，是朱家的戏台。池上石栏两面还刻有 24 幅诗词和浮雕，其中一首诗正描绘了朱家当年笙歌盈门、风光无限的佳境：

园林如画傍祠堂，桂子兰孙吐异香。
得地恰当临北极，凿池翻喜在中央。
红莲映日恩光远，碧沼无波世泽长。
最好夜深人傍槛，石栏杆外水风凉。

可以想象，当年，朱朝瑛的母亲黄夫人也像大观园中的贾母一样，带领儿孙家眷们坐在雍容华贵的华堂里看着戏剧上演。

华堂后面是家族的议事厅。当年朱氏兄弟们就是在这里商议家族事务的 。有重大仪式时，朱家人也此大摆宴席。

由于云南的气候相对比较温和，朱家各个房间的房门都是敞开的，门门相通，院院相连。亭台楼阁、过道门洞，层层叠叠，恍若一个个小小的迷宫。

天井中有一口水井，与众不同，不仅井内的水从不干竭，水位始终比地面高。当年，朱家人将它视为“财源”。因为水位极高，无须吊桶，伸手即可触及水面。井边上有个小洞，据说水位最高的时候，井水会从小洞溢出，在院中的四个角落流淌，人称“财源滚滚”。

朱家花园院落层进叠出，房舍鳞次栉比；翘角转椽，陡脊飞檐，屋面反曲，呈流线形；四十二个用青石板铺地的大小天井，几百道木门、花窗、雕栏，让人眼花缭乱。全园造型奇美，错落有致，曲径通幽，富贵而不失风雅。游客进入朱家花园，都会为这座大型民居建筑艺术的高超而惊叹不已。

总之，朱家花园内雅外秀、形制规整、布局灵活，空间丰富、层次渐进，环境清幽、色彩淡雅、装修有度、结构统一，在丰富的形式中包容了深刻的文化内涵，是内地文化与边疆文化相结合的产物，具有较高的建筑艺术价值。

江 西 省

南昌青云谱

【名园诗话】

南昌城郭枕江烟，
章水悠悠浪拍天。
芳草绿遮仙尉宅，
落霞红衬贾人船。
霏霏阁上千山雨，
嘒嘒云中万树蝉。
怪得地多章句客，
庾家楼在斗牛边。

唐 · 韦庄：《全唐诗 · 南昌晚眺》

【名园历史】

青云谱在南昌市南郊定山桥的周围，原来是我国著名书画家、“八大山人”朱耷的故居，如今已经是八大山人纪念馆，是一处雅致幽静的纪念园林。

青云谱始于西汉年间建立，南昌的一位县尉梅福曾弃官隐居在这里，后人建梅仙祠祀之。东晋年间，道士许逊在这里建“净明真境”。唐贞观十五年（公元 641 年），刺史周逊改名为“天宁观”。

【名园漫步】

青云谱分东、西两部分，东边是幽静文雅的园林，西边是古朴的建筑。

两座园门东西并列，均向南。东门现悬“八大山人纪念馆”匾额，西门门额题“青云谱”三个字。门前是梅湖，碧波荡漾、水面宽广，有小桥跨湖与青云谱相通。湖两岸垂柳婆娑，建筑雅致，景致十分美丽。

东部园林以植物景和水景为主，风格幽雅清新。从东门进入，迎面而来的是“八大山人”朱耷的塑像，神情冷傲。塑像后有两株古樟，浓荫蔽日。西北两面植有成片的桂树，金秋时节，园内香气醉人。由塑像前折向东行，不远即为八大山人墓。圆形墓堆前的石碑上刻有“八大山人之墓”六个字。朱耷去世后，在新建县中庄下葬，这里只是他的衣冠冢。墓旁有两棵高大的树，据说明万历年间种植的，至今已有几百年历史。树干粗大，需数人合抱。其中一株树中有一个可容纳几个人的树洞，洞壁被火烧成了黑色，可是树木依然充满生机。墓东有蕴翠亭，掩映在绿荫之中。向东走一段路，就来到牛石慧墓。牛石慧即朱耷之弟，也是一位杰出的画家，画风奔放粗犷。由这里折回再向北行，可以到达八大山人书画碑廊。碑廊为复廊形式，廊内墙壁上嵌有八大山人书画刻石数十方，笔墨洒脱自如，淋漓尽致，令人赞叹不已。碑廊利用廊中之墙，使游览的路程延长了一倍，是小园林丰富园林空间的常用手法。园林不设园墙，以园外濒临的九曲溪为界。小溪对岸是成片的池塘、稻田，一派田园风光全部融入园中。碑廊西面有一小池，池周围密布竹林，环境十分清幽。穿过竹林，是一片面积较大的荷花池，池中全都是荷花。水池的中部，一座廊桥横跨池上，名“仙人桥”。桥西有一座六角小亭，名“仙人亭”，小巧玲珑。

西部建筑区主要有前、中、后三殿，前殿是关帝殿，中殿是吕祖殿，后殿是许祖殿，如今都已经改成书画展室。后殿东接三宫殿，再东是斗姥阁，西接峤园，也都已经改为展室。展室内陈列着八大山人书画珍品，以花鸟画最多，取物拟形旨在意象，笔简意赅，形神兼备。其书法作品善用淡墨秃笔，流畅遒劲。各殿院内点植花木，奇石被巧妙地放在其中，显得逸趣横生。整组建筑结构紧凑、古朴典雅，具有极高的艺术价值与文物价值。

福 建 省

厦门菽庄花园

【名园历史】

菽庄花园在厦门鼓浪屿南部，是一家非常著名的滨海私家园林。当地士绅林尔嘉1913年在鼓浪屿修建了自己的私人别墅，因他字叔臧，所以取谐音给别墅起名“菽庄花园”。菽庄花园在1955年经过整修，改为公园。

【名园漫步】

倚山临海而建的菽庄花园，巧妙地利用自然环境，使山与海相互辉映，很有特色。全园分为“藏海”、“补山”两部分，即藏海园、补山园，两园各造五景。全园主要是以园藏海、以园饰海、以海拓园、以石补山、以洞藏天。

藏海园有五景，即眉寿堂、壬秋阁、真率亭、四十四桥、招凉亭；补山园也有五景，即顽石山房、十二洞天、亦爱吾庐、听潮楼、小兰亭。以后又陆续建小板桥、渡月亭、千波亭、熙春亭、茅亭、扇亭等景至。

进入园中，迎面有横墙一堵，挡住游人视线，把海藏入园内。过墙即为藏海园。

眉寿堂位于入园处右侧，表示祝愿长寿的意思。又名“谈瀛轩”，因台湾古时亦称瀛州，此为怀念台湾的意思。眉寿堂临海，两边有曲堤，每逢大潮，坐在堤上俯身即可掬水；在月夜，又可领略“掬水月在手”、“满目飞明镜”的意境。

壬秋阁，因建于农历其壬戌年的秋天而得名。落成之日，正逢久雨初晴、江山如洗，主人趁此良辰邀客吟诗，自己吟有“横江鹤去笛声在，未信消沉八百年”之句。壬秋阁水陆各半，东西两座拱门，一背陆、一朝水，在此可观山赏海，山岚流云与帆影鸥鸟可尽收眼底。

真率亭，形状似菱角，背山临水。子曰：“仁者乐山，智者乐水。”人们在此见仁见智、各抒已见，可达到“真诚坦率，胸无芥事"的境界。”

四十四桥为全国主景，因主人建桥时恰为四十四岁而得名。桥下有闸门，把海水引入园内，构成了大海、外池、内池三处，把大海“藏”入园内。桥身迂回曲折、凌波卧海，宛如游龙。桥上有观鱼台、渡月亭、千波亭，渡月亭有楹联：“长桥支海三千丈，明月浮空十二栏。”月夜，人们坐在亭里，看皓月当空、静影沉璧，令人浮想联翩，月下涛声轻如细语，仿佛与人谈心。明月之夜，游此最佳。

千波亭，造形幽雅精巧，游人在此观潮、听涛、踯躅、盘桓，均能各取其妙。

招凉亭，面对大海而建，凉风习习，且亭子造型如折扇，更有招凉之意。

十二洞天，是人工造出来的连环洞，因游人进洞摸不出路来，又叫迷魂洞。十二洞天有十二个洞室，以十二地支为名，洞室的大小、形状各异，洞外小径错落、上下盘旋，洞内曲折迷离。

亦爱吾庐，为林家居住的院子，昔日用竹篱笆围起来，并种有菊花。主人在欣赏“竹禽茅舍自甘心”之余，对家居情景颇为自得，故名“亦爱吾庐”。

顽石山房，是主人读书之地。他自比“顽石”，希望通过攻读能聪明颖悟。

菽庄花园风光万千，但最主要的特色，一是藏，即把大海的一隅藏于园内，又以小园的精巧雅致汇成大海的雄浑壮观，园中有海、海中又有园，交相辉映，相得益彰；二是补，即依随山势垒台建亭、叠山凿池，锦上添花，使山的景色得到补充，颇具魅力。

澳门特区

卢　园

【名园历史】

卢园又叫做卢廉若公园、娱园、卢家花园、卢九花园，是当年澳门三大名园之首，园主是商会主席、镜湖医院慈善会主席卢廉若。该地原为龙田村农田，卢廉若之父卢绍华在 1904 年购得以后由卢廉若兴建园林。后家道中落，1927 年卢园被分割成几部分，大半易主。20 世纪 70 年代初，卢园主要部分半卖半送给澳门政府，在 1974 年 9 月 28 日对市民开放，易名为“卢廉若公园”。

【名园漫步】

为了造园，卢廉若重金聘广东省造园家刘吉六进行了规划设计。刘吉六不仅是一位造园家，而且是一位书画艺术家，十分喜爱山水花卉。他的造园特长为叠石，因其游历过大江南北的名胜园林，所以所造之园，不但池亭竹石齐全，而且小桥曲径通幽，极为雅奇清幽、深合画理。从渊源关系来看，园内堆石类似苏州狮子林，建筑类似宁波天一阁，回廊类似北京颐和园长廊，可以说是集南北风格于一园。

沿着挹翠亭边的曲岸向前行，穿过竹林、石山，走过曲桥、回廊，就来到主体建筑春草堂，游人的视线经幽闭到开阔，景色逐步地展开。春草堂有檐廊，为岭南建筑形制，可是运用江南的圆柱与弧形扇窗，中部向池中凸出的檐廊呈平面六角，屋顶是有女儿墙的阳台，体现了葡萄牙文化的影响。堂内有联写道：“姹紫嫣红喜名园集四时美景，吟青挹翠寻胜境忆三代英豪”，把四时美景和三代园主相提并论，有汲古思源之意。

九曲桥头的重檐的四面亭，名为碧香亭。它背倚瀑布假山，环以荷叶秀竹，占尽卢园的地利，成为澳门八景之一。亭出入口各有一联：“如画风光饶雅兴，娱人景色此中寻”、“碧水丹山曲桥垂柳，香风醉月词馆诗人”，后联八个词描绘了八种园景，堪称为佳作。

与众不同的池中的九曲桥，并非是江南园林的折线式，而是弧线式，栏杆依桥面呈弧线式弯曲。桥的左右有狮子头式假山立在水中。

春草堂的后侧现为培正中学，在围墙隔断处有一石亭，内题一联：“漫步曲桥寻画画稿，闲凭奇石听书声。”它与碧香亭的“香风醉月词馆诗人”都是文人园林与文人活动的写照。卢园里还有人寿亭和回廊。“人寿”之名是家为祈寿所起，回廊仿颐和园长廊而建，可见卢园的园林风格和江南园林、北方园林有颇深的渊源。在朱砌雕栏当中，澳门的粤剧爱好者们齐集于这里吹拉弹唱，沉浸于忘我的境界。对于该园，清末学者江兆镛曾经写下《娱园竹枝词》，可作为最好的总结：“竹石清幽曲径通，名园不数小玲珑。荷花风露梅花雪，浅醉时来一倚筇。”

台 湾 省

台南吴园

【名园历史】

吴园在台南市吴园艺文馆后方，始建在清道光十年（1830 年），是台湾极为杰出的园林名胜。它的园主是盐商吴尚址。据说是台湾最早的私家花园之主何斌宅园的旧址。

【名园漫步】

吴园地处城市之中，因此在园中筑山以借园外之景，取名“飞来峰”。名子来源于灵隐寺的飞来峰，但是外观仿自福建漳州城外的飞来峰。山高10 余米，势绵延 60 余米，《台南古迹志》的“飞来峰”条上说：“叠石为山，大二十多丈，回环洞达，丘壑天然，绝构也。”此山现状大部分仍是旧貌，用台湾特有的石块堆成，石块较小，层峦叠嶂，气势非凡，有山间小径。

吴园经过改造后，山水没有多大变化，只是建筑上有所翻新。在山脚掘池，水中有石岛，环池构筑亭、轩、廊等。现有的亭子与原六角亭有所不同，而拱桥、水榭、“漱艺留芳”等则基本如旧。回廊为桥廊，桥面平坦，侧面加以美人靠。该桥廊与厦门松柏公园之平拱桥一样，但与广荫山房和清晖园的拱桥不同，显出闽南地方的特色。园内的建筑呈现出闽南建筑的特点，尤其是“漱艺留芳”的装修构造巧妙、色彩华丽。园东种植花木，四季繁花似锦。

新竹潜园

【名园历史】

新竹潜园位于新竹市西大路与中路交叉口西侧的一条巷内，建于清道光二十九年（1849 年），五年后完工。园主是当地富绅林占梅，由于园在旧城西门内，所以又叫做内公馆。1939 年因拓展道路而被拆，仅留下部分景观。

【名园漫步】

潜园以“浣霞池”为中心，为映照朝霞和晚霞而挖掘。园内较著名的景物有：爽吟阁、钓鱼桥、涵镜轩、陶爱草庐、香石山房、碧栖堂、小螺墩、兰汀桥、吟月舫、浣霞池、宿景圆亭、留香闸、双虹桥、清浒桥、逍遥馆、林下桥等。此外，北面的梅花书屋和著花斋，西部的西圃、池西别墅和孤山流渠早就不存在了，只能通过园主的诗集加以猜想。在日本殖民统治时期，园址日渐荒毁，在后来的市政改造中，因潜园正当交通要道，难逃一劫。至 1977 年为止，尚存有观音亭、大门、古井、香石山房，部分的碧栖堂及少数的住宅建筑。

爽吟阁为全园之精华所在。是一座很富想象力的水上建筑。外形上看是歇山顶的二层楼阁，其前方附建一条水上回廊。回廊是封闭的，正中开一小门，可由小门出来沿石阶乘小船游池。小船平时即停泊于回廊内。《淡水厅志》载：“中有水可泛舟，奇石陡立，又有三十六宜，梅花书屋，掬月弄香之榭。”另又据文献载，园中植有多种梅树，有白梅、红梅及绿萼梅等百多种树木，有人称为“潜园探梅”。种子这么多梅树大概是园主林占梅取其与自己名字相同之故。

潜园的布局设计大部分出自林占梅本人，他还设计了园内所有房屋的窗子。现存的观音亭的建筑形式较为高敞，与台湾其他同类建筑略有不同，据说系请大陆的工匠建造。园中正堂内悬有林占梅书写的匾额“涵镜阁”，这是从另一景移来的。堂前檐下还有林占梅的隶书“静傓”与“俭养”四字。另外，厢房的墙上也有一些篆书。

园林的意境营造从全园的景名上可见一斑：爽吟阁为文人歌咏之所；掬月弄香之榭为秋中赏月、夜中品香之所；兰汀桥为以兰鉴人之所；梅花书屋为主人潜居修身、格物致知之所；而孤山流渠则显出了对兰亭曲水流觞的眷恋。总之，新竹潜园的园林特色体现了池景的建筑与水面的空间组合。

复建潜园已不可能，但其在台湾地区的园林史里有着重要的位置。

河 南 省

辉县百泉

【名园历史】

在河南省辉县城区西北 25 千米的苏门山南麓的百泉，由于泉眼众多，因此被命名为百泉，较为著名的泉眼有捌刀泉、涌金泉、喷玉泉等。因泉水汇成湖注入卫河，所以又是卫水之源。百泉成为风景名胜始于商周，以后历代都有建设。由于有山有水、风景秀丽，因此被誉为“中州颐和园”和“北国小西湖”。

【名园漫步】

园区可分为苏门山区与百泉湖区，趣在泉水，美在苏门，兴在古迹。苏门山是太行山支脉万仙山向东延伸的一座山头，高有 184 米，还有启贤祠、卫源庙、孔庙、啸台、饿夫墓、吕祖庙、三清观、放鹤亭、安乐窝。

三国时代的孙登在这里隐居，曾和阮籍比赛长啸，留下“一啸千古”的故事。苏门山的东面山路上建有啸台，在江南园林中也有啸台，均是后人为纪念此事而建。安乐窝是北宋著名哲学家邵雍的隐居地。邵雍著有《皇极经世》，在百泉开百泉书院著书立说。乾隆帝游安乐窝后，感慨很多，回京后，在清漪园的南坡仿照安乐窝建邵窝，以示对邵雍的怀念。由于苏门山有名人经营道学和儒学的历史，所以立有孔庙、启贤祠、吕祖庙与三清观等。由于隐居的人多喜欢养鹤，以鹤喻道家自由及长寿，在山顶还建立放鹤亭。山脚的卫源庙是给百泉之水成为卫水之源而特立庙以祀的建筑，该庙始建在隋朝。在庙东建有百泉碑廊，把历代名人歌百泉的作品嵌在壁上。

百泉湖区的景观更胜于山区。百泉之名远溯于商代。《荀子·儒效篇》记载武王伐纣之时，“暮宿于百泉”。在《诗经·邶风·泉水》道：“毖彼泉水，亦流于淇。”“泉水”指的就是百泉。《水经注》称百泉是百门陂，隋炀帝开永济渠，引百泉之水接济航运。明代在出水口建有五道闸门，引泉水灌溉。清乾隆十五年（1750 年），百泉湖区得到整修，绕岸砌石岸，南面建长桥，来以增加景观层次，又增修亭台楼阁，一时成为当地名景。

不规则长方形的湖面，被一座桥分成北湖与南湖。南湖略为简洁，仅有一小岛，在岛上建亭一座。北湖建九曲长桥，桥上点缀以放鱼亭、清晖阁、船房等，非常丰富，和杭州西湖三潭印月的九曲桥有些类似。站在桥上，就可见水中泉眼涌水如珠，日夜不息。湖水常年保持在 20 摄氏度左右，冬暖夏凉，清澈而见底。泉自湖底出，如累累珍珠，所以又有涌金泉与珍珠泉之名，与济南珍珠泉同名，元代名儒王磐有诗写道：“济南七十二名泉，散在坡陀百里川。未似共城祠下水，千窠并出画栏前。”

在湖北岸建有两个泉亭，东为涌金亭，西为百泉亭。湖东为乾隆帝的行宫，自成一区，三进院落，北湖的东南角还有一组建筑，名为白露园，是当年乾隆帝南巡时的太后住所，院落轴线正对九曲桥、涌金亭、卫源庙、放鹤台，构成斜向的风景轴线。

北湖区的西面分别建有孙奇逢祠、百泉书院、九贤祠、邵夫子祠，各自构成院落。邵夫子祠也称邵雍祠，始建在明代成化六年，院落是由门楼、击壤亭、拜殿、大殿、厢房组合而成。因邵雍有《伊川击壤集》，因此院中亭子称为击壤亭。

纵观全园有 20 多个景点，山景、水景、房屋兼备，再加上历史渊远的名人足迹，使得百泉无怪于成为中原名胜。

西藏自治区

拉萨罗布林卡

【名园历史】

罗布林卡在拉萨西部，意思是“宝贝园”，从前是历代达赖喇嘛在夏季进行宗教活动和处理政务的地方。罗布林卡最早在1755年开始修建，从七世达赖修建“格桑颇章”开始，经过不断地扩建经营，成为了目前占地36公顷的大型园林。

【名园漫步】

罗布林卡的大门坐西向东，门里面有一条笔直的林荫道，两侧是成片的树林，这之后就是东区与中区。沿林荫道走便可以到达修建较早的“格桑颇章”，这里是七世达赖在夏天办公、接见官员的地方，其后的几世达赖夏季也在这里居住。之后是一个面积非常大的水池，池中堆有小岛，岛上建有“措吉颇章”（湖心宫）和“鲁康”（龙王庙），玲珑精致。此处有鲜花、绿树衬托，碧水与蓝天相互映照，成为园内风景最美的区域。

西区叫“金色林卡”，中心建筑是“金色颇章”。“金色颇章”宫是十三世达赖在世时所修建的宫殿，是一座二层石砌建筑，立面造型非常活泼。宫殿附有几组小型建筑，它的分布体现了西藏建筑布局随意自由的特点。宫殿分三层，一层是经堂，二层有罗汉殿、护法殿等，三层是达赖喇嘛接见官员的地方。十三世达赖晚年常在这里居住，并且在这里圆寂。罗布林卡虽然在高原，但园内养有成群的鸟兽，遍植果木花草，一年四季生机勃勃。再加上具有民族风格的建筑及清泉碧池，景色就更加优美。整座园林疏朗开阔、风格独特，与内地园林“咫尺山林”的意境差别非常大，充满雪域高原的自然风情，是一座有着浓厚西藏地方特色的园林。